한국 고문서학
논총

한국 고문서학 논총

고문헌관리학 전공 창설 21주년 및
전경목 교수 정년퇴임 기념

영산고문헌연구회 편

하서(賀書)

우리나라에서 고문서 그 자체를 학문의 대상으로 삼아 종합적인 탐구를 본격적으로 진행한 것은 최근 30여 년 사이의 일이다. 물론 일제강점기부터 몇몇 일본인 학자들이 조선시대 고문서를 이용한 논문을 썼고, 해방 이후에는 한국 학계의 연구자들이 서울대학교 도서관 등지에 소장된 고문서의 사료적 가치에 주목하여 고문서를 이용한 연구를 수행해왔다. 또한 1980년대부터 시작된 한국정신문화연구원(현 한국학중앙연구원)의 전국적인 민간 고문서 조사 수집 사업은 고문서 연구를 활성화시키는 새로운 계기를 마련하였다. 다만, 연구자들이 역량을 결집하여 고문서학에 대한 논의를 본격화한 것은 1991년 한국고문서학회가 창립되면서부터라 평할 수 있다.

한국고문서학회 창립 이후 비로소 우리나라에 전래된 고문서를 대상으로 한 정기적인 연구발표회와 크고 작은 학술대회가 지속적으로 개최되었고, 이러한 성과를 토대로 국문학, 국어학, 경제학, 법학, 역사학 등 고문서를 이용한 다방면의 연구가 더욱 심화되었다. 이러한 가운데 한국에서도 서구나 일본에서는 이미 체계화된 고문서학적 탐구와 체계적인 교육 과정에 대한 필요성이 자연스레 제기되었다.

1999년 한국정신문화연구원 한국학대학원에서는 한국 고문헌을 집중적으로 연구하고 다룰 수 있는 인재를 양성하기 위한 기획이 구체화 되었다. 당시 정구복 교수와 이종묵 교수가 주축이 되어 이 계획을 추진했고, 2000년도에 드디어 우리나라 최초로 고문헌관리학 전공이 한국학대학원에 신설됨으로써 고문서와 고서를 주 전공으로 하는 석박사 학위 과정이 시작되었다. 당시 나는 서울대학교 법과대학에서 정년퇴임한 상황이었지만, 연구원 측의 제안과 취지에 동의하여 전공 창설과 더불어 초빙교수로서 교과과정 편성, 강의, 학생 지도 등의 임무를 도맡았다. 국내에서 이제껏 누구도 경험하지 못했던 학위 과정이 탄생한 것이다. 학생은 전공 창설 첫 해에 7명이 입학했고, 매년 꾸준히 진학생이 이어져 현재까지 120여 명이 입학했다.

올해는 고문헌관리학 전공이 창설된 지 21주년이 되는 해이다. 그동안 박사 학위자가 39명, 석사 학위자 및 박사 과정생 이상이 50여 명에 이른다. 졸업생들은 국내외 대학, 박물관, 도서관 및 연구기관 등에서 고문헌 분야 전문가로서 맹활약하고 있다.

　이러한 성과를 거둔 데에는 초창기부터 나와 함께 학과를 이끌어 온 전경목 교수의 공로를 언급하지 않을 수 없다. 전 교수는 2003년 고문헌관리학 전공 최초로 전임교원으로 임용되어 올해 2월 정년을 맞았다. 전 교수는 고문서 연구자로서 조선시대 고문서를 통해 조선 사회의 다양한 면모를 미시적으로 탐구하는 독보적인 성과를 냈고, 이 논총에 수록된 여러 논고를 하나 하나 지도한 교육자로서 그 역할을 훌륭히 완수했다.

　전공 창설 21주년과 전공 최초의 전임교원인 전경목 교수의 정년을 맞아 '한국 고문서학'을 표제로 한 논총이 발간되는 것을 매우 뜻깊게 생각하고 진심으로 축하하는 바이다. 앞으로도 이러한 학술적 성과가 계속 축적되어 정기적인 발간으로 이어지길 바라마지 않는다.

2021년 5월
고문헌관리학 전공 초빙교수 박병호

서문(序文)

이 책은 한국에서 '고문서학'을 주제어로 삼은 최초의 학위논문 모음집이다. 이미 한국 학계에서는 고문서를 소재로 한 많은 연구 성과가 수행되었고, 여러 연구 분야에 학술적으로 의미 있는 기여를 하였다. 그러나 한국에 전래된 방대한 규모의 고문서 자체를 학문 탐구의 대상으로 삼아 다각도로 문제를 제기하고 따져보는 고문서학적 연구 성과는 비교적 최근에 와서야 활발하게 발표되고 있다.

한국학중앙연구원은 1980년대 초부터 전국의 고문서 소장처를 찾아다니며 고려시대를 비롯한 전통시대에 생성된 고문서를 현장에서 수집하여 체계적으로 정리 분석하고, 그 결과를 『고문서집성』과 <한국고문서자료관>을 통해 공개하는 등 한국 고문서 연구 분야를 선도해 왔다. 아울러 한국에 전래된 고문헌을 보다 잘 보존하고, 학술적으로 깊이 있는 연구를 수행하기 위해 2000년을 맞이함과 동시에 한국학대학원에 고문헌관리학 전공을 창설하였다.

'한국 고문서학 논총'은 바로 한국학중앙연구원 한국학대학원 고문헌관리학 전공이 창설된 이래 고문서학 분야의 석박사 학위논문으로 제출된 논제 가운데 일부를 모아 엮은 학위 논총이다. 이미 박사학위논문을 토대로 몇 권의 단독 저서가 출간된 사례도 있다(김혁, 『특권문서로 본 조선사회』, 지식산업사, 2008; 심영환, 『조선시대 고문서 초서체 연구』, 소와당, 2008; 김건우, 『근대 공문서의 탄생』, 소와당, 2008; 박준호, 『고문서의 서명과 인장』, 박이정, 2016; 박성호, 『고려말 조선초 왕명문서 연구』, 한국학술정보, 2017). 따라서 이번에 기획한 첫 번째 논총에서는 이미 출간된 논제를 제외한 17편을 모아 수록하였다.

논총은 크게 1부와 2부로 구분하였다. 1부에는 문서 제도 및 양식론적 고찰이라는 범주 안에 조선시대 교서와 유서, 왕세자 문서, 거행조건, 첩, 녹패, 포폄문서, 호구문서, 충훈부 문서, 궁방문서, 사급입안, 단자 등 11편을 수록하였다. 이 논문들은 각각 독립적으로 분류되는 특정 유형의 고문서 또는 일정 범주 내에 포괄할 수 있는 문서군을 대상으로 해당 문서에 대한 제도적 기원, 시행 및 변화 양상, 정형화된 서식의 특징, 용도 등을 면밀히 고찰한 것이다. 이러한 연구는 고문서학 연구 방법론의 특징을 잘 보여주는 사례로서 고문서학에서 수행해야 하는 필수적인 기초 연구이다. 이를 토대로 개별 고문서를 이용할 필요가 있는 여러 유관 전공 분야에서는 학술적으로 유용한 기초 정보를 쉽게 취할 수 있다.

2부에는 역사 및 문서 관리론적 고찰이라는 범주 안에 조선시대 제주도 진주강씨 고문서, 점필재 김종직 종가 고문서, 영양향교 노비 관련 고문서, 공인권 관련 고문서, 보 분쟁 관련 고문서, 일제강점기 유리건판사진에 담긴 고문서 등 6편을 수록하였다. 이 논문들은 1부에 편성된 주제와는 달리 일정 소장처에 전래된 다량의 고문서 또는 특정 주제와 연관된 고문서를 해당 고문서가 생성된 역사적 맥락과 사회 경제사적 의미 등을 고찰한 것이다. 또한 해당 고문서가 현재까지 어떻게 전래되고 보존되었는지에 대한 관리론적 고찰을 포함하고 있다. 이러한 연구는 고문서학적 기초 연구와 더불어 고문서에 대한 다각도의 의미 해석과 연구 확장성이라는 측면에서 의의가 크다.

이렇듯 『한국 고문서학 논총』 1은 지난 20여 년간 한국학대학원 고문헌관리학 전공에 진학하여 연구자로서 첫 발을 내딛은 한국 고문서학자들이 학계에 내놓은 첫 연구 성과이다. 앞으로도 이러한 성과가 차곡차곡 쌓여 한국 고문서학 분야의 중요한 토대가 될 것이라 생각한다.

끝으로 앞에서 소개한 연구의 시작과 과정을 이끈 전공의 두 선생님에 대해 언급하며 글을 맺고자 한다. 박병호 교수는 한국 법제사 분야의 태두로서 법과대학 교수로 은퇴한 이후 한국 고문서학 전공 분야를 개척하고 성장시키는 데 혼신의 노력을 다하셨다. 어느덧 20여 년의 세월이 흘러 91세를 맞으셨지만, 변함없이 제자들을 앞에 두고 난해한 고문서를 직접 읽고 가르침을 주고 계신다. 전경목 교수는 전공 창설 후 첫 전임교원으로 임용되어 박병호 교수와 더불어 한국 고문서학 분야의 후진 양성에 모든 에너지를 쏟았다. 역사학자로서의 소양과 새로 개척하는 고문서학 분야의 학술적 고민을 선생이자 선배로서 학생들의 연구 논제를 세심하게 지도하고 결실을 맺도록 이끌었다. 시간은 활시위를 벗어난 화살처럼 빠르게 지나 올해 2월 전경목 교수는 정년퇴임을 맞아 정들었던 운중동 캠퍼스를 떠났다.

이번에 발간하는 첫 번째 논총은 지난 20년 동안 고문헌관리학 전공에서 이룬 고문서학 연구 성과를 스스로 정리하는 의미와 더불어 전인미답의 한국 고문서학 분야의 길을 연 두 분 선생께 대한 감사의 뜻을 담고 있다. 이제 다시 한국 고문서학 연구 분야 앞에 펼쳐질 20년을 그려보면서 이곳에 첫 발을 내딛은 선구자들의 마음가짐을 되새겨본다.

2021년 5월
고문헌관리학 전공 조교수 박성호

목차

2부 역사 및 문서 관리론적 고찰

1부

문서 제도 및 양식론적 고찰

조선시대 관찰사 教書와 諭書*

노인환

I. 머리말

조선시대 관찰사는 각 道를 통치하는 최고의 지방 행정관이자 군사 지휘관으로서 부임지를 다스렸다. 국왕은 관찰사에 임명된 관원에게 임명 문서인 告身을 내려 주었으며, 아울러 명령 문서인 教書와 諭書를 내려 주었다. 관찰사 교서는 국왕이 한 지방의 행정과 군사를 담당하는 관원에게 임명된 사실을 알리는 使命의 내용과 부임지를 잘 다스리라는 訓諭의 내용이 수록된 使命訓諭教書이다. 관찰사 유서는 국왕이 관찰사·유수·통제사·통어사·절도사·방어사 등에게 密符의 우측과 함께 내리는 密符諭書로 비상시에 병력의 동원과 관련된 내용을 담고 있다. 관찰사는 이러한 교서와 유서를 통해 국왕의 명령을 위임 받아 각 道의 행정과 군사를 통치하였다.

이 글에서는 조선시대 국왕이 관찰사에게 내린 교서와 유서에 대하여 발급·수취 과정인 문서 행정과 운용 방식을 연구하고자 한다. 먼저 관찰사 교서와 유서의 시행 과정을 살펴보고, 현전하는 문서를 통해 관찰사 교서와 유서의 특징을 규명하고자 한다. 이어서 관찰사 교서와 유서의 발급 과정은 관찬 사료와 법전의 규정을 통해 살펴보고, 수취 과정과 재임 기간의 운용 방식은 관찰사의 일기를 통해 살펴보고자 한다. 특히 관찰사의 일기는 재임 기간 동안에 공식적인 실무 내용이 반영되어 있어 부임 및 재임 과정에서 교서와 유서를 운용한 사례를 확인할 수 있다. 이러한 연구를 통해 조선시대 관찰사의 교서와 유서를 종합적으로 규명하고자 한다.

〈표 1〉 教書·諭書 관련 기사가 수록된 관찰사 일기 현황

번호	제목	저자	관직	재임 기간	형태사항	소장처
1	眉巖日記 第6册	柳希春	全羅道 觀察使	1571년(선조 4) 4월~ 1571년(선조 4) 10월	1册(59張) ; 41.0×31.4cm	전남 담양군 보물 제260호
2	忠淸監營 日記	李濟	忠淸道 觀察使	1704년(숙종 30) 5월~ 1705년(숙종 31) 3월	1册(25張) ; 32.4×25.4cm	국립중앙도서관 한古朝51-나13

* 이 글은 「조선시대 觀察使 教書와 諭書의 문서 행정과 운용」, 『고문서연구』 48, 2016을 수정·보완한 것이다.

번호	제목	저자	관직	재임 기간	형태사항	소장처
3	海西日記	李濟	黃海道 觀察使	1709년(숙종 35) 7월~ 1710년(숙종 36) 7월	1册(45張) : 四周單邊, 半郭 25.6×24.2cm, 有界, 14行 24字 내외, 無魚尾 ; 30.6×28.2cm	국립중앙도서관 한古朝51-나15
4	關西日記	李濟	平安道 觀察使	1711년(숙종 37) 1월~ 1712년(숙종 38) 11월	2册 ; 30.1×27.3cm	국립중앙도서관 한古朝51-나14
5	湖西監營 日記	尹陽來	忠淸道 觀察使	1721년(경종 1) 4월~ 1721년(경종 1) 7월	1册(15張) ; 32.4×21.4cm	서울대학교규장각 一蓑古816.53-H 792h
6	湖南日記	李錫杓	全羅道 觀察使	1750년(영조 26) 5월~ 1751년(영조 27) 1월	1册(31張) ; 33.4×21.7cm	국립중앙도서관 한古朝51-나16
7	嶺營日記	趙載浩	慶尙道 觀察使	1751년(영조 27) 6월~ 1752년(영조 28) 8월	3册 : 上下雙邊左右單邊 半郭 22.7×15.6cm, 有界, 10行字數不定 上下內向二葉花紋 魚尾 ; 32.0×22.1cm	日本河合文庫 (京都大學圖書館) レ-1-199310
8	錦營日記	沈頤之	洪忠道 觀察使	1780년(정조 4) 3월~ 1780년(정조 4) 10월	1册17張 : 四周單邊 半郭 22.6×17.8cm, 烏絲欄 11行 20字 內向二葉花紋魚尾 ; 28.8×22.5cm	한국학중앙연구 원 장서각 K2-3610
9	海營日記	徐邁修	黃海道 觀察使	1795년(정조 19) 3월~ 1796년(정조 20) 12월	2册 : 四周雙邊 半郭 21.1×14.1cm, 有界, 10行 20字 內向二葉花紋魚尾 ; 30.5×18.4cm	미국 버클리대학교 동아시아도서관 15.29
10	湖南日記	李相璜	全羅道 觀察使	1810년(순조 10) 7월~ 1812년(순조 12) 3월	1册(69張) ; 36.7×28.6cm	국립중앙도서관 한古朝51-나45
11	完營日錄	徐有榘	全羅道 觀察使	1833년(순조 33) 4월~ 1834년(헌종 즉위년) 12월	8卷 8册 : 四周單邊, 半郭 19.5×13.7cm, 有界, 10行 20字, 無魚尾 ; 27.2×17.5cm	성균관대학교 존경각 B06B-0109 貴重本

II. 시행과 특징

조선시대 국왕이 관찰사에게 교서와 유서를 내려주는 제도는 조선 초기부터 시행되었지만 처음 시행된 시기는 각각 달랐다. 관찰사 교서는 고려시대 제도를 계승하여 1392년(태조 1) 9월에 태조가 각 도에 按廉使를 임명하고 교서를 내려주면서 시행되었다.[1] 안렴사가 관찰사로 개칭된 후인 1430년(세종 12) 12월에 세종은 태조 연간의 제도를 계승하여 각 도에 관찰사를 임명할 때에 교서를 내려 주었다.[2]

관찰사 유서는 1443년(세종 25) 8월에 세종이 국왕의 명령을 전달하는 內傳消息 제도를 유서로 변경하면서 처음으로 시행되었다. 조선 초기에 국왕은 내전소식을 통해서 관찰사와 都節制使 등에게 軍政과 관련된 명령이나 지방의 수령에게 국가의 정책을 전달하였다. 그러나 당시 사헌부는 내전소식이 승정원의 승지를 통하여 국왕의 명령을 간접적으로 전달하기 때문에 폐단이 생길 것을 염려하여 내전소식의 폐지를 상소하였다.[3] 이후 세종은 내전소식을 폐지하고 유서를 시행하면서 유서의 절차와 용도를 규정하였다.[4]

관찰사 임명 과정은 후보자를 추천하는 규정에 따라 매년 1월에 의정부의 議政과 육조의 당상관 및 사헌부·사간원의 관원이 후보자를 추천하였다.[5] 추천된 후보자 명단을 승정원에서 국왕에게 入啓한 후에 최종적으로 국왕의 결재를 받으면 비로소 관찰사가 임명되었다.[6] 국왕은 조선 후기까지 관찰사에게 告身과 함께 교서와 유서를 내려 명령을 전달하였다.

관찰사 교서와 유서의 특징은 숙종이 전라도관찰사 朴慶後에게 내린 교서와 유서를 통해 살펴보고자 한다. 박경후는 1693년(숙종 19) 1월 5일에 전라도관찰사에 임명되었고, 같은 날에 가선대부 전라도관찰사·겸전주부윤에 임명하는 고신과 전라도겸병마수군절도사에 임명하는 고신을 받았다. 1월 26일에 숙종은 전라도관찰사 박경후를 引見하였고,[7] 이날 전라도관찰사 유서와 교서를 박경후에게 내려 주었다.

---

1) 『태조실록』 1년(1392) 9월 11일(기축).

2) 『세종실록』 12년(1430) 12월 16일(임오).

3) 『세종실록』 21년(1439) 6월 26일(임인).

4) 『세종실록』 25년(1443) 8월 6일(무자).

5) 『經國大典』 「吏典」 薦擧.

6) 『銀臺便攷』 「吏房攷」 守令邊將薦擧.

7) 『승정원일기』 숙종 19년(1693) 1월 26일(경오).

〈자료 1〉 1693년(숙종 19) 全羅道觀察使 朴慶後 告身[8]

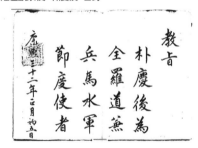

嘉善大夫·全羅道觀察使·兼全州府尹 告身   全羅道兼兵馬水軍節度使 告身

전라도관찰사 박경후의 유서를 살펴보면, '諭'字 아래에 박경후의 관직인 전라도 관찰사·겸병마수군절도사·순찰사·전주부윤과 성명을 기재하였다. 유서의 전반부는 관찰사로서 담당해야 하는 임무를 수록하였고, 후반부는 병력을 동원할 경우에 밀부를 확인한 후에 시행하라는 것과 제17부의 密符를 내려준다는 내용을 수록하였다.

〈자료 2〉 1693년(숙종 19) 全羅道觀察使 朴慶後 諭書[9]

전라도관찰사·겸병마수군절도사·순찰사·전주부윤 박경후에게 내리는 諭書..
경은 한 지방을 위임받았으니 맡은 임무가 가볍지 않다. 무릇 군사를 일으켜 機微에 대응하고 백성을 편안히 하며 적을 제압하는 것은 한결같이 응당 평상시의 일이며, 본래 옛날 법도에 있다. 생각건대 혹시 내가 경과 독단으로 처리할 일이 있으면, 密符가 아니면 시행하지 말라. 또 뜻밖의 간사한 모반을 미리 방지하지 않을 수 없으니 만일 특별한 命이 있으면 밀부를 합쳐서 의심이 없는 후에 명에 나아가야 한다. 그러므로 押한 제17부를 내려주니 경은 이를 받으라. 그러므로 유시한다.

강희 32년 1월 26일.

---

8) 한국정신문화연구원, 『古文書集成』 45 -扶餘 恩山 咸陽朴氏篇-, 2000, 123쪽.
9) 한국정신문화연구원, 위의 책, 2000, 10~11쪽.

전라도관찰사 박경후의 교서를 살펴보면, 문서의 始面인 '敎'字와 '書'字 사이에 박경후의 관직인 전라도관찰사·겸병마수군절도사·순찰사·전주부윤과 성명을 기재하였다. 본문은 '王若曰'로 시작하여 관찰사가 한 지방의 藩屛을 다스리는 중요성을 강조하였고(王若曰 作一方之藩屛 制重分闑…), 박경후의 성품·행실·학문·경력 등을 기재하였다(惟卿行不爲崖 心自無畛…). 본문의 후반부에는 관찰사에 임명한다는 내용을 수록하였고(玆授卿以全羅道觀察使·兼兵馬水軍節度使·巡察使·全州府尹), '故玆敎示 想宜知悉'로 끝맺고 있다.

〈자료 3〉 1693년(숙종 19) 全羅道觀察使 朴慶後 敎書[10]

관찰사 교서에는 각 도의 異稱, 도내 州·府·郡·縣의 수, 옛 國號 중국의 지명을 비유한 내용 등을 확인할 수 있다. 예를 들어 경기관찰사 교서에는 京畿를 의미하는 王畿·畿輔·畿邦·畿甸·畿都·京輔·甸服 등의 용어를 많이 사용하였다.[11] 또한 전라도관찰사 교서에는 전라도를 의미하는 湖南·兩南·兩湖·南藩 등의 용어와 전라도의 오십 여 주·부·군·현을 의미하는 湖南五十餘州州府郡縣·湖南五十郡·五十州雄藩 등의 용어를 확인할 수 있다. 또한 전라도가 과거 백제가 다스리던 곳이라는 의미인 百濟之舊壤·十濟之疆域 등으로 표현하였으며, 전라감영이 있는 전주가 태조 이성계의 貫鄕이기 때문에 전라도관찰사 교서에서 周의 邰·豳·沮漆이나 漢의 豐沛 등을 인용하였다.

III. 발급 과정과 재발급

조선시대 교서와 유서는 국왕의 명령이나 의지를 전달하는 문서로 국가의 공식적인 제도 속에서 일정한 과정을 거쳐 발급되었다. 교서와 유서의 발급 과정은 국

---

10) 한국정신문화연구원, 앞의 책, 2000, 4~7쪽.
11) 노인환, 「朝鮮時代 敎書 硏究」, 한국학중앙연구원 한국학대학원 박사학위논문, 2014, 71~73쪽.

왕의 명령을 문서화 하는 과정으로 승정원의 승지와 注書가 주도적인 역할을 담당하였다.

관찰사 교서의 발급 과정은 먼저 예문관에서 지제교를 겸직한 관원 가운데 교서를 製述할 교서제술관을 배정하였다.[12] 교서제술관은 교서의 본문을 제술하고 그 내용을 국왕에게 재가받기 위하여 製進單子를 작성하였다.[13] 관찰사 교서의 제진단자는 경상도관찰사 尹趾完 교서를 발급할 때에 林泳이 작성한 제진단자 草本이 현전하고 있다.

〈자료 4〉 慶尙道觀察使 尹趾完 敎書의 製進單子 草本[14]

승정원의 승지는 제진단자를 국왕에게 入啓하였고 국왕은 제진단자의 내용을 검토한 후에 결재하였다. 입계한 문서에 대해 국왕이 결재하는 방식을 判付라고 하는데, 判付規式에서 교서의 제진단자에는 啓字印을 踏印하고 입계한 날짜와 '奉敎可'를 기재하며 그 아래에 제진단자의 입계를 담당한 승지의 품계·관직과 着名을 기재하였다.[15] 『승정원일기』에 수록된 관찰사 교서에는 끝부분에 교서제술관과 결재를 담당한 승지의 성명을 기재하였다. 아울러 啓字印이 답인된 것을 의미하는 '踏啓字'와 국왕의 判付인 '敎可'·'奉敎可' 등을 확인할 수 있다.

---

12) 『銀臺便攷』「禮房攷」弘文館.

13) 노인환, 앞의 논문, 2014, 38~42쪽.

14) 한국정신문화연구원, 『古文書集成』 67 -羅州 會津 羅州林氏 滄溪後孫家篇-, 2003, 1쪽.

15) 노인환, 앞의 논문, 2014, 42~45쪽.

<표 2> 『承政院日記』에 수록된 觀察使 敎書의 製述官·啓字印·判付

번호	발급 시기	觀察使 敎書의 製述官·啓字印·判付
1	1672년(현종 13) 윤7월 27일	黃海監司崔寬敎書. 王若曰, … 故玆敎示, 想宜知悉. **踏啓字, 敎可.**
2	1685년(숙종 11) 11월 27일	敎平安道觀察使李世白. 王若曰, … 故玆敎示, 想宜知悉. **敎可. 修撰臣徐文裕製進.**
3	1727년(영조 3) 5월 30일	敎黃海道觀察使魚有龍書. 王若曰, … 故玆敎示, 想宜知悉. **知製敎尹涉製進. 右承旨慶聖會奉敎可.**
4	1729년(영조 5) 5월 11일	敎黃海監司金在魯書. 王若曰, … 故玆敎示, 想宜知悉. **知製敎李鳳翼製進. 右承旨崔宗周奉敎可.**
5	1739년(영조 15) 6월 2일	敎京畿監司尹淳書. 王若曰, … 故玆敎示, 想宜知悉. **右承旨任珽製進. 同副承旨具宅奎奉敎可.**
6	1775년(영조 51) 7월 7일	敎忠淸道觀察使閔百奮書. 知製敎鄭一祥製進. 王若曰, … 故玆敎示, 想宜知悉. **同副承旨李世奭奉敎可. 啓下.**
7	1816년(순조 16) 1월 22일	全羅監司金敎根敎書. 王若曰, … 故玆敎示, 想宜知悉. **踏啓字. 知製敎趙民和製進.**
8	1817년(순조 17) 5월 1일	黃海監司徐能輔敎書. 王若曰, … 故玆敎示, 想宜知悉. **知製敎臣姜世綸製進. 踏啓字.**
9	1819년(순조 19) 4월 10일	京畿監司趙鐘永敎書. 王若曰, … 故玆敎示, 想宜知悉云云. **踏啓字. 知製敎金在元製進.**

승지가 입계한 제진단자에 국왕의 결재를 받으면 승정원의 注書가 교서의 내용을 敎書紙에 書寫하였다. 이후 승정원에서 국왕에게 교서에 御寶를 安寶하기 위하여 施命之寶를 내어 줄 것을 청하였고,[16] 교서에 시명지보를 안보하면 최종적으로 교서가 발급되었다.

<도식 1> 觀察使 敎書의 발급 과정

観察使 임명 → 敎書製述官 배정 → 敎書 製述 → 製進單子 작성 → 製進單子 入啓 → 국왕 결재 → 注書 書寫 → 施命之寶 安寶

---

16) 『승정원일기』 인조 3년(1625) 7월 10일(병진).

관찰사 유서는 교서와 동일한 날짜에 발급되었다. 유서의 발급 과정은 먼저 승정원의 주서가 수취자의 관직과 성명, 본문 내용인 '卿受委一方'부터 '卿其受之 故諭', 중국 연호와 월일을 諭書紙에 작성하였다. 이어서 밀부를 수취한 관직과 밀부 번호를 기재한 密符置簿册에서 아직 사용하지 않은 밀부 번호를 확인하고 유서에 밀부 번호를 기재하였다. 밀부 번호는 제1부에서 제45부까지 있었으며 지역 마다 서로 다른 밀부 번호를 내려 주었다. 이것은 국왕이 특정한 지역에 發兵 명령을 내릴 때에 다른 지역과의 중복을 피하고 해당 지역에만 명령을 내리기 위한 것이다.[17] 이후 교서와 마찬가지로 승정원에서 국왕에게 유서에 御寶를 安寶하기 위하여 諭書之寶를 내어 줄 것을 청하였고,[18] 유서지보를 안보하면 최종적으로 관찰사 유서가 발급되었다.

관찰사 교서의 발급 과정은 유서보다 여러 절차가 추가되었다. 이것은 관찰사 교서의 본문이 유서보다 복잡하고 본문의 문체도 騈儷文으로 구성되었기 때문이다. 또한 관찰사 교서를 제술하는 제술관을 배정하는 과정과 국왕이 관찰사 교서의 본문을 결재하는 과정이 있기 때문에 문서의 발급 과정이 복잡하였다. 이러한 발급 과정의 차이는 교서가 유서보다 국왕의 명령 문서로써 위상이 높았으며, 교서가 국왕의 명령을 전달하는 가장 권위 있는 문서이기 때문이다.

국왕이 관찰사에게 내린 교서와 유서는 재임 기간 중에 일부 재발급 되는 경우가 있었다. 첫 번째는 邑號의 陞降에 따라 道의 명칭이 변경된 경우에 국왕은 교서와 유서를 다시 발급해서 관찰사에게 내려 주었다. 예를 들어 1735년(영조 11) 5월에 전라도는 全光道로 개칭되었는데,[19] 승정원에서는 전광도로 개칭된 관찰사에게 교서와 유서를 改書해서 내려 보낼 것을 요청하였고 이에 대해 영조는 윤허하였다.[20] 당시 1735년 3월에 전라도관찰사에 임명된 徐宗玉은 전광도로 개칭된 이후에 다시 全光道觀察使에 임명되었고,[21] 재발급 된 전광도관찰사의 교서와 유서를 수취하였다. 이 때 서종옥의 교서와 유서는 수취자의 관직명이 '全光道觀察使'로 변경되었고, 본문의 내용은 이전에 받은 교서와 유서의 내용과 동일하였다. 이후 1738년(영조 14) 1월에 전광도에서 전라도로 復號될 때에도 전라도관찰사의 교

---

17) 노인환, 「조선시대 諭書 연구」, 한국학중앙연구원 한국학대학원 석사학위논문, 2009, 35쪽.
18) 『승정원일기』 인조 6년(1628) 5월 24일(갑신).
19) 『영조실록』 영조 11년(1735) 5월 1일(경자).
20) 『승정원일기』 영조 11년(1735) 5월 2일(신축).
21) 『승정원일기』 영조 11년(1735) 3월 5일(을해); 5월 1일(경자).

서와 유서가 재발급 되었다.[22]

두 번째는 관찰사가 재임 기간에 품계가 加資되었을 때에 국왕은 교서와 유서를 재발급하였다. 관찰사는 『경국대전』에서 종2품으로 규정되었으나 정3품이나 정2품의 관원이 임명되는 경우도 있었다.[23] 품계에 따라 교서와 유서에 기재된 관직명이 달랐는데, 정3품의 관원이 관찰사에 임명되면 교서와 유서에 '守某道觀察使'로 기재되었고, 정2품의 관원이 관찰사에 임명되면 '行某道觀察使'와 '都巡察使'로 기재되었다.[24] 또한 조선 후기에 교서와 유서에는 수취자의 관직과 함께 품계가 기재되었다. 이 때문에 관찰사의 품계 변화에 따라 교서와 유서가 재발급 되었다.

예를 들어 전라도관찰사 黃爾章은 1723년(경종 3)에 71세가 되었는데, 그의 아들인 黃最이 세자시강원 說書를 지낸 侍從臣이었다. 『경국대전』에서는 시종신의 부친으로 70세인 자를 매년 초에 加資한다고 규정하였다.[25] 이로 인해 경종은 황이장을 가의대부로 가자하였고 교서와 유서를 改書한 후에 내려 주었다.[26]

마지막으로는 선왕의 大喪을 거행하고 새로운 국왕이 즉위하면 관찰사의 유서를 재발급하여 내려 주었다. 이것은 유서와 함께 내리는 密符의 後面에 국왕의 御押이 새겨져 있기 때문이다.[27] 새로운 국왕이 즉위하면 어압을 새겨 밀부를 다시 제작하였고, 아울러 유서도 재발급 하였다.[28] 승정원에서는 국왕의 명을 받아서 밀부의 改造와 유서의 재발급에 대한 내용을 有旨로 발급하여 각 도의 관찰사에게 전달하였다. 그리고 국왕은 宣傳官을 파견하여 기존에 관찰사에게 내린 밀부를 모두 회수하고 새로 제작한 밀부를 내려 주었다. 또한 승정원의 서리를 파견하여 재발급 된 유서를 내려 주었다.[29]

---

22) 『승정원일기』 영조 14년(1738) 1월 13일(병인).

23) 『經國大典』 「吏典」 外官職.

24) 『大典會通』 「吏典」 京官職.

25) 『大典會通』 「吏典」 老人職.
　　『승정원일기』 경종 3년(1723) 1월 25일(을사); 2월 5일(을묘).

26) 『승정원일기』 경종 3년(1723) 2월 5일(을묘).

27) 노인환, 앞의 논문, 2009, 36~38쪽.

28) 『銀臺便攷』 「兵房攷」 密符.
　　『성종실록』 성종 1년(1470) 1월 9일(무자); 『연산군일기』 연산군 1년(1495) 3월 24일(정미).

29) 『승정원일기』 영조 52년(1776) 3월 22일(계사); 순조 즉위년(1800) 7월 19일(기해).

〈자료 5〉『寶印符信總數』 수록 密符[30]

국왕의 大喪으로 유서가 재발급 된 사례는 순조가 승하하고 헌종이 즉위할 때에 전라도관찰사 徐有榘의 사례에서 확인할 수 있다. 헌종은 즉위한 직후인 1834년 (헌종 즉위년) 12월 5일에 御押을 새겨서 宣傳標信·開門標信·問安牌·命召·大將牌·傳令牌 등과 함께 밀부를 새로 제작하였다. 이어서 승정원에서는 헌종의 명을 받아 지방의 密符官에게 이전의 밀부를 수거하고 새로 제작한 밀부를 선전관이 전해 준다는 有旨와 재발급 된 유서를 승정원 서리가 전달한다는 유지를 발급하였다.[31] 서유구는 1834년 12월 6일과 7일에 승정원 좌부승지 吳致愚가 발급한 유지 2점을 받았다. 첫 번째 유지는 改造한 제18부의 밀부 우측을 받고 이전에 받은 舊밀부 우측을 올려 보내라는 것이었다.[32] 다음 날에는 승정원 서리가 가지고 가는 재발급 된 유서를 잘 받으라는 유지를 받았다.[33] 이후 12월 12일에 선전관 李亨夏가 새로 제작한 밀부를 가지고 왔으며, 12월 26일에 승정원 서리 廉性行이 재발급 된 유서를 가지고 와서 전주감영에서 서유구에게 전달하였다. 서유구는 12월 12일에 新舊 밀부의 교환을 보고하는 祗受狀啓를 올렸고, 12월 26일에 유서를 받은 내용을 보고하는 지수장계를 올렸다.

---

30) 서울대학교 규장각, 『寶印符信總數』, 1994, 91쪽.

31) 『승정원일기』 헌종 즉위년(1834) 12월 5일(乙未).

32) 『完營日錄』 甲午(1834) 12월 12일.

33) 『完營日錄』 甲午(1834) 12월 26일.

관찰사의 교서와 유서가 재발급 되는 것은 국왕의 명령을 담은 관찰사 교서와 유서의 엄중함을 보여주고 있다. 이는 부임지 명칭과 관찰사 품계의 변화에 따라 교서와 유서에 정확하게 기재되는 것에서 확인할 수 있다. 또한 관찰사 유서의 재발급은 새로운 국왕의 즉위에 따라 밀부가 새롭게 제작되었기 때문이며, 이것은 왕권의 변화에 따라 지방의 군사권이 移護되는 과정을 보여주고 있다.

Ⅳ. 수취 과정

관찰사가 교서와 유서를 수취하는 과정은 궁궐에서 수취하는 경우와 부임지에서 수취하는 경우로 나누어 볼 수 있다. 관찰사가 궁궐에서 수취하는 경우는 관찰사에 임명된 관원이 궁궐에서 국왕에게 辭朝를 거행하는 과정에서 확인할 수 있다. 辭朝는 '朝辭'라고도 불리었는데, 이것은 국왕이 새로 임명된 지방관을 인견할 때에 해당 관원이 국왕에게 肅拜하고 하직 인사를 드리는 의식을 의미한다. 관찰사·유수 등은 '朝辭를 하지 말고 바로 부임하라(除朝辭赴任)'는 국왕의 명령이 없을 경우에는 반드시 일정한 기한 내에 국왕에게 辭朝를 거행하였다. 조선 후기에 관찰사의 辭朝 기한은 법전에 규정되어 전임 관찰사가 파직일 경우에는 20일, 拿推일 경우에는 15일, 身故인 경우에는 10일을 기한으로 정해졌으며, 정해진 기한을 넘길 경우에는 처벌을 받았다.[34] 또한 가까운 道의 경우에는 30일, 먼 도의 경우에는 40일 내에 謝恩해야 하며, 기한을 넘긴 자는 吏曹에서 改差할 것을 아뢰었다.[35] 조선 전기에 관찰사가 교서를 수취하는 과정을 살펴보면, 관찰사가 국왕에게 拜辭한 후에 승정원의 승지가 교서를 받들어 관찰사에게 주면 관찰사는 꿇어앉아서 교서를 받았다. 관찰사는 교서를 從者에게 주고 나서 四拜禮를 거행하고 다시 교서를 받들고 나왔다.[36] 1443년(세종 25)에 유서 제도가 시행된 이후에 관찰사는 교서와 유서를 함께 수취하였다.

조선 후기에 관찰사가 궁궐에서 교서와 유서를 수취하는 과정은 다음과 같다. 먼저 관찰사는 국왕에게 辭朝하기 위해 국왕이 거처하는 곳에 入侍한 후에 국왕 앞에 進伏하였다. 국왕은 부임한 지역을 잘 다스리라고 당부하는 내용을 말하였고,

---

34) 『銀臺便攷』「吏房攷」監司;『大典會通』「吏典」外官職.
35) 『兩銓便攷』「東銓」總例.
36) 『세종실록』세종 12년(1430) 12월 16일(임오); 윤12월 16일(임자).

관찰사는 국왕의 당부에 대해 임무를 잘 수행하겠다는 내용으로 답하였다. 국왕과 관찰사가 대화를 주고받은 후에 국왕은 함께 입시한 승지에게 교서를 宣讀할 것을 명하였고, 승지가 교서를 선독한 후에 교서를 전달하였다. 이후 국왕은 宣諭하라는 명을 내렸고, 입시한 승지가 선유를 읽었으며,[37] 국왕이 別諭하라는 명이 있으면 추가로 승지가 별유를 읽었다. 선유를 끝낸 후에 국왕은 유서와 밀부를 내려주었으며, 아울러 節鉞·弓矢·藥物 등을 하사하기도 하였다. 마지막으로 국왕이 관찰사에게 먼저 물러날 것을 명하면, 관찰사가 나가면서 교서와 유서를 수취하는 과정이 마무리 되었다.[38]

그러나 관찰사가 국왕에게 직접 교서와 유서를 받지 않고 국왕에게 辭朝한 후에 승정원에서 가서 교서와 유서를 수취하는 경우도 있었다. 이러한 경우는 柳希春과 徐有榘가 교서와 유서를 수취하는 과정에서 확인할 수 있다. 1571년(선조 4) 2월 4일에 전라도관찰사에 임명된 유희춘은 3월 13일에 선조에게 拜辭하기 위해 詣闕하였다. 당일에 朝講이 없었기 때문에 선조는 유희춘을 引見하지 않았고, 이에 유희춘은 승정원에서 대기하고 있다가 선조에게 肅拜를 하였다.[39] 숙배 후에 유희춘은 승정원에서 도승지와 우부승지에게 관찰사의 직임을 잘 수행하라는 내용이 담긴 선조의 傳敎를 받았다.[40] 이어서 밀부를 받고 密符置簿冊에 서명을 하였으며, 교서를 받고서 무릎을 꿇고 읽었다.[41] 교서를 수취한 후에 바로 유희춘은 부임지인 전라도로 출발하였다.

서유구는 1833년(순조 33) 3월 10일에 전라도관찰사와 겸전라도병마수군절도사에 임명되었고,[42] 한달 뒤인 4월 10일에 경희궁 興政堂에 입시하여 순조에게 辭朝하였다.[43] 흥정당에서 물러 나온 후에 승정원에 가서 교서와 유서와 밀부 제18부를 祗受하였고, 순조가 내린 臘藥·胡椒·長弓 1張·長箭 1部를 등을 받은 후에 부임지인 전라도로 출발하였다.[44]

---

37) 宣諭는 지방의 관직에 임명되어 내려가는 관원에게 국왕이 당부하는 글을 승정원의 승지가 읽어주는 것이다(이강욱 옮김, 『銀臺條例』, 한국고전번역원, 2012, 456쪽).
『銀臺條例』「工攷」宣諭.

38) 노인환, 앞의 논문, 2014, 63~65쪽.

39) 『眉巖日記』辛未(1571) 3월 13일.

40) 『眉巖日記』辛未(1571) 3월 13일.

41) 『眉巖日記』辛未(1571) 3월 13일.

42) 『승정원일기』순조 33(1833) 3월 10일(신사).

43) 『승정원일기』순조 33(1833) 4월 10일(경술).

44) 『完營日錄』癸巳(1833) 4월 10일; 『승정원일기』순조 33(1833) 4월 10일(경술).

『조선왕조실록』과 『승정원일기』의 기사, 전라도관찰사 유희춘과 서유구의 사례를 통해 조선시대 관찰사는 국왕에 대한 辭朝를 거행하고 정해진 의식에 따라 교서와 유서를 수취한 것을 확인할 수 있다. 이러한 수취 과정은 교서와 유서가 국왕의 명령이 수록된 가장 권위 있는 문서이기 때문이다. 또한 관찰사가 국왕을 대신해서 한 지방의 道를 다스리는 임무를 맡았기 때문에 교서와 유서의 수취 과정은 매우 중요하였다.

관찰사가 부임지에서 교서와 유서를 수취하는 경우는 국왕이 관찰사에게 除朝辭赴任의 명령을 내린 경우이다. 제조사부임은 기존에 외관직에 있는 관원이 다른 지역의 외관직에 임명되었을 때에 국왕에게 辭朝하는 것을 면제하고 바로 부임하는 것을 말한다. 이것은 외관직에 있는 관원이 국왕에게 辭朝할 때에 도로가 멀고 공무가 긴급할 경우에 해당되었다.[45] 조선 전기에는 관찰사의 辭朝를 당연하게 인식하였기 때문에 그 사례가 적었다. 그러나 조선 후기에는 흉년이 든 지역에 구휼이 시급한 경우, 농번기에 빨리 부임하는 경우, 수령이나 병마절도사가 같은 道의 관찰사에 임명된 경우에 관찰사는 국왕에게 辭朝를 하지 않고 바로 부임하였다.

관찰사가 부임지에서 교서와 유서를 수취하는 과정은 먼저 조정에서 새로 임명된 관찰사의 除朝辭赴任을 요청하는 내용으로 국왕에게 아뢴 후에 윤허를 받았다. 이어서 승정원에서 교서와 유서를 전달하는 방법, 밀부를 인수인계하는 방법에 대해 국왕의 윤허를 받은 후에 그 내용을 승지가 발급한 有旨로 해당 관찰사에게 전달하였다.[46] 이후 승정원의 書吏가 부임지에 가서 관찰사에게 교서와 유서를 전달하였고,[47] 관찰사는 국왕에게 祗受狀啓를 올려서 교서와 유서를 수취한 내용을 보고하였다. 관찰사가 국왕에게 보고한 지수장계는 1894년(고종 31)에 충청도관찰사 趙秉鎬의 지수장계가 현전하고 있다.

---

45) 『大典會通』 「吏典」 除授; 『兩銓便攷』 「東銓」 總例.
46) 『銀臺便攷』 「兵房攷」 除朝辭赴任.
47) 『銀臺條例』 「兵攷」 符信.

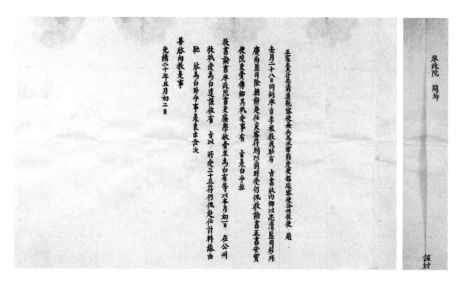

〈자료 6〉 1894년(고종 31) 忠淸道觀察使 趙秉鎬 祗受狀啓[48]

1894년(고종 31) 4월 25일에 고종은 충청도관찰사 조병호를 경상도관찰사에 임명하였다.[49] 승정원에서는 고종의 명을 받아 조병호에게 朝辭를 하지 말고 바로 부임하고, 밀부는 충청도관찰사에 임명할 때에 받은 제35부 밀부를 계속 사용하며, 승정원 書吏가 가지고 가는 교서와 유서를 잘 받으라는 내용의 有旨를 내려 주었다. 5월 1일에 조병호는 公州牧에서 승정원 서리 廉學敏이 가져온 교서와 유서를 받았고, 다음 날인 5월 2일에 지수장계를 작성하여 고종에게 보고하였다. 지수장계를 통해 국왕과 관찰사 사이에 교서와 유서를 전달하고 그 사안을 보고하는 제도를 확인할 수 있다.

관찰사가 부임지에서 교서와 유서를 수취하는 사례는 전라도관찰사를 역임한 沈頤之의 사례를 확인할 수 있다. 1786년(정조 10) 6월 29일에 나주목사 심이지는 정조가 친림한 都目政事에서 전라도관찰사에 임명되었다.[50] 7월 1일에 영의정 鄭存謙은 새로 임명된 전라도관찰사 심이지가 지금 나주에 있는데, 나주는 전라감영과 멀지 않기 때문에 전례에 의하여 심이지의 除朝辭赴任을 요청하였고, 이에 대하여 정조의 윤허를 받았다.[51] 이어서 7월 2일에 좌부승지 李祖承은 밀부의 인수

---

48) 서울대학교 도서관, 『古文書』 2 -官府文書-, 1987, 395쪽.
49) 『고종실록』 고종 31년(1894) 4월 25일(신미).
50) 『승정원일기』 정조 10년(1786) 6월 29일(신축).
51) 『승정원일기』 정조 10년(1786) 7월 1일(임인).

인계와 교서와 유서를 전하는 방식을 정조에게 아뢰었다. 그 내용은 전임 전라도 관찰사 李在學이 패용한 밀부를 심이지가 전해 받고, 교서와 유서는 승정원의 서리가 가지고 가서 심이지에게 전달하는 것이었다. 그러나 정조는 관찰사가 兵使·水使와 다르고 전임 관찰사는 돌아와서 밀부를 납부해야 하므로 교서와 유서를 내려 보낼 때에 선전관을 특별히 보내서 밀부를 가지고 가서 전달하라고 명하였다.[52] 심이지는 부임지인 전라감영에 도착한 이후에 승정원의 서리가 가지고 온 교서·유서와 선전관이 가지고 온 밀부를 전라감영에서 수취하였다.

전라도관찰사 심이지는 부임지에서 교서·유서·밀부를 모두 수취하였지만, 이후 閔正植·朴齊純은 교서와 유서만 수취하고 밀부는 기존에 사용하였던 것을 그대로 사용하거나 전임 관찰사의 밀부를 인수인계 받았다. 1890년(고종 27) 12월에 민정식은 경상도관찰사에서 전라도관찰사에 임명되었다.[53] 고종은 민정식에서 除朝辭赴任의 명을 내렸고, 이에 민정식은 경상감영에서 전라감영으로 바로 부임하였다. 또한 고종의 명에 따라 민정식은 경상도관찰사 때에 받은 밀부를 그대로 패용하였고, 승정원의 서리가 가지고 온 교서와 유서를 전라감영에서 수취하였다.[54] 1894년(고종 31)에 장흥부사에서 전라도관찰사에 임명된 박제순은 전임 전라도관찰사가 받은 밀부를 인수인계 받아서 패용하였고, 승정원의 서리가 가지고 온 교서와 유서를 전라감영에서 수취하였다.[55]

이와 같이 관찰사는 부임지에서 교서와 유서를 수취하여 교대하는 과정에서 지방 행정권과 군사 지휘권의 공백을 최소화하였다. 또한 관찰사의 행정적·군사적인 권한을 효율적으로 인수인계하였다.

V. 재임 기간 운용

관찰사는 궁궐에서 국왕에게 辭朝를 마치고 교서와 유서를 수취한 후에 부임지로 출발하였다. 부임 과정에서 관찰사는 교서와 유서를 부임 행렬의 앞부분에 세우고 이동하였다. 이러한 관찰사의 부임 행렬은 조선 후기에 그린 『平生圖』의 「觀

---

52) 『승정원일기』 정조 10년(1786) 7월 2일(계묘).

53) 『승정원일기』 고종 27년(1890) 12월 18일(계축).

54) 『승정원일기』 고종 28년(1891) 1월 4일(기사).

55) 『승정원일기』 고종 31년(1894) 7월 8일(임오).

察使赴任」과 「松都留守到任」에서 확인할 수 있다.

〈자료 7〉 觀察使의 赴任 行列에서 敎書와 諭書[56]

	『平生圖』 「觀察使赴任」	『平生圖』 「觀察使赴任」	『慕堂洪履祥平生圖』 「松都留守到任」
전체			
세부			

『평생도』의 부임 행렬에는 적색 원통을 메고 말을 타고 가는 두 사람이 공통적으로 그려져 있다. 두 사람이 메고 있는 적색 원통은 각각 교서와 유서를 넣은 敎書筒과 諭書筒이었다. 관찰사의 부임 행렬에서 교서통과 유서통은 교서와 유서를 보관하면서 아울러 부임 행렬의 앞부분에서 관찰사의 권위와 위엄을 세우는 기능을 하고 있다.[57]

관찰사의 부임 과정에서 경유하는 州·府·郡·縣의 守令과 驛의 察訪은 五里程에서 관찰사의 부임 행렬을 맞이한 후에 前導하였다. 관찰사가 경유하는 지역의

---

56) 국립국악원, 『조선시대 음악풍속도 Ⅰ』, 2002, 151·157·160쪽.
57) 노인환, 앞의 논문, 2014, 65쪽.

객사에 도착하면 수령과 찰방은 관찰사의 교서와 유서에 숙배하였다. 또한 관찰사가 부임지에 도착할 때에도 부임지의 수령과 인근 지역의 수령·찰방은 오리정에서 관찰사의 부임 행렬을 맞이하였고, 교서와 유서에 숙배하였다.

예를 들어 1704년(숙종 30) 5월에 충청도관찰사 李濟가 공주에 부임하는 과정에서 稷山에 도착하였을 때에 忠淸都事·天安郡守·成歡察訪·稷山縣監·鎭川縣監·平澤縣監이 五里程에서 관찰사의 부임 행렬을 맞이하고 전도하였다. 이제가 객사에 도착한 후에 수령과 찰방은 교서와 유서에 숙배하고 公私禮를 거행하였다.[58] 또한 1721년(경종 1) 6월 충청도관찰사 尹陽來가 충청감영이 있는 공주의 오리정에 도착할 때에 右營將이 大旗幟를 率領하였고 公州牧使와 利仁察訪이 揖하고 전도하였으며, 윤양래가 객사에 도착하자 영장·목사·찰방이 교서와 유서에 숙배하고 공사례를 거행하였다.[59]

관찰사가 감영에 부임하면 도내의 수령은 새로 임명된 관찰사를 入謁하기 위하여 감영에 도착하였고, 교서와 유서에 숙배한 후에 관찰사를 입알하였다. 또한 새로 임명된 지방 수령도 궁궐에서 국왕에게 하직한 후에 감영을 거쳐 부임지로 부임하였는데, 감영에 도착하면 교서와 유서에 숙배하고 관찰사를 입알하였다. 예를 들어 1780년(정조 4) 4월 19일에 庇仁縣監과 稷山縣監은 감영에 부임한 洪忠道觀察使 沈頤之를 입알하기 전에 교서와 유서에 숙배를 행하였다.[60] 1712년(숙종 38) 5월과 6월에 새로 임명된 順安縣令과 三和府使는 궁궐에서 숙종에게 하직한 후에 평안감영에 와서 교서와 유서에 숙배한 후에 평안도관찰사 李濟를 입알하였다.[61]

재임 기간에 관찰사는 매달 1일과 15일에 한양에 있는 국왕을 향하여 望闕禮를 거행하였는데, 이 때 관찰사는 교서와 유서를 前排하고 객사에 가서 망궐례를 거행하였다. 1811년(순조 11)에 전라도관찰사 李相璜이 매달 1일과 15일 망궐례를 거행할 때에 宣化堂을 출발하여 객사로 이동하였는데, 이 때 肩輿에 교서·유서·節鉞·小軍物 등을 전배하였다.[62] 전라도관찰사의 경우에는 전주에 있는 慶基殿과 肇慶廟에서 제사를 지낼 때 교서와 유서를 前排하고 齋所에 도착하였다.[63]

---

58) 『忠淸監營日記』甲申(1704) 5월 15일.
59) 『湖西監營日記』辛丑(1721) 6월 26일.
60) 『錦營日錄』庚子(1780) 4월 19일.
61) 『關西日記』(坤) 壬辰(1712) 5월 24일; 壬辰 6월 23일.
62) 『湖南日記』辛未(1811) 3월 1일.
63) 『湖南日記』庚午(1810) 11월 25일; 庚午(1810) 12월 30일; 辛未(1811) 2월 2일.

관찰사는 재임 기간에 도내 州·府·郡·縣을 돌아보면서 백성들의 민정을 살피고 지방의 수령을 규찰하는 巡歷을 거행하였다. 이 때문에 8도의 관찰사는 순찰사의 관직을 겸직하였다. 관찰사는 순력을 거행하는 과정에서 국왕에게 받은 교서와 유서를 운용하는 사례를 확인할 수 있다. 관찰사의 순력이 지방의 고을에 도착하면 해당 수령은 반드시 오리정에서 延命하였으며, 大廳의 뜰에서 교서에 숙배하는 예를 거행하였다.[64]

관찰사가 순력할 때에는 항상 교서와 유서를 동반하였는데, 순력할 때에 관찰사의 행차는 유희춘의 『미암일기』에서 구체적으로 확인할 수 있다.

> 監司 行次.
> 제1 皮箱[將校가 지고 앞서 간다], 제2 紗帽匣, 제3 蠢, 제4 旗, 제5 印, 제6 兵符, 제7 敎書, 제8 諭書, 제9 節, 제10 鉞, 제11 迎逢[吹螺赤·喇叭·太平簫], 제12 軍官, 제13 前馬, 제14 徒步 3雙[처음과 끝은 붉은 색, 중간은 흑색], 제15 羅將[州·府는 5雙, 郡은 4雙, 縣은 3雙], 제16 書者 1雙, 제17 監司 馬轎[夾輔 6人, 또 書者 1雙이 뒤에 있음], 제18 都事, 제19 察訪, 제20 審藥·檢律, 제21 中房[즉 이른 바 伴倘], 제22 奴子, 제23 營吏, 제24 馬頭, 제25 都書者.[65]

『미암일기』에 수록된 관찰사의 순력 행차에서 교서는 일곱 번째에 있었고, 유서는 바로 뒤인 여덟 번째 있어서 부임 행렬과 마찬가지로 비교적 앞부분에 위치하였다. 이러한 관찰사의 행차가 도내 주·부·군·현에 도착하면 해당 수령은 관찰사의 교서와 유서에 숙배하였다. 예를 들어 1571년(선조 4) 4월 7일에 전라도관찰사 유희춘이 순천에 도착하였을 때에 순천부사와 광양현감은 行禮하였고, 전라좌수사 金鎧는 달려와서 교서와 유서에 숙배하였다.[66]

재임 기간에 관찰사는 부임과 순력 과정에서 교서와 유서를 행렬의 앞부분에서 두고 운용하였으며, 망궐례와 각종 제사 등을 거행할 때에도 교서와 유서를 행렬에 세우고 前排하였다. 또한 도내의 지방 수령이 관찰사를 入謁할 때에 관찰사의 교서와 유서에 숙배하였다. 이와 같이 관찰사의 교서와 유서를 운용하는 것은 국왕의 명령이 수록된 교서와 유서의 권위를 보여주는 것이다. 이를 통해 관찰사는 국왕의 명령을 위임받아 각 도를 다스리고 도내 수령과 지휘관을 통솔하였다.

---

64) 『眉巖集』 卷4, 庭訓外篇下; 『牧民心書』 卷3, 奉公六條 禮際.
65) 『眉巖日記』 監司行次.
66) 『眉巖日記』 辛未(1571) 4월 7일.

Ⅵ. 맺음말

　조선시대 국왕은 지방의 행정과 군사를 통치하는 수단으로 관찰사에게 교서와 유서를 내려 주었다. 관찰사는 교서를 통해 행정적으로 도내 주·부·군·현의 수령을 통솔하였고, 군사적으로 휘하의 절도사와 방어사를 통솔하였다. 또한 유서를 통해 비상시의 병력 동원에 대응할 수 있는 국왕의 명령을 받았다. 이 글에서는 조선시대 관찰사 교서와 유서의 시행 과정과 특징을 살펴보고, 법전과 관찬 사료를 통해 발급 과정을 검토하였으며, 관찰사의 일기 자료를 중심으로 수취 과정과 재임 기간의 운용을 고찰해 보았다.

　관찰사 교서와 유서는 현재 교서 74점·유서 59점이 전하고 있으며, 각각의 문서 양식에 따라 본문 내용이 기재되었다. 특히 교서에는 부임지를 나타내는 고유한 용어가 기재되었으며, 유서에는 관찰사가 국왕에게 수취한 밀부 숫자가 기재되었다. 관찰사의 교서는 교서제술관 배정, 교서 제술, 製進單子 작성과 入啓, 국왕 결재, 注書 書寫, 施命之寶 安寶의 과정으로 발급되었다. 유서는 승정원의 주서가 본문의 내용을 작성하였고, 密符置簿冊을 통해 밀부 번호를 기재한 후에 諭書之寶 안보의 과정으로 발급되었다. 관찰사의 재임 기간에 도의 명칭이 변경되거나 관찰사가 加資된 경우에 교서와 유서가 재발급 되었으며, 국왕의 大喪이 있을 경우에 유서가 재발급 되었다. 교서와 유서를 수취할 때에 관찰사는 국왕에게 辭朝를 거행하고 궁궐에서 교서와 유서를 수취하였으며, 除朝辭赴任의 경우에는 부임한 감영에서 교서와 유서를 수취하였다. 재임 기간에 관찰사는 부임과 순력 과정에서 교서와 유서를 운용하여 도내 수령을 통솔하였다.

　지금까지 관찰사의 교서와 유서에 대한 문서 행정을 현전하는 실물 문서, 관찬 사료, 법전, 관찰사의 일기 자료 등을 활용하여 살펴보았다. 관찰사의 일기 자료는 관찰사에 임명된 후부터 부임 과정, 감영에서의 각종 업무, 순력 과정 등을 매일매일 생생하게 기록한 자료이다. 이러한 관찰사의 일기 자료를 활용하여 교서와 유서 이외에 관찰사가 발급하는 牒呈·關·帖·甘結 등의 공문서를 연구하여 전반적인 조선시대 관찰사의 문서 행정이 밝혀지기를 기대해 본다.

조선시대 왕세자문서와 국왕문서의 비교
-명령문서와 보고문서를 중심으로- *

조미은

Ⅰ. 머리말

이 글은 현전하는 왕세자문서 가운데 왕세자가 내린 명령문서와 왕세자에 대한 보고문서를 국왕문서와 함께 비교·분석하여 각각의 특성을 밝히고 이를 통해 왕세자문서의 문서식을 복원하는 데 목적을 두고 있다.

왕세자문서는 왕세자가 직·간접적으로 발급 혹은 수취한 문서로서 차기 왕권 계승자로서의 면모를 단적으로 보여주는 문서이다. 그러나 왕세자문서의 특성상 국왕문서에 비해 현전하는 문서의 실례가 매우 희소하고, 기본적으로 국왕문서 형식에 준하여 발급되기 때문에 별도의 문서규정이 수록되어 있지 않다. '왕세자'라는 발급 또는 수취 주체가 분명함에도 불구하고 국왕문서 또는 왕명문서, 왕실문서 등의 범주에 혼재되어 있거나 아무런 명칭 없이 흩어져 있었기 때문에 그만의 독자적인 특성은 주목받지 못했었다.

이는 왕권 계승 이전의 왕세자가 갖는 권한과 역할 등에 대한 연구가 부족함에서 기인한 것으로 보인다. 왕세자는 '왕권 계승자'라는 특수한 지위에서 국왕의 후계자이면서 신하로서, 때로는 통치자로서의 다양한 역할을 수행하였기 때문에 왕세자문서 또한 다양한 성격을 지닐 수밖에 없다. 즉, 왕세자문서는 국왕 또는 왕명문서, 왕실문서, 관부(관원)문서와 유기적으로 연계되어 있으면서도 왕세자라는 지위가 갖는 특수성으로 다른 문서와는 확연히 다른 층위를 형성하고 있음을 짐작할 수 있다.

기존 연구에서 왕세자문서는 독자성을 갖지 못한 채 국왕문서, 왕실문서, 관부문서 등의 유관한 범주에서 간략하게 언급될 뿐이었다.[1] 이러한 인식은 이후

---

* 이 글은 「조선시대 왕세자문서와 국왕문서의 비교 연구 -명령문서와 보고문서를 중심으로-」, 『역사학연구』69, 2018을 수정·보완한 것이다.

로도 크게 개선되지 못하다가 2000년대 이후 개별 고문서에 관한 연구가 집중적으로 이루어지면서 왕세자와 관련된 고문서학적인 연구도 본격적으로 연구되기 시작했다.[2] 이와 함께 최근 고문서학 분야에서 국왕문서 또는 왕명문서, 임명문서 등에 관한 심도 있는 연구가 이루어지면서 왕세자문서 가운데 명령 또는 임명문서 사례가 국왕문서 사례와 함께 이해되었다.[3]

그러나 이러한 선행 연구에도 불구하고 왕세자문서의 특성을 제대로 이해하기 위해서는 국왕문서와의 비교 연구가 병행되어야 한다고 생각된다. 왕세자가 발급하거나 수취하는 문서는 기본적으로 국왕문서에 준하여 작성되기 때문에 국왕문서에 대한 이해가 선행되어야 왕세자문서를 제대로 파악할 수 있다고 본다.

현재 여러 기관, 문중 및 개인 등이 소장하고 있는 왕세자문서는 왕세자와 국왕간의 문서, 왕세자와 신하간의 문서로 대분류를 하고, 다음으로 국왕이 왕세자에게 내리는 문서, 왕세자가 국왕에게 올리는 문서, 왕세자가 신하에게 내리는 문서, 신하가 왕세자에게 올리는 문서로 중분류를 하여 왕세자문서의 유형을 설정해 볼 수 있다.[4]

---

1) 김동욱, 『고문서집진』, 연세대학교출판부, 1972; 최승희, 『한국고문서연구』, 지식산업사, 1999(증보판); 윤병태, 『한국고문서정리법』, 한국정신문화연구원, 1994.

연구자	대분류	중분류	소분류
김동욱 (1972년)	宮家文書(准公文書)	宮內文書	徽旨
		國內 東宮 公文書	令書
	官民達上國王 文書	官員→王族	上書(狀達 達本 申本 三司合達)
최승희 (1989년)	王室文書	對官府(官吏)	徽旨 令書 令旨 下答
	官府文書	對王室	上書 申本 申目 狀達
윤병태 (1994년)	教令類	×	徽旨 令書 令旨 下答
	疏箚啓狀類	×	上書 申本 申目 狀達 回達

2) 장을연, 「조선시대 왕세자 책봉문서 연구 -죽책의 작성절차를 중심으로-」, 한국학대학원 석사학위논문, 2008; 조미은, 「조선시대 왕세자 대리청정기 문서 연구」, 『고문서연구』 36, 한국고문서학회, 2010.

3) 노인환, 「조선시대 諭書 연구」, 한국학중앙연구원 한국학대학원 석사학위논문, 2009; 박성호, 「조선초기 왕명문서 연구 -경국대전체제 성립까지를 중심으로-」, 한국학중앙연구원 한국학대학원 박사학위논문, 2012; 유지영, 「조선시대 任命文書 연구」, 한국학중앙연구원 한국학대학원 박사학위논문, 2014; 노인환, 「조선시대 教書 연구」, 한국학중앙연구원 한국학대학원 박사학위논문, 2014.

4) 국왕이 왕세자에게 내리는 문서의 경우, 국왕문서의 범주에 속하지만 '왕세자'라는 문서 발급 주체를 기준으로 하여 왕세자문서 범주에 포함시켜 살펴본 것이다.

〈표 1〉 왕세자문서의 유형별 현황

순번	대분류	중분류	문서명	수량		비고
				종	점	
1	왕세자 ↕ 국왕	국왕→왕세자	敎命	11	11	
2			竹冊	12	12	
3			冠禮敎書	2	4	
4			訓諭諭書	1	1	
5			批答	11	11	
6		왕세자→국왕	上疏	11	11	
7			庭請啓辭	11	11	
8			箋文	11	14	代理聽政 포함
9	왕세자 ↕ 신하	왕세자→신하	推考徽旨	1	1	代理聽政
10			徽旨	1	1	代理聽政
11			令旨	25	25	代理聽政
12			朝謝文書	2	2	代理聽政
13			令牒	1	1	代理聽政
14			令書	8	8	代理聽政
15			下答	11	11	代理聽政
16			有令	1	1	分朝
17			致祭文	4	4	代理聽政 포함
18		신하→왕세자	達辭	1	1	代理聽政
19			申目	1	1	代理聽政
20			改名帖	1	1	代理聽政
21			繼後立案	7	7	代理聽政
22			上書	6	7	代理聽政
23			狀達	1	1	代理聽政
24			書目	1	1	分朝
합 계				142	148	

위 표와 같이, 142종 148점에 이르는 왕세자문서 사례가 현전하는 것을 알 수 있다. 왕세자와 국왕간의 문서는 75점(51%)이다. 이 가운데 국왕이 왕세자에게 내리는 문서는 39점(26%)으로 敎命 11점, 竹冊 12점, 冠禮敎書 4점, 訓諭諭書 1점, 批答 11점이다. 왕세자가 국왕에게 올리는 문서는 36점(24%)으로 上疏 11점, 庭請啓辭 11점, 箋文 14점이다. 왕세자와 신하간의 문서는 73점(49%)이다. 이 가운데 왕세자가 신하에게 내리는 문서는 54점(36%)으로 推考徽旨 1점, 徽旨 1점, 令旨 25점, 朝謝文書 2점, 令牒 1점, 令書 8점, 下答 11점, 有令 1점, 致祭文 4점이다.

신하가 왕세자에게 올리는 문서는 19점(12%)으로 達辭 1점, 申目 1점, 繼後立案 7점, 改名帖 1점, 狀達 1점, 上書 7점, 書目 1점이다.

역대 왕세자5)별로 구분해 보면, 15명의 왕세자·왕세제·왕세손이 직·간접적으로 발급하거나 수취한 문서가 남아 있다. 王世子(文宗) 3점, 王世子(光海君) 1점, 王世子(昭顯世子) 2점, 王世孫(顯宗) 1점, 王世子(顯宗) 2점, 王世子(肅宗) 1점, 王世子(景宗) 32점, 王世弟(英祖) 18점, 王世子(眞宗) 7점, 王世子(莊祖) 30점, 王世孫(懿昭世孫) 1점, 王世孫(正祖) 8점, 王世子(純祖) 2점, 王世子(翼宗) 11점, 王世孫(憲宗) 2점, 王世子(純宗) 27점이다. 이 가운데 왕세자(경종) 32점(21.6%), 왕세자(장조) 30점(20.2%)으로 가장 많은 수량을 차지한다. 그 다음으로 왕세자(순종) 27점(18.2%), 왕세제(영조) 18점(12.1%), 왕세자(익종) 11점(0.74%)이고 나머지는 10점 미만이다. 경종, 장조, 익종과 같이 대리청정을 경험한 왕세자의 문서 실례가 많이 남아 있음을 알 수 있다.

이 가운데 왕세자가 신하에게 내리는 명령문서와 신하가 왕세자에게 올리는 보고문서는 국왕문서 사례와 비교해 볼 때, 왕세자와 국왕의 서로 다른 지위와 권한에 따른 문서행정 체계를 실증적으로 보여줄 수 있는 실례라고 할 수 있다. 따라서 이 글에서는 왕세자와 국왕이 발급 또는 수취한 명령문서와 보고문서가 실제 어떻게 다르며 각각 어떠한 방식으로 작성되어 발급되는지에 대하여 문서 형식, 내용, 작성방식 등 문서학적인 측면에서 살펴보고자 한다. 이를 통해 왕세자의 명령문서와 보고문서의 개별 문서식을 복원해 보고자 한다. 이를 통해 국왕문서와 왕세자문서의 차별성을 실증적으로 확인하고 왕세자문서의 정체성을 확립하는 데 그 의의를 찾고자 한다.

II. 왕세자와 국왕의 명령문서

1. 徽旨와 敎旨

현전하는 徽旨는 1449년(세종 31) 12월 26일에 왕세자(문종)가 鄭軾에게 발급한

---

5) 조선시대 책봉의식을 거친 왕세자는 고종대까지 총31명으로 이 가운데 왕위에 오른 세자는 19명이고, 왕위에 오르지 못하고 요절한 왕세자는 8명이나 되었다(심재우 외, 『조선의 세자로 살아가기』, 돌베개, 2013, 314~319쪽). '왕세자'라는 명칭은 국왕의 후계자임을 공식적으로 인정하는 책봉 의식을 거행할 때 수여받는 것이다. 경종대나 영조대와 같이, 국왕의 후계 구도가 적장자로 이어지지 못한 경우에 '왕세제', '왕세손'이 국왕의 후계자로 책봉되었다.

문서이다.6) 이 문서는 왕세자가 발급한 임명 문서 가운데 가장 이른 시기에 작성된 사례이다. 국왕의 임명 문서와 어떠한 점에서 차이가 나타나는지에 대해 동일한 시기에 작성된 국왕이 발급한 실제 임명 문서 사례를 통해 확인해 보고, 이를 통해 왕세자가 발급한 徽旨의 문서 양식을 복원해 보고자 한다.

徽旨는 왕세자가 대리청정을 행할 때에 신하에게 발급하는 임명장으로 국왕의 敎旨에 해당한다. 이 문서는 세종대 대리청정 제도가 처음으로 시행되면서 왕세자(문종)가 발급한 것으로 '徽旨'라 하였다.

세종은 대리청정 기간에 왕세자가 임명할 수 있는 관직의 범위를 3품 이하의 관원으로 규정하였다. 이러한 왕세자의 임명은 기본적으로 국왕의 임명 규정과 같은 구조 속에서 이루어졌다. 따라서 왕세자가 대리청정을 행하는 동안 국왕을 대신하여 3품 이하의 관원을 임명할 때 발급하는 문서 또한 국왕의 교지 형식과 동일한 구조로 작성하여 발급하였다.

국왕의 교지는 정형화 된 문서식으로 존재하였는데, 이러한 형식은 『경국대전』「禮典」에 수록되어 있는 '文武官四品以上告身式'을 통해 확인해 볼 수 있다.

〈자료 1〉 문무관 4품 이상 고신식

위에 제시한 문서식과 같이, 국왕의 임명 문서는 '文武官四品以上告身式'이라고 명명하고 있다.7) 문서식의 구조는 시면, 본문, 발급일자 세 부분으로 구성되어 있다. 시면에는 '왕의 뜻'이라는 의미의 '敎旨'라는 두 글자를 제일 먼저 기재하도록

---

6) 나주정씨 설재서원 소장 고문서는 전형택에 의해 처음으로 학계에 소개되었다. 이후 조선초기에 발급된 임명문서 사례로 국왕문서와 함께 연구된 바 있다. 현재 원본은 도난으로 소장처를 알 수 없는 상태이다. 川西裕也, 「高麗末・朝鮮初期における任命文書体系の再檢討」, 『朝鮮學報』 220, 朝鮮學會, 2011; 박성호, 「조선초기 왕명문서 연구-경국대전체제 성립까지를 중심으로-」, 한국학중앙연구원 박사학위논문, 2012; 조미은, 「조선시대 왕세자문서 연구」, 한국학중앙연구원 박사학위논문, 2014.

7) 이와 함께 '文武官五品以下告身式'이 함께 규정되어 있는데, 여기에 대해서는 후술하고자 한다.

하였다. 본문은 '아무개를 아무 품계 아무 직으로 삼는다.(某爲某階某職者)'라고 하여 임명 대상자의 이름을 먼저 쓰고 그 다음에 임명 대상의 품계와 실직을 기재하였다. 문장의 구조는 '~爲~者(~를~로 삼는다)'라는 형식을 취하고 있다. 발급일자는 '年[寶]月日'이라고 하여 문서를 발급한 날짜를 기재하였고, 연호 부분에 국왕의 寶印을 찍도록 하였다. 본문과 발급일자는 '교지'보다 한 글자 낮은 위치에서 작성하였다. 이를 바탕으로 세종이 발급한 교지의 실례와 동시기에 왕세자가 발급한 휘지의 실례를 함께 살펴보자.

〈자료 2〉 徽旨와 敎旨의 실례

1449년 12월 26일 鄭軾 徽旨	1443년 12월 6일 李澄石 敎旨[8]
[徽旨] 鄭軾爲朝奉大夫 守議政府舍人直寶 文閣知製教者 正統十四年十二月廿六日 [王世子印]	[敎旨] 李澄石爲正憲 [大] 夫慶尚道左道兵 馬都節制使知招 討營田事者 正統八年十二月初六日 [施命之寶]

위 자료에서 오른쪽에 제시한 교지의 실례[9]는 1443년(세종 25) 12월 6일에 세종이 이징석을 정헌대부·경상도좌도병마도절제사·지초토영전사로 임명한 고신이다. 앞부분이 결락되어 있으나 이 문서를 전후로 동시기에 작성한 다른 실례를 통해 '敎旨'가 기재되어 있었음을 추정할 수 있다. 정헌대부는 문관 정2품의 품계

---

8) 『한국고문서정선』 1(告身·王旨·敎旨·슈旨), 장서각, 2012, 98쪽. 이 문서는 양산이씨 소장 자료로 보물 제 1001-1호이고, 크기는 49.5×73.4cm이다.

9) 徽旨와 함께 鄭軾에게 발급된 교지 5건이 남아 있으나 왕세자(문종)의 대리청정이 끝난 이후에 발급된 사례이기 때문에 비교 사례로 제시하지 않았다(전형택, 「書齋書院 소장의 조선초기 羅州鄭氏 고문서 자료」, 『고문서연구』 26, 한국고문서학회, 2005, 17~18쪽 도판 참조).

이다. 연호 부분에 찍힌 국왕의 보인은 '施命之寶'이다. 이 밖에 문서의 내용이 행초서로 작성되었고, 전체적으로 오른쪽에 치우치게 작성하여 상대적으로 왼쪽 부분의 여백이 넓게 남아 있음을 알 수 있다. 문서의 크기는 세로 49.5cm, 가로 73.4cm이다. 이와 같이 '문무관4품이상고신식'에 준하여 작성된 교지의 실례를 확인하였다.

위 자료의 왼쪽에 제시한 徽旨는 1449년(세종 31) 12월 26일에 왕세자(문종)가 鄭軾에게 발급한 문서이다. 왕세자(문종)는 1443년 4월 17일부터 1450년 2월 22일까지 대리청정을 경험하고 직후에 문종으로 즉위하였다. 이 기간에 왕세자(문종)가 발급한 임명 문서의 실례는 1449년 12월 26일에 정식을 조봉대부·수의정부사인·직보문각·지제교로 임명한 휘지 사례가 유일하다. 시면은 결락되어 있지만 남아 있는 자획을 통해 '徽旨'라는 사실을 앞서 확인하였다. 조봉대부는 종4품의 문관의 품계이고 의정부사인은 의정부 소속의 정4품 관직이며 직보문각은 보문각 직각이 겸하는 정4품의 관직이다. 이 내용은 '~爲~者' 구조로 작성되었고, '徽旨' 보다 한 글자 아래 위치에서 기재하였다. 말미에는 연호와 연월일자를 기재하고 연호 부분에 '王世子印'을 찍었다. 글씨체는 행초서로 작성하였고 문서의 왼쪽 여백이 넓게 남아 있다. 문서의 크기는 세로 42cm, 가로 73cm이다.

이처럼 왕세자가 대리청정을 하고 있는 기간에 세종이 발급한 교지의 실례와 왕세자(문종)가 발급한 휘지의 실례를 함께 살펴보았다. 왕세자(문종)가 발급한 徽旨 사례는 조선 초기 국왕이 발급하는 敎旨의 문서 양식에 준하여 발급된 것임을 확인할 수 있었다. 다만, 발급 주체가 왕세자이기 때문에 임명 대상을 3품 이하로 규정하고, '敎旨'를 '徽旨'라 하고, '施命之寶' 대신에 '王世子印'을 사용하였다. 문서의 규격은 넓이는 거의 동일하였지만 높이는 교지보다 휘지가 좀 더 낮은 수치로 확인되었다. 이러한 사실을 바탕으로 조선 초기 대리청정기에 왕세자가 3품 이하의 관원에게 발급한 임명 문서인 휘지의 문서 양식을 추정해 보면 아래와 같다.

〈자료 3〉 徽旨의 문서식

徽旨 某爲某階某職 者 年 月 日 [王世子印]	발급주체 : 王世子 사용시기 : 代理聽政期 문 서 명 : 徽旨 서 체 : 行草書 인 장 : 王世子印

2. 슈旨와 敎旨

현전하는 슈旨는 모두 18세기 이후에 왕세자가 대리청정을 할 때 작성된 사례로 25건이 확인된다.[10] 이 문서는 왕세자가 대리청정을 하는 기간에 3품 이하의 관원에게 발급하는 임명장이다. 즉, 앞서 살펴본 조선 초기 徽旨의 양식이 슈旨 형식으로 변화하여 조선 후기까지 행용된 것이다.

〈자료 4〉 徽旨와 슈旨의 실례 비교

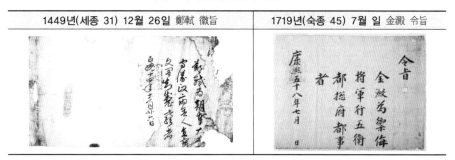

1449년(세종 31) 12월 26일 鄭軾 徽旨	1719년(숙종 45) 7월 일 金澱 슈旨

현전하는 영지 사례 가운데 숙종대 왕세자(경종)가 발급한 경우가 22건이고, 왕세손(정조)이 발급한 경우는 3건이다. 이 가운데 대리청정을 하는 기간에 국왕과 왕세자가 동일한 대상에게 발급한 국왕의 교지와 왕세자의 영지 실례를 함께 살펴보자.

다음에 제시한 사례는 숙종대 왕세자(경종)가 대리청정을 하고 있을 때 숙종이 김전에게 발급한 교지와 왕세자(경종)가 김전에게 발급한 영지이다. 숙종의 교지는 앞서 살펴본 '문무관4품이상고신식'에 준하여 발급한 형식으로, 시면에 '敎旨'를 기재하고, 본문은 '某爲某階某職者'와 같이 작성하였으며, 발급일자 부분에서 연호 부분에 '施命之寶'를 답인한 것은 동일하게 나타난다.

그러나 기재 양식에 있어서 몇 가지 차이점이 발견된다. 조선 초기 왕세자가 발급한 徽旨의 서체는 행초서로 작성되어 있지만, 조선 후기에 왕세자가 발급한 슈旨의 서체는 해서로 작성하였음을 알 수 있다. 그리고 조선 초기에는 문서의 내용을 오른쪽으로 치우치게 하여 왼쪽에 여백을 넓게 남겨 두는 형식으로 작성하였으

---

10) 조선 초기 세종대에 왕세자(문종)가 대리청정을 처음으로 시행하였고, 이후 숙종대에 이르러 왕세자(경종)가 1717년(숙종 43) 8월 1일~1720년(숙종 45) 6월 13일까지, 영조대에는 사도세자가 1749년(영조 25) 1월 27일~1762년(영조 38) 5월 13일까지, 왕세손(정조)이 1775년(영조 51) 12월 7일~ 1776년(영조 52) 3월 10일까지, 순조대에는 효명세자가 1827년(순조 27) 2월 18일~1830년(순조 30) 5월 6일까지 대리청정을 직접 경험하였다.

나, 후기에는 좌·우 여백이 거의 동일한 형태로 작성하였다. 또 발급 일자 부분이 생략되어 있음을 확인할 수 있다.

〈자료 5〉 令旨와 敎旨의 실례

1719년(숙종 45) 7월 金瀗 令旨	1718년(숙종 44) 5월 金瀗 敎旨
令旨 金瀗爲禦侮 將軍行五衛 都摠府都事 者 康熙五十八年七月 日 【王世子印】	敎旨 金瀗爲定 略將軍宣 傳官者 戊五別加 康熙五十七年五月 日 【施命之寶】

이와 함께 문서를 직접 기재한 작성자에 대한 정보가 확인된다. 교지의 뒷면 왼쪽 하단 모퉁이 부분에 작은 글씨로 '兵政吏徐壽長'이라는 내용이 기재되어 있다. 이 내용은 당시 교지의 내용을 직접 작성한 관원의 소속과 이름으로 확인된다. 곧 병조 소속의 書吏인 徐壽長이라는 관원이 김전의 교지를 작성한 것임을 알 수 있다. 영지 또한 교지와 같은 위치에 '兵政吏徐壽長'이라는 동일한 내용이 기재되어 있는 것으로 보아 영지 또한 병조의 서리 서수장이 작성하였음을 알 수 있다.

조선시대에 작성된 고신의 뒷면을 살펴보면 좌측 하단 부분에 작은 글씨로 '吏

曹書吏○○○’, ‘吏吏○○○’, ‘兵政吏○○○’ 등이라고 기재된 기록들을 볼 수 있다. 이것은 고신의 작성을 담당한 이조의 서리와 병조의 政色들이 자신들의 신분과 이름을 기록한 것이다. 『경국대전』에 의하면 문관의 고신과 사후의 증직에 관한 사무는 이조의 文選司에서, 추증과 부인의 봉작에 대한 사무는 이조의 考勳司에서, 그리고 무관의 고신은 병조의 武選司에서 담당하였다.[11]

　고신을 작성하는 서리를 대개 집안마다 단골로 지정해두고 그 집안의 고신을 도맡아 담당하게 하곤 하였다. 그래서 이들에게 소위 ‘단골서리’라는 명칭이 붙게 되었다. 김전은 경기도 화성 지역에 세거하던 해풍김씨 남양쌍부파의 한 인물로 이 집안에는 일정 기간 동안 한 사람의 서리 이름이나 특정 성씨가 지속적으로 나타나는 것을 볼 수 있다. 한 명의 서리 이름이 특정시기에 반복되는 것 외에 특정 성씨가 지속적으로 나타나는 것은 단골로 고신을 작성해주는 단골 서리직이 특정 집안 내에서 세습되었음을 말해준다. 이 집안에서 단골로 삼았던 서리들은 병조에는 徐, 金, 劉씨, 이조에는 安씨가 있었다.[12] 그러나 현전하는 교지나 영지 사례를 보면, 문서 뒷면에 담당 서리의 소속과 이름이 기재된 경우가 있고 그렇지 않은 경우가 함께 남아 있기 때문에 이러한 기재 방식이 반드시 지켜야 할 규정이었다기 보다는 작성자 입장에서 자율적 또는 관례적으로 사용한 것으로 보인다.

　이처럼 왕세자가 대리청정을 하고 있는 기간에 숙종이 발급한 교지의 실례와 왕세자(경종)가 발급한 영지의 실례를 함께 살펴보았다. 영지는 조선 초기 휘지의 양식이 변화한 문서 형식으로, 18세기 이후에 왕세자 또는 왕세손이 대리청정을 하는 동안 3품 이하 관원에게 발급하는 문서로 사용되었다. 영지의 문서 형식은 기본적으로 조선 초기 휘지와 기본 구조가 동일하나, 문서 명칭이 ‘徽旨’에서 ‘令旨’로 바뀌었고, 기재방식에 있어서 서체가 ‘행초서’에서 ‘해서’로 변하였으며, 문서의 내용이 좌·우 여백이 동일한 형식으로 작성되었다. 이러한 사실을 근거로 조선 후기 왕세자 또는 왕세손이 대리청정을 할 때 3품 이하의 관원에게 발급한 영지의 문서식을 추정하면 아래와 같다.

---

11) 유지영, 「조선시대 임명관련 교지의 문서형식」, 『고문서연구』 30, 한국고문서학회, 2007, 115쪽.
12) 화성시·화성문화원, 『해풍김씨 남양쌍부파』, 2008, 160~161쪽 참조.

〈자료 6〉 令旨의 문서식

| 令旨 | 발급주체 : 王世子 |
| 某爲某階某職者 년 月 日 〔王世子印〕 | 사용시기 : 代理聽政期
문 서 명 : 令旨
인　　장 : 王世子印
서　　체 : 楷書
배면기록 : 某書吏姓名 |

3. 朝謝文書

대리청정기에 왕세자가 3품 이하의 관원에게 발급하는 徽旨와 令旨 사례를 살펴보았다. 여기에서는 조선 초기에 국왕의 명령으로 이조나 병조에서 발급한 임명장과 대리청정기에 왕세자의 명령으로 이조나 병조에서 발급한 임명 문서에 대해 살펴보고자 한다. 조선 초기에 국왕의 명령으로 이조나 병조에서 5품 이하 관원에게 발급한 임명 문서를 '朝謝文書'라 하였고, 이 시기에 나타나는 조사문서의 문서 구조를 다음과 같이 제시하였다.[13]

〈자료 7〉 朝謝文書의 구조

a. 吏[兵]曹爲朝謝准事
b. 司憲府吏[兵]房書吏某 某年某月日名關
c. 曹所啓 某年某月某日 下批[判/敎] 某爲某職 朝謝由
d. 移關爲等以
e. 合行故牒 須至故牒者

a와 e는 이조와 병조가 문장의 주체가 되는 구문이고, b는 사헌부에서 보내온 문서에 대한 설명을 기재한 구문이고, c는 그 사헌부 문서에 적혀 있는 내용의 요지를 발췌하여 기재한 구문이며, d는 사헌부에서 c에 해당하는 내용의 문서를 이조 또는 병조로 보내 왔다는 것을 설명한 구문이다. 시간의 순서에 따라 문서를 재구성해 보면 c→b→d→a・e의 구조가 된다. 먼저 '이조 또는 병조에서 국왕에게 아뢰어 모년모월모일에 下批하신 모를 모직에 삼는 사안에 대한 朝謝를 由했다[c]'는

---

13) 심영환・박성호・노인환, 『변화와 정착 여말선초의 조사문서』, 민속원, 2011, 참조. 조선 초기 조사문서의 유형은 제1시기 1376년(우왕 2)~1393년(태조 2), 제2시기 1402년(태종 2)~1456년(세조 2), 제3시기 1457년(세조 3)~1465년(세조 11)으로 구분하여 살펴볼 수 있다. 이 글에서는 제2시기, 즉 왕세자가 대리청정을 한 시기만을 분석 대상으로 한정하였다.

사헌부 문서의 내용이 시간적으로 제일 앞서고, 이 내용이 기재된 '사헌부 이방서리 또는 병방서리 모가 모년모월모일에 名하여 보낸 관[b]'에 대한 설명이 그 다음이고, '사헌부에서 이관해 온[d]' '조사를 이조 또는 병조에서 准給한다[a]', '투식어[e]'가 그 다음이 된다.14)

'朝謝'는 제도적으로 사헌부의 서경절차를 지칭하기도 하고 문서의 行移에 주목한다면 사헌부의 서경 결과를 기재하여 司 또는 曹로 보내온 문서를 뜻하는 것으로 판단된다. 따라서 사헌부에서 서경 결과를 기재하여 문서로 보내오면 사나 조에서는 그 문서를 근거로 별도의 문서, 곧 조사문서를 작성하여 해당 수취자에게 발급해 주는 것이다.15)

당시 세종의 명령으로 병조에서 발급한 조사문서 사례와 왕세자(문종)의 명령으로 발급한 두 가지 시례를 함께 살펴보면 아래와 같다.

먼저, 아래 그림에서 오른쪽에 제시한 사례는 1447년(세종 29) 3월 26일에 병조에서 司正 金世老를 수의교위·웅무시위사우령삼번섭부사직에 임명하는 조사문서이다. 문서의 양식은 『洪武禮制』 故牒式을 수용하여 작성되었다. 이조에서 朝謝를 그대로 베껴준다는 뜻의 기두어가 있다. 김세로에 대한 서경의 결과는 사헌부 兵房書吏 孫思顔이 1447년 3월 22일에 병조에 關을 보내 통보하였다. 김세로의 임명은 병조의 啓에 따라 1447년 정월 29일에 세종의 教에 의하여 결정되었다. 연월일에 있는 관인은 '兵曹之印'이다. 이 문서의 작성은 武選司令史 趙가 담당하였다. 이 문서를 발급한 병조의 관원들과 서명 부분이다. 이 문서에 나타난 병조의 관제는 1435년(세종 17)의 관제이다. 1435년 8월 17일에 이조가 啓를 올려 병조에 사무가 많으므로 兼知事 1인을 증치하자고 하여 이를 따랐다. 이 시기 병조의 관원은 判書 1인-參判 1인-參議 1인-兼知事 1인-正郎 3인-佐郎 3인의 구조를 가지고 있었다.16)

---

14) 심영환·박성호·노인환, 앞의 책, 72~74쪽.

15) 심영환·박성호·노인환, 앞의 책, 81쪽.

16) 『한국고문서정선』 2(朝謝文書·五品以下告身·紅牌·白牌·祿牌), 장서각, 2012, 56~57쪽.

〈자료 8〉 朝謝文書의 실례

1449년 9월 3일 裵衽 朝謝文書	1447년 3월 26일 金世老 朝謝文書
帖 判書 參議　　守正郞 參判　　守正郞　佐郞 兼知事(押)　守正郞　佐郞(押) 　　　　　佐郞 兵曹爲朝謝准事、司憲府兵房書吏崔致雨、正統十四年八月三十日 名關、曺所 申、正統十四年八月初六日 除、進義副尉・右軍攝司勇敎、學生裵衽、 朝謝由移關爲等以、合下、須至帖者 右下攝司勇裵衽、准此 朝謝 正統十四年九月初三日 武選司令史 元(着名)	牒 判書 參議(押)　正郞 參判(押)　守正郞　佐郞 兼知事(押)　守正郞　佐郞 　　　　　守佐郞(押) 兵曹爲朝謝准事、司憲府兵房書吏孫思顔、正統十二年 三月二十二日名關、曺所 啓、正統十二年正月二十九日 敎、修義校尉・雄武侍衛司右領三番攝副司直敎、司正金世老 朝謝由移關爲等以、合行故牒、須至故牒者 右故 牒 攝副司直金 正統十二年三月二十六日 朝謝 武選司令史 趙(着名)

　　다음으로 <자료 8>의 왼쪽에 제시한 문서는 1449년(세종 31) 9월 초3일에 병조에서 學生 裵衽을 진의부위·우군섭사용에 임명하는 조사문서이다. 문서의 양식은 『홍무예제』하첩식을 수용하여 작성되었다. 병조에서 朝謝를 그대로 베껴준다는 뜻의 기두어가 있다. 배임에 대한 서경의 결과는 사헌부 병방서리 崔致雨가 1449년 8월 30일에 병조에 關을 보내 통보하였다. 배임의 임명은 병조의 申에 따라 1449년 8월 초6일 왕세자(문종)의 除에 의하여 결정되었다. 따라서 배임이 받은 이 문서는 당시 왕세자(문종)가 대리청정을 할 때 발급된 문서이다. 그러므로 병조에서 아뢸 때는 申자를 사용하였고, 문서를 발급할 때는 왕세자가 除를 사용한 것이다. 왕명문서에 당시 批와 敎, 그리고 除에 대해서는 다음과 같이 규정한 바가 있다.

　　의정부에 傳旨하기를, "지금 이후로 東宮이 3품 이하를 제수하는 批와 敎에 大寶를 쓰지 말고 東宮之印을 쓰고, 官敎 내에 敎旨는 徽旨로 개칭하며, 東班 6품 이상과 西班 3품 이상의 批는 授로 개칭하고, 동반

7품 이하와 서반 4품 이하의 敎는 除로 개칭하라."고 하였다.[17]

이를 간단히 표로 만들면 다음과 같다. 곧 세종 당시 대리청정 때 왕세자는 국왕의 批敎를 授除로 사용하였음을 알 수 있다.

〈표 2〉 왕세자와 국왕의 조사문서의 용어 차이

국왕	왕세자	국왕	왕세자
批	授	敎	除
		曹所啓	曹所申
문관 6품 이상		문관 7품 이하	
무관 3품 이상		무관 4품 이하	

이와 같이, 조선 초기 세종의 명령으로 이조나 병조에 문관 7품 이하, 무관 4품 이하의 관원을 임명할 때 발급한 문서와 세종대 왕세자(문종)가 대리청정을 하고 있을 때 왕세자의 명령으로 이조나 병조에서 문관 7품 이하, 무관 4품 이하의 관원을 임명할 때 발급한 문서의 실례를 함께 살펴보았다. 이를 근거로 하여 조선 초기 세종대 왕세자가 대리청정을 할 때 왕세자의 명령으로 관원을 임명하는 조사문서의 양식을 추정해 보면 다음과 같다.

〈자료 9〉 朝謝文書의 문서식

```
    某曹爲朝謝准事 司憲府某房書吏某 某年某月某日
    名關 曹所
   申 某年某月某日
 除 某階某職敎 某職某,
      朝謝由移關爲等以 合下 須至帖者
       右下某職某 准此
       某年某月某日
       朝謝
      [某曹之印]
                                     某選司令史 姓(着名)
              參議  守正郎  佐郎
  帖 判書 參判        守正郎  佐郎
              兼知事 守正郎  佐郎
```

17) 『세종실록』 권121, 30년(1448) 9월 10일 계사: 傳旨議政府 今後於東宮除授三品以下批敎, 勿用大寶, 用東宮之印. 官敎內敎旨, 改稱徽旨. 東班六品以上·西班三品以上批, 改稱授; 東班七品以下·西班四品以下敎, 改稱除.

4. 令牒과 教牒

현전하는 令牒은 1719년(숙종 45) 2월에 왕세자(경종)가 李安國에게 발급한 문서이다.[18] 이 문서는 왕세가 대리청정을 할 때 5품 이하의 관원을 임명하면서 발급해 준 유일한 실례이다. 그렇다면 국왕이 5품 이하의 관원을 임명할 때 발급하는 教牒과 어떠한 점에서 차이가 나타나는지에 대해 살펴보자. 이를 위해 먼저 국왕이 발급하는 教牒의 근거가 되는 『경국대전』의 '文武官五品以下告身式'을 확인해 보면 아래와 같다.

〈자료 10〉 教牒의 문서식

文武官五品以下告身式
某曹某年某月某日奉
教具官某爲某階某職者
年印月　日
判書臣某　參判臣某　參議臣某
正郎臣某　佐郎臣某

위에 제시한 문서식과 같이, 국왕의 교첩은 '문무과오품이하고신식'이라고 하여 규정되어 있다. 앞서 살펴본 '문무관사품이상고신식'과 달리, 이 규정에서는 임명 대상의 범위는 5품 이하의 관원으로 한정하고 있다. 이와 함께 국왕이 직접 임명하지 않고 국왕의 명령을 받들어 문관일 경우에는 이조에서 무관일 경우에는 병조에서 문서를 작성하여 발급하도록 하고 있다. 문서의 내용은 발급처, 국왕의 명령 일자, 임명 대상, 발급일자, 발급처의 담당 관원 등으로 구분하여 살펴볼 수 있다. 발급처는 이조나 병조로 임명 대상이 문관일 경우와 무관일 경우를 구분하여 '吏曹' 또는 '兵曹'라고 기재하였다. 국왕의 명령 일자 부분은 해당 발급처에서 국왕의 명령을 접수한 날짜를 정확히 기재하였다. 이때 국왕의 명령을 받든다는 내용을 '奉敎'라고 표기하였다. 임명 대상에 대해서는 '具官 아무개를 某階某職으로 삼는다.'라고 하였다. 발급일자는 연호와 연월일을 쓰고 연호 부분에 해당 발급처의 인

---

18) 양진석 엮음, 『(최승희 서울대 명예교수 소장) 조선시대 고문서 Ⅲ』, 다운샘, 2007, 112쪽.

장을 찍도록 하였다. 이조에서 발급할 경우에는 '吏曹之印', 병조에서 발급할 경우에는 '兵曹之印'을 사용하도록 하였다. 이와 함께 해당 발급처의 소속 관원 또한 명시하였다. 이러한 내용을 바탕으로 숙종이 발급한 教牒의 실례와 숙종대 왕세자(경종)이 대리청정을 할 때 발급한 令牒의 실례를 함께 살펴보자.

〈자료 11〉 令牒과 教牒의 실례

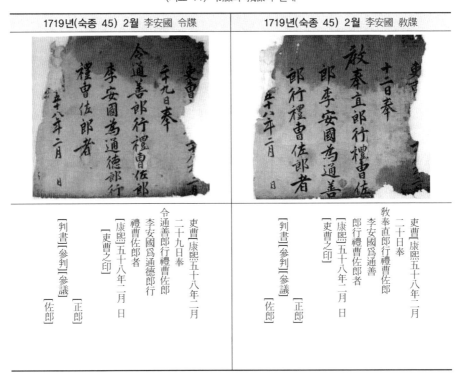

1719년(숙종 45) 2월 李安國 令牒	1719년(숙종 45) 2월 李安國 教牒
吏曹[康熙五十八年二月 二十九日奉 令通善郎行禮曹佐郎 李安國爲通德郎行 禮曹佐郎者 [康熙]五十八年二月 日 [吏曹之印] 【判書】【參判】【參議】 【正郎】 【佐郎】	吏曹[康熙五十八年二月 二十日奉 教奉直郎行禮曹佐 郎行禮曹佐郎者 郎李安國爲通善 [康熙]五十八年二月 日 [吏曹之印] 【判書】【參判】【參議】 【正郎】 【佐郎】

위 자료의 오른쪽에 소개한 教牒의 실례는 1719년(숙종 45) 2월에 이조에서 숙종의 명으로 李安國을 通善郎(정5품)·행예조좌랑에 임명한 문서이다. 奉直郎(종5품)이었던 이안국을 통선랑(정5품)으로 임명한 것이다. 왼쪽에 제시한 令牒은 같은 시기에 이조에서 왕세자의 명령으로 이안국을 통덕랑·행예조좌랑에 임명한 문서이다. 숙종의 명으로 통선랑(정5품)에 임명되었던 이안국은 같은 시기에 왕세자의 명으로 통덕랑에 임명되었다. 두 문서에서 드러나는 차이점은 '奉教', '奉令'과 같이, 임명하는 주체가 국왕이냐 왕세자냐에 따라 용어를 다르게 표현하였다. 그 외에 문서 형식은 동일하게 나타나는 것으로 확인된다. 이를 바탕으로 왕세자가 대

리청정할 때 왕세자의 명령으로 이조나 병조에서 문무관 5품 이하의 관원을 임명하면서 발급하는 令牒의 문서 양식을 추정해 보면 아래와 같다.

〈자료 12〉 令牒의 문서식

某曹某年某月某日奉
令具官某爲某階某職者
年[印]月 日
判書臣某 參判臣某 參議臣某
正郎臣某 佐郎臣某

발급주체 : 吏曹/兵曹
사용시기 : 代理聽政期
문 서 명 : 令牒
인　　장 : 吏曹之印/
　　　　　兵曹之印
서　　체 : 楷書

5. 令書와 敎書

令書는 왕세자가 대리청정 할 때 발급하는 명령서 가운데 하나로 국왕의 敎書에 해당한다. 국왕의 교서는 使命訓諭, 功臣, 宗廟配享, 文廟從祀, 致仕, 賞加 등 발급 사안에 따라 다양한 내용으로 발급된다. 이 가운데 관찰사·유수 등에 임명된 관원에게 부임지를 잘 다스리라는 내용으로 발급하는 경우가 가장 많이 현전하고 있다. 왕세자가 발급한 令書 또한 현재까지 확인되는 실례가 모두 관찰사·유수 등에게 해당 직책에 나아가 맡은 바의 임무를 잘 수행하라는 당부의 뜻을 전하면서 발급한 경우이다. 그렇다면 국왕의 교서와 왕세자의 영서가 서로 어떻게 다른지에 대해 살펴보자. 이를 위해 먼저 교서의 형식을 제시하면 아래와 같다.

〈자료 13〉 敎書의 문서식

敎具銜姓名書
王若曰云云故玆敎示想宜知悉
　年號幾某月某日

교서의 문서식은 별도로 규정되어 있지 않으나 현전하는 교서의 실례를 통해 교서의 문서 형식을 유추해 위와 같이 유추해 볼 수 있다.[19] 문서의 구조는 수취자,

본문, 발급일자로 구분하여 살펴볼 수 있다. 먼저 수취자는 첫 행에 기재하는데 '敎 具銜姓名書'라고 하여 敎자와 書자 사이에 교서를 수취하는 관원의 관직명과 이름 을 기재하였다. 본문은 '王若曰(왕께서 말씀하시기를)'이라는 내용으로 시작하고, '故玆敎示 想宜知悉(이에 교시하니 생각건대 마땅히 이 뜻을 알지어다)'라는 문구 로 결사를 기재하였다. 발급일자는 연호와 연월일을 모두 기재하였다.

이러한 내용을 바탕으로 교서의 실례와 영서의 실례를 함께 제시하면 아래와 같 다. 다음은 사도세자가 대리청정을 하고 있을 때 영조가 발급한 교서 사례와 사도 세자가 발급한 영서의 실례이다.

〈자료 14〉 1759년(영조 35) 4월 초3일 李成中 敎書

위에 제시한 사례와 같이, 교서의 경우 앞서 살펴본 문서식과 동일하게 하게 작 성하였고, 문서 전면에 문서의 발급 주체를 뜻하는 국왕의 '施命之寶'를 여러 곳에 안보하였다.

영서의 경우에는 수취자를 기재하는 첫 행에 '令行慶尙道觀察使兼兵馬水軍節度 使都巡察使李成中書'라고 하여 왕세자의 명령을 뜻하는 '令'자를 쓰고 관직명과 이 름을 쓰고 '書'자를 기재하였다. 본문은 '王世子若曰(왕세자께서 말씀하시기를)'이 라는 내용으로 시작하고, '故玆令示 想宜知悉(이에 영시하니 생각건대 마땅히 이 뜻을 알지어다)'라는 문구로 결사를 기재하였다. 그리고 문서의 전면에 '王世子印' 을 여러 곳에 찍었다.

---

19) 최승희, 『한국고문서연구』, 지식산업사, 1999(개정증보판), 65쪽.

〈자료 15〉 1756년(영조 32) 1759년(영조 35) 10월 18일 李成中 令書

令行慶尙道觀察使兼兵馬水軍節
度使都巡察使李成中書
王世子若曰 虞廷之咨岳牧 古難其人 周
家之任屛翰 巖廊之籌 而四方旬宣 其如待
盤錯之器 盖
聖心素重藩選 顧薄警且尊朝綱
睠玆嶺維 寔愼關鑰 七十州山川人物
管理惟繁 三百年禮義詩書 風化攸
本 萊舘重交隣之道 奈蔘路之難防
海邑軫調民之謨 惘常粟之漸釐 如
欲得人共理 固知令卿其誰 惟卿 孝
友公淸有傳 政事文章咸備 綜物則
盛水不漏 自是繩墨頓整 彝倫晦明之
際 見得源頭 昭鑑粹輯之時 闕發靑
紫 長銓曹而寄以調劑 任均廳而資
其彌綸 方
宸心倚毗之深深 何人言構捏之太甚
聖鑑俯燭 不待辨而已明 通朝共知 固自
省而無愧 渙然因詔 方勤謂來之
音 遄矢郊坰 過守自靖之義 顧外補
不得已也 蓋
上意仍以任之 玆授卿以行慶尙道觀
察使兼兵馬水軍節度使都巡察使
卿其毋替簡埤 祗服訓旨 體
聖朝恤軍民之意 克察水旱札荒 念
國家重根本之圖 庸詢風土謠俗 完蒲
廉明之美政何難 移是法而新是民 東
京循良之舊治行見 推一州而咸一道
凡諸稟裁專斷 自有應行故常 於
戲 如熟蹈之駕輕車 往其欽此 譬鉅
材之須文度 行且召卿 故玆令示 想
宜知悉
乾隆二十一年十月十八日

이러한 사실을 근거로 하여 대리청정기에 왕세자가 발급하는 영서의 문서식을
추정해 보면 아래와 같다.

〈자료 16〉 令書의 문서식

令具銜姓名書 王世子若曰云云故玆令示想宜知悉 年號幾年某月某日 【王世子印】	발급주체 : 王世子 사용시기 : 代理聽政期 수취대상 : 從二品以上 外官 문 서 명 : 令書 인　　장 : 王世子印

6. 有令과 有旨

有令은 왕세자가 分朝체제에서 발급하는 명령서에 해당하는 문서로, 현재까지 발굴된 실례는 1627년(인조 5) 정묘호란 때 발급된 것이 유일하다. 이 문서는 국왕의 명령서 가운데 有旨에 해당한다. 유지는 국왕이 승지를 통하여 직접 피명자에게 명령을 전달하는 경우에 사용하였다. 대개 국가에 중대한 일이 발생하여 국왕이 大臣 등과 비밀리에 의논하거나 또는 관원들을 긴급히 부를 때 이를 발급하는 것이 관례였다. 유지에 대한 문서식은 법전에 수록되어 있지 않다.[20] 따라서 실물 사례를 통해 유지의 문서 형식을 제시하면 아래와 같다.[21]

〈자료 17〉 有旨의 문서식

```
具銜姓某開坼
      承旨職銜姓 [着名]
   云云事有
旨
   年號[印]幾年某月某日
```

위에 제시한 유지의 문서식과 같이 유지의 문서 양식은 수취자, 작성자, 본문, 발급일자로 구분해 볼 수 있다. 먼저 수취자는 '具銜姓某開坼'이라고 하여 유지를 전달받는 관원의 관직명과 성명을 쓰고 '開坼'이라고 기재하였다. 작성자는 왕명을 받은 담당승지가 직접 작성한 후 유지의 맨 처음에 해당하는 우측 하단에 자신의 관직명과 성, 그리고 착명을 기재하였다. 본문은 '云云事有旨'라고 하여 '～라는 일로 임금의 뜻이 있었다.'라는 문구를 기재하였다. 말미에 발급일자를 쓰고 연호 부분에 담당 기관인 승정원의 '承政院印'을 찍었다. 이러한 내용을 바탕으로 왕세자가 分朝을 운영하고 있을 때, 국왕의 명령으로 승정원에서 발급한 有旨의 실례와 왕세자의 명령으로 발급한 有令의 실례를 함께 살펴보자.

---

20) 전경목, 「16세기 관문서의 서식 연구」, 『16세기 한국고문서 연구』, 아카넷, 2004, 121쪽.

21) 최승희, 『한국고문서연구』, 지식산업사, 1999(개정증보판), 74쪽.

〈자료 18〉 有令과 有旨의 실례

1627년(인조 5) 張顯光 有令	1627년(인조 5) 張顯光 有旨
慶尙道號召使張開拆 文學金(着名) 卿其勿爲待罪事 有 令 天啓七年三月十八日 【侍講院印】	慶尙道號召使張 開拆 右副承旨鄭(着名) 觀各處馳啓則賊之西退似爲的 實三嶺及錦江等處把守軍兵 並罷歸農中路留住軍兵亦 爲一體施行玆遣宣傳官持標 信下去卿其知悉擧行事有 旨 天啓七年二月初五日 【承政院印】
侍講院印	承政院印

위에서 제시한 有令의 실례와 같이, 수취자는 '慶尙道號召使張開拆'이라고 하여 관직명과 姓을 쓰고 開拆이라는 용어를 함께 기재하였다. 다른 有旨의 사례를 보면 姓만 쓰기도 하고 姓名을 모두 기재하는 사례가 함께 남아 있다. 그리고 이 부분은 원래 문서 앞면에 기재되는 내용이 아니고, 문서의 뒷면 왼쪽 상단에 기재되는 내용이다. 위 도판 사진처럼 남아 있는 것은 후대에 문서를 배접하면서 편의상 앞쪽으로 옮겨 붙여 놓았기 때문이다. 작성자는 '文學金(着名)'이라고 하여 시강원 소속 文學 金堉이 문서를 작성하였음을 알 수 있다. 그리고 이때 김육이 자신의 姓자 아래에 기입한 내용은 자신의 이름자인 '堉'자를 着名한 것이다. 본문은 '卿其勿 爲待罪事有令'이라고 하여 '경은 대죄하지 말라는 일로 왕세자의 令이 있다.'고 기재되어 있다. 말미에 발급일자를 적고 연호 부분에는 '侍講院印'이라고 하여 유령의 발급을 담당한 부서의 인장이 찍혀 있다. 이처럼 왕세자가 분조를 운영할 때 신하에게 내리는 유령은 시강원에서 작성하여 발급하였음을 알 수 있다. 이러한 내용을 근거로 유령의 문서 형식을 추정하면 다음과 같다.

〈자료 19〉 有令의 문서식

具銜姓名開坼
春坊職銜姓【着名】
令
云云事有
年號幾年某月某日
【侍講院印】

발급주체 : 侍講院
사용시기 : 分朝
문 서 명 : 有令
인　　장 : 侍講院印

7. 下答과 批答

下答은 왕세자가 대리청정 할 때 신하가 올린 上書에 대한 답변서로 국왕이 신하가 올린 上疏에 대해 내린 批答에 해당한다. 국왕의 批答과 왕세자의 下答에 대해서는 대리청정절목에 규정되어 있는 내용을 통해 자세히 알 수 있다.

〈표 3〉 하답과 비답에 사용하는 용어

국왕	왕세자
批答	下答
省疏具悉	覽書具悉
二品以上有答曰 三品以下無答曰	
承旨傳諭 遣史官傳諭	承旨往諭 遣史官往諭
大臣呈辭 三度以前	
不允批答	不許下答
大臣呈辭 三度以後	
或敦諭, 或別諭, 或安心調理	

위에 정리한 내용과 같이, 대리청정절목에서는 비답과 하답의 내용을 몇 가지로 구분하여 규정하고 있다. 먼저 명칭에 대해서는 批答을 下答이라고 하였다. 그리고 답변문구에 대해서는 비답은 '省疏具悉', 하답은 '覽書具悉'이라고 하였다. 이때 비답와 하답 모두 2품 이상의 관원에게는 '答曰'이라는 두 글자를 기재하고, 3품 이하의 관원에 대해서는 '答曰'이라는 두 글자를 기재하지 않는다고 하였다. 비답이나 하답을 전달하는 관원에 대해서는 承旨나 史官을 보내도록 하였는데, 이때 국

왕의 경우에는 '傳諭'라는 표현을 쓰고, 왕세자의 경우에는 '往諭'라는 표현을 사용하도록 하였다. 이와 함께 대신이 올리는 呈辭에 대한 규정에 대해서도 언급한 내용이 있어 참고 된다. 즉, 대신이 정사를 올릴 경우, 세 번째 이전에는 국왕은 '不允批答'이라 하고 왕세자는 '不許下答'이라고 하였다. 그리고 세 번째 이후부터는 '或敦諭', '或別諭', '或安心調理'라고 하여 국왕과 왕세자 모두 동일한 문구를 사용하도록 규정되어 있다.

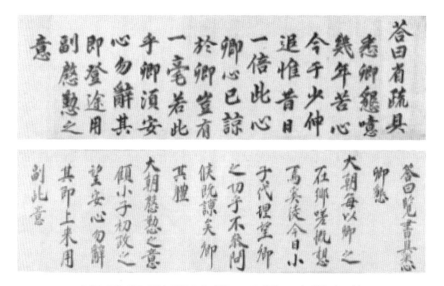

〈자료 20〉 2품 이상 관원에게 내린 1749년(영조 25) 批答과 下答

위에 제시한 사례는 1749년(영조 25)에 閔應洙에게 내린 비답과 하답의 실례[22]이다. 상단에 제시한 사례는 1749년(영조 25)에 1월 27일에 判中樞府事 민응수가 올린 上疏에 대한 비답으로 史官을 보내어 傳諭토록 하였다.[23] 하단에 제시한 사례는 1749년(영조 25) 3월 2일에 판부사 민응수가 사도세자에게 올린 상서에 대한 하답이다.[24] 이와 같이, 2품 이상의 관원이 올린 상소나 상서에 대해서는 '答曰'을

---

22) 규장각 소장, 청구번호 522579, 크기는 36×408cm로 원래 아래 사진과 같이 세 장의 문서가 점련되어 있다.

23) 『승정원일기』, 1749년(영조 25) 1월 27일 병자: 答曰, 省疏具悉卿懇. 噫, 幾年苦心, 今于少伸, 追惟昔日, 一倍此心. 卿已諒, 於卿, 豈有一毫若此乎? 卿須安心勿辭, 其卽登途, 用副懇懇之意. 仍傳曰, 遣史官傳諭.

24) 『승정원일기』, 1749년(영조 25) 3월 2일 경술.

기재하고 '省疏具悉', '覽書具悉'이라는 문구를 사용하였음을 확인하였다. 이러한 사실을 바탕으로 하답의 문서 양식을 추정해 보면 아래와 같다.

〈자료 21〉 下答의 문서식

覽書具悉云云	答曰覽書具悉云云	발급주체 : 王世子 사용시기 : 代理聽政期 문 서 명 : 下答 전 달 자 : 承旨 또는 史官
3품 이하	2품 이상	

〈자료 22〉 不許下答의 문서식

具銜姓名幾度呈辭不許下答 王世子若曰云云故兹令示想宜知悉 年號幾年某月某日 [王世子印]	발급주체 : 王世子 사용시기 : 代理聽政期 문 서 명 : 不許下答 인 장 : 王世子印

III. 왕세자와 국왕에 대한 보고문서

1. 申目과 啓目

신목은 신본과 함께 왕세자가 대리청정을 할 때 중앙관서에서 보고하는 문서 가운데 하나로 국왕에게 올리는 啓目에 해당한다. 왕세자가 대리청정을 할 때 주로 중앙관서에서 보고하는 문서 가운데 하나이다. 申本은 주로 지방관이 大事와 관련하여 왕세자에게 보고할 때 사용하는 반면, 申目은 주로 중앙관이 小事와 관련하여 왕세자에게 보고할 때 사용하는 문서이다. 그렇다면 국왕에게 올리는 계목과 왕세자에게 올리는 신목이 서로 어떻게 구별되는지에 대해 살펴보자. 이를 위해 먼저, 계목의 문서 형식에 대하여 파악해 보고자 한다. 다음은 대리청정절목과 『전율통보』에 규정되어 있는 계목의 문서식이다.

〈자료 23〉 啓目의 문서식

일반 啓目	粘連啓目	無啓目單子
某司 啓目節呈某事　向前云云何如 年號印幾年某月日單銜臣姓署名　單銜臣姓署名	某司 啓目粘連是白有亦　向前云云何如 年號印幾年某月日單銜臣姓署名　單銜臣姓署名	某司 云云何如

계목의 문서 형식은 일반계목, 점련계목, 무계목단자로 구별하여 사용하였다. 일반계목은 다시 참고한 문서가 있는 경우와 없는 경우로 나눌 수 있다. 참고한 문서가 없는 경우에는 '某司 啓目 節呈某事 向前云云何如'와 같은 형식으로 작성하게 되고, 근거 문서가 있는 경우에는 '某司 啓目 粘連是白有亦 向前云云何如'와 같은 방식으로 내용을 기재한다. 점련계목은 보고할 사안의 근거 자료가 되는 문서를 계목에 직접 첨부하여 올리는 유형이다. 무계목단자는 '某司 云云何如'와 같이 간단한 형식으로 작성되는 유형이다. 이를 바탕으로 국왕에게 올린 계목 실례와 대리청정기에 왕세자에게 올린 신목의 실례를 함께 살펴보자.

禮曹

　申目粘連

　啓下是白有亦 向前故禁府都事韓致億妻鄭氏限內代婢現身戶口現納親

　　呈的實是白在果 觀此

　上言 則其矣家翁韓致億 卽

仁祖大王國舅西平府院君浚謙七代宗孫 上上年以金吾郎奉

　命於珍島地中路身死 而不幸無後 百世不桃 府院君宗祀 至於廢絶之境 而宗族

　　零替子枝 不番毋論長幼 府院君子孫中 實無當爲亡失之後者 遠宗則雖

　　或有子侄 行而旣非當派 則亦無私自與受之理 特令有司之臣以定亡夫之後

　　使

國舅宗祀 不至廢絶之地爲白良結 有此呼顧爲白有臥乎所 凡繼後之道 事體

　　甚重 生養良家與受分明然後 呈出禮斜 自是法例 而今此

上言中 旣無繼後完定之事 而有此

稟處之請是白乎喻 使其門長望定可合人與生家相議 與受指名呈狀後

稟處之意 分付 何如

　　乾隆二十二年二月十一日兼判書臣李(着名)　　　　　　　　　　正郎臣黃

　　　　　[禮曹之印]

乾隆二十二年二月十二日

達依準

　　　右承旨臣李(着名)

　　위 사례는 1757년(영조 33) 2월 11일에 예조에서 왕세자(장조)의 대리청정기인
1757년(영조 33)에 禮曹에서 올린 申目 사례 1건이 유일하다.

　　다음은 1884년(고종21) 8월 13일에 복숭아가 벌레 먹고 西果는 절기가 지났으
므로 生梨와 栢子로 대신하여 봉진할 것을 보고한 禮曹啓目이다.[25]

---

25) 奎 93273, 27×56cm.

禮曹

啓目 粘連牒呈是白有亦 向前物膳所封各果中 桃實蟲損 西果過節 依前例 桃實

代生梨 西果代栢子封

進亦爲白臥乎所 在前如此之時 已有代封之例 今亦依所報 封

進事分付 何如

光緒十年八月十三日 判書臣沈(着名) 正郎臣高(着名)

　[禮曹之印]

光緒十年八月十三日
啓依允
　　　同副承旨臣金(着名)

위에 제시한 禮曹申目과 禮曹啓目의 문서 형식을 비교해 보기 위해, 본문 내용을 생략한 형태로 도식화 하면 다음과 같다.

禮曹			禮曹	
申目云云何如			啓目云云何如	
達			**啓**	
[禮曹之印]			[禮曹之印]	
乾隆二十二年二月十一日兼判書臣李(着名) 正郎臣黃			光緒十年八月十三日 判書臣沈(着名) 正郎臣高(着名)	
達依準			啓依允	
乾隆二十二年二月十二日			光緒十年八月十三日	
右承旨臣李(着名)			同副承旨臣金(着名)	

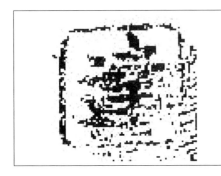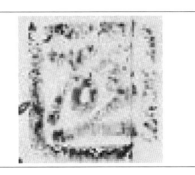

申目은 보고 받는 주체가 대리청정을 행하고 있는 왕세자이기 때문에 말미에 기재하는 판부규식에 있어 啓目과 차이점이 있다. 계목에는 '啓字印'을 찍고 연월일을 기재하고 '啓依允'이라는 내용을 기재하는 반면, 신목에는 '達字印'을 찍고 연원일을 작성하고 '達依準'이라고 기재하는 것이 다르다. 그러나 申目과 啓目 모두 승정원을 통해 왕세자 또는 국왕에게 보고되고, 승정원의 승지가 왕세자 또는 국왕의 결재 내용을 작성한다는 점은 동일하다. 이러한 사실을 바탕으로 신목의 문서식을 제시하면 다음과 같다.

〈자료 27〉 申目(粘連申目)의 문서식

某司
申目粘連是白有亦　向前云云何如
年號印幾年某月日　畢銜臣姓署名　畢銜臣姓署名

（判付規式）
達字印
年號幾年某月某日
達依準
　　　　畢銜臣姓署名

발　급 : 中央官署
수　취 : 王世子
사용시기 : 代理聽政期
문 서 명 : 申目
실무담당 : 承政院

2. 上書와 上疏

상서는 왕세자가 대리청정할 때에 중앙과 지방의 관원이 보고, 요청, 건의 등과 관련하여 왕세자에게 아뢰는 문서 가운데 하나로, 국왕의 上疏에 해당한다. 대리청정기에 신하가 왕세자에게 올리는 문서 가운데 상서의 문서식이 유일하게 법전에 수록되어 있다. 이에 왕세자에게 올리는 상서와 국왕에게 올리는 상소의 문서식을 소개하면 다음과 같다.

〈자료 28〉 上書와 上疏의 문서식

위에 제시한 상서와 상소의 문서식을 통해 알 수 있듯이, 상서와 상소의 문서식은 투식문구에 사용하는 몇 가지 용어만을 다르게 표현하는 정도이다. '謹百拜上言'을 '謹再拜上書'라 하고, 수취자에 따라 '主上殿下'를 '王世子邸下'로 기재한다. 그리고 상서의 피봉에 기재하는 내용을 上前開拆→世子宮開拆으로 표기하도록 하였다.

다음은 1829년(순조 29) 2월에 行護軍 류이좌가 왕세자(익종)에게 올린 상서와 1819년(순조 19) 7월에 弘文館校理 류이좌가 순조에게 올린 상소의 실례이다.

〈자료 29〉上書와 上疏의 실례

通訓大夫行弘文館校理知製敎兼經筵侍讀官春秋館記注官臣柳台佐 誠惶誠恐 頓首頓首 謹百拜
上言于
主上殿下 伏以史舘相避法意嚴重 而臣與校理臣尹永僖爲姨從兄弟矣 臣所帶春秋之啣在下當避 玆敢援
例陳章 伏乞
聖明亟賜遞改以存公格不勝幸甚 臣無任云云祈懇之至 謹昧死以
聞
嘉慶二十四年七月 日
　　　　　　　　　弘文館校理臣柳
啓 嘉慶二十四年七月十六日
啓下吏曹

嘉善大夫行龍驤衛護軍兼五衛都摠府副摠管臣柳台佐 誠惶誠恐 頓首頓首 謹再拜
上書于
王世子邸下 伏以日吉辰良
進饌禮成
聖壽膺無疆之曆
睿孝伸不匱之思 臣民慶忭於千萬年 仍伏念臣之父母墳山 在扵慶尙道安東地 昨年雨水 塋域盡壞 今當
修築 諏日有期 玆不得不冒昧
陳章 徑尋鄕路 伏乞
離明 俯賜矜察 仍治臣擅行之 罪以肅朝綱焉 臣無任屛營祈懇之至 謹昧死以
聞
道光九年二月 日
　　　　　　　　　行護軍臣柳

　　위에 제시한 상서와 상소의 실례에서 살펴볼 수 있듯이, 왕세자에게 올리는 상서와 국왕에게 올리는 상소는 기본적으로 동일한 문서 구조로 이루어져 있다. 다만, 상용구에 쓰이는 용어에서 百拜→再拜, 上言→上書, 主上殿下→王世子邸下 등과 같은 차이를 보이고 있다.

그리고 상서와 상소는 모두 승정원을 통해 왕세자 또는 국왕에게 보고된다. 위에 제시한 오른쪽 사례와 같이, 국왕에게 보고되는 상서에는 '啓字印'을 찍고 결재한 날짜와 '啓下吏曹'라고 하여 재결한 내용이 함께 기재된다. 상서의 경우에는 아직까지 승정원에 접수되어 왕세자의 결재를 거친 사례가 발굴되지 않았지만 '達字印'을 찍고 결재한 날짜와 재결 내용이 상소와 같은 형식으로 처리되었을 것으로 추정해 볼 수 있다.

〈자료 30〉 上書의 문서식

具銜臣姓名誠惶誠恐頓首頓首謹再拜
上書于
王世子邸下　伏以云云臣無任屏營祈懇之至　謹昧死以
聞
年號幾年某月　　日　　　　單銜臣姓署名

수　　취 : 王世子
사용시기 : 分朝, 代理聽政
문 서 명 : 上書

3. 狀達과 狀啓

狀達은 대리청정 기간에 각 지방의 觀察使·兵使·水使 등이 왕세자에게 올리는 보고문서 가운데 하나이다. 국왕문서 가운데 狀啓에 해당한다. 대리청정기에는 藩閫의 狀聞을 모두 東宮에게 入達하도록 하였으나, 변방 지역과 관련되어 중요한 일로 국왕에게 보고하지 않을 수 없는 경우에는 곧바로 入啓해야만 하였다.[26] 장달의 실례는 좀처럼 찾아보기 어렵고, 현재까지 알려진 사례로는 국립중앙박물관

---

26) "一, 凡大小疏章, 三司箚啓, 藩閫狀聞, 各司草記, 皆入于東宮, 而凡係邊境重事之不可不上聞者, 直爲入啓. … 一, 蕃棚狀聞中, 事係時急邊情及用兵, 一并入啓"(『銀臺便攷』 上, 서울대학교규장각, 2000, 137~138쪽·142쪽).

에 소장되어 있는 전라감사 한익모의 장달이 유일하다.

〈자료 31〉 狀啓의 문서식

具銜臣姓署名
某事云云爲白臥乎事是良尔(或爲白只爲)詮次
善啓向敎是事
年號幾年某月某日

위 내용과 같이, 오른쪽 부분이 『전율통보』에 수록된 장계식의 내용이고 왼쪽 부분은 그 내용을 간략히 정리한 것이다. 먼저, 장계의 형태는 '周帖'한다고 하였다. 그리고 피봉에 대한 규식은 피봉의 外面에는 '承政院開坼'이라고 쓰고 합금처에 발급자가 서명을 하고 '謹封'이라는 두 글자를 함께 기재하도록 하여 '臣(署名)謹封'이라고 표기하도록 하였다. 그리고 종이를 이어 붙여서 작성할 경우에는 종이를 점련한 뒷면에도 '臣(署名)'을 기재하도록 하였다.[27] 즉, 다음과 같이 1883년(고종 20)에 덕원도호부사 정현석이 올린 장계 사례를 통해 확인해 볼 수 있다.

〈자료 32〉 狀達과 狀啓의 실례

| 1749년 전라감사 한익모 장달 | 1883년 덕원도호부사 정현석 장계 |

---

27) 앞서 왕세자가 올린 상소의 피봉 규식과 동일한 것으로 추정된다.

1749년 전라감사 한익모 장달	1883년 덕원도호부사 정현석 장계
×	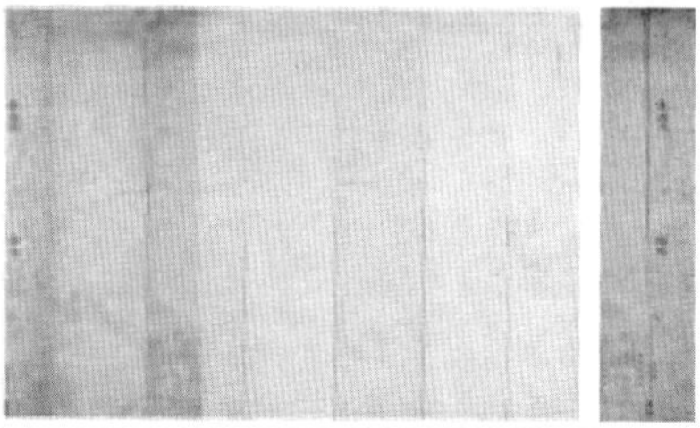
	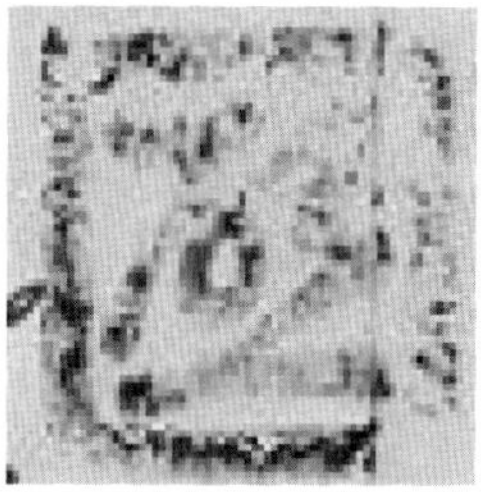

장계를 '周貼'하여 작성한다는 것은 위 그림과 같이 종이를 일정한 간격으로 접어서 본문의 내용을 작성하는 것을 의미한다. 본문의 작성이 완료되면 종이를 왼쪽에서 오른쪽 방향으로 접는다. 그런 다음 오른쪽 상단에 '承政院 開坼'이라고 쓰고, 합금처의 하단 부분에 '臣署名謹封'이라는 내용을 기재하였다.

문서의 내용은 '具衛臣姓署名/某事云云爲白臥乎事是良尒(或爲白只爲)/詮次善啓向教是事/年號幾年某月某日'과 같은 형식으로 작성한다고 하였다. 이와 함께 세자에게 올리는 규식에 대해서도 함께 언급하였다. 세자에게 올린 경우에는 '狀達'이라 하고 서식은 장계와 같다고 하였다. 다만, '善啓'는 '善達'이라고 작성하도록 하였다.

장계의 보고 및 결재는 승정원에서 열어보고 담당승지가 이를 국왕에게 올려서 국왕의 재가를 받은 후 啓下印을 찍고 그 장계의 내용과 관련이 있는 해당관서로 이관하여 일을 처리하게 하였다.[28] 위 장달의 경우, 문서 말미에 정방형의 '達'字印과 뒷표지에 '乾隆十四年九月十八日 達下賑恤廳'이라고 기재되어 있는 것으로 보아, 장달은 승정원에서 그 내용을 살펴보고 왕세자(장조)에게 보고하였고, 9월 18일에 세자의 승인에 따라 '達'자인을 답인한 다음 그 내용을 진휼청에 下達한 것으로 보인다. 達字印은 왕세자가 재결한 문서에 찍는 인장으로, 장달에 찍혀 있는 달

---

28) 최승희, 앞의 책, 164쪽.

자인 크기는 대략 4.4cm정도이다.

〈자료 33〉 狀達의 문서식

具銜臣姓署名
某事云云爲白臥乎事是良尔(或爲白只爲詮次
善達向敎是事
年號印幾年某月某日

발　　급	地方官
수　　취	王世子
사용시기	分朝, 代理聽政
문 서 명	狀達
실무담당	侍講院, 承政院

4. 書目

　서목은 上司에 올리는 첩정에 구비하는 문서로서, 原狀의 대개(요지)를 쓴 것이며, 감사의 재판(처분)을 받은 후 서목을 올린 자에게 반송되고, 원장은 감영에 두고 참고하도록 하였다. 현감·현령이 질고한 부윤·부사에게 올리는 첩보에도 서목을 구비하였다. 상사가 아니라도 同等以上處(官)에 사용되며 지방(관)에만 사용되었다. 원장(첩정)말에는 署名과 押을 갖추나 서목에는 서는 있으나 압은 없다.

　서목은 첩정의 요지를 적어 첩정과 함께 올리는 문서로 외방에서만 사용하였다. 문서식은 '某職書目 某事云云 年號[印]幾年某月某日 某職姓署名'과 같이 간단한 형식을 취하고 있다. 다음은 정묘호란 때 경상도호소사 장현광이 시강원에 올린 서목과 승정원에 올린 서목 사례이다.

　장현광은 1627년 3월 13일에 병이 위중하여 달려가 문안하지(奔問) 못하는 것에 대해 待罪한다는 내용을 서목으로 작성하여 시강원에 보고하였다. 시강원에서는 3월 18일날 서목을 접수하였고, 같은 날 곧바로 대죄하지 말라는 내용으로 有旨을 발급하였다.

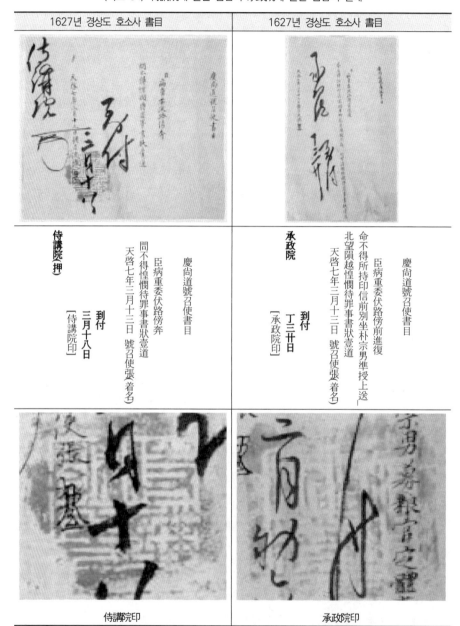

1627년 경상도 호소사 書目	1627년 경상도 호소사 書目
侍講院 (押)	承政院
慶尙道號召使書目	慶尙道號召使書目
臣病重委伏路傍奔 問不得惶懼待罪事書狀壹道 天啓七年三月十三日 號召使張(着名)	命不得所持印信前別坐朴宗男準授上送 北望隕越惶懼待罪事書狀壹道 天啓七年三月十三日 號召使張(着名)
到付 三月十八日 [侍講院印]	到付 丁三卄日 [承政院印]
侍講院印	承政院印

위 서목과 함께 같은 날 장현광은 또 한 통의 서목29)을 승정원에 보고하였는데,

---

29) 『고문서집성』 79, 仁同 仁同張氏 旅軒宗宅篇, 한국학중앙연구원, 2005, 272쪽, 서목2.

그 내용은 병으로 호소사의 임무를 수행하지 못하여 가지고 있던 인신을 前別坐 朴宗男 편에 올려 보낸다는 것이다. 승정원에서는 3월 20일날 이 서목을 접수하였다.

위 두 건의 서목을 올린 후 삼일 뒤인 16일에 병으로 인해 호소사의 직임을 수행할 수 없음을 상신해 줄 것을 아들 장흥일 명의로 청원하는 소지를 인동부사에게 올렸다.[30] 이 문서는 앞서 올린 서목에 대한 처분이 내려오지 않자 인동부사에게 자신의 상황을 관찰사의 장계를 통해 보고해 주기를 요청한 것이다.

〈자료 35〉 書目의 문서식

某職書目
云云事書狀幾張
年號【印】幾年某月某日　某職姓署名
某事

수　　취 : 侍講院
사용시기 : 分朝
문 서 명 : 書目
인　　장 : 侍講院印

IV. 맺음말

이상과 같이, 왕세자문서와 국왕문서의 비교를 통해 각 사례별 문서행이 체계와 문서식을 추정하여 복원해 보았다. 이 가운데 실례가 없는 경우에는 법전에 수록되어 있는 문서식과 국왕문서의 실례를 근거로 하여 문서식을 추정하였다. 이를 통해 왕세자가 통치자로서 국정을 운영할 때 발급 또는 수취한 문서는 모두 국왕문서의 제도 속에서 작성되고 행용되었음을 확인하였다. 즉, 문서의 양식은 기본적으로 국왕문서의 형식을 준용하되, 왕세자의 지위에 알맞은 용어와 명칭을 사용하고 문서를 발급·전달하거나 수취하는 과정에 차별성을 두고 있음을 확인할 수 있었다.

첫째, 왕세자와 국왕의 권한에 따른 문서행정의 차별성을 확인할 수 있었다. 명

---

30) 『고문서집성』 79, 앞의 책, 144쪽, 소지9.

령문서 가운데 임명문서는 왕세자가 신하를 임명할 때 발급하는 문서로 대리청정기에 왕세자의 임명 권한을 실증적으로 보여주는 사례이다. 조선 초기 임명 문서의 양식과 경국대전체제 성립 이후에 정착된 임명 문서의 양식을 모두 확인할 수 있었다. 이를 통해 왕세자의 임명 권한은 3품 이하로 제한되어 있었지만 국왕의 임명 문서 제도와 그 맥락을 같이 하고 있다는 사실을 확인하였다.

대리청정기 임명문서에 대해서는 대청절목에도 그것과 관련된 내용은 규정되어 있지 않다. 다만, 세종대 대리청정이 처음으로 시행되면서 대리청정을 시행하는 중간 중간에 필요한 부분들을 조금씩 정례화해 나가는 모습들을 살펴볼 수 있었는데, 이를 가능케 한 것은 실제 남아 있는 문서 사례를 통한 것이었다. 그 결과 문서의 명칭이나 문서의 발급 주체를 나타내는 투식 용어들에 있어서 국왕과 왕세자의 임명문서의 차이점이 분명히 존재했음을 확인할 수 있었다. 그리고 3품 이하의 관원을 임명하는 권한이 대리청정기에 한하여 왕세자에게 주어졌었지만 실제 현존 문서를 살펴본 결과, 대리청정기라 하더라도 3품 이하의 관원에 대한 임명권이 전적으로 세자에게 있는 것이 아니었음을 확인하였다. 영서는 관찰사·방어사·유수 등 지방관으로 임명된 신하에게 당부하는 내용의 문서이다. 이들 지방관에게는 군사의 발병 권한이 함께 주어졌는데 이때 密符와 함께 발급되는 密符 諭書는 국왕이 발급하고 영서는 왕세자가 발급하였다는 점, 여기에서 대리청정기에 국왕과 왕세자의 권한 차이를 확인할 수 있었다.

둘째, 왕세자의 명령 및 문서 출납을 맡은 담당 기관이 왕제자의 지위와 역할에 따라 구분되었다는 것을 확인할 수 있었다. 평상시 왕세자 명의로 발급 또는 수취하는 문서는 왕세자가 대리청정을 행하고 있을 때에도 동일한 형식으로 발급되었으나, 문서를 작성하고 전달하는 실무를 담당하는 기관에 있어서는 차이가 있었다. 즉, 평상시 또는 분조와 같은 국가 비상 체제에서는 세자시강원에서 문서의 작성과 발급을 담당하였으나, 대리청정기에는 승정원에서 왕세자의 명령출납을 담당했기 때문에 문서의 작성이나 전달 또한 승정원에서 담당하였다.

셋째, 왕자세의 인장과 압을 통해 왕제자문서의 특성을 확실히 규명할 수 있었다. 왕세자가 작성하거나 발급하는 문서에 사용되는 인장은 '王世子印'과 達字印으로 구분된다. '왕세자인'은 왕세자로 책봉될 때 국왕으로부터 수여받은 玉印으로 왕세자가 직접 작성하거나 발급하는 令書, 徽旨, 令旨 등에 사용되었다. 국왕의 경우, 국왕의 명령 문서에 사용하는 '朝鮮王寶', '國王行寶', '朝鮮國王之印', '施命之

寶', '諭書之寶' 등 시기 또는 문서에 따라 다양한 인장이 쓰였던 반면, 왕세자의 경우에는 책례 때 수여받은 '왕세자인' 한 종류의 인장이 여러 문서에 사용되었다. 다만, 주체가 왕세손일 경우에는 '王世孫印'이 사용되었음을 왕세손(정조)이 발급한 令旨와 令書 사례를 통해 확인하였다. 달자인은 왕세자에게 보고된 문서에 대해 왕세자가 결재하였다는 의미로 달자인을 문서에 사용하였다. 이는 申目, 狀達, 上書 등에 달자인이 찍힌 실례를 통해 확인하였다. 이처럼 문서에 사용된 왕세자의 인장과 압은 '왕세자'라는 주체가 사용한 것이 분명하고 이를 통해 왕세자문서의 정체성을 명확히 확인할 수 있었다.

이처럼 본 연구는 국왕문서와 왕세자문서의 차별성을 실증적으로 검토하고 왕세자문서의 정체성을 확립하였다. 현재 국왕문서, 왕실문서, 관부문서 등에 혼재되어 있는 문서 사례와 아직까지 미발굴된 사례를 조사·수집하여 왕세자문서라는 범주를 설정하여 왕세자문서의 종류와 형식, 국왕문서와의 차별성 등을 통해 왕세자문서의 고문서학적인 특징과 의의를 밝히고 정체성을 확립하였다는 측면에서 연구의 의의가 있었다고 본다. 그러나 본 연구는 왕세자문서에 대한 평면적인 연구 수준 단계에 머물러 있다고 본다. 이를 좀 더 입체적으로 규명하기 위해서는 다양한 측면에서의 후속 연구의 필요성이 제기된다. 예를 들면, 분조나 대리청정 때에 국왕과 왕세자의 권한이 구체적으로 어떠한 차이를 보이는지에 대해서는 역사나 제도사 분야의 연구 성과를 바탕으로 하여 왕세자별, 시대별 등으로 구분하여 살펴볼 필요가 있겠다. 특히, 문서학 분야에서는 국왕문서 또는 왕명문서로 분류되는 국왕의 명령문서 전반에 대한 연구의 필요성이 시급하다고 본다. 그리고 이와 함께 왕세자의 명령을 담당했던 시강원이나 승정원의 기능이 평상시 또는 분조나 대리청정과 같이 왕세자가 국정을 운영할 때에는 어떠한 구조로 운영되는지에 대해서도 연구할 필요가 있겠다. 또 왕세자문서의 정체성을 좀 더 명확하게 확립하기 위해서는 국왕문서 뿐만 아니라 왕자 시절 문서에 대한 연구 또한 필요하다고 본다.

조선후기 擧行條件*

김병구

Ⅰ. 머리말

거행조건이란 국왕의 비서기관인 승정원에 의해 작성되는 문서로, 국왕과 신하가 연석에 모여 매일의 국정을 논의한 사안 중 실제 정책으로 거행해야 할 내용을 담고 있다. 연석에 입시한 주서는 국왕과 신하가 국정에 대해 논의한 사안들을 속기록장부인 草冊에 기록하였고, 이 중 왕명에 의해 시행하기로 결정된 사안을 연석이 파한 후에 다시 정서하여 입계하였다. 이후 국왕의 계하를 거친 거행조건은 왕명의 일종으로 간주되어 즉시 반영되었다는 특징이 있다. 이러한 점에서 거행조건은 조선시대 국왕의 국정 운영 방식을 보여주는 하나의 사례가 된다.

현재까지 거행조건에 대한 선행연구는 역사학 분야를 중심으로 이루어졌다. 주로『승정원일기』의 작성 및 주서의 업무와 관련하여 거행조건이 개략적으로 다루어지거나[1] 왕명체계의 일부로서 거행조건의 제정과 반포 과정이 구명되었다.[2] 그러나 이상의 선행연구는 실물 문서로 전해오는 거행조건의 실체와 특징에는 주목하지 못하였다는 아쉬움이 있다. 즉, 사료 속에 나타난 거행조건의 사례들이 실제 어떠한 방식으로 구현되었는지, 또 여기서 나타나는 특징은 무엇인지에 대해 살펴보려는 시도는 아직 이루어지지 못하였다.

이러한 의문을 바탕으로, 본고에서는『승정원일기』등에 무수히 등장하는 거행조건의 실물을 확인하고, 연석에서 내려진 왕명 시행의 한 방식으로서 거행조건의 문서행정체계에 대해 살펴보고자 한다.

---

* 이 글은「조선시대 擧行條件의 고문서학적 고찰」,『고문서연구』54, 2019를 수정·보완한 것이다.

1) 정만조,「『승정원일기』의 작성과 사료적 가치」,『한국사론』37, -승정원일기의 사료적 가치와 정보화방안 연구-, 국사편찬위원회, 2003; 임천환,「『승정원일기』왕명기록의 특징과 정보화 방안」,『한국사론』37, -승정원일기의 사료적 가치와 정보화방안 연구-, 국사편찬위원회, 2003.

2) 이근호,「조선 후기 擧行條件의 제정과 승정원의 역할」,『규장각』49, 2016.

II. 거행조건의 작성과 入啓

현재까지 실물로 전하는 거행조건은 총 9점으로, 17세기에 작성된 문서가 6점, 18세기에 작성된 문서가 3점이다. 그 내용은 관리의 임명 및 처벌, 布役이나 還穀의 폐단, 왕실 종친의 安葬과 관련한 내용이 확인된다. 소장처별 특징으로는 1664년(현종 5)에 작성된 것을 제외하면 모두 각 가문에 소장되어 전해지고 있다. 왕명을 담고 있는 거행조건의 성격상 闕外로 반출되기 어려웠지만 승정원의 주서가 『주서일기』 등의 기록물을 작성하기 위해 거행조건을 본가에 取去함으로써 전해질 수 있었다.[3]

〈표 1〉 실물로 전하는 거행조건 현황

	작성시기	내용	크기(cm)	비고	출처
1	1664년(현종 5) 윤6월 27일	함경감사 임명. 충청병사와 서원현감의 相鬪.	34.0×250.0		Kobay <삶의흔적경매>[4]
2	1675년(숙종 1) 1월 9일(①)	堂后의 薦望.	34.0×70.5		한국학중앙연구원, 『古文書集成 92 - 漆谷 石田 廣州李氏篇』
3	1675년(숙종 1) 1월 9일(②)	經筵官의 임명.	34.0×70.2		한국학중앙연구원, 『古文書集成 92 - 漆谷 石田 廣州李氏篇』
4	1690년(숙종 16) 3월 21일(①)	布役의 폐단.	33.0×95.5		한국학중앙연구원, 『古文書集成 49 - 安東 法興 固城李氏篇』
5	1690년(숙종 16) 3월 21일(②)	還上의 폐단.	32.5×112.0		한국학중앙연구원, 『古文書集成 49 - 安東 法興 固城李氏篇』
6	1690년(숙종 16) 3월 25일	崇善君의 安葬	33.5×61.0		한국학중앙연구원, 『古文書集成 49 - 安東 法興 固城李氏篇』
7	1756년(영조 32) 6월 2일	張壽崙의 甄復	36.3×44.2	出朝報	한국학중앙연구원, 『古文書集成 79 - 仁同張氏 旅軒宗宅篇』
8	1799년(정조 23) 4월 20일	元子宮 僚屬 임명.	22.7×124.9	出朝報	한국국학진흥원, 安東 河回 豊山柳氏 和敬堂[5]

---

3) 『승정원일기』 숙종 13년(1687) 5월 28일.

4) "조선시대 현종 5년(1664년) 議政府 啓聞", Kobay <삶의흔적경매> 122회(2010년 2월 20일), (https://www.kobay.co.kr/kobay/item/itemLifeView.do?itemseq=1002WQLGL7Q).

	작성시기	내용	크기(cm)	비고	출처
9	1799년(정조 23) 5월 30일	朝家의 特恤을 받은 가문의 후손을 임명.	32.5×35.0	出朝報	한국국학진흥원, 安東 河回 豊山柳氏 和敬堂
		文敬公 鄭澔의 자손을 관직에 임명.			
		江華留守 洪明浩를 從重推考하는 사안.			

1. 注書의 草冊 작성

거행조건의 작성은 주서가 연석에 입시하여 속기록장부의 일종인 초책6)에 연설을 받아 적는 것으로부터 시작된다.7) 연설의 기록은 주서 2원(上注書·下注書)이 상황에 따라 번갈아가며 행했다. 가령 藥房이 入診했을 때, 연석에 도승지가 입시했을 때는 상주서가, 연석에 도승지가 아닌 다른 승지가 입시했을 때는 하주서인 廳注書가 연설을 기록하였다. 한편, 빈청에서 차대를 행할 때는 청주서나 사변가주서가 연설을 기록하였다.8)

입시한 신하의 목소리가 너무 작거나 불가피한 상황으로 연설을 다 받아적지 못했을 경우에는 연설의 대강만 기록한 후 같이 입시한 사관의 초책을 참고하거나 발언 당사자에게 문의하여 내용을 보완하였다.9) 이처럼 주서가 연석에 입시했을 당시 연설을 바로 기록한 1차 기록물을 本草(初草), 연석이 파하고 난 뒤 本草를 바탕으로 연설을 정리한 2차 기록물을 草冊(中草)라고 한다.10) 즉, 본초를 작성할 때에는 사람들이 말하는 대로 바쁘게 써내기 때문에 모든 내용을 기록할 수 없으므로 탑전에서 물러난 뒤 본초를 바탕으로 초책을 작성했던 것이다.11)

---

5) 각주 4번 참조. 아래의 5월 30일 거행조건도 동일하다.

6) 정만조, 앞의 논문, 14~15쪽.

7) 『승정원일기』 인조 4년(1626) 9월 14일.

8) 조계영, 「『승정원일기』의 修納과 관리에 대한 고찰」, 『규장각』 49, 2016, 47쪽.

9) 이근호, 앞의 논문, 89쪽.

10) 정만조, 앞의 논문, 14쪽 각주 22.

11) 조계영, 앞의 논문, 48쪽.

〈자료 1〉 1674년(숙종 즉위) 9월 29일 注書 李聃命 草册－甲寅九月二十九日午時[12]

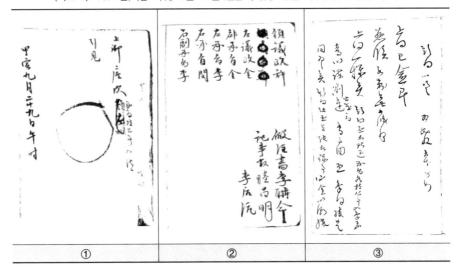

①   ②   ③

　위의 그림은 1674년(숙종 즉위) 9월 29일에 작성된 주서초책으로, 本草(初草)에 해당하는 기록물이다. 이를 살펴보면, 표지에 해당하는 ①번 부분에는 '甲寅九月二十九日午時, 上御廬 次 承旨持公事入侍引見'이라고 하여 당시 국왕의 거동과 연석의 유무, 초책을 작성한 시기를 적고 있다. 표지에 그려진 圈標[○]는 특정 작업이 완료되었음을 의미하는 승정원의 표시로 추정된다. 이어서 ②번 부분에는 연석에 참여한 여러 신하들의 관직, 성명, 입시 여부를 기재하였다.

　이어서 ③번 부분에는 본론인 연설을 기록하였다. 일부를 살펴보면 영의정이 관원의 임명과 관련하여 국왕의 의견을 묻는 내용, 대비의 水剌에 대해 묻는 내용, 영의정이 물러가고 승지가 각각 公事를 가지고 入稟하는 내용 등으로 구성되어 있다. 이처럼 기재하는 내용에 따라 각기 지면을 달리하고 있다는 특징을 보이고 있다. 반면, 이어서 살펴볼 草册(中草)는 이와는 다른 기재방식을 취하고 있다.

---

12) 서울역사박물관, 『광주이씨가 승정원사초 Ⅰ-影印本』, 2004a, 761~763쪽.

〈자료 2〉 1674년(숙종 즉위) 9월 29일 注書 李聃命 草册
－甲寅九月二十九日午時入侍日記中草[13]

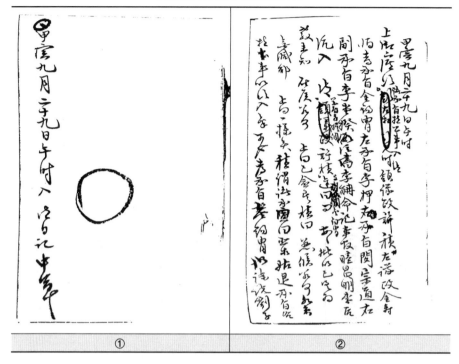

①　　　　　　　　　　②

草册(中草)를 살펴보면 먼저 지면에 '甲寅九月二十九日午時入侍日記中草'라고 기재한 것을 확인할 수 있다. 日記中草라는 표현에서 1차 기록물인 本草(初草)을 바탕으로 생산되는 草册(中草)의 성격을 드러내고 있다. 지면의 다음 장에는 '甲寅九月二十九日午時 上御廬次 諸承旨 持公事入侍時 領議政許積 左議政金壽恒…' 이라고 하여 국왕의 거둥과 연석의 유무, 초책을 작성한 시기, 관원의 참석 여부를 列書하고 있다. 앞서 本草(初草)에서 지면을 달리하여 기재한 것과는 차이를 보인다.

한편, 本草(初草)과 草册(中草)는 구체적인 내용에서도 차이를 보인다. 두 기록물의 내용을 비교해 보면 같은 사안이라 해도 草册(中草)의 내용이 보다 구체적인 것을 확인할 수 있다. 이는 해당 연설을 기록한 주서가 연석이 파한 뒤 다른 사관의 초책을 참고하거나 발언 당사자에게 문의하여 내용을 보완한 결과이다.

---

13) 서울역사박물관, 앞의 책, 787~788쪽.

〈표 2〉 本草(初草)와 草册(中草)의 내용 비교

本草(初草)	草册(中草)
領曰, 以差爲敎, 未知何如. 上曰, 已愈矣. 慈候水剌無減耶. 上曰, 一樣矣. 承旨各持公事入稟可也. 都以諫割忠勳府進香事, 回啓稟曰….	藥房都提調許積, 與副提調金錫胄進曰, 問安 之批以已差爲敎, 未知聖候若何. 上曰, 已愈矣. 積曰, 慈候若何, 水剌無減耶. 上曰, 一樣矣. 積謂諸承宣曰, 臣等姑退, 承旨各持之公事, 以次入稟, 可也. 都承旨金錫胄, 以諫院割子, 回啓進達….

2. 正書 및 入啓

초책이 작성되면 주서가 이를 근거로 거행조건에 수록될 사안을 초출하여 승지에게 올렸고, 승지가 확인한 뒤 다시 주서가 정서하여 국왕에게 입계하였다.[14) 거행조건의 입계는 대부분 연석이 열린 당일에 이루어지는 것이 관행이었다. 거행조건이 입계되지 않으면 국왕은 입계가 지체된 사정을 묻는 한편 입계를 지체한 승지와 주서를 從重推考하기도 하였다.[15)

그러나 이 같은 관행은 주서에게 과중한 부담을 지운다는 지적이 여러 번 제기되었다. 가령 하루에도 여러 번의 연석이 열리는 경우가 존재했으며, 특정 거행조건의 경우 3~4폭의 종이를 사용해야 할 정도로 길었기 때문이다. 이 경우 연석에서 발생한 모든 거행조건을 하루 안에 입계하는 것은 무리였다.

이러한 문제가 고질적으로 발생함에 따라 1724년(영조 즉위)에는 거행조건의 입계와 관련한 문제가 정식으로 다루어졌다. 논의의 핵심은 근래 거행조건이 지나치게 장황하여 주서가 당일에 입계하기 어려울 뿐만 아니라 조보로 내기에도 힘들다는 것이었다. 이에 따라 영조는 거행조건을 3일 안에 입계하라는 명을 내리고 定式으로 삼았다.[16)

---

14) 『승정원일기』 인조 7년(1629) 7월 19일.

15) 이근호, 앞의 논문, 91쪽.

16) 『승정원일기』 영조 즉위년(1724) 11월 5일.

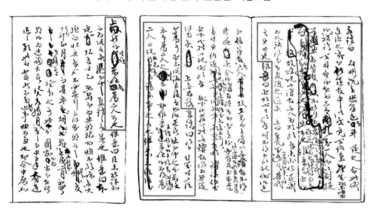

1675년(숙종 1) 1월 9일 注書 李聃命 草冊－乙卯正月初九日午時召對中草

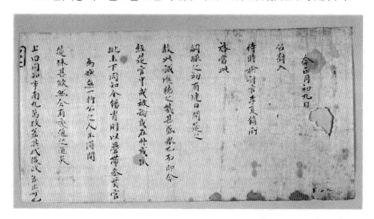

1675년(숙종 1) 1월 9일 거행조건(①)

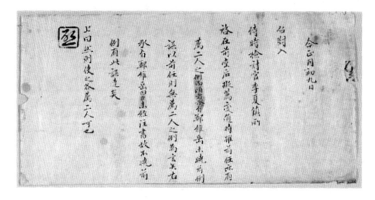

1675년(숙종 1) 1월 9일 거행조건(②)

같은 날에 작성된 초책과 거행조건이다. 초책의 내용 중 일부가 낱장의 문서로 정서되었다. 그 내용은 검토관 李夏鎭이 주서와 경연관을 임명하는 일로 인하여 국왕에게 아뢴 내용으로 이루어져 있는데, 주서가 초책의 내용을 거행조건으로 정서하는 과정에서 연설의 내용이 일부 수정되었다.

〈표 3〉 注書草冊과 거행조건의 내용 비교

1675년(숙종 1) 1월 9일 이담명 注書草冊 – 乙卯正月初九日午時召對中草	1675년(숙종 1) 1월 9일 거행조건(②)
夏鎭曰, 頃日引對時, 以注書薦事, 臣亦從諸臣後, 有所仰達矣, 出而聞之, 則前任, 亦有薦二人之時云, 鄭維岳未經注書, 故未譜前例, 誤以前任, 則不得薦二人之說, 仰達矣. 上曰, 然則時任前任, 各薦二人, 可也. 維岳曰, 臣未經詳知, 而爲此言矣, 退而聞之, 夏鎭之言, 是也.	今正月初九日召對入侍時, 檢討官李夏鎭所啓, 在前堂后擬薦變通時, 雖前任, 亦有薦二人之例, 而頃者承旨鄭維岳, 未曉前例, 誤以前任, 則無薦二人之例, 爲言矣. 右承旨鄭維岳曰, 臣未經注書, 故不曉前例, 有此誤達矣. 上曰, 然則使之各薦二人, 可也.

두 기록물을 비교해 본 결과 몇 가지 차이점을 발견할 수 있다. 첫째, 초책에 '夏鎭曰'로 간략히 발화자를 기록한 부분이 거행조건에는 '今正月初九日召對入侍時, 檢討官李夏鎭所啓'와 같은 형식을 갖추어 작성되었다. 이렇게 문서의 첫 행에 연석의 일시와 종류, 발화자의 정보를 기록하는 것은 현존하는 거행조건에서 모두 동일하게 나타나는 서식이다.

둘째, 한문 문장의 변화이다. 가령 '정유악이 주서를 겪어보지 않았으므로 전례를 외지 못하여[鄭維岳未經注書, 故未譜前例]'와 같은 표현을 '지난날에 승지 정유악이 전례에 밝지 않아[頃者承旨鄭維岳, 未曉前例]'라는 뜻으로 완곡하게 표현하였다.

셋째, 초책에 기재된 이하진의 발언 중 '前任, 亦有薦二人之時云', '不得薦二人之說'과 같이 간접적으로 표현된 정보를 거행조건을 작성하며 '前任, 亦有薦二人之例', '無薦二人之例'와 같이 보다 확실하게 표현하였다. 이와 관련하여 주서가 거행조건을 작성하는 과정에서 발언 당사자에게 서간을 통해 내용을 문의한 뒤에 거행조건을 작성한 사례가 확인되는데, 아마도 이와 관련이 있지 않을까 한다.[17]

넷째, 정유악의 발언을 살펴보면, 초책에서 정유악의 발언은 국왕의 처분이 끝난 후 시작된 것으로 기록되어 있지만, 거행조건을 작성할 때는 순서를 바꾸어 국

---

17) 이근호, 앞의 논문, 89쪽.

왕의 처분 이전에 발언이 이루어진 것으로 기재하였다.

이처럼 거행조건을 작성할 때 초책의 내용을 초출·정서하는 과정에서 내용상의 수정이 이루어짐을 확인하였다. 수정사항을 네 부분으로 나누어 살펴본 결과 문서의 첫 행에 연석과 발화자에 대한 구체적인 정보를 기록하는 한편, 불확실한 정보나 특정 문장을 간략하게 수정하거나 발언의 순서를 뒤바꾸기도 했음을 확인하였다. 이는 거행조건이 왕명에 의해 작성되는 문서인 만큼 문서의 내용에 정확성·신뢰성을 기하기 위한 조치라고 생각된다.

한편, 거행조건을 정서할 때는 한 사람이 아뢴 내용이 여러 건일 경우가 발생하기도 했다. 가령 <자료 3>의 경우 초책에 대화의 형식으로 列書된 기록이 거행조건으로 정서화되며 사안에 따라 별도의 문서로 작성되었다. 그러나 1664년(현종 5)에 작성된 거행조건을 살펴보면 한 장의 종이에 아뢴 내용을 모두 기록하여 이와는 차이를 보인다.

〈자료 4〉 1664년(현종 5) 윤6월 27일 거행조건

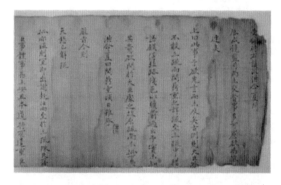

①

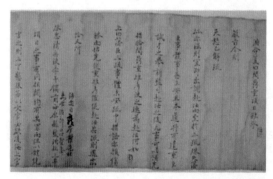

②

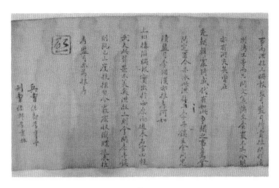

③

　위 문서는 1664년(현종 5) 윤6월 27일에 작성된 거행조건으로, 藥房이 入診
하여 현종에게 受鍼한 후 우의정 洪命夏가 국왕에게 아뢴 내용이 기록되어 있
다. 당시 약방·승정원·홍문관의 2품 이상 관원과 6조의 관원, 대사간이 현종
에게 문안을 드리기 위해 입시하였는데, 홍명하는 약방 도제조의 자격으로 참석
하였다.[18]

　본론에 해당하는 부분은 홍명하가 발언한 내용으로 내용상 크게 두 부분으로
나뉘어진다. 첫 번째 내용은 함경감사가 아직 교체되지 않아 염려스러운 일이
많은데 대사성 閔鼎重이 함경감사의 직을 제수받았음에도 京外에서 상소로 거
듭 사양하니 추고하여 속히 부임하게 할 것, 두 번째 내용은 충청병사 李斗鎭,
전 서원현감 洪柱三이 전에 相鬪하였으니 함께 拿問하고 그때 査覈을 분명하게
하지 못한 충청감사 李翊漢을 推考하라고 청하는 것이다. 이렇게 서로 다른 사
안임에도 불구하고 <圖 3>의 사례와는 달리 '又所啓'라는 표현으로 연이어 아뢰
고 있다.(<자료 4> ②번 그림)

　그러나 이러한 사항은 1669년(현종 10) 1월에 "지금부터 거행조건은 각 幅에 쓰
고 그 次第를 종이 윗부분에 1, 2, 3, 4라고 쓰되 신속하게 거행할 일은 먼저 계하
하는 것이 옳다."라는 국왕의 전교가 있어 작성상의 변화를 시사한다.[19]

---

18) 『승정원일기』 현종 5년(1664) 윤6월 27일.
19) 『승정원일기』 현종 10년(1669) 1월 6일.

〈자료 5〉 紙頭에 기재된 次第

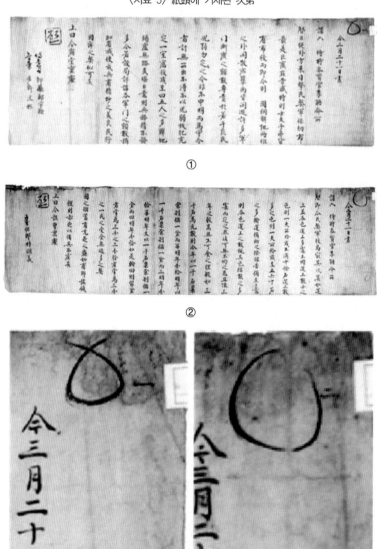

① ②
1690년(숙종 16) 3월 21일 거행조건(①, ②)

위 문서는 1690년(숙종 16) 3월 21일 참찬관 이담명이 주강에 입시하여 아뢴 내용을 담고 있다. 문서의 내용을 살펴보면, 먼저 ①번 문서는 이담명이 外方에 나가 軍役의 폐단을 목격한 상황을, ②번 문서는 還穀에 대한 사안을 아뢰고 있다. 문서의 오른쪽 상단에 나타난 '一', '二' 의 次第를 통해 같은 날에 작성된 거행조건이라도 시간상의 선후관계를 짐작할 수 있다.

그러나 1794년(정조 18)년에 이르면 거행조건을 작성할 때 한 사람이 아뢴 사안이 여러 건이더라도 한 장의 종이에 쓰도록 하는 하교가 내려지고, 실제 문서에 반영되기 시작하였다.[20]

〈자료 6〉 1799년(정조 23) 5월 30일 거행조건에 나타난 '又所啓'

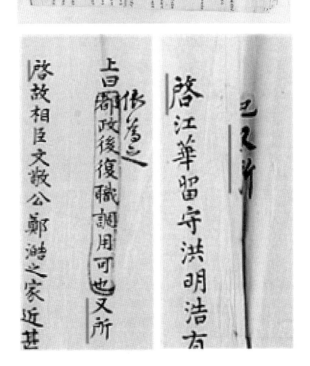

위 문서는 1799년(정조 23) 5월 30일에 작성된 거행조건으로 행판중추부사 沈煥之가 文正公 宋時烈의 奉祀孫에 관한 일, 文敬公 鄭澔의 자손에 관한 일, 강화유

---

20) 『정원고사』 刑攷 臺諫

수 洪明浩를 從重推考하는 것이 어떻겠냐는 내용을 담고 있다. 각 사안에 대해 아뢰고 새로운 사안을 아뢸 때는 '又所啓'라는 표현을 사용한 뒤에 본론을 기술하고 있다. 지금까지 살펴본 작성 방식의 변화를 표로 나타내면 다음과 같다.

〈표 4〉 동일인이 아뢴 복수 사안에 대한 거행조건의 작성 방식

구분	작성 방식	비고
1669년(현종 10) 이전	한 장의 종이에 列書	사안이 바뀔 때마다 '又所啓'를 사용
1669년(현종 10) 이후	사안에 따라 각기 작성	오른쪽 紙頭에 次第를 명시함
1794년(정조 18) 이후	한 장의 종이에 列書	사안이 바뀔 때마다 '又所啓'를 사용

이상으로 초책의 작성 및 초책이 거행조건으로 초출·정서되는 과정, 여기서 나타나는 특징에 대해 살펴보았다. 주서초책이란 연석에서 주서가 연설을 기록한 초책을 지칭한다. 세부적으로는 주서가 연석에 입시했을 당시 연설을 기록한 1차 기록물인 本草(初草)와, 연석이 파하고 난 뒤 本草를 바탕으로 연설을 정리한 2차 기록물인 草冊(中草)로 구분되었다.

한편, 거행조건을 작성할 때 주서초책의 내용을 초출·정서하는 과정에서 내용상의 수정이 이루어졌다. 수정사항을 네 부분으로 나누어 살펴본 결과 문서의 첫 행에 연석과 발화자에 대한 구체적인 정보를 기록하는 한편, 불확실한 정보나 특정 한문 문장을 간략하게 수정하였다. 또는 발언의 순서를 뒤바꾸기도 하였다. 이는 거행조건이 왕명에 의해 작성되는 문서인 만큼 문서의 내용에 정확성·신뢰성을 기하기 위한 사항이라고 판단하였다.

마지막으로 한 사람이 여러 사안을 아뢰고, 해당 내용들이 거행조건으로 작성될 때 작성상의 변화에 대해 살펴보았다. 사료와 현존 문서를 통해 살펴본 결과 1669년(현종 10) 이전에는 사안이 여러 건이라도 한 장의 종이에 모든 사안을 列書하였으며, 사안이 바뀔 때는 '又所啓'라는 표현을 사용하여 내용을 구별하였다. 그러나 1669년(현종 10) 이후부터는 사안이 바뀔 때마다 각기 다른 종이에 작성하라는 국왕의 전교로 인해 거행조건의 작성 방식이 바뀌기 시작하였다. 이 때 거행조건의 오른쪽 紙頭에 次第를 적어 사안의 순서를 표시하였다. 이러한 작성 방식은 1794년(정조 18)에 이르러 다시 예전처럼 돌아가게 되는데, 본 논문에서는 작성 방식의 변화까지는 살펴보았지만 변화의 원인에 대해서는 충분히 규명하지 못했다. 이는 추후의 과제로 남기고자 한다.

III. 국왕의 처분과 왕명의 시행

1. 入啓 이후 국왕의 처분 방식

거행조건이 입계되면 국왕은 세 가지 종류의 처결을 내렸다. 첫 번째는 啓下이다. 입계된 거행조건이 형식이나 내용 면에서 문제가 없을 경우 문서의 끝부분에 국왕의 처결을 의미하는 判付를 적어 승정원에 내리는 것을 의미한다.[21]

〈자료 7〉 거행조건에 踏印된 啓字印과 判付

1799년(정조 23) 5월 30일 거행조건

위의 문서에서 나타나는 것처럼 啓字印 왼쪽에는 '嘉慶四年五月三十日 啓'라고 하는 문구가 보이는데 '嘉慶四年五月三十日'은 국왕의 재가를 받은 시점을, '啓'는 국왕의 재가를 의미한다. 이러한 일련의 서식을 判付라고 하는데, 판부의 작성은 승지가 전담하였으며 그 내용은 조선 전기부터 왕명의 일부로 여겨졌다는 특징이 있다.[22] 여기에서는 '啓'자만이 적혀 있으나 啓本이나 啓目 등의 入啓文書에는 '啓依允', '啓依所啓施行', '啓下刑曹' 등 구체적인 국왕의 처결 내용이 적혀 있다.

두 번째는 留中으로, 留中이란 거행조건을 국왕이 계하하지 않고 보관하는 것을 의미한다. 국왕이 거행조건을 留中하는 사례는 『승정원일기』에 '出擧條留中不下', '擧條留中'등으로 기록되어 있는 것이 대부분이며,[23] 확인 가능한 사례로는 예전에 이미 논의된 사안이 거행조건으로 작성된 경우 국왕이 留中하라는 전교를 내리거

---

21) 이강욱, 「『承政院日記』를 통해 본 草記의 전면적 고찰」, 『민족문화』 34, 2010a, 340쪽; 명경일, 「조선후기 判付의 작성절차와 서식 연구」, 『규장각』 43, 2013, 206~210쪽.

22) 『연산군일기』 2년(1496) 9월 20일.

23) 『승정원일기』 영조 15년(1739) 6월 1일.

나[24] 왕세자 私親父의 추증과 관련한 조항이 법전과 문헌에 상세하지 않으므로 해당 거행조건을 留中한 사례가 드러난다.[25] 국왕의 留中은 거행조건 뿐만 아니라 草記, 啓辭 등의 入啓文書에 공통적으로 나타나는 특징으로, 해당 문서의 내용에 대한 국왕의 불만을 표출하거나 의지를 관철시키기 위해 실행한 경우가 많았다. 국왕이 留中한 문서는 국왕의 의사에 따라 처리되었다.[26]

마지막으로 거행조건의 내용에 문제가 있으면 국왕이 이를 계하하지 않고 승정원에 다시 돌려주었는데, 이를 還給이라고 한다. 이러한 처결이 내려지는 이유는 주로 연설과 거행조건의 내용이 상이했기 때문이었다.[27] 이 경우 거행조건과 관련한 관원 및 승지가 처벌받기도 하였으며, 還給된 거행조건은 다시 수정하여 입계해야 했다.[28]

한편, 계하된 거행조건에 대해 거행조건의 내용을 수정하는 경우도 있었다. 가령 국왕이 거행조건의 내용에 오류가 있음에도 미처 파악하지 못하고 계하한 경우 해당 거행조건을 다시 들여 오류가 있는 부분에 付標하거나 판부의 내용을 고쳐 다시 계하하는 등의 조치를 취했다.[29] 이 경우 수정할 부분에 수정할 내용을 적은 籤紙를 붙이고 小啓字印을 踏印하거나 거행조건의 본문에 직접 墨書하여 수정하였다.

〈자료 8〉 거행조건에 踏印된 小啓字印

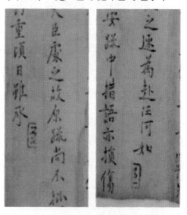

1664년(현종 5) 윤6월 27일 거행조건

---

24) 『승정원일기』 정조 6년(1782) 1월 30일.

25) 『승정원일기』 정조 9년(1785) 4월 24일.

26) 이강욱, 앞의 논문, 2010a, 340쪽;「啓辭에 대한 考察」, 『고문서연구』 37, 2010b, 155쪽.

27) 『승정원일기』 정조 즉위(1776) 9월 2일.

28) 『승정원일기』 정조 2년(1778) 윤6월 13일.

29) 『승정원일기』 영조 4년(1728) 4월 7일.

『은대조례』에 의하면, 啓字印은 조선시대 국왕이 입계한 문서를 처리할 때 사용한 인장으로 大啓字印과 小啓字印의 두 가지 종류가 있었고 모두 啓下文書에 사용되었다.30) 두 인장의 사용 방식을 살펴보면, 大啓字印은 국왕에게 입계하는 公事文書의 말미에 踏印하였으며 大啓字印의 踏印은 해당 사안에 대해 국왕이 御覽하고 裁決했음을 의미했다.31) 小啓字印과 함께 쓰일 때는 인장의 구별을 위해 大啓字印으로 불리었고 주로 啓字印으로 지칭되었다. 반면 小啓字印은 주로 국왕에게 입계한 문서나 서책에 疏漏한 점이 있어 수정해야 할 경우에 사용되었다. 小啓字印의 사용 방식은 오류가 있는 부분 위에 수정할 글자를 적은 籤紙를 붙이고[付標] 踏印하는 것이었다.32)

이러한 사실을 고려한다면 앞서 살펴본 거행조건에 踏印된 小啓字印 또한 본문 오류의 수정과 관련이 있다고 짐작해 볼 수 있다. 주목할 만한 사실은 두 건의 小啓字印이 모두 국왕의 발언을 기재하는 부분에 踏印되어 있다는 점인데, 이를 통해 해당 부분에 수정이 가해졌으며 수정된 내용이 『승정원일기』나 『비변사등록』 등의 기록물에 반영되지 않았을까 한다.

〈표 5〉 거행조건과 『비변사등록』의 기재 방식 비교

현종 5년(1664) 윤6월 27일 거행조건	『備邊司謄錄』 현종 5년(1664) 윤6월 28일
上曰, 此事予欲先言而未及矣, 古例則大臣外不敢[①]三疏, 而閔鼎重之辭疏至三, [②疏中措語, 願得]北路殘邑, 以贖前過云, [③]予實未[④知]其意, 欲問於大臣處之, [⑤故原疏尙不批下矣.]	上曰, 此事予欲先言而未及矣, 古例則大臣外不敢[①爲]三疏, 而閔鼎重之辭疏至三, [②必欲遞職而後已, 且願補]北路殘邑, 以贖前過云, [③此則必不可成之事, 而以此掩其厭避之跡, 設令以罪則受罰, 亦不當如是, 況北門鎭綸委寄甚重, 而鼎重乃以除授此職, 認爲譴罰]予實未[④曉]其意, 欲問於大臣處之, [⑤而二十三日不得爲引對, 故尙未果矣.]
上曰, 藩臣三疏, 事體未安, 疏中措語, 亦[①損傷體面], [②姑先從重推考, 擢捉赴任, 其疏則還出給]	上曰, 藩臣三疏, 事體未安, 疏中措語, 亦[①甚不當], [②其疏還出給, 姑先從重推考, 擢捉赴任.]

거행조건과 비변사등록의 기재 방식을 비교해본 결과 많은 부분에서 차이를 보이고 있음을 확인할 수 있다. 여기서 의문인 것은 이렇게 많은 차이를 보인다면 小啓字印을 踏印하는 것 보다는 기존의 거행조건을 還給하는 한편 새로운 거행조건

---

30) 『은대조례』 兵攷 符信.
31) 『선조실록』 29년 8월 18일.
32) 『승정원일기』 인조 5년(1627) 2월 5일.

을 작성하는 것이 자연스럽지 않을까라는 점이다. 그러나 관련 사료에는 주서의 처벌이나 거행조건의 還給과 관련한 기사는 나타나지 않는다. 다만 이후에 중요하지 않은 말까지 거행조건에 써내거나[33] 거행조건이 필요 이상으로 길어져 문제가 된 사례가 존재하는 만큼,[34] 주서가 연석에서의 대화 내용을 필요에 따라 축약한 것은 아닐까 한다.

다음으로 거행조건의 본문에 직접 墨書하여 수정한 사례이다. 이 경우 수정이 필요한 글자나 문장에 X표시[爻] 혹은 둘레에 원 표시[周]를 하여 수정하였다.[35]

〈자료 9〉 1799년(정조 23) 5월 30일 거행조건과 수정의 흔적

---

33) 『승정원일기』 영조 즉위년(1724) 11월 5일.

34) 『정조실록』 17년(1794) 6월 11일.

35) 『승정원일기』 영조 37년(1761) 1월 16일.

위 문서를 살펴보면, 국왕의 처결 중 '都政後復職調用可也'는 '依爲之'로, 이후 심환지가 건의하는 내용 중 '有所牒報於本院'은 '有所牒報於藥院'으로 수정되어 있다. 수정 방식은 해당 부분의 둘레에 원 표시[周]를 하는 방식으로 이루어졌으며 위 수정사항은 해당 일자의 『승정원일기』에도 반영되었다.[36] 이는 앞서 살펴본 <자료 8>과는 차이가 있다. 두 거행조건의 작성 시점이 약 130여년 정도 차이가 있어 그간에 관련 제도가 바뀌었다고 생각해볼 수도, 또는 문서의 수정 방식이 다양했다고도 생각해 볼 수 있다.

2. 왕명의 시행

거행조건이 승정원에 계하되면 승정원에서는 관련 아문에 거행할 사안을 즉시 분부해야 했다.

> (좌부승지 홍익삼이 아뢰기를) … 각사 낭청이 전교를 들을 때 몸소 啓板의 앞에 나아가는데 출입할 때 曲拜하고 職名과 姓名을 써넣는 것은 대개 事體가 중요하기 때문입니다. 그런데 근래의 각사 관원은 게으른 습속이 있어 출입하는 것을 꺼리고 혹은 직접 (성명을)써넣지 않거나 혹은 승정원의 문 앞에 이르렀다가도 바깥에서 돌아가니 소중한 취지가 있다는 사실을 생각하지 않는 것이 진실로 매우 未安합니다. …[37]

홍익삼의 발언에 따르면 각사 낭청이 전교를 들을 때는 승정원의 啓板에 나아가 절하고 職과 姓名을 써넣는 것이 규례였다. 계판이란 승정원에 奉安해 두고 국왕에게 입계할 각종 문서들을 留置했던 기물을 지칭한다.[38] 승정원에 출입하는 각사 관원들은 반드시 기둥 밖에서 曲拜의 예를 행하고 난 후 계판 앞에서 전교의 내용을 들어야 했는데, 이는 국왕의 전교를 담고 있는 계판을 존중하고 체면을 중시한다는 뜻을 담고 있었다.[39] 이 때문에 승정원에 출입하는 관원의 태도가 불손하거나 낭청을 맞이하는 승지의 태도가 예에 합당하지 않는 경우, 관원이 직접 오지 않고 下吏를 보내 대신 서명하게 하는 행위에 대해 당사자들을 推考·遞差 등 다양한 방법으로 처벌하였다. 거행조건 또한 위와 같은 절차를 거쳐 該司에 분부되었다.[40] 현존 거행조건에 나타나는 분부의 흔적을 살펴보면 다음과 같다.

---

36) 『승정원일기』 정조 23년(1799) 5월 30일.
37) 『승정원일기』 영조 26년(1750) 7월 5일.
38) 『육전조례』 卷之二 吏典 承政院 出納.
39) 『승정원일기』 인조 25년(1647) 10월 16일.

영조이전					
	1664년(현종 5) 6월 27일	1664년(현종 5) 6월 27일	1690년(숙종 16) 3월 21일(①)	1690년(숙종 16) 3월 21일(②)	1690년(숙종 16) 3월 25일
영조이후					
	1756년(영조 32) 6월 2일	1799년(정조 23) 4월 20일	1799년(정조 23) 5월 30일		

　　관련 사료와 문서를 통해 승정원의 분부 방식을 살펴보면 다음과 같다. 첫째, 승정원에서 거행조건의 여백에 명령을 실제로 수행할 관사명을 적고 낭청을 승정원으로 招致하였다. 둘째, 각사 낭청이 승정원에 도착하면 승지가 승정원 대청에 앉아 낭청을 맞이하였다. 셋째, 낭청은 예를 갖춘 뒤 계판 앞에 도착하여 거행조건의 왼쪽 여백에 적힌 관사명 아래에 관직과 성명을 써넣고 거행조건을 謄出해갔다.

　　그런데, 영조 이후에 작성된 거행조건에는 관사명 위에 圈點[·]이나 圈標[○]를

---

40) 『승정원일기』 영조 38년(1762) 12월 25일.

그리기도 하였다. 이는 해당 관리가 실제로 승정원에 나아가 왕명을 받들었는지의
여부를 확인하기 위한 승정원의 표시로 추정된다. 예를 들어 該司의 낭청이 승정
원에 도착하여 관함을 적었을 경우 圈點이, 낭청이 관함을 적지 않았을 경우에는
圈標가 그려졌다. 이처럼 영조 연간을 기점으로 거행조건의 분부와 관련한 사항이
변화하였다.

한편, 명령을 봉행할 아문이 승정원일 경우 관사명과 직함을 표기하지 않았다.
즉, 위와 같은 흔적은 전교의 수취처가 승정원 이외의 다른 기관일 경우에만 나타
나는 것이다.[41] 가령 1675년(숙종 1) 1월 9일에 작성된 거행조건에는 승정원 주서
의 薦望과 관련한 내용이 기재되어 있는데, 승정원 주서의 薦望은 승정원의 고유
한 업무였기 때문에 거행조건의 여백에 분부할 관사명을 적지 않았다.

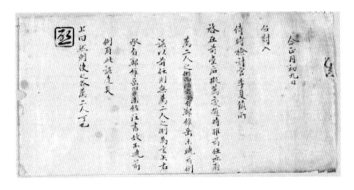

〈자료 11〉 1675년(숙종 1) 1월 9일 거행조건(②)

명령을 수행할 각사에 거행조건이 분부되면 해당 관청에서는 거행조건의 내용
을 실제로 봉행해야 했다. 현존하는 거행조건을 통해 봉행의 사례를 살펴보면 다
음과 같다. 먼저 1756년(영조 32) 6월 2일에 작성된 거행조건을 살펴보도록 하겠
다. 문서의 내용은 영조가 張顯光에게 자손이 있냐고 묻자 약방 부제조 南泰齊가
봉사손 張壽崙이 齋郞으로 있었지만 지금 散職이 되었다고 대답하였고, 다시 영조
가 이조판서가 이미 연석에서의 하교를 들었으니 다시 제수하는 것이 옳다고 하여
장수륜에게 實職을 제수하라고[甄復] 처결하는 내용을 담고 있다.[42]

---

41) 명경일, 「정조대 傳敎軸을 통해 본 『承政院日記』의 문서 謄錄 체계」, 『고문서연구』 44, 2014, 103쪽.

42) 『승정원일기』 영조 32년(1756) 6월 2일: 上曰, 張顯光有子孫乎. 泰齊曰, 其奉祀孫壽崙, 曾爲齋郞, 今則作散云矣.
    上曰, 吏判旣聽筵敎, 甄復, 可也.[出擧條]

연석에서의 논의는 연석이 파한 후 규례대로 입시한 주서가 그 내용을 정서하여 입계하였다. 국왕은 결재했음을 나타내는 啓字印을 찍은 후 해당 문서를 승정원에 내렸고, 승정원에서는 이조에 거행조건을 전달하였다. 문서의 전달은 이조정랑 柳 脩가 승정원에 와서 거행조건의 내용을 등출해가는 방식으로 이루어졌다. 이후 이 조에서는 장수륜의 실직 제수를 위한 告身을 작성하여 장수륜에게 내렸고, 장수륜 은 처결이 내려진지 23일 후인 6월 25일에 장릉참봉으로 제수되었다.[43]

〈자료 12〉 문서로 살펴본 거행조건의 시행

1756년(영조 32) 6월 2일 거행조건   1756년(영조 32) 6월 25일 張壽崙
五品以下告身[44]

다음으로 1799년(정조 23) 4월 20일에 작성된 거행조건의 시행 사례를 살펴보 겠다. 이 거행조건은 1799년(정조 23) 4월 20일 정조가 편전에서 좌의정 李秉模을 인견하였을 때 이루어진 논의를 바탕으로 작성되었다.

〈자료 13〉 1799년(정조 23) 4월 20일 거행조건

---

43) 『승정원일기』 영조 32년(1756) 6월 25일.

44) 1756년(영조 32), 56.4×78cm, 한국학중앙연구원 장서각 소장.

문서의 내용을 살펴보면, 좌의정 李秉模가 전 군수 宋時淵, 사복시 주부 朴宗羽, 전 목사 俞漢雋을 원자궁의 僚屬으로 뽑는 것이 어떻겠냐고 아뢰는 내용이 기재되어 있고, 이에 대해 국왕인 정조가 그대로 따르라고 처결하였다. 이처럼 국왕의 계하를 거친 거행조건은 낭청에 의해 관련 아문에 전달되었고, 관련 아문에서는 거행조건의 내용을 시행하였다. 다음은 나머지 거행조건의 시행 현황이다.

〈표 6〉 거행조건의 시행 결과

	발급일자	내용	분부 관사	시행 결과
1	1664년(현종 5) 윤6월 27일	함경감사 임명.	備邊司, 吏曹	閔鼎重을 임명.45)
		충청병사와 서원현감의 相鬪.	兵曹, 刑曹	충청병사 李斗鎭은 罷職하고46) 서원현감 洪柱三은 의금부에서 刑推함.47)
2	1675년(숙종 1) 1월 9일(①)	堂后의 薦望.	承政院	李塾을 주서로 임명.48)
3	1675년(숙종 1) 1월 9일(②)	經筵官의 임명.	未詳49)	우선 부제학 金錫胄를 주강에 입시하도록 함.50)
4	1690년(숙종 16) 3월 21일(①)	布役의 폐단.	備邊司, 兵曹	未詳
5	1690년(숙종 16) 3월 21일(②)	還上의 폐단.	戶曹	호조에서 처리한 후 호조판서 吳始復이 결과를 아룀.51)
6	1690년(숙종 16) 3월 25일	崇善君의 安葬.	兵曹, 戶曹, 宣惠廳	未詳52)
7	1756년(영조 32) 6월 2일	張壽崙의 甄復.	吏曹	張壽崙을 장릉참봉에 임명. (五品以下告身 발급.)
8	1799년(정조 23) 4월 20일	元子宮 僚屬 임명.	吏曹, 講學廳	전 군수 宋時淵, 사복시 주부 朴宗羽, 전 목사 俞漢雋 임명.
9	1799년(정조 23) 5월 30일	朝家의 特恤을 받은 가문의 후손을 임명하는 일.	吏曹, 中樞府, 內醫院	未詳
		文敬公 鄭澔의 자손을 관직에 임명.		鄭澔의 증손자 鄭復煥을 漢城主簿에 임명.53)
		江華留守 洪明浩를 從重推考하는 사안.		未詳54)

----

45) 『승정원일기』 현종 5년(1664) 7월 3일.

46) 『승정원일기』 현종 5년(1664) 윤6월 24일.

47) 『승정원일기』 현종 5년(1664) 7월 18일.

계하된 거행조건에 대해 승정원에서는 이조와 강학청의 낭청을 불러 謄出하게 하였다. 이에 이조에서는 정랑 金光遇가 와서 등출하고 서명하였지만 강학청에서는 낭청이 오지 않았던 것으로 보인다. 각 관사명 위에 나타난 표기 방식의 차이가 이러한 사실을 반영하고 있다. 이후 이조에서 거행조건의 내용을 받들어 위의 세 사람을 원자궁의 요속으로 임명하였다.[55] 이처럼 국왕의 계하를 거친 거행조건은 낭청에 의해 관련 아문에 전달되었고, 관련 아문에서는 거행조건의 내용을 시행하였다.

계하된 거행조건은 각사에 분부하는 것 이외에 조보로 반포되기도 하였다. 거행조건을 조보로 반포할 경우 국왕의 직접적인 명령에 의해 시행되거나 국왕과 신하가 논의하는 과정을 거쳤다. 거행조건이 軍國의 기밀과 관련된 경우,[56] 중요한 외교적 사안을 담은 경우,[57] 환곡 등의 일, 軍門의 將臣과 捕將이 입시한 경우,[58] 정치적으로 민감한 사안일 경우에는 조보로 내지 않았다. 거행조건을 조보에 내기로 결정하면 승지는 거행조건에 圈標하고 兩司의 서리에게 내주어 대간에서 자세한 내용을 파악할 수 있게 하였다.[59]

이와 관련하여 1690년(숙종 16) 3월 21, 25일 거행조건에는 세 문서의 오른쪽 상단과 하단에 圈標[이]가 나타남을 확인할 수 있다.

---

48) 『승정원일기』 숙종 1년(1675) 1월 15일.

49) 문서 후반부가 결락되어 정확히 알 수 없다.

50) 『승정원일기』 숙종 1년(1675) 1월 11일.

51) 『승정원일기』 숙종 16년(1690) 4월 25일.

52) 사료에는 구체적인 시행 결과가 드러나지 않는다. 다만 같은 달 29일에 숙종이 숭선군의 永窆에 필요한 役軍을 충청도에서 題給하라는 일로 전교하는데, 이 내용이 실제로 시행된 후에 『선혜청등록』에 수록되었던 것으로 보인다(『승정원일기』 숙종 16년(1690) 3월 29일). 이러한 사실을 고려한다면 위 거행조건 또한 관련 아문의 등록에 시행 결과가 등재되었을 것으로 추정된다.

53) 『승정원일기』 정조 23년(1799) 6월 1일.

54) 같은 자리에서 정조가 다시한번 榻前下敎로 홍명호를 종중추고하라고 명한 만큼 거행조건의 내용이 빠른 시일 내에 시행되었을 확률이 높다.

55) 『정조실록』 23년 4월 20일.

56) 『은대편고』 兵房攷 撮要, 『銀臺便攷』 通攷 通行事例, 『승정원일기』 인조 7년(1629) 2월 22일.

57) 『은대편고』 禮房攷 皇壇, 『승정원일기』 인조 15년(1637) 4월 22일.

58) 『은대편고』 吏房攷 出朝報.

59) 『승정원일기』 영조 즉위년(1724) 11월 5일.

〈자료 14〉 거행조건에 기재된 圈標

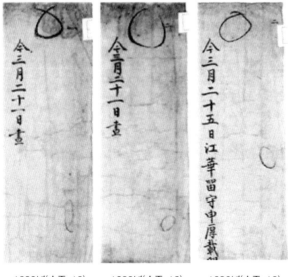

1690년(숙종 16)　　1690년(숙종 16)　　1690년(숙종 16)
3월 21일(①)　　　3월 21일(②)　　　　3월 25일

    각 문서를 해당 일자의『승정원일기』기사와 비교해 보면, 세 문서 모두『승정원일기』에 거행조건의 내용이 그대로 기재되어 있고 이어서 기사 말미에 '以上朝報'라는 細註가 공통적으로 나타난다.[60] 여기서 '以上朝報'라는 말은 1744년(영조 20)의 화재 이후『승정원일기』를 개수할 때 그 내용의 출처가 당대 반포된 조보였음을 의미한다.[61] 즉, 세 문서는 모두 조보로 반포되었으며 이때 반포된 조보는 이후『승정원일기』개수에 참고 자료로 기능했던 것이다. 이러한 사실을 고려한다면 문서에 기재된 圈標를 조보와 연관시켜 이해하는 것이 자연스럽다.

    다만 영조대 이후 작성된 거행조건의 사례를 살펴보면 圈標와 '出朝報'印章이 함께 나타나고 있다.『승정원일기』나[62]『정원고사』에 따르면[63] '出朝報' 또한 圈標와 마찬가지로 특정 문서를 조보에 낼 때 사용하였던 인장이었다.

---

60)『승정원일기』숙종 16년(1690) 3월 21일, 25일.

61) 오항녕,「조선후기『승정원일기』改修 연구」,『태동고전연구』22, 2006, 176~177쪽.

62)『승정원일기』정조 10년(1786) 2월 26일.

63)『정원고사』刑攷 臺諫.

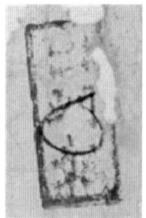

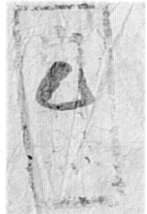

1756년(영조 32) 6월 2일   1799년(정조 23) 4월 20일   1799년(정조 23) 5월 30일

'出朝報'는 직사각형의 형태를 띠고 있으며 붉은 印文을 사용하였다. 실물로 전하는 문서만을 놓고 본다면 숙종대 이전에 작성되었던 거행조건에는 '出朝報'가 나타나지 않다가 영조대 이후 작성된 거행조건에서 모두 '出朝報'가 등장하므로 영조 연간 어느 시점부터 '出朝報'가 사용되지 않았을까 생각된다. 지금까지 살펴본 거행조건의 문서 행정 과정을 그림으로 나타내면 다음과 같다.

〈도식 1〉 거행조건의 문서 행정

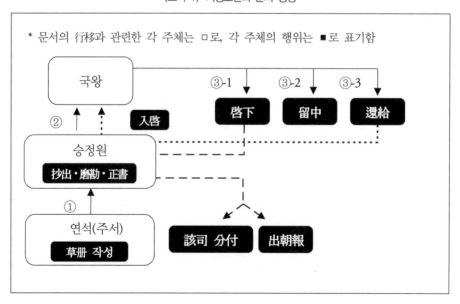

Ⅳ. 맺음말

거행조건이란 연석에서 왕명에 의해 작성이 결정되고 비서기관인 승정원이 왕명에 따라 啓의 형식으로 작성·입계하는 문서이다. 연석에 입시한 주서는 국왕과 신하가 논의한 모든 사안들을 속기록장부인 注書草冊에 기록하였고, 이 중 왕명에 의해 실제로 거행할 사안을 연석이 파한 후에 다시 정서하여 입계하였다. 주서초책은 주서가 연석에 입시했을 당시 연설을 바로 기록한 1차 기록물인 本草(初草)과 연석이 파하고 난 뒤 本草를 바탕으로 연설을 정리한 2차 기록물인 草冊(中草)으로 구분되었다. 한편 주서초책의 내용을 거행조건으로 옮기는 과정에서 불분명한 사실들이 확정되거나 구어체의 문투가 간략하게 수정되었음을 확인하였는데, 이는 왕명에 의해 작성되는 거행조건의 특징상 문서의 정확성과 신뢰성을 기하기 위한 조치였다. 이밖에도 정서 과정에서 나타나는 승지와 주서의 역할, 작성 방식의 시대별 변천, 거행조건의 수정 방식 등에 대해 살펴보았다.

국왕은 입계한 거행조건에 대해 啓下·留中·還給의 방식으로 처결하였다. 이 중 계하를 거친 거행조건은 判付가 작성되어 승정원에 내려졌고, 승정원에서는 계하된 거행조건에 대하여 문서의 내용을 실제로 시행할 아문에 분부하였다. 이 때 관련 아문의 낭청이 승정원에 도착하여 거행조건의 내용을 등출해 갔으며, 이후 각 아문에 의해 거행조건의 내용이 실제로 시행되었다. 한편, 계하된 거행조건은 조보에 그 내용이 실려 반포되기도 하였다. 거행조건을 조보로 반포할 경우 국왕의 직접적인 명령에 의해 시행되거나 국왕과 신하가 논의하는 과정을 거쳤으며, 거행조건을 조보에 내기로 결정하면 승지는 거행조건에 圈標나 '出朝報'를 踏印하여 다른 문서와 구분하였다.

이렇듯 거행조건은 매일 진행된 연석에서 국왕과 신하가 논의한 국정 현안 중 왕명에 의해 거행할 사안이 啓의 성격을 가진 문서로 작성되고, 이것이 단시일 내에 관련 아문에 의해 시행되거나 조보에 실려 중외에 반포된다는 특징을 가지고 있다. 거행조건의 작성과 시행 과정을 통해 조선시대 국왕의 국정 운영 방식을 이해할 수 있다는 점에서 주목할 필요가 있다.

조선시대 帖*

송철호

I. 머리말

이 글은 조선시대 관문서인 帖의 연원과 변화 과정을 살펴보고 현존하는 조선시대 帖을 분류하여 각 문서의 형식과 내용을 분석하는 것을 목적으로 한다. 조선시대의 帖은 조선의 고유한 제도적 산물이라고 보기는 어렵기에 그 이전의 帖의 기원과 변화 양상에 대해 중국과 고려의 사례를 살펴보고, 과도기라고 할 수 있는 조선 초기의 帖의 변화 과정에 대해서 살펴볼 것이다. 다음으로『경국대전』편찬 이후 약 400년 이상의 기간 동안 생산된 다양한 종류의 帖을 정리, 분류하여 각각의 帖이 가진 특성과 아울러 전체적인 帖의 성격에 대해서 규명하고자 한다.

조선시대의 帖은『경국대전』에 기재되어 있는 '帖式'을 따라 작성된 하행문서를 말한다. 帖과 관련된 기왕의 연구는 조선 초기 임명 帖(朝謝帖)과 差帖, 照訖帖 등과 관련하여 이루어져 왔고[1] 이러한 연구를 통해서 7품 이하의 관원에게 발급되는 帖의 발급 성격과 帖의 문서식 및 전체 관문서 체제 내에서 하행문서로서의 帖의 특성 등에 대한 성과가 상당히 이루어졌다.

帖에는 差帖, 下帖, 照訖帖, 小帖, 草料帖, 勿禁帖, 改名帖 등이 포함된다. 差帖은 조선시대의 주요 임명문서인 사품이상고신(敎旨) 및 오품이하고신(敎牒)과 함께 관원의 임명에 사용된 문서이며, 下帖은 關, 牒呈, 傳令, 甘結 등과 함께 조선시대 관문서 행정의 일부분을 담당한 문서이다. 照訖帖과 小帖, 草料帖, 勿禁帖, 改名帖 등은 과거, 납속을 비롯한 여러 제도와 관련된 증빙 문서로 사용되었다. 이 문서들은

---

* 이 글은「조선시대 帖 연구」, 한국학중앙연구원 한국학대학원 석사학위논문, 2008을 요약·정리한 것이다.

1) 帖과 관련한 기왕의 연구 성과는 다음과 같다.
　최승희,『韓國古文書硏究』, 韓國精神文化硏究院, 1981.
　남풍현,「高麗 初期의 帖文과 그 吏讀에 대하여 -醴泉鳴鳳寺 慈寂禪師碑의 陰記의 解讀-」,『古文書硏究5』, 한국고문서학회, 1994.
　박준호,『韓國 古文書의 署名形式에 관한 硏究』, 韓國學中央硏究院 韓國學大學院 博士學位論文, 2003.
　전경목,「16세기 관문서의 서식연구」,『16세기 한국고문서연구』, 아카넷, 2004.
　김경용,「조선시대 과거제도 시행의 법규와 실제」,『敎育法學硏究』, 2004.

모두 동일하게 '帖式'에 따라 작성되었다는 점에서 형식상 같은 종류의 문서이지만, 실제 문서의 용도에 있어서는 각기 개별적인 성격을 갖는다.

이 글의 2장에서는 帖의 연원과 변화과정에 대해서 살펴보고, 3장에서는 현전하는 조선시대 帖을 정리하여 임명, 증빙, 행정 명령 등으로 분류하여 각 帖의 종류별로 가지는 문서적 성격에 대해 살펴볼 것이다. 결론인 4장에서는 앞에서 논의된 帖에 대한 연구내용을 간략하게 요약하여 정리할 것이다.

II. 帖의 기원과 변천

1. 중국의 帖

중국에서는 적어도 唐代부터 帖이 사용되었다.[2] 20세기 초 돈황[敦煌]과 투르판[吐魯蕃]에서 발굴된 唐 고문서들 가운데에 문서의 기두와 결미에 '帖'이란 글자가 기재된 관문서들이 나타나면서 당나라에서 관문서의 하나로 帖이 행용되었음이 실증되었다. 실존하는 문서들을 통해 唐代 帖의 행이체제를 규명하기는 쉽지 않지만, 지방관이 휘하의 관원에게 보내는 행정명령서로서 帖이 사용되었으며, 당시에도 임명의 용도로 帖이 사용된 것은 확인할 수 있다.

唐에 이어서 宋에서도 帖은 행용되었다. 宋 초기에 편찬된 법전들은 현재 전해지지 않지만 남송대인 1202년(嘉泰 2)에 편찬한 『慶元條法事類』가 전해지고 있어서 송대의 문서제도를 일부나마 살펴볼 수 있다. 『慶元條法事類』의 '文書式'에는 송대에 행용된 몇 종의 관문서식이 기재되어 있는데 '平關', '表', '狀', '牒', '關', '符', '曉示' 등과 함께 '帖'이 포함되어 있다. 문서식 말미의 註를 살펴보면 송대의 帖이 지방 행정조직에서 사용되었고 특히 州에서 屬縣에 내리는 하행 문서였다는 점을 확인할 수 있다.

元의 문서제도를 살펴볼 수 있는 문헌으로 『廟學典禮』와 『吏學指南』등이 있으나 帖에 관련한 내용이 수록되어 있지 않으므로 元代에 帖이 행용된 증거를 확인하기는 어렵다.

明 건국 초기에 편찬된 『洪武禮制』에는 공문서의 '行移體式', '署押體式'이 실려 있어 明 초기의 문서제도를 살펴볼 수 있는데 여기에 '下帖式'이 기재되어 있다. '下

---

2) 中村裕一, 『唐代公文書研究』, 汲古書院, 1996, 262面.

帖은 下行을 의미하는 '下'와 문서양식을 의미하는 '帖'을 조합한 것으로 기존의 帖을 계승한 문서라고 볼 수 있으므로 明에서는 帖이 행용되었음을 확인할 수 있다.

송대의 帖式과 비교해보면 문서의 구조는 큰 변화 없이 계승되고 있으나 '合下仰照驗施行須至帖者'라는 정형화된 새로운 결사 투식이 나타나고 있다. 이러한 결사 투식은 관문서의 결미에 상투적으로 기재되던 문구들이 이 시기에 이르러 점차 정형화되면서 문서식에 포함되었을 것으로 생각된다.

『홍무예제』의 '行移體式'에는 下帖을 비롯한 관문서들의 용례가 기재되어 있는데, 下帖은 3품에서 5품의 관에서 발급하여 5품에서 7품의 관이 수취한 하행문서로 설명하고 있다. 또한 『增訂吏文輯覽』에 수록된 '須至帖者' 풀이에는 3품에서 4품의 관에서 발급하여 8품에서 9품의 관이 수취하는 사례를 예시하고 있다. 종합하면 帖은 상급의 관에서 屬下의 관으로 보내는 하행문서이며, 3품에서 5품의 관에서 발급하여 5품에서 9품까지 비교적 말단의 관이 수취하는 문서였음이 확인된다.

2. 우리나라의 帖

고려 이전에 작성된 帖은 실물로 현전하는 것이 없으나, 경북 예천의 명봉사에 있는 「境淸禪院慈寂禪師凌雲塔碑」 뒷면에 고려 초기 도평성에서 洪俊和尙의 衆徒에게 발급한 帖(都評省帖)이 전사되어 있어 이를 통해 당시에 帖이 관문서로 행용되고 있었음을 확인할 수 있다. 이 帖은 중국 당대의 帖과 문서 구조상 유사한 형태를 가지고 있기 때문에 중국으로부터 영향을 받아 형성된 것이라 추정된다.

고려의 문서제도는 987년(성종 6)에 새로이 제정되고 1279년(충렬왕 5)에는 元의 영향으로 다시 변화를 겪게 되는데 이 시기에 작성된 帖은 남아있는 것이 없고 『고려사』 '公牒相通式'에도 帖에 관한 기록이 없으므로 고려시대 帖의 변화양상은 더 이상 확인하기 어렵다.

3. 조선 초기 인사문서와 帖

조선의 건국 세력은 고려의 유제를 혁파하고 明의 제도를 수용하려는 태도를 가지고 있었기에 고려시대의 문서제도가 조선에 그대로 계승되지는 못하였다. 실록에 따르면 조선 초기의 문서제도는 중국의 『홍무예제』를 준용한 것으로 보이는데, 관문서 帖도 『홍무예제』의 '下帖式'에 따라 행용되었을 것으로 생각된다. 조선 초기에 작성된 실제 下帖들을 살펴본 결과 대체로 '下帖式'을 준용하고 있으나 결사에서 일부 차이가 있다. 또한 하행문서라는 점은 동일하지만, 수취자의 품계는『홍무예제』의 '行移體式'과 차이가 있다. 이는 명과 조선의 관제 차이 및 사대 문제에서 기인하는 것으로 보인다.

『경국대전』이 편찬되기 이전에 작성된 조선 초기의 下帖은 현재까지 14건이 발견되었는데 모두 임명문서들이며 문서의 발급 사유 부분에 기재된 용어에 따라서 朝謝, 告身, 差定문서로 구분할 수 있다. 朝謝문서(朝謝帖)는 署經을 거쳐 임명하는 내용을 담고 있다. 告身문서(告身帖)는 1457년(세조 3)부터『경국대전』의 告身式이 적용되기 이전까지 나타난 과도기적인 임명문서로 朝謝 문서를 계승한 문서로 추정되며 이후 '오품이하고신식'으로 대체된 것으로 보인다.

朝謝 문서와 告身 문서의 경우 故牒式으로 작성된 문서들도 현전하는데 下帖式으로 작성된 문서들과 임명 관직의 품계가 확연히 구분되는 것을 확인할 수 있었다. 故牒式으로 작성된 朝謝 및 告身 문서는 대체로 5품에서 6품의 관직과 품계를 제수할 때 발급하였고, 下帖式으로 작성된 朝謝 및 告身 문서는 이와 달리 7품에서 9품의 관직과 품계를 제수할 때 발급하였다. 口傳 임명 문서의 경우 平關式, 故牒式, 下帖式에 따라 작성된 문서가 각 1건씩 현전하고 있으며 임명 관직의 성격에도 차이가 있다.

〈표 1〉 조선 초기 7품 이하 임명문서의 변화

임명 대상	조선 초기	1457년 이후 과도기	경국대전
7~9품 임명	朝謝帖	告身帖	五品以下告身(敎牒)
기타		差帖(口傳)	

4. 『경국대전』 체제의 帖

조선 초기 여러 차례 변화를 거듭하던 공문서 제도는『경국대전』의 편찬과 함께 제도적 틀을 완비하게 되었다. 관문서 帖도『홍무예제』의 '下帖式'에서『경국대전』의 '帖式'으로 작성 기준이 변화되었는데 이는 중국의 제도를 조선의 관제와 실정에 맞게 일부 변용한 것이 확인된다.『경국대전』의 '用文字式' 규정에서 帖은 7품 이하의 관에 발급하는 문서로 확인되는데 이는 조선 초기의 帖에서부터 계승되고 있는 帖의 특성으로 생각된다.

〈표 2〉『경국대전』 帖式(좌)과 『홍무예제』 下帖式(우)

帖式

某曹爲某事云云合下仰照驗施行須至帖者
右帖下某准此
年印月 日
帖判書押 參判押 參議押
　　　　正郎押 佐郎押

下帖

某府爲某事云云合下仰照驗云云須至帖者
洪武 年印月 日
某事
帖知府押 同知押 推官押
　　通判押

某州爲某事云云合下仰照驗云云須至帖者
右下某倉庫准此
洪武 年印月 日
某事
帖知州押 同知押
判官押

　임명문서에 있어서는 『경국대전』에서 '五品以下告身式'이 제정되면서 일반적인 관원의 임명에는 더 이상 帖을 사용하지 않게 되었고 口傳 임명 및 관서의 장관이 소속 관원을 임명하는 경우에만 계속해서 帖을 사용하였다. 帖은 『경국대전』 이후 갑오개혁 이후 告示로 변경되기까지[3] 공식적인 변화 없이 사용되었지만 사찬법률서인 『百憲摠要』와 『典律通補』에서는 『경국대전』의 帖式을 보완하여 자세하게 기술하고 있으며, 결재방식의 변화와 같은 당시 문서행정의 실태를 반영하고 있다.

III. 조선시대 帖의 분류

　본 장에서는 『경국대전』 편찬 이후 작성된 帖들을 중심으로 조선시대 帖의 분류를 시도하고자 한다. 여기에서 帖은 『경국대전』의 帖式을 기준으로 작성·행용된 관문서로서 이를 분류한다는 것은 주로 帖의 발급 사유 및 내용에 따라 구분하는 것을 말한다. 그러나 帖式에 의해 작성된 문서들이라 할지라도 각 문서의 발급 사유와 내용에 따라 작성 방식의 차이를 확인할 수 있다. 그렇기 때문에 본 장에서의 분류는 기본적으로 내용에 따른 분류를 가리키지만 이는 문서의 형식적 차이도 수반한다.

---

3) 김건우, 『韓國 近代 公文書의 形成과 變化에 관한 硏究』, 韓國學中央硏究院 韓國學大學院 博士學位論文, 51쪽.

본 연구에서는 帖을 임명, 증빙, 명령의 세 가지로 크게 구분하였다. 帖은 관에서 행용된 하행문서이기 때문에 근본적으로 명령문서라고 볼 수 있고 임명 帖이나 증빙 帖도 모두 명령의 성격을 내포하고 있으며, 임명 帖은 증빙의 성격도 가지고 있다. 그러나 본 연구에서의 임명, 증빙, 명령의 분류는 편의상 각 문서의 가장 대표적인 특성을 나타내는 용어로서 差帖은 임명, 下帖은 명령, 이외의 대부분의 帖들은 증빙으로 분류하였다.

〈표 3〉 조선시대 帖의 분류

조선시대 帖												
임명			증빙									명령
差帖 (口傳)	差帖 (기타)	入屬 帖	照訖 帖	學禮 帖	直赴 帖	給分 帖	小帖	傳受 帖	草料 帖	勿禁 帖	改名 帖	下帖

1. 임명

조선시대에는 관원을 임명할 때에 일반적으로 四品以上告身과 五品以下告身을 발급하였는데, 일부 특정한 관직들은 差帖으로 임명하였다. 差帖은 본래 이조와 병조 등 중앙 관서에서 왕의 口傳에 따라 관원을 임명할 때 발급하는 문서이고,『전율통보』의 差帖式에 문서식이 규정되어 있다. 그러나 이외에도 지방관 등이 속하의 관원이나 향임 등을 임명할 때에도 差帖을 발급하였다. 이 때에는 물론 口傳의 내용이 기록되지 않는다.

口傳은 정식의 임명보다 절차가 간소화된 것으로 銓曹에서 승정원을 통해 왕에게 啓하여 이루어지는 임명제도를 말한다.[4) 口傳을 통해 관원을 임명하는 것은 본래 사안이 시급하거나 또는 중요하지 않은 경우에 번거로운 절차를 생략하기 위한 방법이었을 것으로 생각된다. 그러므로 口傳을 통해 임명하였다 하더라도 四品以上告身(敎旨)과 五品以下告身(敎牒)을 발급하는 것이 일반적이었을 것이다. 그러나 일부 특정한 관직들은 오직 口傳을 통해서만 임명이 이루어지기도 하였다.

---

4)『중종실록』11권, 중종 5년 6월 15일 己亥 2번째 기사.

<표 4> 『전률통보』 差帖式

差帖式(禁府參下都事師傅傳敎傳敎官監役別檢兼假引儀守直守奉守衛官用此式三館分館同○年號左
旁書差定)
某(平行)曺爲差定事年號幾年某月某日都承旨
臣姓名次知口傳(中行)某官姓名遷轉(或未差或瓜滿等)
本[5]某(差定人名一字名則幷書姓)弋只進叱使內良如爲口
傳(中行)施行爲有置有等以合下仰照(平行)驗施行
須至帖者右(平行)帖下某階姓名准此年(中行)號印
幾年某月某日判(平行)書參(間字)判參(間字)議正(間字)郎佐郎列
書佐字與正字齊
○只一堂着押

　　『전률통보』 '差帖式'의 註와 『六典條例』의 '告身' 조항에는 禁府參下都事, 師傅,
敎傳, 敎官, 監役, 別檢, 兼假引儀, 守直, 守奉, 守衛官, 三館分館 등의 참하 무록관
을 임명할 때에 差帖을 발급한다고 기록되어 있고, 이는 현전하는 差帖들을 통해
실증할 수 있다.
　　참하의 무록관을 임명할 때 오품이하고신이 아닌 差帖을 발급한 것은 이 관직들
이 갖는 성격에서 기인하는 것으로 보인다. 참하 무록관은 녹관과 동일한 대우를
받을 수 없었고 初入仕 및 門蔭인 경우가 많았다. 이러한 경우 삼망을 올려 政事를
행할 필요가 없었기에 口傳을 통해 임명되었고, 오품이하고신보다 격이 낮은 差帖
을 발급받았던 것으로 보인다.
　　『전률통보』의 '差帖式'은 근본적으로 『경국대전』의 '帖式'을 계승하고 있으나 口
傳 임명이라는 제한된 발급 사유에 맞게 구체적인 기재요령이 표현되어 있다. 특
히 왕명이 기록되기에 平行과 中行의 구분을 두어 '傳'字와 연호의 擡頭를 표시하
고 있다. 문서의 본문에는 口傳을 행한 날짜와 담당 승지의 이름 및 해당 임명직의
전임관과 후임관이 기재되고, 왕의 명령을 그대로 옮기는 형식을 취하고 있어서
口傳 제도의 일단을 확인해 볼 수 있다.
　　差帖은 이조 외에도 병조와 충훈부, 충익부 등에서 발급하였다. 법전의 규정과
일치하는 이조의 差帖과 달리, 다른 기관에서 발급한 差帖은 용어와 임명관직 등
에서 차이가 있다. 이러한 차이는 같은 형식의 문서라도 발급기관마다 별도의 기
준을 가지고 작성되었음을 보여주는 것으로 생각된다.

---

5) 여기에서 '本'은 신임관 성명 앞에 위치하여 '대신'이라는 뜻을 갖는다. 이에 대해서는 다음의 논문을 참고.
　　김현영, 「'本'字攷」, 『古文書硏究』 24, 한국고문서학회, 2004.

差帖의 결재자는 본래 당상관 1인과 당하관 1인이 서압을 하는 것이 일반적이었으나, 18세기 초 이후부터는 당상관 1인만 서압을 하게 되었다. 이는 이·병조의 제도적 변화로부터 기인하는 것이라 생각되며, 18세기 후반 『典律通補』의 '差帖式'에서는 '只一堂押'이라는 규정을 추가하여 변화를 수용하고 있음을 보여준다.

口傳과 관련 없이 발급한 差帖의 경우는 京外의 여러 관에서 발급되었고, 대체로 7품 이하의 미관말직 임명에 사용되고 있으나 일부 예외도 있다. 差帖 가운데 京官에서 발급되는 일부의 帖들은 口傳 임명 差帖과 유사한 형태로 작성되고 있는데 이를 제외하면 대개 '임명관직+임명투식'의 간단한 본문 구조로 이루어져 있다. 그리고 여기에 '지시당부투식'이 덧붙여지는 경우도 확인할 수 있다.

입속문서는 임명하는 문서는 아니지만 임명과 유사한 기능을 하는 것으로 교육 등의 목적으로 특정기관에 인원을 배속할 때에 발급하였다. 혜민서에서 발급한 입속문서의 경우 非帖式의 문서로 작성되다가 19세기 중반 이후 帖式의 문서로 변화되어 발급되는 것으로 보인다.

2. 증빙

조선시대 과거에서 여러 차례의 시험 과정을 거치는 동안 응시인의 신분 및 자격 등을 증명하기 위해서 발급된 帖으로는 照訖帖, 學禮帖, 直赴帖, 給分帖이 있다.[6] 照訖帖은 소과 초시가 있기 전에 응시인에게 『소학』을 고강하는 과정을 거치게 하여 과거 응시 자격을 부여하는 문서이다. 다시 복시에 응시하기 위해서는 『소학』과 『가례』의 고강을 거쳐야 했는데 이 때에 學禮帖을 발급하였다. 정규의 과거 시험 이외에 비정기적인 시험에서 좋은 성적을 거두었을 경우에는 直赴帖과 給分帖을 지급하였다.

照訖帖과 學禮帖의 본문 구성은 유사하지만 발급자 및 연호 원편에 기재하는 발급사유에 있어서 차이가 나타난다. 直赴帖과 給分帖은 모두 승정원에서 발급하고 있어서 본문의 구성도 유사하다. 이러한 과거 관련 문서들은 18세기 후반까지 非帖式의 문서로 작성·발급하다가 18세기 말부터 帖式 문서로 변화된 것으로 추정된다.

임란 이후 나타난 공명첩은 조선 후기에 군용 물자 및 진휼 물자를 보충하기 위해 상례화되었는데 帖式의 문서가 아닌 사품이상고신이었다. 공명첩은 일반적인

---

6) 조흘강, 학례강 등의 과거 제도에 관해서는 다음의 논문을 참고.
　김경용, 「조선시대 과거제도 시행의 법규와 실제」, 『教育法學研究』 16, 대한교육법학회, 2004.

관직 임명의 경우와 달리 이와 관련된 帖式의 문서들(小帖, 傳授帖)이 함께 발급되고 있음이 확인된다.7) 현전하는 관련 문서들을 바탕으로 공명첩과 관련 문서의 발급과정을 추정하면 관찰사가 공명첩 발급의 증명문서인 小帖들을 발급하여 수령에게 내려보내고, 수령은 공명첩을 사고자 하는 자에게 帖價를 받고 영수의 의미로 小帖을 지급하며, 이후에 중앙으로부터 정식의 공명첩이 발급되어 내려오면 다시 수령이 공명첩을 전달해주면서 傳授帖을 함께 발급하였을 것으로 보인다.

草料帖은 관원이 공무 등의 이유로 여행을 하게 될 때에 여행지역의 역참과 관으로부터 말과 숙식 및 편의를 제공받을 수 있도록 관에서 발급한 문서이다.8) 『경국대전』에 의하면 각 품계의 관원부터 無職人에 이르기까지 종인과 말의 지급 규정을 구분하고 있어서 草料의 지급대상이 상당히 다양했을 것으로 보인다.

그러나 『대전회통』에서 이와 같은 지급 규정이 폐지되었고, 그 이전에 『대전통편』에서 路文이 제정되면서 왕실의 인물과 고관들에게는 路文을 지급하여 여행의 편의를 제공받도록 하였기 때문에 草料 문서의 지급 대상은 조선 후기에 이르러 상당히 축소되었을 것으로 생각된다. 현전하는 草料帖은 18세기 중반 이후에 작성된 것들로 대체로 낮은 품계의 관원들에게 발급되고 있다. 草料帖의 본문에는 여행의 사유와 관이나 역에서 여행자에게 제공하는 내역이 기재되어 있다.

勿禁帖은 두 가지 성격의 문서로 분류된다. 하나는 禁制에 대한 허가의 내용을 담은 문서로서 문서 소지자의 특정 행위를 官 및 특정인의 제재로부터 보호받는 증빙용 문서이고 다른 하나는 물품 등을 이송할 때 이동 구간에 있는 관 및 기관 등으로부터 침탈을 예방, 보호하는 용도로 사용한 증빙 문서이다. 勿禁帖의 경우 帖式의 문서보다 非帖式이나 위격의 문서들이 더 많이 확인되고 있다. 이러한 원인은 알 수 없으나 다른 증빙 문서들처럼 본래 非帖式으로 작성되던 문서가 조선 후기에 들어서 帖式의 문서로 변용되었을 가능성이 큰 것으로 보인다.

조선시대의 관원은 개명을 할 때 예문관으로부터 개명에 대한 증명 문서를 발급받아야 했다. 조선 초에는 관원이 이조에 청원문서를 올리고 의정부에 보고하는 절차를 거쳐 왕의 재가를 얻은 후에 예문관으로부터 개명 문서를 발급받았고,9) 육

---

7) 『일성록』 정조14년 8월 16일. "又啓言 罪人朴聖樑結案 壬辰年間所親安命寬 袖出折衝帖三張 要以賣給願買人 皆以無小帖不肯買 依命寬指揮 以椵木片刻成印樣 覓油紙模帖字 仍手書小帖 塗朱踏印 塗墨踏帖 次次斥賣 與命寬分食價錢 又以木片依樣 命寬之所踏僞寶 成出空名帖及小帖 合百餘張斥賣云."

8) 최승희, 『韓國古文書研究』, 韓國精神文化研究院, 1981, 253쪽.

9) 『경국대전』, 「이전」改名.

조의 직계가 가능해진 후부터는 의정부의 보고 절차가 사라졌다. 개명사유는 대체로 죄인과 이름이 같은 경우가 많았다.

3. 명령

下帖은 帖式으로 작성된 행정 명령 문서로서 다른 帖들이 고정된 본문의 형식을 갖고 있는 것과 달리 본문에 특정한 형식이 없고 내용이 긴 것이 특징이며 위격의 문서도 적지 않게 발견된다. 현전하는 下帖의 경우, 예외는 있으나 대개 수령이 향임이나 사인단체에 발급한 것이 대부분이다. 문서의 본문 내용은 수령의 고을 행정과 관련하여 다양한 사안이 나타나고 있으며 각 사안에 대해 지시, 명령, 통보 등의 성격으로 발급되었다.

Ⅳ. 맺음말

본 연구에서 살펴본 결과 帖은 적어도 중국 당대에서 그 기원을 찾을 수 있었으며 이후의 宋과 明에서 문서식의 변화는 있었지만 계속해서 행용된 것으로 확인되었다. 우리나라에서는 중국의 영향을 받아 고려에서 이미 帖이 행용되었지만 조선시대의 帖은 고려의 제도를 계승한 것이라기보다는 明의 『洪武禮制』에서 직접적인 영향을 받아 형성된 것으로 판단된다. 이후 帖은 『경국대전』에서 조선의 제도에 적합하게 변화를 거친 후 조선시대 내내 큰 변화 없이 사용되었다.

조선시대의 帖은 상당히 다양한 용도로 사용되었는데 내용에 따라 분류되는 각각의 帖은 사실상 개별적인 성격의 문서라고 할 수 있다. 이는 帖이 하나의 뿌리에서 분화된 형태가 아니라 다양한 용도의 문서들이 帖式의 문서로 수렴되었기 때문에 나타나는 현상인 것으로 보인다. 差帖과 下帖은 그 연원이 오래되었지만 증빙帖들의 경우 대개 조선 후기에 작성된 문서들만이 남아있다. 본 연구에서는 이를 조선 전기와 중기에 非帖式으로 작성되던 증빙 문서들이 일정한 시기부터 帖式의 문서로 변화되는 과정을 겪었기 때문인 것으로 파악하였다.

일부의 증빙 帖을 제외하면 帖은 대체로 參下 이하의 관원과 향임, 서리 및 향촌단체의 민인과 같은 가장 말단의 수취자들에게 발급된 관문서라는 점에서 공통적인 특성을 갖는다. 이와 함께 다른 어떤 관문서보다도 다양한 용도로 사용되었다는 점은 조선시대 帖이 가지는 독특한 특징으로 볼 수 있다.

조선시대 祿牌*

임영현

I. 머리말

관직에 종사하는 사람에게 일정한 보수를 지급하는 것은 관직자의 생활을 보장해주는 주요한 방편이다. 조선시대에도 관원의 직무에 대한 보상을 지급하였으며 조선 초기에는 科田法과 祿俸制를 두어 각각 收租權과 현물의 두 가지 방법으로 관원의 생활을 보장해 주었다. 그렇지만 과전법은 오래지않아 붕괴되었고 녹봉제만이 조선의 유일한 보수체제로 대한제국기까지 이어졌다.

녹봉제는 祿科에 따라 녹봉을 지급하는 제도이며 녹봉의 지급 대상은 문무관원 가운데 祿職[1])에 제수된 자로 한정되었다. 녹봉제를 실현하기 위해서는 녹봉의 수취 자격과 녹봉을 수취했음을 증빙할 수 있는 증서가 필요하였는데 이것이 바로 祿牌이다. 녹패는 국가의 입장에서는 녹봉을 지급하기 위한 증빙 자료였으며 관원의 입장에서는 수취를 위한 증서로서 기능하였다. 즉, 녹패는 제도로서의 녹봉제를 실현하기 위한 또 다른 제도인 것이다. 그리고 문무관원에 녹봉을 지급하기 위하여 발급하였다는 점에서 조선시대 임명 문서인 교지와 밀접한 관련을 가진다. 녹패만이 지니는 특성으로는 녹봉 수령 시 頒祿 籤紙가 첨부된다는 점, 관직의 고하에 따라 녹패의 형태적 양식이 달라진다는 점을 들 수 있다.

조선시대 전반에 걸쳐 발급된 녹패는 1466년(세조 12) 발급 관청이 이조와 병조로 분장된 이후 『경국대전』에서 법제화된 녹패식이 준행되었다. 녹패에 관한 대표적인 연구 성과는 다음과 같다. 최승희는 녹패의 양식을 최초로 소개하였는데, "이·병조에서 왕명을 받들어 종친·문무관원에게 녹과를 정하여 내려주는 녹과증서이다"라고 하여 녹패에 대해 정의하였다.[2] 김혁은 『頤齋亂藁』를 통해 녹

---

* 이 글은 「조선시대 祿牌 연구」, 한국학중앙연구원 한국학대학원 석사학위논문, 2014를 요약·정리한 것이다.

1) 조선시대 모든 문무관원은 祿官과 無祿官이 있었다. 본 연구에서는 녹패를 통해 녹봉을 수령하는 관직을 가리켜 祿職이라 하며, 녹직에 제수된 관원을 祿官이라 지칭하기로 한다(『中宗實錄』 77권 중종 29년(1534) 6월 25일 경신 3번째 기사; 한충희, 「朝鮮初期 官職構造研究」, 『大丘史學』 75, 대구사학회, 2004, 52~54쪽).

패의 문서 행정 제도를 살펴본 후 실물 문서를 통해 녹패의 문서식과 변천 과정을 서술하였다.[3] 녹패의 크기와 반록 첨지에 대한 그의 서술은 현재까지 조사한 녹패의 양식에 적용하기에는 무리가 있다. 이는 자료가 충분히 확보되지 못한 상황에서 도출된 결과로 보인다. 박성호는 조선 전기 녹패 양식의 정착에 대한 괄목할만한 성과를 보여주었다.[4] 그러나 조선 초기 녹패에 국한된 연구이며, 녹패를 통해 이루어지는 반록 행정에 대한 설명이 부족하다는 아쉬움이 있다. 본고에서는 선행연구를 바탕으로 녹패의 발급과 녹봉의 반록 절차를 문서 행이의 관점에서 검토하고자 한다. 그리고 녹패의 문서 양식 검토를 통하여 녹패 크기 차이가 발생하는 기준에 대하여 고찰할 것이다.

II. 녹패의 발급과 頒祿 절차

『高麗史』에서 녹패에 대한 사실을 확인할 수 있다.[5] 조선시대 들어서는 건국된 이듬해인 1393년(태조 2) 1월 7일에 녹패를 하사하였다는 기록이 있다.[6] 그리고 전사본으로 전하는 고려시대 金芸寶[7](생몰년 미상)의 녹패와 조선시대 발급된 1394년(태조 3) 都膺(생몰년 미상)의 녹패가 동일한 양식을 보이고 있다. 이는 조선시대 녹패 제도가 고려의 제도를 따랐다는 것을 알 수 있는 근거가 된다.[8] 조선시대 녹패 제도는 조선 초기 성립된 이후 발급 대상과 절차에 있어서는 큰 변화를 보이지 않는다. 그렇지만 『大典通編』에 이르러 반록 시 녹봉 수령자가 구비해야하는 문서 구성에서 변화가 발생하였다. 조선시대 녹패의 발급 절차는 어떠했으며 반록 절차는 어떠한 변화를 보이는가에 대하여 살펴보자.

---

2) 최승희, 『(改正增補版)韓國古文書研究』, 지식산업사, 2011.

3) 김혁, 「朝鮮時代 祿牌 硏究」, 『고문서연구』 20, 한국고문서학회, 2002.

4) 박성호, 「麗末鮮初 祿牌의 제도와 양식」, 『고문서연구』 43, 한국고문서학회, 2013.

5) 『高麗史』 禮志九, 嘉禮3, 人日賀儀; 『高麗史』 世家 권6 靖宗 2년(1036) 2월 3일; 『高麗史』 世家 권9 文宗 37년 (1083) 2월 1일; 『高麗史』 世家 권19 明宗 3년(1173) 1월 7일.

6) 『태조실록』 3권, 태조 2년(1393) 1월 7일 계축 1번째 기사.

7) 金芸寶 또는 金云寶라고 하였는데, 본 논문에서는 金芸寶로 통일하였다(『頤齋亂藁』 권34, 三十日戊辰).

8) 박성호는 실물과 전사본으로 전하는 여말선초의 녹패 9건의 양식과 인장 등을 검토하여 조선 초기 녹패가 고려 말의 녹패 양식을 습용하였고, 1466년(세조 12)에 이르러 이조와 병조에서 녹패 발급을 분장하게 되었으며, 『경국대전』에 이르러 녹패식이 완성되었음을 규명하였다(박성호, 앞의 논문, 2013, 89~97쪽).

1. 녹패 발급 절차

녹패 발급은 문무관원 가운데에서도 그 대상이 한정되어 있다. 『경국대전』을 비롯한 조선시대 법전과 선행 연구[9]에 근거하여 녹패 발급 대상자를 구분하면 문무관 실직, 군직 체아, 종친, 공신, 봉조하가 있다.[10] 『續大典』에 이르러 금추 중인 자는 조율 전에는 녹봉을 수령할 수 없도록 규정하였다.[11]

여말선초 녹패 발급 업무를 담당한 곳은 三司였다.[12] 1362년(공민왕 11)에 尙書省을 혁파하고 삼사를 설치하였다는 것과,[13] 13세기 후반 인물인 김자수(생몰년 미상)가 "삼사의 관원 수는 15명에 달하는데 녹패의 서명 외에는 다른 일이 없습니다"[14]라고 한 『고려사』의 기록은 고려 말 녹패 관장 기관이 삼사였음을 증명한다.[15] 그리고 조선 건국 후 발급된 1394년 도응 녹패의 발급처가 삼사로 표기된 것을 통해 조선 초기 녹패 발급 업무를 담당한 곳도 또한 삼사라는 것을 확인할 수 있다.[16]

조선시대 삼사는 1401년(태종 1)에 司平府로 이름이 바뀌고,[17] 1405년(태종 5)에 호조에 흡수되었다.[18] 이후부터는 이조에서 녹패 발급을 일괄적으로 담당하였다. 1466년(세조 12) "동·서반 녹패는 이조와 병조에서 분장한다"는[19] 전교가 있었고 다음 해인 1467년(세조 13) 처음으로 鄭陟(1407~1467)의 녹패가 병조에서 발급되었다. 이러한 사실을 기반으로 김혁과 박성호는 녹패 발급 업무의 이·병조 분장 시기가 1466년임을 밝혔다.[20] 게다가 1450년(문종 즉위)의 실록 기사 가운데, "병조는 고신에 서명 후 이조와 호조에 이관하면 이조는 녹패를 발급해 주고 호조는 광흥창에 이첩한다"[21]라고 한 내용은 1466년 이전에 녹패 발급 업무의 분장이

---

9) 한충희, 앞의 논문, 52~54쪽; 이재룡, 「朝鮮前期의 祿俸制」, 『숭전대학교 논문집』 5, 숭전대학교 부설 인문사회과학연구소 동서문화연구소, 1974, 200~203쪽.

10) 『경국대전』 호전, 녹과.

11) 『속대전』 이전, 녹패.

12) 김혁, 앞의 논문, 2002, 187~188쪽; 박성호, 앞의 논문, 2013, 74~77쪽.

13) 『고려사』 지30, 백관일, 상서성.

14) 『고려사』 열전33, 제신, 김자수.

15) 박성호는 『고려사』와 1361년 김운보 전사본 녹패를 통해 1362년(공민왕 11) 상서성 혁파 이후 녹패 발급 기관을 삼사로 추정하였다(박성호, 앞의 논문, 2013, 83쪽).

16) 박성호, 앞의 논문, 2013, 83~85쪽.

17) 『태종실록』 2권, 태종 1년(1401) 7월 13일 경자 2번째 기사.

18) 『태종실록』 9권, 태종 5년(1405) 1월 15일 임자 1번째 기사.

19) 『세조실록』 40권, 세조 12년(1466) 11월 18일 병술 3번째 기사.

20) 김혁, 앞의 논문, 2002, 188쪽; 박성호, 앞의 논문, 2013, 85쪽.

이루어지지 않았다는 사실을 적확하게 보여준다.

그렇다면 이조와 병조에서 녹패를 발급하는 과정은 어떠했을까? 이조와 병조의 文選司와 武選司는 각각 문관과 무관의 녹패 발급 업무를 담당였고,22) 이조에서는 祿牌色이23) 병조의 경우 正色이 녹패 발급을 담당하였다.24) 문무관원이 녹관에 임명되면, 이조와 병조에서는 교지에 서명한 후 녹패를 발급하였다.25) 5품 이하의 경우 司憲府와 司諫院에서 臺諫의 署經을 거쳐 이조와 병조에 牒을 내려주어야 교지가 발급되었는데, 대간의 서경제도는 『속대전』 시행 이후부터 폐지되었다.26) 이러한 과정을 거쳐 녹패가 발급되면 議政과 上輔國의 녹패는 발급 관청의 郎官이 전해 주었고27) 의정과 상보국 외의 문무관원은 본인이 직접 녹패를 수취하였다.28) 문무관원은 기본적으로 교지29)와 녹패를 지참하고 자신의 녹과에 해당하는 頒祿 일자에 廣興倉에 가면 녹봉을 수령할 수 있었는데,30) 『대전통편』 시행 이전에는 녹관이 호조에 녹봉 지급을 요청하는 給祿所志31)라는 문서가 더 필요했다. 이어서 녹봉의 반록 절차에 대하여 살펴보자.

2. 반록 절차

녹봉의 반록은 녹관이 녹패와 교지를 지참한 후 광흥창에서 직접 수령하는 방식으로 이루어졌다.32) 의정과 상보국의 경우 반록일 하루 전 광흥창의 郎廳이 직접 이들의 녹패를 받아 왔다. 녹패 발급에 있어서도 의정과 상보국은 발급 관청의 낭

---

21) 『문종실록』 2권 문종 즉위년(1450) 6월 22일 갑오 2번째 기사.

22) 『경국대전』 이전, 육조, 정이품아문.

23) 『이재난고』 권11, 이십일을사.

24) 『육전조례』 병전, 병조.

25) 김혁, 앞의 논문, 2002, 188쪽 <표 1> 참고.

26) 『대전통편』 이전, 고신.

27) 『육전조례』 이전, 이조, 녹패;『승정원일기』 224책, 현종 12년(1671) 6월 30일 기유 3번째 기사.

28) 『이재난고』 권10, 무자(1768) 초오일경인.

29) 녹관이 발급받는 교지를 祿官敎라고도 한다. 『이재난고』에서는 녹봉을 수령하기 위해 관교를 한 장 더 발급한 기록이 있으며, 『승정원일기』에서는 잃어버린 관교를 포졸이 훔쳐간 사실을 언급하며 뒤이어 "祿官敎"라고 지칭하였다. 이를 통해 녹봉 수령을 위해 여분을 발급받은 교지를 녹관교라고 지칭하는 것으로 추정된다. 본 연구에서는 관교와 녹관교를 모두 교지로 지칭하였다(『이재난고』 권7, 이십사일임진;『승정원일기』 1701책, 정조 16년(1792) 3월 16일 을유 25번째 기사).

30) 『태조실록』 1권 1년(1392) 7월 28일 정미 44번째 기사.

31) "급록소지"라는 용어는 『승정원일기』와 『이재난고』의 용례를 참고하였다. 김혁은 "祿所志"라는 용어를 사용하였다.

32) 『미암일기』 권10, 십사일임오;『이재난고』 권7, 십사일임오.

관이 전달해 주었는데, 고위관료에 대한 예우의 뜻이 담겨 있었던 것으로 보인다. 실직에 종사하던 관원이 새로이 녹직에 제수될 경우 解由를 거친 뒤에야 녹패를 발급받을 수 있었다.[33] 해유는 전임관원과 후임관원 사이에 이루어지는 회계와 물품 출납 등에 대한 사무의 인계 절차로 녹패에 해유를 마쳤다는 의미로 '由無'를 써넣고, 월봉[34]이 없다는 의미로 '越無'를 기록한다.[35] 유무와 월무에 관한 것은『만기요람』재용편에서 확인할 수 있다.[36]

호조에서는 요록색을 두어 반록과 방료를 관리하도록 하였고,[37] 광흥창에서는 녹과에 따라 정해진 일자에 반록을 시행하였다.『경국대전』을 비롯한 법전에서는 녹과에 따라 반록 일자를 구분하고 있다.[38] 육삭반록제 시기의 녹과는 상고할 수 없고 다만, 1월 7일과 7월 7일 두 차례 이루어진 것으로 추정된다.『경국대전』에 의하면 사맹삭반록제의 반록 일자는 1월·4월·7월·10월의 7일부터 14일까지이며,[39] 월봉제로 전환된 이후로는 매월 25일에서 29일까지 반록 행정이 이루어졌다.[40] 육삭반록제와 사맹삭반록제는 해당 시기의 녹봉을 미리 주었는데 월봉제가 시행된 이후로는 다음 달의 녹봉을 미리 지급하였다.[41]

『대전통편』시행 이전과 이후로 나누어 반록시 수취자가 지참해야하는 문서에서 변화를 보인다.『대전통편』시행 이전에는 녹패와 교지 외에 급록소지라는 문서가 더 필요했다. 1618년(광해군 10) 호조가 올린 啓 가운데 병조에서는 군직 승강에 따라 호조에 개록하여 이문하지만, 이조와 병조에서 거안을 호조에 보내는 규례가 없으므로 이후로는 규례로 정할 것을 요청하는 내용이 있다.[42] 그리고 1746년(영조 22)에 간행된『속대전』호전, 녹과조에는 "반록 시 서반의 행직당상관은 병조가 직함과 성명을 구록하여 이첩하면 호조에서 대조하고 광흥창에 맡겨

---

33) 『세종실록』 20권 5년(1423) 6월 23일 임신 4번째 기사.

34) 문무관원에 대한 월봉은 지방 수령에 대한 월봉의 의미와 다른 것으로『전율통보』에는 "越俸毋過七等疊犯者從重論【等以朔計】"라고 하였다. 당시는 월봉제가 시행되던 시기로 월1등은 한달치 녹봉을 감한다는 뜻이 되는데, 이를 근거로 사맹삭반록제에서 월1등은 석달치 녹봉을 감하는 것으로 추정된다(『전율통보』호전, 해유).

35) 녹패에 '由無'와 '越無'를 기록하는 규정이 시행된 시기는 상고할 수 없으나, 현전 녹패 가운데 1703년 이해조 녹패(제천 한수 연안이씨 소장)에서 최초로 확인할 수 있다.

36) 『만기요람』 재용편, 요록.

37) 『대전통편』 호전, 요록색.

38) 『대전통편』 호전, 녹과.

39) 『경국대전』 호전, 녹과.

40) 『속대전』 호전, 녹과.

41) 『속대전』 호전, 녹과.

42) 『광해군일기』(중초본) 48권 광해 10년(1618) 10월 9일 갑자 13번째 기사.

제급한다"라는 조항이 있다.[43] 병조에서는 행직당상관에 한하여 직함과 성명을 기록하여 호조로 이문하였기 때문에 호조에서는 병조 행직당상관의 녹관 명부를 확보할 수 있었다. 그렇지만 병조의 행직당상관을 제외한 녹관은 녹봉을 수령하기 위해 호조에서 해유를 마쳤다는 확인을 받아야 했다. 이때 발급되는 것이 바로 급록소지이다.[44] 언제부터 급록소지를 발급하기 시작했는지는 알 수 없으나, 군직 당하 미관[45]은 호조에 소지를 올려 확인을 받은 뒤에 녹봉을 수령할 수 있었다. 현재까지 조사한 급록소지는 총 4건이다. 급록소지는 군직 당하의 미관들이 올리는 문서라고 되어 있지만, 1657년(효종 8) 宋浚吉宅 戶奴 生男은 당시 송준길 (1606~1672)이 동반 정3품 당상관인 세자시강원 찬선임에도 급록소지를 올렸다. 현전하는 급록소지의 수량이 적고, 해당 사례에 대하여 고찰할 수 있는 문헌이 부족하기 때문에 송준길의 호노가 급록소지를 올린 까닭에 대해서는 자세하게 상고할 수 없다. 그렇지만 송준길의 사례를 통하여 급록소지의 발급 대상이 반드시 군직 당하 미관에 그치지 않았음을 확인할 수 있다. 이상의 규정과 사례를 통하여 『대전통편』 시행 이전 녹봉의 반록은 "① 해유 성출 → ② 이·병조의 교지·녹패 발급 → ③ 호조에 녹관이 급록소지 제출 → ④ 호조의 월봉·미해유 여부 조사 후 제급 → ⑤ 광흥창에서 교지·녹패·급록소지 확인 후 반록"의 과정을 거쳤음을 알 수 있다.

　『대전통편』 호전, 녹과조에는 "실직과 군직[46]의 녹봉은 이조와 병조의 녹성책 및 이문한 (녹관의) 수에 따라 반급한다"라고 규정하고 있다.[47] 그리고 『만기요람』 재용편의 내용에서도 호조에서 월봉과 미해유 여부를 고준한다는 사실을 확인할 수 있다. 『속대전』에는 서반 행직당상관에 한하여 직함과 성명을 기록하여 호조에 이문하도록 하였는데, 『대전통편』에 이르러 이문 대상이 녹직에 임명된 모든 문무 관원으로 확대된 것을 확인할 수 있다. 『대전통편』 시행 이후 호조에서는 절목을 올려 이조와 병조에서 반록 대상자의 명부를 만들고 호조에서는 이·병조의 명부를 기반으로 미해유와 월봉의 유무를 고준하도록 한 것이다.[48] 실제로도 1783년

---

43) 『속대전』 호전, 녹과.

44) 『광해군일기』(중초본) 48권 광해 10년(1618) 10월 9일 갑자 13번째 기사.

45) 정3품 당하관 이하를 일컫는 것인지 자세하지 않다.

46) 군직체아는 상호군·대호군·호군·부호군·사직·사과·사정·사맹·사용을 말한다.

47) 『대전통편』 호전, 녹과.

48) 『정조실록』 38권 정조 17년(1793) 9월 11일 신축 6번째 기사.

이후에 발급된 급록소지가 전하지 않으므로 관청 대 관청간의 문서행정으로 녹관의 미해유와 월봉 여부를 파악할 수 있었던 것을 알 수 있다. 이조와 병조에서 녹관 명부를 작성하여 해유와 월등을 확인하는 것에 대한 기록은 『六典條例』에서도 확인할 수 있다.[49] 이상의 사실을 통하여 『대전통편』 이후 반록은 "① 녹관의 해유 성출 → ② 이·병조는 녹관에 교지·녹패 발급 및 호조로 매월 21일 문무관원 녹성책 작성하여 이문 → ③ 호조 낭관은 월봉·미해유 여부 조사 후 녹관 명부 작성 하여 광흥창에 이문 → ④ 광흥창은 교지·녹패 확인 후 반록"의 네 단계를 거쳐 이루어졌음을 알 수 있다.

그런데 『대전통편』 시행 이후, 급록소지와 성격이 다른 반록 시 빙고할 입지를 성급해 달라는 소지를 올린 경우가 있다. 현전하는 입지 성급 소지는 총 7건이며 내용은 모두 동일하다. 1806년에 발급된 趙弘鎭宅 奴 同伊의 소지[50]는 병조에 제출한 것으로, 上典인 조홍진(1743~1821)의 교지가 아직 성출되지 않았기 때문에 녹봉을 수령할 때 빙고할 수 있는 입지를 성급해달라는 내용이다. 이 입지에는 녹패 발급 다음 해인(1807년) 5월과 8월에 녹봉을 반록하였음을 나타내는 "五月下"·"八月下"가 표기되어 있는데, 교지와 녹패가 발급되기 전, 혹은 발급된 후에도 처분받은 입지를 통해 녹봉을 수령할 수 있었던 것으로 보인다.

III. 녹패 양식과 그 변화

1. 조선 초기 녹패 양식과 『경국대전』 녹패식

조선 건국 이후 『경국대전』이 시행되기 이전까지 약 100여 년 동안 녹패 양식은 변화를 거듭하였다. 『경국대전』에서 녹패식이 법제화되기 이전에 발급된 녹패 가운데 현재까지 조사된 녹패는 모두 7건이다.[51] 이 가운데 1398년(태조 7) 김운보(생몰년 미상)와 1414년(태종 14) 류관(생몰년 미상) 녹패는 전사본으로 전한다. 실물로 전하는 가장 이른 시기의 녹패는 1394년 도응(생몰년 미상) 녹패이다.

---

49) 『육전조례』 호전, 광흥창.

50) 국립중앙도서관 소장(의산古文2102.4-406).

51) 1394년 도응 녹패에서 1467년 정식 녹패는 박성호, 앞의 논문, 2013, 72~82쪽 참조.

녹패의 양식 변화를 확인할 수 있는 부분은 시면·녹과 표기·반록액·지급창·발급자·印후이다. 그 가운데 반록액과 지급창은 1466년 이후부터 기재되지 않았다. 1394년 도응 녹패의 시면은 "王命准賜"[52] 방식으로 작성되었고, 녹과와 반록액, 그리고 지급창을 기재하였다. 그리고 삼사 右諫議의 着押이 있어 삼사에서 녹봉 지급 업무를 담당한 사실을 확인할 수 있다. 지급창은 경창인데 곧 광흥창을 가리키며, 인장은 "宣賜之印"이 답인되었다. 1449년(세종 31)과 1452년(단종 즉위)에 발급된 배임(생몰년 미상) 녹패의 시면은 "王命准賜"가 아닌 "奉教賜"로 시작한다. 인장이 1432년(세종 14) 전교 이후 "宣賜之印"에서 "頒賜之印"으로 바뀐 것에서도 변화를 확인할 수 있다.[53] 배임은 무관이었음에도 이조에서 녹패를 발급하였으므로 이조에서 문무관 녹패를 모두 발급했다는 것을 알 수 있다. 그리고 녹봉제가 육삭반록제에서 사맹삭반록제로 변화되었으나, 녹패에 녹과와 반록액, 그리고 지급창을 모두 표기하고 있다.

정식 녹패는 1463년(세조 9)과 1467년(세조 13)에 발급된 2건이 전한다. 1463년 녹패의 시면은 1452년 배임 녹패의 "奉教賜" 방식을 따르지 않고, 다만 "奉教"로만 시작하고 있다. 1467년 녹패는 "兵曹奉教賜"로 시작하는데, 이는 『경국대전』 녹패식과 같으며, 이와 같은 시면 표기는 녹패 발급 관청의 분장이 이루어진 것을 증명해 준다. 그리고 이전의 녹패가 녹과·반록액·지급창을 제시하였다면, 1467년 정식 녹패는 "第某科祿者"만을 표기하여 이전보다 단순화된 것을 알 수 있다. 인장을 확인할 수 없으나 "兵曹之印"이 답인되었을 것이라 추정된다.[54] 1467년 정식 녹패는 녹패식이 법제화되기 전의 양식을 보여주며, 『경국대전』에서 법제화된 녹패식은 다음과 같다.

---

52) 박성호는 녹패 시면의 용어를 중심으로 공민왕대 "宣命", 고려말에서 1432년(세종 14)까지 "王命准賜", 1432년부터 1466년(세조 12)까지 "奉教賜", 마지막으로 1466년 이후를 "某曹奉教賜"의 『경국대전』 양식으로 나누고 있다(박성호, 앞의 논문, 2013, 90~92쪽).

53) 『세종실록』 56권, 세종 14년(1432) 4월 25일 계축 10번째 기사.

54) 박성호는 1467년 정식 녹패의 인장에 대해 첫부분에 병조라는 문구가 처음 사용된 것을 고려할 때 이 무렵부터 녹패에도 '吏曹之印'과 '兵曹之印'이 사용되었을 것이라는 추정이 가능하다고 하였다(박성호, 앞의 논문, 2013, 81쪽).

〈자료 1〉『경국대전』 녹패식

某曹奉
教賜具官某某年第幾科祿者
年[印] 月 日
判書臣某 參判臣某 參議臣某
正郎臣某 佐郎臣某

『경국대전』 녹패식을 따르고 있는 가장 이른 시기의 녹패는 1491년 병조에서 발급된 김종직(1431~1492) 녹패이다. 1491년 김종직 녹패의 시면은 "兵曹奉敎賜"로 시작하고, 본문 및 중국의 연호를 비롯한 발급 일자 표기 방식은 1467년 정식 녹패와 동일하다. 녹패 발급 관원의 경우 정식 녹패에서는 참판과 정랑 2원이었으나, 김종직 녹패에서는 판서부터 정랑까지 총 5원으로 오품 이하 고신식과 동일한 방식을 보인다. 병조에는 관제상 참의 외에 참지가 한 명 더 있기 때문에 김종직 녹패에는 참지가 녹패 발급에 참여하였지만 녹패식에 제시된 낭관 가운데 좌랑은 빠져 있다.

2. 녹패 양식의 변화

1) 녹과 표기

녹패식 가운데 녹과를 표기하는 "第幾科祿者"에는 녹봉 수령자의 관직에 해당하는 녹과가 표기된다. 그런데 현재까지 조사된 녹패 가운데 녹과를 표기하지 않은 채 "第 科祿者"만을 작성한 녹패를 다수 발견할 수 있다. 현전하는 녹패 중에서는 1604년(선조 37)에 발급된 李彦英(1568~1639) 녹패에서 처음 발견된다. 이언영 녹패 이후부터는 녹과 표기 방식이 준행되면서, 간헐적으로 녹과를 표기하지 않다가 1657년(효종 8) 張應一(1599~1676) 녹패 이후부터 으레 녹과를 표기하지 않은 채 발급된 것을 확인할 수 있다.

녹과를 표기하지 않는 방식은 1657년 장응일 녹패 이후 모든 녹패에 일제히 나타난 것은 아니다. 이후로도 1674년 宋時烈(1607~1689) 녹패[55]처럼 녹과를 표기

---

55) 규장각 한국학연구원 소장(청구기호: 160877).

하는 녹패가 종종 발견된다. 품계가 대광보국숭록대부인 吳允謙(1559~1636), 金興慶(1677~1750) 등의 녹패에서도 녹과는 표기되었으며, 종실제군의 경우 조선시대 전반에 걸쳐 녹과를 표기해주고 있다. 종실제군의 녹과 표기를 확인할 수 있는 녹패로는 延礽君 李昑(1694~1776)과 延齡君 李昍(1699~1719) 등의 녹패가 있다.[56] 녹과의 표기 방식이 모든 녹패에 일제히 적용된 것이 아니라는 것을 알 수 있다.

1613년 黃愼(1560~1617) 녹패와 1625년 오윤겸(1559~1636) 녹패에는 "夏等爲始一科"와 "夏刑曹判書·秋禮曹判書·冬吏曹判書"와 같은 기록이 있다.[57] 이는 녹패 발급 후에 녹과가 변경되거나 새로운 관직에 제수되었을 때 작성된 것으로 보인다. 정월 이후에 새로운 관직에 제수되었지만 새로이 녹패를 발급받지 않고 기존의 녹패를 그대로 사용한 것이다. 녹과를 표기하지 않기 시작한 1657년은 임시로 월봉제가 시행되던 시기로 비록 횟수가 증가하였으며, 게다가 『대전통편』 시행 이후로는 1년에 네 차례 녹패를 발급받아야 했기 때문에 녹패 발급 횟수는 그 전보다 증가했을 것이다. 그러므로 정월에 발급한 녹패를 그대로 사용할 수 있도록 녹과를 표기하지 않은 채 녹패를 발급한 것이라는 추정이 가능하다. 이러한 방식을 통하여 녹관은 녹직에 제수될 때 마다 녹패를 발급받는 번거로움을 덜 수 있었을 것이다.

2) 발급 관원

녹패 발급 관원은 발급 관청 및 시기에 따라 약간의 차이가 있다. 다음 표는 이조와 병조의 녹패 발급 관원을 나타낸 표이다.

〈표 1〉 이조·병조의 녹패 발급 관원

발급 관원	이조	병조
판서	○	○
참판	○	○
참의	○	○

---

56) 延礽君 李昑 녹패는 한국학중앙연구원 장서각에 총 22건이 소장되어 있고, 延齡君 李昍의 녹패는 규장각 한국학연구원에 16건이 소장되어 있다.

57) 현재까지 조사된 녹패 가운데 녹패식에 기록된 관직 외에 부가적으로 관직을 기록하고 있는 것은 1613년 황신 녹패를 비롯한 총 7건이다(1613년 황신 녹패; 1625년 오윤겸 녹패; 1664년 박장원 녹패; 1689년 장만기 녹패; 1691년 장만기 녹패; 1701년 이해조 녹패; 1707년 이해조 녹패).

발급 관원	이조	병조
참지	×	○
정랑	○	○
좌랑	○	○
(가낭청)	○	○

　이조와 병조의 녹패 발급 관원이 다른 것은 앞서 언급한 것과 같이 병조의 경우 관제상 참의 외에 참지가 한 명 더 있기 때문이다. 이는 병조에서 발급한 1653년 장응일 녹패58)와 이조에서 발급한 1630년 鄭經世(1563~1633) 녹패59)를 통하여 확인할 수 있다. 그런데 경우에 따라 가낭청60)이 입회하여 착압하는 경우도 있는데, 이와 관련된 내용은 1632년(인조 10) 오윤겸(1559~1636) 녹패 등에서 확인할 수 있다. 가낭청의 경우 현재까지 조사된 녹패 가운데 1735년(영조 11) 김흥경 (1677~1750) 녹패61)를 마지막으로 나타나지 않는다.

　3) 인장

　녹패에 사용된 인장은 "宣賜之印"과 "頒賜之印", 그리고 "吏曹之印", "兵曹之印", "兵曹堂上之印"이 있다. 1394년 도응 녹패에 사용된 "宣賜之印"은 1432년(세종 14)의 전교에 따라 "頒賜之印"으로 바뀌었고, 녹패 발급 업무가 이조와 병조로 분장된 1466년 이후부터는 "吏曹之印"과 "兵曹之印"이 답인되었다는 것을 녹패 양식 부분에서 확인하였다. 그리고 병조 발급 녹패에서는 "兵曹之印" 외에 "兵曹堂上之 印"이 답인된 녹패도 확인할 수 있다.

---

58) 兵曹奉敎賜, 折衝將軍·行龍驤衛司直 張應一, 今癸巳年, 第八科祿者. 順治十年正月 日. 判書·參判·參議臣閔(着押)·參知·正郎·佐郎臣盧(着押). 구미 옥산 인동장씨 여헌 종택 소장(『고문서집성』 79, 127쪽).

59) 吏曹奉敎賜, 正憲大夫·吏曹判書·兼弘文館大提學·禮文館大提學·知成均館事·同知經筵事·世子右副賓客　鄭經世, 今庚午年, 第參科祿者. 崇禎三年正月 日. 判書·參判·參議臣李(着押)·正郎·佐郎臣尹(着押). 상주 우산 진주정씨 산수헌 소장(『고문서집성』 88, 186쪽).

60) 가낭청은 낭관이 없을 때 임시로 낭청직을 주어 개정토록한 관직이다(『숙종실록』 7권, 숙종 4년(1678) 8월 3일 신미 1번째 기사).

61) 서산 대교 경주김씨 소장(『고문서집성』 86, 76쪽).

〈자료 2〉 녹패에 사용된 인장

吏曹之印 (6.8×6.8cm)　　　　兵曹之印 (8.9×9.1cm)　　　　兵曹堂上之印 (크기 미상)

　"兵曹堂上之印"은 1649년 정도응과 1868년 기양연 녹패에서 보이는 것처럼 2字씩 석 줄로 된 것과, 3字씩 두 줄로 된 것이 사용되었다. 『印信謄錄』에 의하면 1833년(순조 33)에 기양연 녹패에서 보이는 인장을 새로 새겼다는 기록이 있으며,[62] 실제 병조 발급 녹패에서도 1833년 이후로는 기양연 녹패에서 보이는 인장이 사용되었다. 현재까지 조사된 녹패 가운데 "吏曹堂上之印"이 사용된 것은 아직까지 발견되지 않았다. 그리고 병조에서 발급한 녹패에서 "兵曹堂上之印"이 사용된 까닭에 대해서는 관련 자료가 적은 까닭에 파악하기 어렵다.

4) 외면 표기

　녹패에는 녹패식과 반록 사항을 기록한 반록 첨지 외에도 관직·성명·녹과를 표기한 부분인 외면 표기가 존재하는데, 어떤 까닭으로 이러한 표기가 작성되었는지에 대해서는 전하는 사료가 적어 고증하기 어렵다. 조선 후기 『이재난고』의 내용 가운데 저자인 황윤석이 지인에게서 빌린 녹패를 전사한 기록에 외면 표기와 관련된 언급이 있으므로 조선 초기부터 외면 표기가 존재했음을 알 수 있다. 현재까지 조사된 녹패 가운데 외면 표기를 확인할 수 있는 가장 이른 시기의 녹패는 1491년 김종직 녹패이다. 정3품 당상관 이상의 녹패에는 외면 표기가 녹패에 작성되고, 정3품 당하관 이하는 반록 첨지에 외면 표기가 작성된다. 그리고 김종직은 당상관으로 외면 표기가 녹패의 바깥쪽 면에 있고, 신지제와 송병하는 모두 당하관으로 녹패를 기준으로 신지제는 바깥쪽 면, 송병하는 안쪽 면에 표기되어 있다.

---

62) 『인신등록』, 계사구월삼십일.

즉 당상관인 김종직과 당하관인 신지제의 외면 표기는 모두 바깥쪽에 작성된 반면, 당하관인 송병하의 외면 표기는 녹패와 동일한 면에 작성되었다. 이를 통해 특정 面에 외면 표기를 작성하는 규칙은 없었던 것으로 보이지만, 당상관의 경우 모두 바깥쪽 면에 작성되며, 당하관에 한하여 안쪽과 바깥쪽 면에 모두 작성하였던 것으로 보인다. 그리고 외면 표기가 있는 녹패는 녹패를 접었을 때 외면 표기가 대체로 바깥으로 온다. 당상관 녹패의 크기는 세로×가로의 평균 크기가 112.4×79.2cm로 펼쳐 보기에 용이하지 않다.63) 그러므로 외면 표기의 역할은 녹패를 펴지 않고 접은 상태에서 녹패의 내용을 빠르게 파악하게 위한 것으로 추정된다.

〈자료 3〉 외면 표기 방식

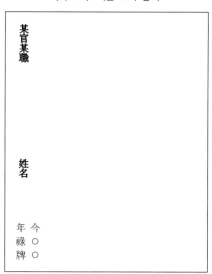

외면 표기의 관직·성명·녹과 부분은 반록 대상자의 처지에 따라 표기가 달라지게 되어있다. 그런데 그 가운데 녹과 부분의 표기 방식은 한 가지 틀에 고정되지 않고 상당히 유동적인 면을 가지고 있다. 녹과 부분은 여섯자 혹은 여덟자로 이루어져 있고, 석자 혹은 넉자씩 주로 두 줄로 기록되는데, 시기적인 추이를 보이지는 않는다. 이와 같은 방식은 녹과를 제시하는 목적과 더불어 일종의 균형미를 추구한 작성법이라고 추측된다. 이상의 정보를 바탕으로 <자료 3>과 같이 외면 표기

---

63) 당상관과 당하관에 녹패 크기에 대해서는 후술할 예정이다.

방식을 정리할 수 있다.

　외면 표기는 녹패의 좌측, 또는 우측에 위치하며 외면 표기의 서체[64]는 시기적으로 변화되는 것을 확인할 수가 있다. 조선 전기 작성된 외면 표기는 정서하여 판독하기 쉽지만, 17세기 초반부터 서체에서 변화가 나타났다. 17세기 초반에는 정서되어 판독하기 쉬운 서체와 판독하기 어려운 변화된 서체의 두 가지 양상을 보이다가 17세기 후반에 들어서면서 판독하기 어려운 서체로 고착화되었다. 종친의 경우 외면 표기가 작성되지 않았으며, 당하관 녹패에 한하여 반록 기록이 간소화된 이후에는 더 이상 외면 표기가 작성되지 않았다. 그리고 19세기 후반의 외면 표기는 더욱 판독하기 어려운 서체로 기록된 것을 확인할 수 있다.

　그런데 외면 표기는 녹패식이 기록된 안쪽 면을 기준으로 보면 당하관의 경우 반드시 배면, 즉 바깥쪽 면에 기록된다고 할 수 없으므로 용어에 대한 고찰이 필요하다.

5) 祿牌 크기와 변화 양상

　녹패는 한 가지 크기로 고정된 것이 아닌, 비교적 정방형에 가까운 것과 장방형에 가까운 두 가지 크기로 전한다. 이러한 차이는 녹패식의 법제화와는 별도로 조선시대 전반에 걸쳐 나타나고 있다. 현재까지 조사한 조선시대 녹패 가운데 15·17·18·19세기의 당상·당하관 녹패를 비교해 본 결과, 관직의 정1품에서 정3품 당상관까지는 녹패의 크기가 비교적 크고 정3품 당하관에서 종9품까지는 녹패의 크기가 비교적 작은 형태이다. 즉, 모든 녹패가 정3품 당상관과 당하관을 기준으로 크기를 달리하여 발급된 것이다. 당상관 녹패[65]는 세로x가로의 평균 길이가 112.4x79.2cm이며, 당하관은 45.5x14.4cm로 당상관과 당하관의 녹패는 세로x가로의 평균 길이가 50cm이상씩 차이나는 것을 알 수 있다. 당하관 녹패는 당상관 녹패에 준하는 크기의 종이에 붙인 후 그 여백에 반록 사항이 기재된다. 결과적으로 당상관과 당하관의 녹패 모두 비슷한 크기로 전하고 있으며 당하관의 외면표기는 녹패가 아닌 녹패가 붙여진 종이에 기재된다.[66] 그런데 1883년(고종 20) 李最應

---

64) 서체의 사전적 의미는 세 가지로 볼 수 있다. ① 글씨를 써 놓은 모양 ② 붓글씨에서 글씨를 쓰는 일정한 격식이나 양식 ③ (출판)자형의 양식. 본 연구에서는 ①번의 의미로 사용한다(국립국어원, 『표준국어대사전』, (주)두산동아, 1999, 3379쪽).

65) 본고에서는 정1품~정3품 당상관 녹패를 "당상관 녹패"로, 정3품 당하관~종9품 녹패를 "당하관 녹패"로 지칭하였다.

66) 녹패가 붙여진 종이는 반록첨지의 역할을 하였다. 반록 첨지에 대해서는 필자의 석사학위논문에서 확인할 수 있다.

(1815~1882)은 당시 관직이 종3품 홍인부정이었으나 84.0×114.0의 크기가 큰 녹패를 발급받았다.[67] 그는 종친이었기 때문에 당하관임에도 불구하고 크기가 큰 녹패를 발급받은 것으로 추정된다. 그렇지만 종친이면서 관직이 당하관인 자의 녹패는 이최응의 것이 유일하기 때문에 앞으로의 조사를 통해 종친 당하관의 녹패 크기에 대한 고찰이 필요하다.

당하관 녹패의 경우 18세기 중후반부터 목판으로 찍어낸 형태의 녹패가 등장하며 19세기 초반이 되면 당하관 녹패에는 더 이상 반록 첩지가 첨부되지 않는다. 현재까지 조사된 녹패 가운데 최초의 목판식 녹패인 1772년 원중회 녹패이다. 원중회 녹패를 시작으로 나타나는 목판식은 발급 관청에 따라 각각 版에 새기는 부분을 달리하고 있다. 발급 관원 부분에서 이조와 병조가 목판에 새기는 부분을 달리하는 것을 확인할 수 있다. 이는 앞서 언급한 것처럼 녹패 발급 시 기재되는 관원의 경우 병조에는 관제상 參知 한 명이 더 있기 때문이다. 이 외에도 이조는 병조와 달리 "年第 科祿者" 부분을 새겨서 인출한 것을 확인할 수 있다. 경우에 따라서는 유월을 고준한 후 기록하는 "由無·越無"도 찍어낸 녹패도 있으며 목판으로 찍어낸 녹패에 수기로 작성한 경우도 있다.[68] 유무와 월무의 위치가 녹패 발급 관청에 관계없이 달라지며, 찍어낸 상태 또한 녹패식 부분과 마멸의 정도 및 먹의 색깔이 다른 것으로 보아 이는 해유를 관장하는 호조에서 도장을 이용하여 찍은 것으로 추정된다.

목판식 당하관 녹패의 등장과 함께 현재까지 1803년(순조 3) 尹孝寬(1745~1823) 녹패를 기점으로 더 이상 당하관 녹패에서는 반록 첩지가 보이지 않는다.

IV. 맺음말

본고는 조선시대 녹패의 발급 대상과 절차에 대해 분석하고, 『대전통편』 시행을 기준으로 변하게 되는 반록 절차에 대하여 검토하였다. 그리고 녹패의 양식과 구성 요소를 검토 한 후, 녹패가 크기를 달리하여 발급되는 기준에 대하여 규명하였고, 당하관 녹패에 한하여 등장하는 木版式 녹패에 대하여 검토해 보았다. 본 연구

---

67) 규장각 한국학연구원 소장(청구기호: 252755).

68) 1803, 1804년 윤효관 녹패(목포대학교 박물관 소장, 강진 해남윤씨 윤동기씨 기탁).

의 결과를 정리하면 다음과 같다.

2장에서는 녹패의 발급 대상과 발급 과정에 대하여 살펴본 후 『대전통편』 시행을 전후의 반록 절차에 대하여 살펴보았다. 녹패 발급 대상자는 정1품에서 종9품까지의 문무관 정직과 무관 체아직, 종실제군 등이다. 1466년(세조 12) 이후부터 이조와 병조에서 각각 녹패를 발급하였다. 녹봉을 수령하기 위해서는 녹패 외에도 교지가 필요하였는데 『대전통편』 시행 이전에는 급록소지가 필요하였다. 급록소지는 미관말직에 한정하여 발급하는 것이었으나, 1657년(효종 8) 송준길의 경우 정3품 당상관인 세자시강원 찬선이었음에도 급록소지를 발급하였다. 『대전통편』이 시행된 이후에는 이조와 병조에서 녹성책을 작성하여 호조에 이문하면 호조 낭관이 관원의 해유와 월봉 유무를 확인하고 녹봉 지급 대상 목록을 광흥창에 이문하였기 때문에 개인이 더 이상 급록소지를 발급할 필요는 없었다. 이때 교지와 녹패가 아직 발급되지 않아 녹봉을 수령하지 못할 경우를 대비하여 立旨를 청구하는 소지를 올리는 것을 확인하였다.

3장에서는 녹패 양식과 형태적 차이에서는 녹패 양식과 녹패 구성요소를 검토한 뒤 녹패의 크기 차이와 변화에 대하여 규명하였다. 녹패 양식은 1466년(세조 16) 이조와 병조로 발급 관청이 분장된 이후 『경국대전』에서 법제화되었다. 고려시대와는 다른 조선시대의 녹패식은 갑오개혁으로 현대식 봉급제로 전환되기 직전까지 준행되었다. 녹패의 시면은 "王命准賜"에서 "奉敎賜"로, 이조와 병조로 발급업무가 분장된 이후로는 "吏・兵曹奉敎賜"로 변화되어 준행되었다. 분문에 표기되는 녹과는 『경국대전』 시행 이전에는 녹과와 반록액, 지급 창고(경창=광흥창)를 모두 표기하였으나, 17세기 중반부터 녹과만을 표기하는 방식으로 간소화되었다. 녹과 표기는 월봉제가 시행된 이후 종실 및 대광보국숭록대부 등 일부를 제외하고 녹과는 표기하지 않은 채 "第 科祿者"만을 기록하였다. 녹패 발급에 참여하는 관원은 이조와 병조가 각각 "판서・참판・참의・정랑・좌랑"과 "판서・참판・참의・참지・정랑・좌랑"으로 달랐는데 이는 관제상 이조와 병조에 소속된 관원의 수가 달랐기 때문이다. 경우에 따라 가낭청이 참여하여 착압하는 경우도 있었다. 녹패에 답인되는 인장은 조선 초기 "宣賜之印"이었으나, 1432년(세종 14) 전교 이후 "頒賜之印"으로 변하였다. 그리고 이조와 병조로 녹패 발급 업무가 분장된 이후에는 각각 "吏曹之印"과 "兵曹之印"・"兵曹堂上之印"이 답인되었다. 외면 표기는 당상관 이상 녹패의 경우 녹패의 배면에 표기되고, 당하관 이하의 녹패의 경우는 반록 첨지에 표기되었다. 이는 녹패를 접은 상태에서도 녹패의 내용을 빠르게 파악하여, 반록 업무를 신속하게 수행하기 위한 것으로 추정된다. 외면 표기 방식은 "某官某職·姓名·今某年祿牌者"로 "今某年祿牌者" 부분은 여섯 자 또는 여덟 자인데, 석 자나 넉 자씩 두 줄로 기록하여 균형을 이루고 있다. 현재까지 조사된 녹패를 바탕으로 녹패 크기를 검토해 본 결과 종친의 제외하고 관직의 정3품 당상관과 당하관을 기준으로 크기를 달리하여 발급되었다. 정1품에서 정3품 당상관까지는 세로x가로의 길이 평균이 112.4x79.2cm이며, 정3품 당하관에서 종9품까지는 세로x가로의 길이 평균이 45.5x14.4cm이다. 당상관과 당하관 녹패의 세로x가로의 길이 차이는 50cm 이상으로 당상관의 녹패는 당하관의 녹패보다 세로와 가로 길이가 모두 길다. 그런데 1883년(고종 20) 이최응은 종친 당하관으로 크기가 큰 녹패를 발급받고 있다. 현재까지 조사된 종친 당하관은 이최응 녹패가 유일하므로 앞으로의 조사·연구를 통해 종친 당하관의 녹패에 대한 검토가 필요하다. 정3품 당하관 이하에 한하여 1772년 원중회 녹패를 시작으로 목판식의 녹패가 등장한다. 이조와 병조는 인쇄 부분에서 차이를 보이는데, 이조 발급 녹패에서 목판에 새기는 부분은 "吏曹奉敎賜·年第科祿者·年號年月日·判書·參判·參議·正郎·佐郎"이며, 병조는 "兵曹奉敎賜·年號年月日·判書·參判·參議·參知·正郎·佐郎"이다. 이조는 병조와 비교하면 "某年第科祿者" 부분을 더 새기며, 병조는 "參知" 부분을 더 새기는 것을 알 수 있다. 이 외에 유무와 월무 부분은 먹의 상태를 살펴본 결과 해유를 관장하는 호조에서 도장을 이용하여 찍은 것으로 보인다. 당하관 이하 녹패에서만 유독 인쇄 형식이 등장한 것은 당상관 녹패에 비해 크기가 작아 판에 새기기 용이하였기 때문으로 추정하였다.

조선후기 외관의 포폄 제도와 문서*

조광현

Ⅰ. 머리말

조선왕조는 건국 초기부터 관리에 대한 인사평가제도를 마련하고 정비해 나갔다. 정비한 인사평가는 근무결과를 평가하는 '襃貶'을 중심으로 진행되었다. 포폄은 포상을 뜻하는 '襃'와 처벌을 의미하는 '貶'이 합성된 단어로,[1] 관리의 근무 결과를 평가해 근무성적이 우수하면 승진시키고, 불량하면 파직시키는 인사제도였다. 조선의 관리가 되면 매년 2번의 근무평가를 받아야 했으며, 그 결과는 문서를 통해 바로 국왕에게 보고되었다.

현재까지 포폄과 관련된 선행연구는 行政學과 歷史學 분야에서 이루어졌다. 행정학 분야에서는 法典을 중심으로 포폄의 규정에 주목하여 기준과 대상, 특징을 살펴보았다.[2] 역사학에서는 각 외관이 지닌 포폄의 기능을 언급하였다.[3] 이처럼 행정학과 역사학분야에서 포폄에 관한 연구를 진행했으나, 법전 규정과 실록기사를 중심으로 조선 전기만을 조명하였다. 포폄이 조선왕조 전 시기에 걸쳐 진행되었던 것을 감안할 때, 포폄제도 전반을 설명하기에는 한계점을 지니고 있다. 또한 법전 규정을 중심으로 진행된 연구는 실제 사례에 대한 분석이 미흡했다. 이런 점에서 포폄에 대한 고문서학적 접근은 새로운 시도가 될 것으로 보인다.

먼저 본 연구에서 언급하는 襃貶文書는 '각 아문 평가자와 암행어사가 소속 관리를

---

* 이 글은 「朝鮮後期 外官의 襃貶制度와 襃貶文書 연구」, 『고문서연구』49, 2016을 수정·보완한 것이다.

1) 『經國大典註解』後集「吏典」: 推美曰襃, 遠謫曰貶.

2) 정시채, 「조선왕조의 인사고과제도에 관한 연구」, 건국대학교대학원 박사학위논문, 1984; 나윤기·곽효문, 「조선조 인사평정제도에 관한 연구」, 『論文集』19, 1997, 227~251쪽; 이종수, 「조선 전기 경관·외관 포폄제도 집행실태 비교 분석」, 『국가정책연구』15, 2001, 19~40쪽; 김용린, 「조선초 포폄제도와 공무원 퇴출」, 『한국행정사학지』19, 2006, 53~80쪽; 김정현, 「조선시대 포폄제도 분석」, 충북대학교행정대학원 석사학위논문, 2011.

3) 이존희, 「조선전기의 관찰사제」, 『論文集』18, 1984, 27~67쪽; 장병인, 「조선 초기의 병마절도사」, 『한국학보』10, 1984, 159~190쪽; 이수환, 「조선전기 경상관찰사와 도사의 순력과 통치기능 -재영남일기를 중심으로-」, 『민족문화논총』34, 2006, 513~541쪽; 이선희, 「18세기 수령과 관찰사의 행정마찰과 처리방식 -『가림보초』을 중심으로-」, 『고문서연구』27, 2005, 85~111쪽; 윤훈표, 「조선초기 외방무반의 포폄제」, 『역사와 현실』10·11, 1999, 299~352쪽.

1부 문서 제도 및 양식론적 고찰 111

평가하고 等第를 기록한 문서'를 의미한다. 등제란 上·中·下를 뜻하는 '等'과 시험을 통해 우열을 가려 매기는 '第'가 합성된 단어이며,[4] 구체적으로 '관원의 근무 성적을 査定하는 일'을 의미한다.[5] 현재 필자가 조사한 褒貶文書는 총 74점이다. 조사된 문서를 발급주체와 작성목적으로 나누면 褒貶啓本, 褒貶同議單子, 褒貶題目으로 분류할 수 있다. 분류된 포폄문서를 시기별과 발급기관별로 살펴보면 아래와 같다.

〈표 1〉 시기별 포폄문서 현황

(단위: 점)

		포폄계본	포폄동의단자	포폄제목	합계
시기	18세기	1	-	3	4
	19세기	11	9	49	69
	未詳	-	-	1	1

〈표 2〉 발급기관별 포폄문서 현황

(단위: 점)

		포폄계본	포폄동의단자	포폄제목	합계
발급기관	중앙아문	3	-	6	9
	지방아문	9	9	47	65

조사된 포폄문서 가운데 4점만이 18세기에 작성되었으며, 69점은 19세기에 작성되었다. 발급기관별로 살펴보면 중앙관부의 경우 9점의 포폄문서가 남아있으며, 그 중 6점은 포폄제목이고, 3점은 등록에 謄寫되어 있는 포폄계본이었다. 나머지 대부분의 포폄문서는 지방아문에서 작성된 것이며, 포폄제목이 다수를 차지하고 있다. 따라서 본 연구는 조사된 자료를 바탕으로 지방아문인 監營과 兵營을 중심으로 조선후기 외관에게 시행되었던 포폄제도와 포폄문서를 고찰해보고자 한다.

II. 외관 포폄의 기원과 변천

포폄제도는 중국 고대왕조에서부터 제도적으로 시작되었으며, 우리나라에 도입된 시기는 고려왕조 때였다. 986년(성종 5)에 成宗은 12牧을 설치하면서 모든 州

---

4) 林仁黙, 『銓注纂要』 「吏典」 褒貶條.
5) 法制處, 『古法典用語集』, 育志社, 1997, 245쪽.

鎭의 관리에게 勸農을 우선으로 하며, 田野의 상태와 관리의 勤慢을 가지고 포폄하겠다고 下教하였다.[6] 이후 1127년(인종 5)에 지방에 사신을 파견하여 刺史와 縣令의 賢否를 廉探하고 포폄하였다.[7] 1375년(우왕 원년)에 수령은 田野闢·戶口增·賦役均·詞訟簡·盜賊息의 五事를 殿最로 삼는다는 하교가 있었다.[8] 그밖에 고려 후기 무반은 수령이 될 수 없었고,[9] 지방은 수령인 문반만이 포폄의 대상이 되었다. 이에 1387년(우왕 13)에 "모든 도의 按廉使는 將帥의 能否와 전최를 평가하여 월말에 도당에 보고하라.(諸道按廉使, 考將帥能否殿最, 月季報都堂.)"라는 국왕의 지시가 내려지면서 지방의 무반에게도 포폄을 적용시켰다.

고려왕조의 포폄제도를 이어 받은 조선왕조는 건국 초기부터 지방 통제의 일환으로 포폄제도의 도입을 논의하였다. 1392년(태조 1)에 수령의 임기와 함께 근무 성적을 관찰사가 평가해서 보고하라고 지시하였다.[10] 그러나 포폄 대상을 수령으로 정했으나 평가 시기나 기준은 모호하였다. 이에 태종대에 보다 구체적인 포폄 시기와 기준안이 제시되었다. 태종은 고려시대 守令五事에 두 가지 조목(學校興·軍政修)을 추가한 守令七事를 평가기준으로 삼았다.[11] 또한 매년 6월 15일과 11월 15일 전까지 모든 포폄을 마치고 啓聞하도록 지시하였다.[12] 세종대에는 무반과 찰방에 대한 포폄도 논의되었다. 무반의 경우 이미 고려 후기에 趙浚의 건의로 실시되었으나, 조선전기에 새로운 포폄 조항에 맞게 수정되었다.[13] 찰방은 수령과 같은 방식으로 포폄을 실시하였다.[14]

---

6) 『高麗史』志(33) 食貨(2) 成宗 5년 5월: 爾十二牧·諸州鎭使, 自今至秋, 並宜停罷雜務, 專事勸農. 予將遣使檢驗, 以田野之荒闢, 牧守之勤怠, 爲之褒貶焉.

7) 『高麗史』志(29) 選舉(3) 仁宗 5년 3월: 詔曰, "遣使郡國, 廉察·刺史·縣令賢否, 以褒貶之."

8) 『高麗史』志(29) 選舉(3) 辛禑 원년 2월: 辛禑元年二月, 教, "守令考績之法, 以田野闢·戶口增·賦役均·詞訟簡·盜賊息五事爲殿最, 其遞任者, 必待新官交付, 去仕朝參."

9) 『高麗史』志(29) 選舉(3) 忠烈王 원년 6월: 忠烈王元年六月, 王欲武官交差守令,…及朴恒掌銓注, 白王曰, "外寄是東班仕路, 故東班必補外, 然後得授朝官, 西班則循次以進, 何必求外寄," 遂不補外, 至是, 武官托左右, 請復之.

10) 『太祖實錄』 1년(1392) 8월 2일: 定守令殿最法. 凡大小牧民, 俱以三十箇月爲一考. 考滿得代後, 計所歷俸月, 以憑類選陞除. 其守令貪婪殘暴, 罷軟怠劣, 不稱職任者, 從各道監司檢舉其實, 竝行黜陟.…其賢能功績出衆者, 在任不次擢用.

11) 『太宗實錄』 6년(1406) 12월 20일: 司憲府上禁駕前直呈及守令褒貶之法, 從之.…又啓, "守令褒貶, 汎稱德行等第, 不論實效有無. 以故守令務求虛譽, 行媚於使臣過客, 取悅於品官鄕吏, 未有力行實效者. 今後以狀前考七事察, 分爲等第實效事目, 各於名下, 具錄申聞, 以憑黜陟."

12) 『太宗實錄』 16년(1416) 1월 12일: 一年兩等, 各道守令褒貶, 已有成規. 諸道監司不先磨勘守令殿最, 當都目政逼近之時, 不錄實跡, 但書上中下三等, 啓本申呈, 有乖教旨. 自今春夏等褒貶, 六月十五日前; 秋冬等褒貶, 十一月十五日前, 依舊降教旨, 七事實跡, 具錄申呈, 以爲恒式.

13) 『世宗實錄』 7년(1425) 6월 16일: 吏曹啓, "…西班亦定三十箇月之法, 自護軍至上護軍, 亦皆褒貶."從之.

14) 『世宗實錄』 14년(1432) 2월 15일: 吏曹啓, "京畿·忠淸·江原·黃海·平安道站路察訪等, 因無褒貶, 或不用心治事, 請依守令例, 令監司褒貶."從之.

이처럼 조선의 포폄제도는 태종~세종대에 계속 논의되다가 1485년(성종 16)에 『經國大典』을 통해 인사평가제도로 정착되었다. 『경국대전』에 수록된 내용을 살펴보면 지방아문은 관찰사와 절도사가 평가자가 되어 6월 15일과 12월 15일에 국왕에게 보고하게 하였으며, 부임한지 50일이 지난 해당 관리를 대상으로 포폄하게 하였다. 또한 무관의 포폄은 병마·수군절도사가 소속무관을 포폄하고 관찰사와 동의과정을 거쳐 국왕에게 보고하게 하였다.[15]

『경국대전』에서 규정한 포폄 조항은 계속 遵行되었으나, 관리가 下考 없이 모두 上考를 맞는 폐단이 심하였다. 이에 영조대에 기존규정에서 폐단을 보완할 수 있는 조항들을 『續大典』에 추가하였다. 추가된 조항을 살펴보면 먼저 관찰사가 수령을 포폄하는데 절도사와 서로 의논하게 했으며, 경기지역은 중앙관부와 같이 부임한지 30일이 지난 후에야 포폄의 대상에 포함시켰다. 또한 관찰사와 절도사가 포폄을 했으나 下考者 없이 보고할 경우 승정원의 推考를 받게 하였다.[16]

정조대에 편찬된 『大典通編』에서는 영조대 제정되었던 절도사가 수령에 대한 포폄을 동의하는 제도를 폐지하였다. 지방에 있는 陵·殿은 해당 관찰사가 보고토록 했다. 또한 무관의 경우 射講 결과로 기준으로 삼았다.[17]

법전 이외에도 褒貶節目을 통해 조선후기 포폄의 변화상을 살펴 볼 수 있다. 1885년(고종 22)과 1886년(고종23)에 전라감영에서 작성한 『今乙酉年秋冬等褒貶中草冊』[18]과 『丙戌春夏等褒貶實仕磨鍊冊』[19]에는 중앙에서 새로이 정한 포폄의 시행규칙을 기록하였다. 中草冊은 해당 관리를 평가하고 국왕에게 보고 하기 전에 미리 작성해 둔 草案이며, 實仕磨鍊冊은 해당 관리의 포폄 결과를 모아 놓은 참고자료이다. 두 책의 맨 앞표지에는 똑같은 내용의 포폄절목이 기록되어 있다.

총 16조항으로 이루어진 이 절목에서 주목할 부분은 포폄 기준(⑥·⑧·⑨), 포폄계본의 작성(①·②·⑤·⑫·⑬·⑭·⑮·⑯), 하고자의 대상(⑦)이다. 포폄기준과 관련해 절목 ⑥은 "전최 할 때, 먼저 농정의 優劣과 수공의 興廢를 쓴 다음에 다른 정사를 기록한다. 기미년 봄 비변사에서 정식 관이 있었다."라고 하여 1798년(정조 22) 12월 22일에 홍주 유학 신재형의 상소에 대한 논의가 비변사에서 있었

---

15) 『經國大典』「吏典」, 「兵典」褒貶條.

16) 『續大典』「吏典」, 「兵典」褒貶條.

17) 『大典通編』「吏典」, 「兵典」褒貶條.

18) 筆寫本, 1冊(6張), 51.0×30.8.7cm, 서울대학교 규장각 소장(古 5122-5).

19) 筆寫本, 1冊(12張), 34.0×28.7cm, 서울대학교 규장각 소장(古 5122-6).

〈자료 1〉 1885~1886년(고종 22~23) 全羅監營 褒貶節目

『今乙酉年秋冬等褒貶中草册』

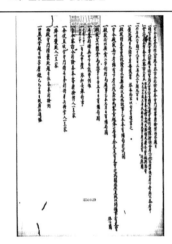

『丙戌春夏等褒貶實仕磨鍊册』

① 守令・召募別將八字題目, 察訪・令・別檢・參奉・守門將・審藥・檢律四字題目.
② 將官褒貶, 中軍八字題目, 將官則只書上中下, 將官之連中者例遞, 講射俱全者上, 一一不一者中, 俱不者下, 身病不參者中.
③ 堂上官及未挈眷守令・察訪, 三年瓜. (珍島一邑未挈眷, 求禮・谷城・光陽・順天・樂安・寶城・興陽等七邑, 以土疾三年瓜, 南原六年瓜事, 庚午夏有政府關.)
④ 六年瓜六十朔一千八百日, 三年瓜三十朔九百日.
⑤ 褒貶題目, 先錄中草册後書啓本, 而不以句書連書之.
⑥ 殿最時, 先書農政優劣・水功興廢, 次及他政事. 己未春有備局定式關.
⑦ 守令殿最無下考, 雖有下考以殘蕚冷武, 塞責越奉十等事. 癸酉夏有吏曹定式關. 戊辰夏攷問備事, 有吏曹啓下關.
⑧ 殿最必以廉貪二字, 剖判爲題事. 乙未九月日有備局關.
⑨ 殿最宜以懲貪爲急事. 壬子五月日有備局關.
⑩ 召募別將無中下, 自該曹例推.
⑪ (十考三中・五考二中)自吏曹覆啓, 知委擧行事.
⑫ 守令・察訪・令・別檢・參奉・審藥・檢律, 入一呈家.
⑬ 僉使・監牧官・守門將・召募別將, 牙兵將官, 入一呈家.
⑭ 濟州褒貶, 入一呈家.
⑮ 兩殿守門將褒貶題目, 依參奉・別檢例.
⑯ 四監牧官題目, 四字磨鍊. 己巳十月日政府私通據.

으며,20) 다음해인 1799년(정조 23) 봄에 비변사의 關을 통해 전라감영에 전달하였다. 절목 ⑧은 "전최는 반드시 청렴한지, 탐욕스러운지 이 두 글자를 가지고 나누어 결정하여 제목으로 삼을 일이다. 을미년 구월 일 비변사의 관이 있었다."라고 기록하였다. 이는 1835년(헌종 1) 8월 26일에 憲宗이 右議政 朴宗薰과 나라의 기강을 바로잡는 방법을 논의하면서, 관리의 청렴함을 우선으로 삼으라고 관을 통해

---

20) 『備邊司謄錄』 정조 22년(1798) 12월 22일: 道臣狀聞, 拔例論賞, 守令考績, 本不出於七事, 而農 爲七事之首, 則以課農 爲殿最, 卽是法意也, 此後則 先書農政優劣, 次及他政之意, 定式知委, 蓋此修築 之政, 不但三南爲然, 諸路亦當一體擧行.

전라감영에 지시한 것이다.[21]

절목 ⑦은 "수령을 전최 할 때 하고가 없을 경우나 비록 하고가 있을지라도 '殘蔭冷武'로 책임을 면하려고 겉으로 둘러대 꾸민다면 녹봉 10등급을 감할 일이다. 계유년 여름 이조의 정식 관이 있었다. 무진년 여름 비변사가 살펴 임금께 여쭌 이조 계하의 관이 있다."라고 서술하고 있다. 이미 『속대전』에서 관찰사와 절도사가 하고자가 없게 평가를 한다면 승정원에서 추고한다고 보완한 조항이 있었다. 그럼에도 불구하고 관찰사가 '無下考'에 대한 책임을 회피하기 위해 힘없는 음관과 무관에게 하고로 보고하는 폐단이 계속되었다. 이에 이조에서는 전라감영에 '잔음냉무'를 下로 평가해 보고한 사실이 밝혀지면, 월봉 10等에 처한다고 지시한 것이다. 이처럼 전라감영에서 작성된 포폄절목은 법전 이외에도 조선후기 진행된 포폄의 시행 조항을 면밀히 살펴 볼 수 있다는 점에서 주목할 만하다.

이후 지방아문에서 계속 진행되었던 포폄제도는 1896년(고종 33) 8월 4일 칙령 제 37호를 통해 크게 변화되었다.[22] 칙령 37호가 반포됨에 따라 포폄시기가 기존의 6월 15일과 12월 15일에서 1월 15일과 7월 15일로 바뀌었으며, '八字題目'은 폐지되었다. 이후, 1908년(융희 2)에 관리의 허물이 있을 경우 시기와 상관없이 수시로 內部로 보고하게 하는 것으로 하여 결국 폐지되었다.[23]

III. 외관 포폄문서의 유형과 특징

외관 포폄문서는 작성주체와 목적에 따라 크게 세 가지 유형으로 분류할 수 있으며, 각각의 문서는 고유 양식과 특징이 존재하였다.

〈표 3〉 포폄문서의 유형분류

문서명	발급자	수취자	작성목적
褒貶同議單子	절도사	관찰사	포폄 동의

21) 『備邊司謄錄』 헌종 1년(1835) 8월 26일: 凡殿最, 必以廉貪二者, 剖判爲題, 毋或以 沒模稜無是非之語, 苟然磨勘, 若其彰著發覺者, 不待京察, 隨卽論列, 俾有所懲畏, 則此實爲恤民隱之急先務, 曷嘗見民生安而天心不豫乎, 愚衷耿耿, 復此敷陳, 伏願垂察焉, 上曰, 今日急務, 莫先於獎廉懲貪, 所陳切當, 以此擧條, 行會於八道道臣可也.

22) 『高宗實錄』 33년(1896) 8월 4일: 勅令第三十七號, 地方官吏職制, 裁可頒布…管下府·牧·郡治績, 觀察使每年兩次, 以一月·七月十五日, 定期報告于內部, 從前八字褒貶之規廢止, 據其事實論報.

23) 『梅泉野錄』 강희2년(1908): 廢各道冬夏褒貶題目, 自今郡守有過, 觀察隨報內部.

문서명	발급자	수취자	작성목적
褒貶啓本	관찰사 및 절도사	국왕	포폄결과 보고
褒貶題目	각 지방아문	지방관	포폄결과 공개

포폄동의단자는 지방에서 외관의 포폄을 두고 관찰사와 절도사 간에 동의하는 과정에서 작성된 문서이다. 절도사가 발급했으며, 수취자는 관찰사였다. 포폄계본은 지방에서 포폄의 결과를 국왕에게 최종 보고할 때 작성한 문서이며, 啓本의 양식을 따르고 있다. 발급자는 포폄의 평가자인 관찰사와 절도사이고, 수취자는 국왕이었다. 포폄제목은 포폄 결과를 평가대상자에게 공개하면서 작성된 문서이다. 발급자는 각 지방아문이었으며, 수취자는 포폄대상자였던 외관이었다. 본 장에서는 각 문서들이 지니는 특징을 살펴보고자 한다.

1. 포폄동의단자

조사된 포폄동의단자는 총 9점이며, 현황을 살펴보면 아래 표와 같다.

〈표 4〉 포폄동의단자 전존문서 현황

순번	발급연도	발급자	수취자	크기	평가대상
1	1850년(철종 1)	慶尙左道兵馬節度使 柳信儉	慶尙道觀察使	44.7×348.6	무관
2	1872년(고종 9)	慶尙左道兵馬節度使 具冑元	慶尙道觀察使	43.0×65.0	무관
3	1872년(고종 9)	慶尙左道兵馬節度使 具冑元	慶尙道觀察使	43.0×265.0	무관
4	1873년(고종 10)	慶尙左道兵馬節度使 具冑元	慶尙道觀察使	43.0×290.0	무관
5	1873년(고종 10)	慶尙右道兵馬節度使 申哲均	慶尙道觀察使	44.0×235.0	무관
6	1873년(고종 10)	慶尙右道兵馬節度使 申哲均	慶尙道觀察使	未詳	무관
7	1886년(고종 23)	全羅左道水軍節度使 李閔承	全羅道觀察使	44.0×53.0	수령
8	1886년(고종 23)	全羅左道水軍節度使 李閔承	全羅道觀察使	44.0×52.0	수령
9	1886년(고종 23)	全羅道兵馬節度使 趙	全羅道觀察使	未詳	수령

발급연도는 철종과 고종 연간이며, 발급자는 모두 절도사이다. 포폄동의단자의 크기는 세로길이가 43.0~44.0㎝이며, 가로길이는 평가 대상에 따라 다르게 나타났다. 6점은 소속 무관에 대해 관찰사의 동의를 구하는 과정에서 작성되었으며, 나머지 3점은 수령의 松政과 軍政에 대해 관찰사에게 동의를 해주는 동의단자이다. 규정상 절도사는 소속 무관에 대한 관찰사의 동의를 구하였고, 관찰사는 소속 수

령에 대한 절도사의 동의를 구해야 했다. 포폄동의단자가 지니는 몇 가지 특징은 다음과 같다.

첫째, 포폄동의단자는 절도사가 발급하였다. 관찰사가 수령을 포폄하고 절도사에게 동의를 구하는 과정에서도 절도사가 미리 군정에 한해서 자신의 의견을 동의단자를 통해 전달하였다. 또한 절도사가 소속무관을 포폄하고 관찰사의 동의를 구할 때도 미리 포폄동의단자를 감영에 보냈다. 이 점에서 지방아문에서 외관의 포폄은 관찰사 중심으로 진행되었음을 입증해준다.

둘째, 문서양식이 등제를 중심으로 列錄되었다. 시면에 포폄시기와 대상을 밝히고 바로 등제를 기록했으며, 발급일자와 간단한 서명으로 끝맺는 형식이었다. 즉, 다른 양식적인 부분을 생략하고 동의 부분을 강조하였다.

셋째, 등제는 근·만 또는 상·중·하로만 표기하고 그 이유를 기입하지 않았다. 이를 통해 등제에 있어서도 관찰사의 구속력을 가지게 하였다. 절도사가 하는 포폄에 구체적 근거 없이 근·만으로만 기입한 경우는 단순한 의견 제시에 불과했다. 『新補受教輯錄』에 수록되었듯이 절도사의 의견 반영여부는 관찰사의 재량에 달려 있었기 때문이다.24) 무관에 대해 상·중·하로 표기한 점은 이미 射講을 통해 등급이 결정되었기 때문에 관찰사의 동의는 무의미했지만, 동의과정을 거치게 함으로써 관찰사의 의견을 반영하도록 하였다.

2. 포폄계본

포폄계본은 포폄의 평가자가 매년 6월 15일과 12월 15일에 포폄결과를 啓本의 양식에 따라 국왕에게 보고한 문서이다. 포폄계본은 문서 특성상 현재까지 남아 있는 경우가 드물다. 실제문서는 사용된 이후 休紙로 만들고 그 내용은 등록을 통해 보관하기 때문이다.25) 조사를 통해 현재까지 확인된 지방아문의 포폄계본은 총 12점이다. 표를 통해 살펴보면 아래와 같다.

---

24) 『新補受教輯錄』「吏典」 褒貶條: 各邑守令殿最時, 道臣與兵使水使, 相議軍政勤慢, 始爲封啓, 而進來兵使水使, 以往來有弊, 元不可否於其間, 只書相議二字, 初無可否之事, 豈有懲礪之道. 今後則師臣同議勤慢後, 封啓旣有同議之規, 使兵水使隨軍政勤慢, 書送等第, 則取捨惟道臣, 同議單子中 書送題目. 【雍正甲寅承傳】.

25) 김현영, 「<한국과 일본 근세의 조직과 문서> 특집에 대하여: 조선시대 지방 관아(官衙)에서의 기록의 생산과 보존」, 『고문서연구』 28, 2006, 28쪽.

〈표 5〉 지방아문 포폄계본의 전존문서 현황

순번	발급연도	발급자	수취자	크기	평가대상
1	1787년(정조 11)	慶尙道觀察使 金光黙	正祖	60×305	무관
2	1822년(순조 22)	平安道觀察使 金履喬	純祖	55×69	수령
6	1872년(고종 9)	慶尙右道節度使 申哲均	高宗	44×59	무관
7	1872년(고종 9)	慶尙右道節度使 申哲均	高宗	44×60	무관
8	1872년(고종 9)	全羅道節度使 柳寅協	高宗	45×69	무관
9	1886년(고종 23)	京畿道觀察使 金明鎭	高宗	44×405	무관
10	1888년(고종 25)	忠淸道觀察使 閔泳商	高宗	45×220	수령
11	1888년(고종 25)	忠淸道觀察使 閔泳商	高宗	45×220	수령
12	1892년(고종 29)	全羅道觀察使 李耕植	高宗	未詳	수령

시기적으로는 대부분 고종연간에 작성되었다. 1787년(정조 11)에 慶尙道觀察使 金光黙이 작성한 포폄계본이 가장 이른 시기에 작성되었고, 1892년(고종 29)에 全羅道觀察使 李耕植이 제주도와 관련해 작성한 포폄계본이 가장 늦은 시기에 작성된 포폄계본 이었다. 크기는 대체로 세로길이가 44.0㎝이며, 가로길이는 평가 대상에 따라 다르게 나타났다. 발급자는 포폄의 평가자인 관찰사와 절도사였으며, 수취자는 국왕이었다. 포폄계본의 특징을 분석해 보면 아래와 같다.

첫째, 작성과정에서 오류가 많았기 때문에 이를 보완하는 여러 단계를 거쳤다. 먼저 포폄결과를 中草冊에 적었다가 다시 계본에 옮겨 적었으며, 계본에 옮길 시에는 구절을 연속해서 쓰지 않고 四字 또는 八字題目으로 썼다.[26] 따라서 포폄계본은 포폄제목과 等第만을 제외하고 미리 작성해 두었다가 나중에 관찰사가 포폄제목과 등제를 기록하였다.

둘째, 代書가 만연하였다. 지방아문의 포폄계본은 원칙상 관찰사의 경우 都事가, 절도사는 우후가 작성하였다.[27] 그러나 조선 후기 도사는 전기와 다르게 포폄에 참여하지 못하는 경우가 많았다. 남아 있는 포폄제목을 확인해보면 도사는 대부분 未赴任으로 등제가 기록되지 않았다. 따라서 원칙상 도사가 없을 경우 관찰사가 직접 포폄계본을 작성해야만 했다.

---

26) 全羅監營,『丙戌春夏等褒貶實仕磨鍊冊』褒貶節目: 褒貶題目先錄中草冊, 後書啓本, 而不以句書連書之.

27)『英祖實錄』24년(1748) 6월 15일: 承旨持殿最入侍, 命慶尙左兵使俞靑基, 先罷後拿. 殿最之法, 守令及各鎭題目, 觀察使則都事書之, 兵使則虞候書之, 上見靑基貶狀, 皆吏筆也, 上怒曰, "此是武將驕蹇之致. 若不嚴懲, 考績之法, 亦必蕩然矣." 有是命.

3. 포폄제목

褒貶題目은 지방아문에서 평가대상자에게 포폄 결과를 공개하면서 각 관부에서 발급한 문서이다. 현재까지 조사를 통해 총 53점이 있음을 확인하였으나, 앞으로 더 많이 발견 될 것으로 예상된다. 그 이유는 포폄제목이 여러 번의 필사가 이루어졌기 때문이다. 발급대상은 근무총평을 기록하게 되어 있는 관리였으며, 등급만 표시하는 하급 무관의 경우에는 제외되었다. 기존의 선행연구에서는 일부 사료를 통해 포폄의 결과가 공개되지 못했다고 서술하였으나,[28] 현전하는 포폄제목은 포폄 결과가 공개되었음을 입증해준다. 포폄제목은 원래 관리를 포폄하면서 四字 또는 八字 형태로 함축해서 총평한 것을 가리켰지만, 문서명으로도 불렸다. 그러나 포폄 결과를 필사하여 해당 관리에게 전달한 문서이기 때문에 문서명이 단일화되지 않고, 여러 문서명으로도 불렸다.[29]

본 연구에서는 실제 문서들을 분석해 본 결과 포폄제목이 가장 많이 기록되었으며, 무엇보다 1890년(고종 27)부터 1893년(고종 30)까지 경상도 관찰사를 지낸 이헌영이 자신의 업무일기에 관리를 평가하고 포폄결과를 수록하면서 문서명을 포폄제목으로 命名하였기 때문에 포폄결과를 공개한 문서에 대해 포폄제목으로 정의하고자 한다.

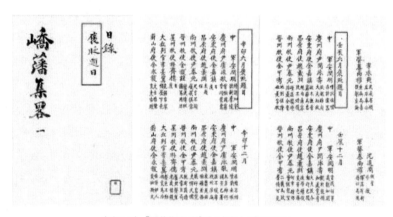

〈자료 2〉『嶠藩集略』[30]에 나타난 '褒貶題目'

---

28) 이상윤・이종수,「조선 전기 경관의 포폄제도 집행 실태 분석」,『국가정책연구』15, 2001, 10~11쪽; 이종수, 앞의 논문, 34쪽.

29) 포폄제목을 부르는 용어로는 "褒貶題目・褒貶榜目・褒貶目・貶目・貶題・褒題・褒貶記"등 다양하게 존재하였다.

30) 李𨯷永,『嶠藩集略』, 附錄.

포폄제목은 작성한 목적이 포폄결과 공개 자체에 있었기 때문에 특정한 문서 양식이 존재하지 않는다. 따라서 현재 남아 있는 포폄제목은 형태와 내용 기술이 통일되어 있지 않다. 이는 결과를 확인하기 위해 2차·3차의 필사가 있었기 때문이기도 하다. 포폄결과에 대해서 현직관리 이외에 전직관리와 양반 사대부, 백성들까지도 관심을 가졌다. 따라서 포폄제목을 빌려서 베끼거나 여러 년도의 포폄제목을 모아서 참고자료로 사용하는 경우가 나타났다. 그러나 포폄제목은 1차적으로 각 관부에서 현직관리를 대상으로 발급하였다. 마지막으로 포폄제목에서 나타난 특징을 살펴보자.

　첫째, 기재 방식이 "시면(褒貶時期+褒貶題目)+등제(官職+姓名+題目+等級)"로 구성되었고, 해당 관리 이외에 포폄의 대상이 되었던 모든 관리의 성적도 같이 기록하여 발급하였다. 이로 인해 포폄제목 하나로 그 시기 해당 도의 포폄결과를 한눈에 볼 수 있게 되었으며 인사정보를 필요로 하는 전직관리나 예비 관료들도 포폄제목에 관심을 가지게 하였다.

　전직관리나 유력 양반 이외에도 포폄제목은 지역 백성들도 관심을 가졌다. 지역 백성은 포폄제목을 직접 보지 못하고, 고을 수령의 포폄결과를 여러 사람을 통해 전해 들었다. 조선후기 경상도 고성에 살았던 具相德은 그의 일기에서 고을 수령의 포폄제목에 대해 빠짐없이 기록하였다.

〈표 6〉 『勝聰明錄』[31)]에 나타난 褒貶

시 기	내 용
1726년 12월 17일	主倅考中日, 廉平可尙, 戢豪頗緩.
1730년 10월 17일	巡相在統營時, 殿最列邑, 初五日在晉州開坼. 主倅得上題曰, 聽節或偏, 勤厲足尙云云. 議者以爲上句由於今番鄕戰, 而偏字甚不快云矣.
1749년 12월 19일	主倅考上, 才優政密, 惠治殘蔬云云. 似是過情.
1750년 12월 18일	主倅考上日, 著好宜節, 善治本優.
1752년 6월 18일	主倅考上日, 弊蠲不撓, 海民不怨. 可謂過當之稱也.
1752년 12월 18일	主倅金侯紀考下日, 前灾何受, 雖久難恕.
1754년 3월 21일	前使罷歸, 故殿最不行於前歲末, 而今始行之. 主倅趙侯居下題日, 昔譽寢衰, 犯禁難赦.
1759년 10월 6일	主倅任侯六月殿最考上而日, 勸農雖勤, 威束宜勉云云.

---

31) 仇相德, 『勝聰明錄』 (藏書閣, MF 35-006334); 한국정신문화연구원, 『勝聰明錄: 18세기 고성현의 농가일기』, 1995.

위의 표를 통해 알 수 있듯이 구상덕은 관리는 아니였지만 나름 지식인으로써 고을 일에 관심이 많았다. 특히, 부임하는 수령에 관심이 많았으며, 수령의 포폄제 목을 빠짐없이 일기에 기록하였다.

둘째, 포폄제목에 나타난 총평을 분석해 본 결과, 포폄의 기준이 "公·廉·勤·謹"과 같은 수령의 자질과 치적에 해당하는 守令七事가 존재했으나, 그 기준 이외의 항목을 적용시켜 작성하는 경우도 많았음을 확인하였다. 특히 "有言·有謗"과 같은 단어를 기록하여 좋지 않은 소문이 들린다는 이유 하나로 중·하고를 매겼다. 영조에 의해 강화된 무하고자에 대한 규제는 관찰사로 하여금 '風聞擧劾權'을 남발하게 하였다. 풍문거핵권은 원래 사헌부에 주어진 권한이었으나, 세종시기 관찰사도 外憲의 입장에서 풍문으로도 탄핵할 수 있게 하였다.[32] 관찰사의 풍문거핵권을 통한 평가는 기존에 마련된 기준을 적용시키지 않고 마음대로 등급을 매길 수 있게 하였다. 실제로 윤기는 1801년(순조1)에 황산도 찰방으로 재임할 때 추·동등 포폄에서 중고를 맞았으며, 제목은 "자질구레한 비방이 상당히 있다(頗有瑣謗)"였다.[33]

Ⅳ. 외관 포폄의 시행과정

조선왕조는 외관에 대한 포폄을 중요시하였다. 외관의 자질에 따라 백성들의 삶이 달라졌기 때문이었다. 외관 포폄의 대상은 크게 守令과 武官이었다. 조선 후기에 이루어진 외관의 포폄은 평가-동의-보고의 세 단계로 나뉘어 진행되었다.

1. 평가

첫 번째는 포폄의 대상자를 평가하는 단계이다. 수령의 경우 관찰사가 여러 지역을 돌며 勤慢과 能否를 평가했으며, 巡歷를 마친 후에 절도사와 함께 상의하고 포폄계본을 작성하였다. 관찰사 혼자 관할 지역을 감당하지 못할 때는 都事와 지역을 구분해서 순력하였다. 따라서 포폄계본의 작성에는 절도사와 함께 도사도 참

---

32) 『世宗實錄』 28년(1446) 11월 21일: 監司摠一方專制之權, 職兼風憲, 一應非法, 理宜風聞擧劾, 近來未聞監司推劾 治罪之事. 是徒以簿書期會爲先, 而激濁揚淸爲餘事矣.

33) 尹愭, 『無名子集』 「論監司之巡歷爽乭』: 殿最時又不患無辭, 無辭則直以謗之一字書之, 盖謗者無形無端, 不可摸捉之物也, 故以此歸之, 則人之見之者, 將不知由何事, 致何謗而隱然疑之也, 此第一妙方也(한국고전종합DB <http://db.itkc.or.kr> 번역 참조).

여하였다.[34) 그러나 조선후기에 지방행정의 변화로 감영이 한 곳에 머물면서 관찰사가 순력하는 횟수가 적어졌다. 이로 인해 관찰사가 각 고을을 직접 감찰하고 평가하는 대신, 營吏를 보내 염탐하였다. 염탐을 임명받은 영리를 廉客이라 했으며, 고을을 돌면서 수령들의 실적을 살피고 廉記를 작성해 관찰사에게 보고하였다.[35) 영리는 그 지역 향리 중에서 선발되어 감영과 병·수영의 업무를 맡았으나, 점차 몇몇 향리가문이 독점하고 세습하였다. 특히 영리 중에서 吏房營吏가 영향력이 컸으며 인사업무을 담당했다.[36) 이방영리는 향리와 결탁하여 목민관의 人事를 결정하기도 하였다. 한 예로 목천현감이었던 黃胤錫이 1780년(정조 4) 춘·하등 포폄 때 下考를 맞은 것에 대해 그 이유를 자신의 일기인 『頤齋亂藁』에 기록한 경우이다. 황윤석은 "다방면의 자질이 가히 귀감이 되지만 세금을 더 거둔 것은 용서하기 어렵다.(多質可貴 濫稅難貰)"라는 평가와 함께 목천현감 자리에서 파직되었다.[37)

지방 수령과는 달리 무관의 포폄은 射講를 통해 결정되었다.[38) 무관에게 병서를 외게 하고 활쏘기를 통해 그 성적을 해당 병영과 수영에 보고하였다. 조선 후기 경상 우병영에서 작성된 『營摠』을 보면 무관 포폄에 관한 문서 행정을 보다 자세하게 살필 수 있다.

〈표 7〉 영총에 나타난 무관 포폄의 문서행정

날짜	내 용
4월	관할지역에 殿最單子를 작성해 보고하라고 關을 발송
5월	17~18일에 營將과 鎭將의 褒貶同議單子를 巡營에 발송
6월	병영 소속 해당 무관의 褒貶單子를 1일자로 承政院에 발송
9월	관할지역에 殿最單子를 작성해 보고하라고 關을 발송
11월	17~18일에 營將과 鎭將의 褒貶同議單子를 巡營에 발송
12월	병영 소속 해당 무관의 포폄계본을 1일자로 承政院에 발송

---

34) 『中宗實錄』 34년(1539) 12월 25일: 灌等回啓曰: 都事, 一道褒貶之官, 其任重大, 上敎允當.

35) 『牧民心書』「吏典」察物條: 茶山筆談云, 監司廉問, 宜用親賓, 死士潛行村野, 乃得民隱, 乃得官疵. 今也營下吏胥, 視爲腹心, 一應廉問, 皆遣此輩, 不知此輩本與列邑巨猾, 關通締交, 表裏糾結. 每至冬夏褒貶, 春秋巡歷之時, 所謂廉客, 先期飛報本縣(한국고전종합DB <http://db.itkc.or.kr> 번역 참조).

36) 김현영, 「조선후기 한 영리의 일생 - 李德鼇(1701~1774)의 『석천유고』를 중심으로」, 『사학연구』 82, 2006, 159~179쪽.

37) 『頤齋亂藁』 정조 4년(1780) 6월 6일: 小暑節. 曉晴. 以近日倉事, 疑吏輩與營裨, 有所反陷於巡營; 『頤齋亂藁』 정조 4년(1780) 6월 15일: 特以大同錢朴浦米, 嚴督於吏胥輩之故, 致有吏胥竊出留庫米, 而余不能直正其罪, 反受其構陷耳.

38) 『大典通編』「兵典」褒貶條: 各營將官·中軍外, 考講殿最, 宣傳官則本曹判書受各操筹記講爲等第, 南行部將則受班次圖講爲等第.;『內戌春夏等褒貶實仕磨鍊册』: 將官則只書上中下, 將官之連中者例遞, 講射俱全者上, 一全一不者中, 俱不者下, 身病不參者中.

경상우병영의 兵房이 하는 일로 기록된 事例를 보면, 4월과 9월에 각 진영과 해당 고을에 무관들의 전최단자를 올리라는 關을 발송하였다. 관을 받은 각 고을과 진영에서는 포폄을 위한 사강을 실시하였다. 실제 일기를 통해서도『영총』의 사례가 적용되고 있음을 알 수 있다. 1812년(순조 12) 10월 30일에 加德僉使였던 盧尙樞가 통제영에서 포폄을 실시하라는 관을 받고 二船將를 포폄한 경우였다. 노상추가 실시한 사강은 구체적으로 유엽전 1巡과『兵學指南』水操篇 大文一章 및 陣圖였다.[39]

2. 동의

두 번째는 관찰사와 절도사 간에 동의하는 단계이다. 동의 과정은 포폄의 공정성을 유지하기 위해 평가자 독단으로 관리를 평가 할 수 없게 한 조치였다.[40] 태종대에 평가기준에 있어 '軍政修' 조항을 추가시키면서 세종 때 포폄동의 과정이 생겼다.[41] 이후 전국으로 확대해서 시행했으며, 관찰사와 절도사가 직접 만나 동의과정을 거쳤다. 그러다가 조선후기 지방행정체계의 변화로 말미암아 절도사가 관찰사에게 포폄동의단자를 작성해서 보고하는 형태로 바뀌었다. 정조 때 폐지되기도 했지만, 1871년(고종 8)에 다시 부활하여 1895년(고종 32) 절도사제도가 폐지될 때까지 시행되었다.

조선시대는 지방행정에 있어 고을 수령은 營將 또는 鎭將을 겸임하는 경우가 있었다. 그럴 경우 수령은 관찰사의 관할인 동시에 절도사의 관할에 속하기도 했다. 이에 수령의 포폄은 관찰사가 주도하고 절도사는 수령의 업무 중 軍政에 한해서 勤・慢으로 평가해서 관찰사에게 보고하게 하였다.

지방아문의 포폄 동의과정은 조선 전기와 후기가 달랐다. 전기에는 관찰사가 절도사와 직접 만나 상의하고 포폄계본을 작성하였다. 예를 들어 조선 전기에 살았던 黃士祐는 경상도 도사로 재임할 때 기록한『在嶺南日記』에서 관찰사와 순력을 마치고 포폄하는 과정을 자세히 묘사하였다.[42] 嶺南樓에 도착한 관찰사와 절도사

---

39)『盧尙樞日記』순조 12년(1812) 10월 30일: 三十日己丑, 暘而小風, 是日, 坐待變亭, 因統營關文試, 二船將褒貶射講, 所謂射講, 卽柳葉箭一巡, 兵學指南水操篇大文一章陣圖一, 而全不乃報.

40)『承政院日記』정조 17년(1793) 5월 26일: 大抵褒貶同議之法, 本衙門堂上, 與兼堂上合坐, 同爲磨鍊, 而此法中廢, 始有成送單子之規矣, 兵水使之間議於觀察使者, 蓋以觀察使, 例兼兵水使, 水陸邊將, 皆其管下, 故與之同議, 非兵水使秩卑, 不敢自斷而稟裁於觀察使也.

41)『世宗實錄』21년(1439) 2월 21일: 傳旨咸吉・平安道觀察使, 今後平安・咸吉道沿邊各官入居人富實間, 各官守令褒貶, 與都節制使同議以啓.

가 각각 포폄의 위해 別室과 望湖堂으로 들어가는 모습을 도사였던 황사우가 자신의 일기에 기록한 것이다. 그러다가 후기에는 관찰사가 감영에 머물며 순력하는 횟수가 적어지자, 절도사는 포폄동의단자라는 문서를 통해 자신의 의견을 보고하였다. 『영총』에서는 5월과 11월의 17~18일에 포폄동의단자 2건을 작성해서 발송하고, 그 중 1건은 다시 가져온다고 기록하였다.[43] 보통은 포폄을 마감하기 한 달 전에 미리 작성해서 관찰사에게 보냈다.

3. 보고

세 번째는 포폄을 마감하고 보고하는 단계이다. 관찰사는 영리의 廉記와 절도사의 褒貶同議單子를 바탕으로 褒貶啓本을 작성하였다. 절도사도 직속관리인 虞候·審藥·旅帥·隊正에 대해 포폄하고 포폄계본을 작성하였다. 포폄을 보고하는 문서는 1416년(태종 16)에 규정된 포폄 조항에서 啓本으로 작성하라고 했으며,[44] 『경국대전』「禮典」用文字式에서 2품아문은 直啓하며, 大事의 경우 계본으로 작성하라고 명시하였다. 또한 「吏典」褒貶條에서 외관은 관찰사가 매번 6월 15일과 12월 15일에 등제해서 啓聞하라고 규정하였다.[45] 이후 포폄계본은 1894년(고종 31) 갑오개혁을 계기로 관제와 관문서의 양식이 바뀔 때까지 포폄을 보고하는 문서로 쓰였다.

이렇게 작성된 포폄계본을 발송하는 날짜는 지역마다 달랐으나, 마감 기간이 15일로 정해져 있었기 때문에 그 전에 미리 발송하였다. 포폄계본을 승정원까지 전달하는 업무는 별도로 정해서 맡겼다.[46]

관찰사가 포폄계본을 기간 내에 보낼 수 없을 경우에는 미리 그 사유를 狀啓에 적어 보고하였으며, 보통 그 사유는 부임과 관련이 있었다. 『대전통편』에는 "관찰사와 수령 모두 도임한지 50일이 찬 후 포폄을 시행한다.(觀察使·守令, 並到任滿五十日施行褒貶.)"라고 하여 부임한지 50일이 지나지 않으면 포폄을 행할 수도, 받을 수도 없게 하였다. 더욱이 "관찰사가 교체되어 왔을 때도 새로운 관찰사는 도임하고 50일이 차기를 기다려 포폄계본을 봉하여 아뢴다."(觀察使遞歸, 則待新使到任

---

42) 『在營南日記』 중종 14년(1519) 7월 8일: 禮畢, 使相至嶺南樓時, 右兵相金克成先入, 下北別室, 左水使偕僕以下後北別室, 皆議春秋也. 使相下望湖堂, 僕下少樓.

43) 영남문화연구원, 앞의 책, 12쪽.

44) 『太宗實錄』 16년(1416) 1월 12일: 吏曹上褒貶法, 啓曰, "一年兩等, 各道守令褒貶, 已有成規, 諸公監司不先磨勘守令殿最, 當都目政逼近之時, 不錄實跡, 但書上中下三等, 啓本申呈, 有乖教旨."

45) 『經國大典』「禮典」用文字式과 「吏典」褒貶條 참고.

46) 『承政院日記』 영조 1년(1725) 6월 13일: 申昉啓曰, "各道褒貶等第啓本, 別定軍官上送例也."

日滿, 奉進.)"라고 규정하였다. 이는 교체시기에 전임 관찰사가 마감하지 못한 포폄은 후임 관찰사가 도임하고 50일이 지나서야 마감해서 보고한 조치였다. 따라서 후임 관찰사는 50일 전에 "기간 내에 마감하지 못 하겠다"는 장계로 먼저 보고하고, 日淺이 지난 후에 다시 해당 관리에 대한 포폄을 포폄계본에 적어 정식으로 보고하였다. 지금까지 살펴본 외관 포폄의 시행과정을 종합하여 도식화하면 다음과 같다.

〈도식 1〉 외관 포폄의 시행과정

관찰사는 영리를 파견하여 목민관의 실적을 염탐하게 했다. 절도사는 각 진영에 포폄시험을 볼 것을 관을 통해 지시했으며, 지시를 받은 진장은 사강의 결과를 첩정으로 절도사에게 보고하였다.(①) 평가가 끝나면, 절도사는 수령의 군정에 한해서 관찰사에게 자신의 의견을 적힌 동의단자와 자신이 평가한 소속 무관에 대해 의견을 묻는 동의단자를 관찰사에게 보냈다.(②) 서로 간의 포폄동의가 이루어지면, 관찰사와 절도사는 국왕에게 보고 할 포폄계본을 작성하였다.(③) 작성된 포폄계본은 특별히 정해진 배지를 통해 승정원에 전달되었다. 다만, 포폄을 못할 경우에는 포폄계본 대신 포폄탈장계를 전달하였다.(④) 이를 도식화하여 제시하면 아래와 같다.

지방아문은 포폄계본으로 승정원에게 보고한 후, 6월 15일과 12월 15일에 포폄 결과를 공개하였다.

<표 8> 巡營開坼日

일기	내 용
『海營日記』	十五日. 陰曉. 裨將・廳三司・諸將校, 問安望賀禮權亭. 早朝, 今春夏等褒貶坼榜.
『完營日錄』	十五日. 早朝, 以肩輿詣客舍, 行望闕禮. 中軍・中營將・判官・檢律, 同爲進參, 仍還營軒. 道內春夏等殿最開坼.
『嶠藩集略』	十五日. 行望闕禮. 書褒貶等第揭示.

<표 8>에서 제시한 일기는 모두 시기와 지역적인 차이가 있지만 관찰사가 작성했다는 공통점이 있다. 『海營日記』는 徐邁修가 1795년(정조 19)부터 1796년(정조 20)까지 황해도 관찰사로 재임하면서 작성한 업무일기로써, 당시 관찰사의 업무에 대해 빠짐없이 기록하고 있다. 『完營日錄』은 徐有榘가 1833(순조 33)년부터 1834년(순조 34)까지에 전라도 관찰사를 역임하면서 작성했던 업무일기이다. 『嶠藩集略』은 李鎬永이 1890년(고종 27)부터 1893년(고종 30)까지 경상도 관찰사로 재임하던 시기에 작성했던 업무일기이다. 포폄의 평가자였던 관찰사 3명이 각각 18세기・19세기에 황해도・전라도・경상도에서똑같이 6월 15일과 12월 15일에 포폄결과를 감영에서 揭示한다고 기록하고 있으며, 그때 게시된 포폄제목의 내용도 일기에 같이 수록하였다.

15일에 望闕禮를 행하고 감영에서 開坼된 포폄결과는 該吏에 의해 해당 관리들에게 褒貶題目으로 전달되었다. 포폄제목을 받아 본 관리들은 자신에게 평가된 제목을 보면서 한편으론 안도하면서 다른 한편으론 道內의 다른 고을 수령의 제목도 같이 확인하였다. 오횡묵이 자인현령을 하던 시기인 1888년 12월 15일에 색리를 통해 전달된 자신의 포폄제목과 다른 고을의 포폄결과도 아울러 확인하였다.[47)]

V. 맺음말

앞의 논의를 요약하면서 글을 맺고자 한다. 2장에서는 고려시대부터 1896년까지 외관 포폄의 기원과 변화에 대해 서술하였다. 조선왕조는 고려의 포폄제도를 이어 받아 태종과 세종을 거치면서 조선의 제도에 맞게 다시 정비가 이루어졌으며,

---

47) 『慶尙道慈仁縣叢瑣錄』 고종 25년(1888) 12월 15일: 十五日. 壬辰.…午刻, 殿最色吏來, 褒題, 視民呼庚 若惆在己上. 仁同朴永善・興海白南周・義城韓應國.…省峴金戒善 下.

영조와 정조 대에 제도적 보완을 거쳤다. 그 후 1896년 칙령37호를 통해 조선에서 포폄제도는 기존과 다르게 바뀌었으며 1908년에 정식으로 폐지되었다.

3장에서는 조사한 포폄문서에 대해 유형 분류를 시도하였고, 각 문서마다 특징을 살펴보고자 하였다. 그 결과 지방아문에서 작성된 포폄문서는 포폄동의단자, 포폄계본, 포폄제목이 있었으며, 각 문서마다 특징을 지니고 있었다. 포폄동의단자는 조선 전기에 직접 만나 상의했던 포폄동의가 영조 때부터 포폄동의단자를 작성하는 것으로 대신하였고, 절도사의 포폄권한을 축소시키는 결과를 가져왔다. 관찰사의 포폄계본은 작성상의 오류가 심했고, 이를 보완하고자 中草와 副本이 존재했다. 포폄제목에는 전체 포폄 성적이 기재되어 현직관리를 넘어 전직관리와 예비관리까지 포폄 결과에 관심을 가졌다. 그 결과 감영에서 발급하는 포폄제목 이외에 2차, 3차 필사가 이루어졌다. 포폄제목은 평가 기준이 있었으나 원칙에 어긋나게 적용되는 경우도 많았고, "비방이 들린다"라는 제목으로 중·하고를 매기는 경우도 있었다. 관찰사가 풍문으로도 탄핵할 수 있는 권한을 남발했음을 확인할 수 있었다.

4장에서는 외관 포폄의 시행과정을 살펴보았다. 그 결과 포폄이 국왕에게 보고되기까지 '평가-동의-보고'의 단계를 거쳤으며 각 단계마다 다른 문서가 사용되었음을 알 수 있었다. 평가의 단계에서는 수령의 경우 영리의 횡포가 심했으나, 무관은 비교적 사강을 통한 객관적인 평가가 이루어졌다. 동의단계에서는 조선전기에 관찰사와 절도사, 도사가 직접 만나 상의하였으나, 조선후기 행정체제의 변화로 포폄동의단자가 절도사에 의해 발급되었다. 보고 단계에서는 포폄 결과를 계본으로 작성했으며, 특별히 정해진 포폄배지를 통해 승정원에 보고하였다. 포폄 보고를 마친 지방아문에서는 6월 15일과 12월 15일에 해당 관리에게 포폄결과가 적힌 포폄제목을 발급하여 모든 관리의 성적을 공개하였다.

본 연구에서는 현전하는 고문서를 중심으로 조선후기 외관의 포폄제도를 자세히 살펴보았다. 다만, 중앙관부의 포폄과 암행어사에 의한 포폄을 다루지 못했으므로 후속 연구를 기대한다.

조선시대 호구문서*

문현주

I. 머리말

본 논문은 조선후기 호구문서 즉 호구단자와 준호구의 작성 과정을 호적제도와 관련하여 고문서학적으로 연구하는 데 목적이 있다. 조선시대에는 3년에 한 번씩 호적대장을 작성하였는데, 그 기본적인 목적은 호구 파악을 통한 부세 수취에 있었다. 이와 관련한 대표적인 문서로 호구단자, 준호구를 들 수 있다. 『경국대전』에는 식년, 즉 '子·卯·午·酉'로 끝나는 해마다 한 번씩 전국적인 호구 조사를 실시하여 호적대장을 정리한다고 규정되어 있다. 호적을 작성하는 식년이 되면 민간에서는 호구단자 2통을 작성하여 제출하였다. 이는 面과 官의 확인을 거친 이후에 1통은 각 호로 되돌려 보내지고, 1통은 호적대장을 작성하는 자료로 사용되었다. 한편 준호구는 신분 증명의 자료나 노비소유, 소송 등 제반 증명이 필요할 경우 개인적으로 관에 발급 신청을 하면 해당 관에서는 장적에 준하여 등급해주는 것으로 정의되고 있다. 그러나 조선 중기까지는 준호구에 대한 이러한 원칙이 관철되었지만 조선시대 중반을 넘어가면서 행정의 효율, 종이값 절약 등의 이유로 인하여 호구단자를 비롯한 준호구도 백성이 작성하여 제출토록 하는 사례가 많아졌다.

그런데 각 군현별로 혹은 같은 군현 내에서도 시기에 따른 차이가 있었다. 호구문서와 호적대장의 작성 과정을 보면 호적 제도의 구체적 운용 양상이 시기에 따라 전국 단위로 변화하였음을 알 수 있다. 이에 필자는 호구문서에 대한 고문서학적인 검토는 호정 운용 과정에서 지역 단위로 존재하였던 자율성이라는 측면을 드러내는 데에도 매우 유효하다는 점에 착안, 각 군현별로 혹은 같은 군현 내에서도 시기에 따른 차이가 있었음을 밝히고 호구문서와 호적 작성과정의 전반적인 변화 양상과 그것이 가지는 의미를 찾고자 한다.

---

* 이 글은 「조선시대 호구문서의 작성 과정 연구」, 한국학중앙연구원 학국학대학원 박사학위논문, 2013을 요약·정리한 것이다.

II. 호구문서 작성과정의 변화

현재 정의되고 있는 바에 의하면, 호구단자는 2통을 작성하여 제출하였는데 한 통은 原籍을 개수하기 위하여 관에 보관하고 1통은 백성에게 돌려주었으며, '백성들의 요구에 의해 관에 보존하던 호적대장에서 해당 호의 호구 사항을 등서하여 발급해주는 것이 준호구'이다.[1] 호조에서는 백성의 장고, 즉 발급 신청에 의해 경중은 한성부에서 외방은 각 관 수령이 호적에 근거하여 호구[준호구]를 발급하되 이중 발급하지 못하도록 하였다.[2] 위의 두 사료는 호구단자와 준호구의 작성에 대한 최초의 의미 있는 기록이자, 현재까지도 문서를 정의하는 데 있어서 기초 사료로 인용되는 것이다. 위 내용 가운데 작성되는 문서를 정리하면 백성들이 제출하는 문서는 호구단자 2장이고 준호구는 필요에 따라 1장씩 발급받았던 것이다. 이후 1485년 『경국대전』 <예전>에 실린 호구식과 준호구식은 다음과 같다.

〈표 1〉 『경국대전』 예전 수록 호구식과 준호구식

호구식	戶某部某坊第幾里(外則稱某面某里)住 某職姓名年甲本貫四祖 妻某氏年甲本貫四祖(宗親錄自己職衛妻四祖 儀賓錄自己職衛四祖尚某主 庶人錄自己及妻四祖 庶人不知四祖者不須盡錄) 率居子女某某年甲(女婿則幷錄本貫) 奴婢雇工某某年甲
준호구식	某年月日 本府外則稱本州本郡 考某年成籍戶口帳內 某部某坊云云 奴婢某某年甲 等准給者 漢城府須備三員 堂上官押 堂下官押外則稱其邑其職 周挾改幾字無則云無橫書經印

이처럼 두 문서의 작성 규식에 차이가 있고 작성자도 호구단자는 주호, 준호구는 관으로 그 구분이 뚜렷하였다. 양 문서를 구분하는 연구가 이루어지기도 하였다.[3] 그 연구에 의하면, ① 호구단자식에 의한 것, ② 기재사항을 열서한 것, ③ 기재 내용에 비해 용지가 넓은 것, ④ 관인이 없거나 1개만 있는 것, ⑤ 호 내의 살아 있는 사람의 기재 위에 주점이나 묵점을 찍은 것, ⑥ 호 내의 인구수 또는 남녀 인구수를 문서 하단 여백에 기재한 것, ⑦ 통·호수를 뒤에 써넣은 것 가운데 한두

---

1) 최승희, 『한국고문서연구』, 지식산업사, 2006, 280쪽.

2) 『세종실록』 세종 10년(1428,무신) 5월 2일: 戶曹啓, "各人戶口, 京中漢城府·外方各官守令, 據其狀告成給. 其規式, 則某年號月日. 戶口, 準府在某年成籍戶口帳內, 某部某坊第幾里, 外方某面某里住, 某職姓名年甲本貫四祖·妻某氏年甲本貫四祖·率居子息某某·奴婢某某等, 準給者漢城府·外方某州縣僉署, 周挾改字數及有無橫書踏印. 一本粘連立案, 一給狀告戶首, 毋令疊給." 從之.

3) 최승희, 「호구단자·준호구에 대하여」, 『규장각』 7, 서울대학교 규장각한국연구원, 1983.

가지만 부합되면 호구단자로 볼 수 있다고 하였다.[4] 그리고 호구단자는 일단 관에 의하여 구호적과 대조·확인되어 제출자에게 還付되므로 준호구적 효과도 없지 않으나, 어디까지나 신고용(보고용) 문서라고 파악하였다.[5]

1. 호구단자와 준호구 제출

하지만 17세기 후반 경부터는 호구문서 작성의 원칙에서 변화가 발생하기 시작한다. 호구단자를 2장 제출한 다음 1장을 돌려받고 필요에 따라 준호구를 발급받도록 국가에서 규정한 원칙에서 시기적인 변화를 거친다. 편의상 이 과정을 '1단계'라고 명명한다.

조선 초기부터 규정되었던 이러한 원칙과 달리 어느 시기부터는 준호구도 주호가 제출하게 되었다. 이는 호적에 입적되는 사람은 모두 준호구를 갖게 되면서부터 나타난 현상인 것으로 보인다. 이렇게 추정하는 이유는 현존하는 17세기 이후의 호구문서를 보면 많은 경우 호구단자와 준호구가 같이 남아 있으며, 그 경우 작성 월이 동일한 예가 종종 발견되기 때문이다. 호구단자를 제출하는 모든 사람이 준호구를 갖게 되면서부터는 굳이 관에서 준호구를 발급해줄 이유가 없어졌다. 호구단자를 작성해서 제출할 수 있는 백성들은 준호구도 써서 낼 수 있었기 때문에 굳이 관에서 비용을 들여 호적색에게 발급 업무를 맡길 필요가 줄어들었다. 설명의 편의상 우선 앞의 '1단계'와 마찬가지로 이를 '2단계'라고 한다.

다음의 기록을 보면 어느 시기부터는 호구단자를 걷는 이후에 준호구도 주호로부터 추가로 수합하였음을 알 수 있다. 1734년 副護軍 李遇晉이 상소한 내용이다.

> 부호군 이우진이 상소하여 말하기를, … 여덟 번째는, 帳籍을 정리하기 위해 별도로 아전을 두는[設吏] 비용을 없애는 것입니다. … 또한 민간에서 먼저 單子를 거두고 나서, 다시 戶籍[준호구]을 거두는데 그 單子紙는 끝내 (관료) 개인의 이익으로 돌아갑니다.[6]

이우진이 말한 '호적'은 바로 준호구를 가리킨다. 식년의 성적 작업 시에 호구단

---

4) 최승희, 앞의 논문, 99쪽.

5) 최승희, 앞의 논문, 82쪽.

6) 『승정원일기』 영조 10년(1734, 갑인) 8월 10일: 副護軍李遇晉疏曰, … "八曰, 除帳籍設吏之費, … 民間先捧單子, 又捧戶籍, 而單子之紙, 終歸私分."

자를 거둔 이후에 다시 준호구를 거두는 것이 당시까지의 법식으로 통용되고 있었음을 알 수 있다.

아래의 기사는 1797년(정사) 9월 9일 우부승지 金達淳이 아뢴 내용으로, 당시 거두어들인 호구단자가 불에 타는 사건이 발생한 상황에서 의견을 개진한 것이다.

> 김달순이 한성부의 말로 아뢰기를, "帳籍의 法意가 본래 엄중하여 호적청을 설치하고 호적단자를 거둔 다음 담당 각 書吏가 호적청 내에서 謄寫를 분담하는 것이 例입니다. 이번에 中部에서 걷은 호구단자 790장, 西部에서 걷은 호구단자 270장을 해당 서리가 사람을 고용해 府 밖의 여염집에서 대신 베끼게 하다가 우연히 불이 나서 전부 불에 탔다고 합니다. 사체의 놀라움이 이보다 심할 수 없습니다. 형세상 부득불 다시 단자를 거두어야 하는데 양 部의 천 戶에 대해 1년 동안 단자를 다시 걷는 것은 폐단이 되기 쉽습니다. 해당 서리는 우선 법에 따라 처벌하고, 다른 서리를 別定하여 편리한대로 단자를 거두는 것이 백성들에게 소요가 없을 듯합니다. 府 밖에서 사사로이 옮겨베끼는[移謄] 것은 매우 놀라운 일입니다. 평상시에 잘 檢飭하지 못한 것은 그 죄를 면하기 어렵습니다. 해당 郎廳을 한성부로 하여금 拿問 처치하게 하소서. 臣 또한 惶恐 待罪하며 감히 아룁니다."[7]

식년이 되면 호적청을 설치하고 거두어들인 호구단자를 토대로 서리가 호적대장을 등서하는 것인데, 담당 서리가 사사로이 한성부 밖의 여염집으로 내어 사람을 고용하여 대신 베끼게 하다가 단자가 모두 불에 타게 된 것이다.[8] 이 사건을 보고받은 정조는 호구단자를 다시 걷지 않을 방법과 舊典을 거듭 밝힐 수 있는 방법을 아뢰도록 하였다.[9] 이에 동년 9월 10일에 김달순이 역시 한성부의 말을 다음과 같이 아뢰었다.

> 김달순이 한성부의 말로 아뢰기를, … "신들은 本府에 모여서 호적단자를 다시 걷지 않는 사항에 관하여 논의를 하였습니다. 成籍의 법은 으레 當年의 봄·여름에 먼저 單子를 거두고 帳冊을 謄書한 다음 原單子는 本府의 休紙가 되고, 명년의 봄을 기다렸다가 葉張戶口를 다시 걷어 비로소 踏印하여 내어줌을 허락하는 것입니다. 이번에 불에 탄 양 部의 호적단자는 이미 다시 걷기는 불가하오니 내년 봄에 걷게 되어 있는

---

7) 『승정원일기』 정조 21년(1797, 정사) 9월 9일: 金達淳, 以漢城府言啓曰, "帳籍法意, 本自嚴重, 設廳收單子之後, 所掌各吏, 分掌繕寫於廳中, 例也. 卽者中部收單七百九十張, 西部收單二百七十張, 因該吏之雇人, 倩寫於府外間舍, 偶然失火, 全數灰燼云. 事之驚駭, 莫此爲甚, 其勢不得不更爲收單, 而兩部千戶, 一年再單, 易致爲弊. 該吏則爲先照律嚴繩, 仍令別定他吏, 從便收捧, 毋或擾民, 而府外之私自移謄, 萬萬痛駭, 常時之不能檢飭, 難逭其罪, 當該郎廳, 令該府, 拿問處之, 臣亦惶恐待罪之意, 敢啓."

8) 18세기 후반에 편찬된 『호구총수』에 따르면 당시 호수는 중부 4082호, 서부 16,371호인데 한성부 밖으로 가지고 나가 불에 탄 문서의 수는 각각 790장과 270장에 불과하다. 왜 5부 가운데 서부와 중부 것만 가지고 나갔던 것인지, 왜 천여 張만 가지고 나갔던 것인지에 대해서는 알 수 없으나 한성부 서리만으로는 작업량을 소화하기 힘들어서 일부만 반출하여 대신 베끼도록 한 것이 아니었나 추측된다.

9) 『승정원일기』 정조 21년(1797, 정사) 9월 10일.

132　한국 고문서학 논총 1

葉張戸口를 기한을 앞당겨 거두어들이고 예에 따라 옮겨 베낀 다음 봄을 기다렸다가 成帖하여 내어주면 다시 호적단자를 걷어 백성들을 어지럽게 하는 폐단이 없을 것이고 葉張을 살펴 호적을 완성할 수 있는 방법이 있게 될 것이니 公私 양쪽에 편리한 일입니다. 이에 따라 거행함이 마땅한 줄로 압니다."[10]

김달순은 호구단자가 불에 타버렸으니 추후 걷어야 할 엽장호구[준호구]를 미리 거두어 옮겨 베낀 다음 봄을 기다렸다가 成帖하여 내어주면 될 것이라는 의견을 제시하였다. 이 내용을 통해 (당년의 봄·여름에) 먼저 호구단자를 거두고 帳冊을 등서한 다음 (명년 봄에) 엽장호구, 즉 준호구를 다시 걷어 답인하여 내어주는 것이 당시 호적 작성의 법식이었음을 알 수 있다.[11] 호구단자를 거둔 이후의 시점에 준호구를 다시 거두어들였다는 것이다.

이상과 같은 내용을 통해 볼 때 첫 번째 인용한 1734년 사료에 의거, 적어도 18세기 초반에는 호구단자와 함께 준호구도 주호가 제출하고 있었던 사실을 알 수 있다.

2. 호적중초의 작성

호구문서와 장적이 작성되는 과정은 호구단자를 제출하고 그것을 토대로 장적이 만들어지며, 준호구를 추가로 제출하는 것이었다. 하지만 조선후기로 오면서 인구 증가 등 각종 요인으로 인하여 호구조사와 호적대장 작성 업무를 관에서 일괄적으로 취급하기가 어렵게 되었다. 그래서 그보다 하급 관서인 坊이나 면 혹은 동에서 일차적으로 처리하였다. 이때 방이나 면에서 작성했던 것이 호적중초이다. 중초 작업이 면에서 진행되었음을 알 수 있는 것은 중초에 면임 등이 작성 참여자로서 착명을 남겼기 때문이다. 중초 작업이 면에서 진행되었음을 알 수 있는 것은 중초에 면임 등이 작성 참여자로서 착명을 남겼기 때문이다. 다음은 1863년에 작성된 거제 항리 호적중초이다.[12]

---

10) 『승정원일기』 정조 21년(1797, 정사) 9월 10일: 金達淳, 以漢城府言啓曰, "臣等, 齊會本府, 更不捧單一款, 爛加商確, 則成籍之法, 例自當年春夏, 先捧單子, 謄書帳冊之後, 原單子, 不過爲本府休紙, 而待翌年春, 更捧葉張戸口, 始許踏印以給. 今此失火兩部籍單, 旣不得更捧, 則明春更捧之葉張戸口, 先期收捧, 依例移謄後, 待春成帖以給, 則無更捧單擾民之弊, 而有考葉張完籍之道, 以公以私, 實爲兩便, 依此擧行, 恐合事宜."

11) 여기에서의 '當年'은 상식년이고, '明年'은 식년이다. 1749년경 이후로 호적사목이 상식년에 반포되면서부터는 이처럼 제출을 하였다. 호적사목의 상식년 반포를 언급한 이후에 제시함이 맞는 사료이지만 단자와 준호구를 연속 제출했다는 사실을 보여주기 위해 일단 여기서 인용하였다.

12) 『고문서집성』 35 항리호적중초.

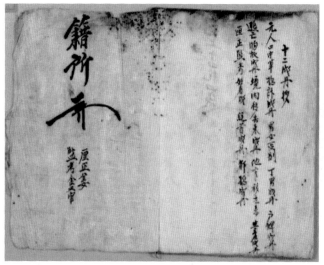

〈자료 1〉 1863년(계해) 거제 항리 호적중초

상식년에 작성된 것으로서 마지막에 里正과 監考의 착명이 있다. 현재 남아 있는 중초는 남원 屯德坊 3책,[13] 경주 양동리 호적중초(1819), 제주도 大靜縣 沙溪里·德修里·河源里·河摹瑟里 호적중초 300여 책,[14] 1750년 단성 북면 신등리 중초, 巨濟 項里 중초, 광양현 진하면 1책,[15] 운봉현 북상면 1책 등으로 몇몇 지역에 한정되어 있지만 다음의 기록을 통해 상주, 하동 등지에서도 중초의 작성이 이루어 졌음을 알 수 있다.

· 中草紙 一百四十七束 每束價米一斗五分式合十四石十斗五分[16](경북 상주군)
· 中草紙及雜費紙 參拾肆束參拾張 每束貳戔 合錢陸兩玖戔參戔[17](경남 하동군)

면 단위에서 호적중초를 작성하였다는 것은 호구단자의 검토도 일차적으로 담당하였다는 것이다. 남원 둔덕방의 전주이씨 소장 고문서를 보면 1738년부터의 문

---

13) 1888년(고종25) 『戊子式屯德坊戶籍中草』, 1891(고종28) 『辛卯式屯德坊戶籍中草』, 1894(고종31) 『甲午式屯德坊戶籍中草』.

14) 제주대학교탐라문화연구소, 『제주대정현덕수리호적중초』, 탐라문화총서Ⅱ, 1993; 『제주하원리호적중초』, 규장각, 1992(1, 2책), 1996(3책).

15) 『仁德面甲午式戶籍中草』, 전북대학교박물관 소장, 고문서 NO.1107.

16) 『商山誌』 호적색.

17) 「道光四年七月日河東府帳籍册改定規式節目」(奎 12326).

서 가운데 상태가 완전한 것은 거의 모두 문서의 끝에 방의 책임자인 풍헌의 수결이 있다.[18]

필자가 대상으로 한 자료 내에서는 이처럼 담당자의 착명이 있는 호구단자는 대체로 호구수가 많은 대읍의 것이었다. 호구조사나 호적작성의 업무가 관에서 면 단위로 이관되면서부터[19] 편의상 이 과정을 앞에서 본 2단계 다음의 '3단계'로 명명한다.

3. 호구단자와 준호구 단일화

앞서 보았듯 적어도 17세기 중엽 이후에는 주호가 호구단자와 준호구 모두를 작성하여 제출했으며, 관에서는 호구단자의 솔하 인구에 대한 치밀한 검토 없이 해당 호에서 필요로 하는 구수만을 책정하였다. 주호가 제출한 호구단자 2장 가운데 1장을 가지고 곧바로 성적 작업에 착수하여 호적대장은 완성이 된다. 그 이후 혹은 그 과정과 동시에 주호가 제출하는 준호구는 사실상 주호가 제출하는 호구단자와 그 성격이 크게 다르지 않았다. 이후 면 단위에서 일차적으로 호구조사와 호적대장의 작성을 담당하여 호적중초를 작성하기도 하였다.

이러한 상황에서 또 한 번의 변화를 거치게 되는데 주호는 호구문서를 단 1장만 제출하는 것이다. 호구단의 형식이든 준호구의 형식이든 1장을 작성하여 제출하면, 그 문서를 토대로 호적대장을 작성한 다음 문서에 곧바로 도장을 찍어서 돌려주었다. 필자는 이러한 변화를 '單一化'라고 표현하고자 한다.[20] 이 단일화 단계를 앞의 3단계에 이어 '4단계'로 명명한다. 이 4단계 과정은 다산이 『목민심서』에서 언급한 '초단'과 '정단'의 개념과 정확히 일치한다. 아래는 해당 부분이다.

> 반드시 草單을 받아들여 그대로 正單으로 삼아야 하는 까닭은, 호적 監考가 사사로이 단자를 거두는 경우에는 1호의 단자에 禮錢 100전씩 될 터이니(적은 경우에도 4·50전은 될 것이다) 백성에 해독됨이 큰 때문이다. 초단을 그대로 정단으로 해주는 것이 또한 마땅하지 않겠는가. 각 里의 호적 단자가 다 들어오거든 곧 도장을 누르고 성첩하여 籍吏에게 내어 줄 것이다.[21]

---

18) 전경목, 「19세기 말에 작성된 南原 둔덕방의 호적중초와 그 성격」, 『고문서연구』 3, 1992, 39쪽 참고.

19) 전경목은 호구조사나 호적대장 작성의 업무가 관에서 방이나 면으로 이관되기 이전에는 호적중초가 작성되지 않았다는 것은 아니며, 호적 업무가 관에서 면 단위로 이관되면서부터 호적중초의 작성이 보다 제도화되고 체계화되었을 것으로 추정하였다(전경목, 앞의 논문, 1992).

20) 표준국어대사전에 따르면 '단일'은 '(1)단 하나로 되어 있음. (2) 다른 것이 섞여 있지 않음. (3)복잡하지 않음.'의 뜻이 있고, '단일화'는 '하나로 됨. 또는 그렇게 만듦.'의 의미를 가지고 있다.

21) 『여유당전서』 제5집 정법편 戶典六條: 其必以草單 仍受爲正單者 戶籍監考 私自收單 則一戶之單 禮錢一百 少者

백성으로부터 초단을 걷은 이후에 정단을 다시 걷는 과정에서 돈을 토색하는 폐단이 있기 때문에 초단, 즉 호구단자에 곧바로 성첩하여 내려줄 것을 주장하였다.

III. 호구문서 작성의 지역적 다양성

조선초기와는 달리 늦어도 17세기가 되면 주호가 호구단자를 비롯하여 준호구까지도 제출하여 작성하였다. 호구단자를 2장 제출하면 1장은 장적을 만들고 1장을 되돌려 주었는데 호구단자를 돌려받은 주호가 이를 토대로 준호구를 작성하여 낸 것이다. 이후 18세기가 되면 주호가 작성하는 문서는 총 1장으로 줄어, 주호가 제출한 호구단자(혹은 준호구)에 곧바로 답인하여 돌려주었다. 장적의 경우, 조선후기 인구의 증가 등으로 인하여 장적 작성의 이전에 호적중초를 먼저 만들게 되었으며 조선후기로 가면서는 장적의 크기가 현저하게 작아지면서 사용하는 종이도 전에 비해 얇아졌다. 이는 호적제도의 성격 변화와 궤를 같이 하는 것으로서 조선시대를 시기별로 고찰하였을 때 일반적으로 나타나는 경향이라고 볼 수 있다.

그러나 앞에서 정리했던 변화 과정들이 모든 군현에서 일률적으로 발생한 것은 아니었다. 필자가 정리한 각 단계마다 군현에 따른 다른 모습이 존재하는데 본장에서는 그러한 지역적 다양성이 어떠하였는지를 살펴보겠다.

호구문서의 작성과정상에서 나타나는 주된 변화는 주호가 제출하는 문서의 수가 1장이 되는 이른바 문서 '단일화' 현상이다. 앞서 한성부 동부를 예로 들어 1774년을 단일화 기점으로 파악하였는데 한성부에서의 장적 작성은 한성부 차원에서 일괄적으로 이루어지는 것이 아니라 각 部에서 작성한 部帳을 한성부로 올려 보내는 것이었다. 그렇기 때문에 문서 작성 과정의 단일화는 部에 따라 시기상 차이가 난다.

사실 단일화가 이루어지는 정확한 시점이 포착되는 군현은 생각보다 많지 않다. 특정 식년까지는 호구단자와 준호구가 각각 1장씩 남아 있다가, 그 다음 식년부터는 호구단자든 준호구든 문서 1장만이 남는 기점을 찾아야 하는데 이러한 양상을 드러내주는 문서 묶음이 많지 않기 때문이다. 이해하기 쉽도록 도식으로 나타내면 다음과 같다.

四五十 其病民大矣 仍以草單 許爲正單 不亦宜乎 諸里籍單畢到 逐卽打印成帖 出付籍吏.

이전 식년(총 2장)		이후 식년(총 1장) *단일화 기점
호구단자 1장 (非成帖)	준호구 1장 (成帖)	호구단자(준호구) 1장 (成帖)

단일화 시점을 기준으로 하여 이전 식년에는 호구단자와 준호구가 각 1장씩 함께 남아 있다. 인장이나 주협개자인이 없는, 즉 성첩되지 않은 호구단자 1장과 성첩된 준호구 1장이 함께 남아 있는 것이다. 하지만 단일화가 이루어지는 식년부터는 성첩된 호구단자 1장만이 남아 있는 것이다. 물론 단일화 이후 호구단자가 아니라 준호구 형태의 문서만 남아 있을 수도 있고, 지역에 따라서는 주호별로 제출하는 문서 1장의 종류가 다를 수 있다. 이 시간적 지점을 단일화가 되는 기점으로 파악하는 것이다.

하지만 앞서 말했듯이 전체 호구문서 가운데 <표 2>에서 보인 것처럼 저러한 문서 3장이 모두 남아 있어서 그 기점을 찾아 낼 수 있는 지역의 비중은 그리 크지 않다. 한성부의 경우에는 단일화 이후 호구단자에 곧바로 성첩이 될 뿐만 아니라 당상, 낭청, 감동관 3원의 서압이 기재가 된다. 그런데 성첩되었는지의 여부에 관계없이 한성부의 것으로 전존하는 호구단자 수가 너무 적다. 필자가 대상으로 한 한성부 호구문서 천 여 건 가운데 50건 정도밖에 되지 않는다. 그리하여 한성 5부 가운데 단일화 기점을 명확하게 찾을 수 있는 곳은 앞 장에서 본 1774년 동부뿐이었다.

전존 문서의 제약으로 인하여 나머지 서부, 남부, 북부, 중부에서는 단일화 기점을 찾기가 불가능하므로 이 네 부에 한해서는 '어느 시기까지 단일화가 이루어지지 않았는가' 하는 점을 살펴볼 수밖에 없다. 이를 위해서는 비성첩 호구단자가 어느 식년까지 남아 있었는가를 살펴보아야 한다. 다음은 한성부 5부 가운데 남부의 경우이다.

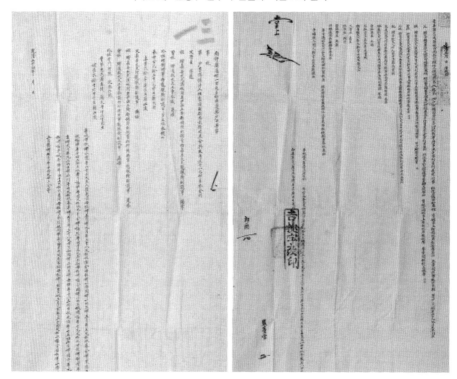

1789년 全興大 호구단자   1861년 尹定鉉 호구단자

시기가 가장 늦은 남부의 비성첩 호구단자는 1789년 전흥대의 문서이다. 위에 보이듯 호구단자에 3원의 서압도, 인장도 주협인도 없다. '3통 1호'를 뜻하는 '三一'이라는 주묵 글씨가 있을 뿐이다. 남부에서는 이 당시까지도 단일화가 진행되지 않았다는 것이다. 동부의 기점(1774년)과 비교하면 10년 이상 늦다. 이후로 이러한 호구단자가 언제까지 작성되었는지는 모르나 위 1861년 윤정현의 호구단자를 통해 볼 때 늦어도 1861년에는 단일화가 되어 있었음을 알수 있다.

단일화 기점이 확인되는 동부 1774년 이외에, 부별로 가장 늦은 시기의 것으로 남아 있는 호구단자를 이른 연도순으로 정리해보면 서부는 1750년, 중부는 1777년, 북부는 1788년, 남부 1789년이다. 이를 표로 만들면 다음과 같다.

〈표 3〉 한성부 5부의 문서 단일화 기점

부(部)	연도
서부	1750년
동부	1774년
중부	1777년
북부	1789년
남부	1789년

이처럼 한성부 5부 내에서도 작성과정의 변화 양상이 동일하지 않음을 볼 수 있다. 시기적 차이는 한성 5부와 다른 지역 간에도 나타난다.

한성부와 외방 사이에는 어떠한 차이가 있는지 먼저 경주부를 예로 들어 살펴보겠다. 경주부의 호구단자는 타 지역의 그것에 비해 다른 점이 있다. 대부분의 지역은 준호구와 달리 호구단자에는 관인이 없는데, 경주는 호구단자와 준호구에 공통으로 관인이 찍혀 있는 것이 특징으로 호구단자에는 1개, 준호구에는 3개 이상이 찍혔다. 그렇기 때문에 경주의 경우 관인이 3개 이상 찍혀 있지 않은 이상, 관인만으로 호구단자와 준호구를 구별하는 것은 곤란하다. 경주 지역의 두 문서를 구별하는 방법은 주협개자인의 유무 검토로, 주협개자인이 없는 것은 호구단자, 있는 것은 준호구이다. 다음은 1735년 경주부 손맹걸의 호구단자이다.[22]

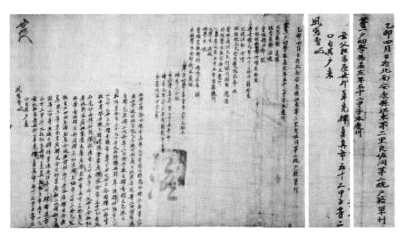

〈자료 3〉 1735년 경주부 손맹걸 호구단자

---

22) 『고문서집성』 32, 208쪽, 호적 17.

구수를 확인한 주묵점과 함께 호적대장과 대조하였다는 의미로 '准'이라는 글씨가 있으며 그 위로 관인이 1개 찍혀 있다. 경주부에서는 1735년까지는 호구단자가 위와 같은 형태로 작성되며 준호구는 준호구의 양식에 의해 작성이 되었다.[23] 그러다가 1738년부터는 호구단자에 곧바로 주협개자인이 찍혔다. 해당 식년에 작성된 문서를 보면 다음과 같다.[24]

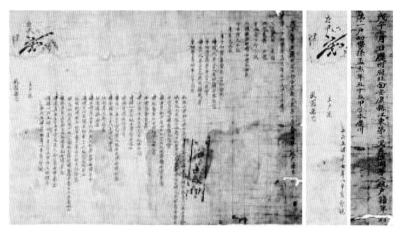

〈자료 4〉 1738년 경주부 손맹걸 호구단자

주호가 제출한 문서에 주점을 찍어 확인한 다음, 관인과 주협개자인을 찍어서 주호에게 돌려준 것이다. 앞서도 말했지만 1738년 이전에 작성되던 호구단자에도 관인이 있었기 때문에 단일화 이후 호구단자의 특징인 주협개자인이 찍혀 있다. 이후 경주 지역의 호구단자는 1738년부터 1896년까지 한 세기 반이 넘는 시간 동안, 위의 형태로만 작성이 되었다. 필자가 대상 자료로 한 경주의 문서 가운데 1738년 이전의 준호구는 13건이고, 1738년 이후부터 나머지 260여 건은 모두 위와 같은 호구단자일 따름이다. 이처럼 앞서 본 한성부 내에서도 5부 간의 단일화 시기가 다르고, 한성부와 외방인 경주 또한 그 시기가 서로 다른 것을 확인할 수 있다. 한성부는 동부의 경우 1774년이었고 경주는 1738년이니 경주의 단일화 시

---

23) 경주부의 경우 1735년의 것으로 동일 주호의 호구단자와 준호구가 없기 때문에 호구단자만 제시한다. 하지만 호구단자만 비교해도 단일화 양상을 파악할 수 있다. 경주부에서는 주협인의 유무가 단일화 이전과 이후를 판단하는 기준이 되기 때문에 1735년까지는 호구단자에 주협인이 없고 1738년부터 주협인이 찍혀 있는 것을 통해 알 수 있다.

24) 『고문서집성』 32, 209쪽, 호적 18.

기가 한성부 동부보다 36년이나 이르다.

　한성부와 경주부 사이에 차이가 나는 것은 단일화의 시기뿐만이 아니다. 단일화 이후의 문서 작성 형태 또한 차이를 보인다. 다음은 단일화 이후의 경주25)와 한성부26) 문서의 형태이다.

〈자료 5〉 단일화 이후 문서 양식 비교(경주부, 한성부)

1777년 경주부 이희성 호구단자　　　　1777년 한성부 동부 양복세 준호구

　경주부의 단일화 이후의 문서 형태는 열서이며, 호구단자의 투식으로 작성하였다. 하지만 한성부의 경우 대부분 연서, 그리고 준호구의 투식으로 작성되었다. 이렇듯 지역에 따른 다양성이 존재할 수 있었던 근본적인 원인은 조선후기 호적대장의 성격 변화와 그것으로 인해 나타난 지역사회의 자율에 기인하는 면이 크다. 기존의 연구를 빌려 설명하자면 19세기 이후 호적대장의 편제와 지역 단위에서의 운용 과정은 중앙정부의 지역사회에 대한 통제방식의 변화를 반영하는 것이다. 중앙정부는 지역사회에 할당한 수세액이 확보된다면 수세 과정과 그 근거에는 직접 관여하지 않고 지역사회에 그 역할을 순차적으로 이관하였다. 지역사회가 호적대장을 작성함에 있어서 지역사회의 필요에 상응하는 구도를 형성하는 것과, 호적대장의 편제방식과 관련하여 각 지역에서 나타나는 다양성은 중앙정부의 지역사회에 대한 통제방식의 변화와 그에 대한 지역사회의 대응으로서 이해할 수 있다.27)

---

25) 『고문서집성』 65, 53쪽, 호적 28.

26) 『국립중앙도서관 고문서해제Ⅶ』 85쪽.

호적대장은 편제의 결과물이고 정부 입장에서는 수세액만 확보하면 문제될 것이 없으며, 호적대장의 본문 내용과 도이상조의 괴리는 점차 커지고 본문의 내용이 형식화 되어가는 상황에서, 3년에 1번씩 대대적인 비용을 들이고 끊임없이 매뉴얼을 제시하는 국가적 성적 작업임에도 군현별로 그 운용 양상에 있어서 차이가 발생한다면 이러한 바탕 위에서 호적대장이라고 하는 것을 조선후기까지 계속해서 만들었어야 할 당위성이 매우 약해진다.

현실적인 변화와 호적대장 내용상의 변화 등 여러 요소들에도 불구하고 조선초부터 조선후기까지 지속적으로 성적 작업을 진행한 이유에 대하여 다음 장에서 살펴보고자 한다.

Ⅳ. 호구문서의 지속적 작성과 활용

조선왕조는 현실적으로 나타나는 호적 작성 과정상의 시기적 변화나 군현별로 존재하는 운용 방식의 차이를 어느 정도는 인지하면서도 법적 규정이나 사목 등에서는 일호일구도 누락시킬 수 없다는 원칙론을 표방하였다. 호적제도 운용상의 지역적 다양성은 수령과 백성들의 자율적 합의에 의해 나타나는 것이었다. 자율이나 융통성 등의 개념은 호적대장의 성격 변화와 궤를 같이 하여 자연스럽게 등장한 것이다. 앞에서 여러 차례 밝혔듯 조선초기와 달리 후기의 호적대장은 형식적인 장부에 가까웠으며, 호적대장 본문의 내용은 현실 그대로를 반영하는 것도 아니었다. 그럼에도 경외를 막론하고 수십 년 치의 호적대장을 보관하고 막대한 비용을 들여 끊임없이 작성한 이유는 무엇일까.

조선후기에는 신분을 증명하는 장부로서의 의미가 약화되고 세금 장부로서 기능하였다고 하지만, 공동납 체제 하에서 군현별로 필요한 양 만큼의 조세만 납부해도 되는 상황에서 변함없이 성적 사업이 이루어진 이유는 중앙정부가 됐든 백성이 됐든, 호적대장의 작성을 원하는 쪽이 있었기 때문이라고 생각된다.

필요에 의해 준호구 발급을 신청하는 경우가 발생하였을 때 장적의 내용을 등서해주는 예는 얼마나 존재했을까? 결론부터 말하자면 준호구를 주호가 제출하게 됨

---

27) 이훈상, 「19世紀戶籍大帳の地域化と鄕吏社會における節合構造の形成-泗川縣における戶籍大帳と黃氏吏族-」, 『朝鮮後期の慶尙道における社會動態の硏究-朝鮮戶籍大帳の基礎的硏究(4)-』, 學習院大學 東洋文化硏究所, 1977.

에 따라 별도로 발급한 준호구는 거의 찾아볼 수가 없다. 이는 호구문서에 기재되어 있는 간지를 통해 확인할 수 있다. 식년이 아닌 해에 별도로 발급받은 것이라면 시면이나 기두어, 작성 연도 등의 부분에 식년의 간지(자·묘·오·유)가 아닌 해의 간지가 적혀 있어야 한다. 그런데 실물 문서를 통해 살펴보면 그러한 예는 찾아보기가 힘든 편이다.

다만 상식년의 간지가 종종 발견되기는 한다. 하지만 이는 호적제도의 변화와 관련이 있는 것일 뿐 비식년 발급의 관행을 보여주는 것은 아니다. Ⅲ장에서도 밝혔지만 호적사목이 상식년에 반포되는 제도의 변화는 문서의 작성 과정에도 영향을 미쳤으니 호구단자는 상식년에, 준호구는 식년에 올리게 되었다.[28] 이러한 현상을 한성부 문서를 예로 들어 살펴보겠다. 다음은 1788년(건륭53,무신) 한성부 북부에 살던 金履鑴가 작성한 호구단자이다.[29]

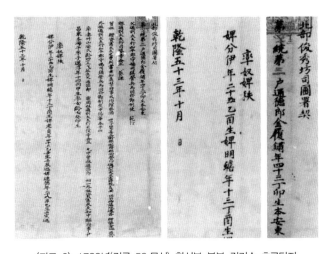

〈자료 6〉 1788년(건륭 53,무신) 한성부 북부 김리수 호구단자

문서 말미에 작성 연월이 있는데 '乾隆五十三年十月日'이다. 이 해는 1788년으로 무신년에 해당한다. 무신년 즉 상식년 10월에 작성된 호구단자인 것이다. 한성부 문서 가운데 이처럼 문서 끝에 상식년의 연월을 밝힌 예는 이 경우 외에 없다.

---

28) 『승정원일기』 정조 21년(1797,정사) 9월 10일: 金達淳, 以漢城府言啓曰, "…成籍之法, 例自當年春夏, 先捧單子, 謄書帳冊之後, 原單子, 不過爲本府休紙, 而待翌年春, 更捧葉張戶口, 始許踏印以給…."
29) 『고문서해제 Ⅶ』-호적류2-, 국립중앙도서관, 2010, 211쪽.

이후 문서 작성의 단일화 이후에는 준호구 1장을 상식년에 미리 작성하였다. 이는 식년의 간지는 아니지만 상식년의 간지이므로 호적 작성의 일련의 과정에서 만들어진 것이라고 보아야 한다. 예를 들어 아래의 경우간지는 다음 해인 식년의 것으로 옳게 쓰면서 시면에는 실제로 작성하던 상식년의 연호를 써넣었다.[30]

〈표 4〉 기두어의 간지는 식년, 시면의 간지는 상식년인 문서

기두어	시면
考戊午成籍戶口帳內 - 1798(무오)	康熙二年 月 日 漢城府 - **1797(정사)**

이처럼 시면에 '실제로 문서를 작성하던 상식년의 연호'를 써넣은 예가 있기 때문에 이를 두고 식년 이외에 작성된 것이라고 판단하면 안 된다. 위와 같이 시면에 상식년의 연호를 써넣은 경우는 필자가 대상으로 한 한성부 문서 1,100여 건 가운데 총 27건으로 시면의 연호는 모두 상식년(인·신·사·해)에 해당한다.[31]

그러다 보니 실제로 준호구를 올리는 것은 '상식년'이면서, 문서의 기두어와 시면에는 '식년'의 연호(간지)를 쓰는 현상이 나타났다. 예를 들면 다음과 같이 작성한 것이다. 다음은 도광 5년(1825년,을유) 동부 車景哲이 작성한 준호구의 기두어와 시면이다.[32] 아래 보이는 바와 같이 상식년에 작성하는 것임에도 기두어에 '식년'의 간지 '을유'를 써넣었고 시면에도 '식년'의 연호를 썼다.[33] 현재 남아 있는 한성부 준호구는 거의 대부분 이와 같은 형식으로 작성이 되었다.

〈표 5〉 기두어와 시면의 간지가 모두 식년인 문서

기두어	시면
考乙酉成籍戶口帳內 - 1825(을유)	道光五年 月 日漢城府 - 1825(을유)

그러나 식년도, 상식년도 아닌 해에 필요에 의해 준호구를 별도로 작성한 예도 있으니 천 여 건의 문서 가운데 총 9건이 발견된다. 다음은 함풍 6년(1856,병진)

---

30) 서울역사박물관 서343.

31) 이 경우는 상식년에 필요에 의해 작성된 문서일 수 있는 가능성도 배제할 수는 없다.

32) 규장각 奎83603.

33) 이러한 현상에 대해서는 남원부의 사례가 이미 연구된 바 있다. 전경목은 문서를 상식년에 작성하면서 인적 사항은 식년의 것으로 하는 과정에서 나타나는 현상들을 최초로 지적하였다(전경목, 앞의 논문).

서부 仁達坊 林長煥의 준호구로, 시면에 실제로 발급 신청을 하였던 해의 연호를 써넣은 경우이다.[34)]

<표 6> 기두어는 식년, 시면은 평년인 문서[35)]

기두어	시면
考乙卯成籍戶口帳內 - 1855(을묘)	咸豊六年 月 日漢城府 - **1856(병진)**

문서를 작성한 시기는 시면의 연호를 보면 1856년(병진)으로 식년도 상식년도 아니다. 기두어에는 근거로 한 호적으로 바로 앞 식년인 1855년의 간지 즉 '을묘'를 적었다. 이 경우는 1855년(을묘)의 성적 작업이 끝난 지 1년 뒤인 1856년(병진)에 별도로 발급된 것이라고 볼 수 있다.

식년이 아닐 때 필요에 따라 작성된 준호구가 1,100여 건 가운데 9건이라는 매우 적은 수밖에 안 되는 이유는, 앞서도 말했듯 호구단자와 더불어 준호구 또한 으레 작성했으므로 식년에 작성되는 준호구를 가지고도 충분히 증빙 등의 용도로 활용할 수 있었기 때문이다. 결국 현재 남아 있는 준호구의 대부분은 식년(또는 상식년)에 호적 작성의 일련의 과정에서 만들어진 것이라고 볼 수 있다.

이렇듯 준호구라는 문서는 필요에 의해 신청하여 발급받는 것이라기보다 성적의 일련의 과정에서 작성되는 문서였다. 행여 신청을 한다고 해도 준호구를 새로 발급해주는 것이 아니라 입지를 발급해주는 것으로 대신하였다. 조선초기에 별도로 준호구를 발급받아 증빙의 용도로 사용하던 것과 비교할 때 장적의 내용을 '수시로 증명'한다는 의미가 약해 보인다. 호구문서의 작성 과정은 변화했을지라도 계속하여 작성되었다는 사실은 변함이 없다.

장적과 호구단자는 그 성격과 작성 과정 등의 변화에도 불구하고 본래 가지는 증빙의 기능을 19세기 말까지도 지속적으로 유지하였다. 국가의 입장에서도 사족의 입장에서도 조선후기까지 호적대장이 지속적으로 작성된 데에는 이유가 존재한다. 국가의 입장에서는 인민을 파악하는 목적을 넘어 국가 통치를 상징하는 의례로서 필요한 것이었으며, 사족과 그 이외의 신분 파악을 분명히 해둘 필요가 있었다. 사족의 입장에서는 과거 시험과 관련하여 매우 필요한 것이었으며 재산 관리

---

34) 규장각 奎83573.
35) 식년도 상식년도 아닌 해를 편의상 평년이라고 하였다.

를 위해서도 반드시 호구문서를 작성해야 했다. 직역의 모칭이 급격하게 늘어날뿐더러 세금 장부로서의 의미가 강해졌다고 하지만 신분을 증명하고 노비의 소유를 분명히 하는 데에는 역시 가장 효과적인 자료였다. 장적의 내용에 거짓 아닌 것이 없다는 논의가 나올 정도로 자료 자체의 확실성은 현저하게 떨어졌으나 본래의 기능은 계속해서 가지고 있었던 것이다.

V. 맺음말

조선시대에는 법 규정에 따라 3년에 한 번씩 호구단자를 수합하여 호적대장이라는 최종 결과물을 생산하였다. 수시로 호적법을 정비, 강화하였으며 식년마다 호적사목이라는 매뉴얼을 내려 보내어 수합이나 성적 작업 등의 전 과정을 관리하였다. 누호나 누적자에 대한 처벌, 나이나 직역을 숨기거나 하는 불법 행위에 대한 강력한 법 규정도 끊임없이 강조하였다.

그런데 성적 과정에 대한 법 규정은 조선후기에 이르도록 그 내용이 거의 일정하였음에 반해 실제로 호구문서와 호적대장이 작성되는 과정을 보면 시기에 따른 변화가 발견된다. 호구단자는 2통을 작성하여 제출하였는데 한 통은 原籍을 개수하기 위하여 관에 보관하고 1통은 백성에게 돌려주었으며, '백성들의 요구에 의해 관에 보존하던 호적대장에서 해당 호의 호구 사항을 등서하여 발급해주는 것이 준호구'이다.(1단계)

하지만 17세기를 즈음하여 호적에 등록되는 모든 백성이 준호구를 소지하는 관행이 성립됨에 따라 준호구의 작성 작업이 관에서 백성에게로 이관되었다. 그럼에 따라 한성부와 경주부를 비롯한 많은 지역에서 호구단자뿐만 아니라 준호구도 주호가 제출하였다.(2단계)

한편 조선후기로 오면서 인구 증가 등 각종 요인으로 인하여 호구조사와 호적대장 작성 업무를 관에서 일괄적으로 취급하기가 어렵게 되어 그보다 하급 관서인 坊이나 면 혹은 동에서 일차적으로 처리하였다. 이때 방이나 면에서 작성했던 것이 호적중초이다.(3단계)

18세기 후반을 지나면서는 한성부와 경주부를 비롯한 대부분의 지역에서 준호구의 작성자가 주호측이라는 변화의 선을 넘어서 호구단자와 준호구라는 두 종류의 문서가 1장으로 단일화 되는 현상이 나타난다.(4단계) 각 주호가 호구단자의 형식이든 준호구의 형식이든 1장의 문서를 제출하면 그것을 토대로 호적을 등서한 다음 돌려주었다. 한성부의 경우 단일화 이후의 것으로 준호구 형식의 문서만, 경주부의 경우 호구단자 형식의 문서만 남아있다. 단일화에 미친 영향을 사료에서 살펴보면 종이값이나 색리 차출 비용 등의 경제적 요인과 서원의 농간 등 때문이었던 것으로 확인된다.

그런데 위에 언급한 1단계에서 4단계까지의 변화가 전국 공통적으로 나타나는 현상은 아니었다. 물론 대체적인 경향이기는 하였으나 군현의 사정에 따라 여전히 기존의 방식을 고수하기도 하였다. 문서 작성의 단일화 현상의 경우 단일화가 되느냐의 여부에 차이가 있고, 단일화가 진행되었을 경우 그 시점 또한 지역에 따라 달랐다.

당시의 호적제도에 비추어 본다면 장적의 작성 과정, 그리고 그 아래 단계인 호구문서의 작성 과정 등에 있어서 시기별 군현별 차이가 그렇게 크지 않은, 상당히 통일성 있는 모습을 보일 것 같다. 하지만 구체적인 과정 속으로 들어가 보면 이처럼 호적 제도의 운용 방식에 있어서 시기별로, 읍 단위로 많은 차이가 나는 것이다. 호구문서를 수합하는 담당자의 차정, 수합하는 과정, 그 안에서의 소요 비용 등에서 차이가 나는 것은 말할 것도 없다.

물론 지역별로 차이가 있기는 하지만 호구문서상에 나타나는 이러한 대체적인 흐름은 '단일화' 혹은 내용 점검상의 '소략화' 정도로 정의할 수 있겠다. 지역적인 다양성이 존재할 수 있었던 근본적인 배경, 그리고 호구자료 작성 과정상의 소략화가 나타났던 것은 장적의 성격 변화와 궤를 같이 하는 측면이 크다. 조선후기에 호구 총액제를 채택하여 공동납이 운영됨에 따라 국가에서는 군현 단위에서의 구체적인 호정 운용까지 세세하게 통제하지 않았기 때문에 지역에서의 자율적 운용이 자리 잡을 수 있었다.

지역사회의 자율성은 호구정책의 변화에 따라 지역 단위에서 점차적으로 확보해나가는 것이었다. 앞서 언급했듯 조선후기가 되면 호적의 성격이 변화하고 중앙에서는 호적의 내용과는 상관없이 할당된 세금만을 수취하는 방식으로 전환되었다. 부세원으로서의 안정적인 호구만 적절히 유지된다면 각 지역에서의 구체적인 운용에 대해서는 자율에 맡기는 측면이 강하였다.

하지만 장적과 호구단자는 그 성격과 작성 과정 등의 변화에도 불구하고 본래

가지는 증빙의 기능을 19세기 말까지도 지속적으로 유지하였다. 국가의 입장에서도 사족의 입장에서도 조선후기까지 호적대장이 지속적으로 작성된 데에는 이유가 존재한다. 국가의 입장에서는 인민을 파악하는 목적을 넘어 국가 통치를 상징하는 의례로서 필요한 것이었으며, 사족과 그 이외의 신분 파악을 분명히 해둘 필요가 있었다. 사족의 입장에서는 과거 시험이나 재산 관리를 위해서 호구문서를 작성해야 했다. 직역의 모칭이 급격하게 늘어날뿐더러 세금 장부로서의 의미가 강해졌다고 하지만 신분을 증명하고 노비의 소유를 분명히 하는 데에는 역시 가장 효과적인 자료였다. 장적의 내용에 거짓 아닌 것이 없다는 논의가 나올 정도로 자료 자체의 확실성은 현저하게 떨어졌으나 본래의 기능은 계속해서 가지고 있었던 것이다.

조선후기 忠勳府문서
-공신자손 관련 문서를 중심으로-*

김명화

I. 머리말

충훈부는 공신에 관한 일체의 업무를 관장하는 정1품아문이다. 1392년(태조 1)에 설치된 功臣都監이 1434년(세종 16)에 忠勳司로 개칭되어, 1454년(단종 2)에 충훈부로 승격되었다. 1894년(고종 31) 이후 紀功局, 表勳院으로 관제가 바뀌기 전까지 조선시대 내내 존속하였다.

충훈부는 공신과 공신자손으로 구성되었다. 업무는 녹훈, 회맹제, 사패 전답·노비, 공신의 접대·임명·예장·제사, 공신자손의 계후·임명·승습봉군 등 공신 및 공신자손을 관리 및 예우하는 여러 사안과 충훈부의 소속 관원·전답·노비를 운영, 관리하였다. 그중에서도 충훈부의 주된 업무는 공신과 그 자손을 관리하는 것이었다.

충훈부 문서는 충훈부가 다른 기관 및 소속 관원 그리고 백성에게 업무와 관련된 사안으로 발급 또는 수취한 문서를 말한다. 다른 기관 및 소속 관원의 경우 행정문서인 關, 牒呈, 書目, 帖, 傳令 등을 주고받았다. 백성의 경우 충훈부가 差帖 및 膽給, 完文 등을 발급하였고, 功臣子孫世系單子와 所志類 등을 수취하였다. 이외에 충훈부가 필요에 의해 작성한 기록물로『忠勳府膽錄』[1]을 비롯한 등록류, 각종 田畓案 등이 있다.

현전하는 충훈부 문서는 대부분 조선후기 공신 가문에 세전된 문서로 공신 또는 공신자손의 임명과 증빙에 관련된 것이다. 충훈부가 직접 발급한 임명문서로 '忠勳府 嫡長忠義衛 口傳差帖', '忠勳府 都事 口傳差帖'이 있으며 증빙문서로 '忠勳府膽

---

* 이 글은「朝鮮後期 忠勳府 文書 硏究 -功臣子孫 관련 文書를 중심으로-」, 한국학중앙연구원 한국학대학원 고문헌관리학과 박사학위논문, 2019를 요약·정리한 것이다.
1)『충훈부등록』은 1609년(광해군 1)부터 1890년(고종 27)까지 충훈부의 제반 사항을 기록한 책이다. 1609년 이전의『충훈부등록』은 임진왜란 때 모두 산실되었다. 현재 39책이 서울대학교 규장각에 소장되어 있는데 중간에 기록의 공백이 존재한다.

給', '忠勳府完文'이 있다. 충훈부의 移文을 통해 다른 기관에서 발급되는 임명문서
는 '忠佐衛 遞兒職 告身', '功臣嫡長 承襲封君 告身' 및 '兵曹 衆子忠義衛 口傳差帖'
이 있다. 그리고 충훈부가 공신자손으로부터 수취하여 考還 및 題辭를 작성하여
되돌려 주는 '功臣子孫世系單子', 소지류가 있다.

본 논문에서는 공신자손 가문에서 세전되어 온 충훈부 문서를 중심으로 조선후
기 충훈부의 공신자손 관련 문서를 살펴보려 한다. 이를 통해 첫 번째 조선후기
국왕이 충훈부를 통해 공신자손을 관리 및 예우하는 규정, 두 번째 충훈부에서 발
급·수취한 공신자손 관련 문서의 양식과 내용, 세 번째 상기 문서들이 발급·수
취되는 문서행정을 알아보고자 한다.

II. 조선시대 충훈부의 공신자손 예우

충훈부의 공신자손 관련 업무는 공신녹훈 이후 회맹제부터 시작된다. 공신자손
은 회맹제에 참석해야 했고, 이때 이들의 참석과 예우를 관리하는 곳이 충훈부였
다. 이후 충훈부는 공신자손을 관리하기 위해 식년마다 공신자손으로부터 세계단
자를 수단하여 파악하였다. 이를 통해 충훈부는 공신자손을 각종 관직 및 직임 등
에 임명하거나 추천하였다. 곧 공신자손의 정치·사회·경제적 지위를 유지할 수
있도록 하였다.

충훈부는 공신 중에서도 정훈공신에 관한 사안을 담당하였고, 정훈공신의 자손
은 적장자와 그 외의 중자로 나뉜다. 공신자손은 법전상에 '功臣子孫', '功臣嫡長',
'忠義衛', '承襲君'이라는 명칭으로 나타난다. '공신자손'은 정훈공신의 자손을 말하
며, '공신적장'은 정훈공신의 맏아들 계열인 적장자손을 말한다. '충의위'는 五衛 가
운데 忠佐衛에 속하는 병종으로 정훈공신의 모든 자손 곧 적장, 중자 그리고 그들
의 자손이 입속하였다. 충의위라는 명칭 차체가 공신자손을 지칭한다고 볼 수 있
다. 충의위는 적장충의위와 중자충의위로 나뉜다. 충의위에 구전되는 代數에는 한
정이 있었다. 본래 9대로 한정되었던 대수는 숙종대에 5대로 제한되었고 여러 차
례 번복되다가 이후 영조대에 다시 9대로 한정되며 『속대전』에 법조항으로 기재되
었다. 이때의 충의위는 공신중자를 말한다. 공신적장의 대수에는 한정이 없었다.

국가에서 이들을 예우하기 위해 내렸던 체아직에도 차이가 있다. 공신적장은 '공

신적장', 공신중자는 '충의위'라는 체아직에 제수되었다. 승습군은 친공신에게 주어진 군호를 공신적장이 세습 받는 것으로 공신적장 중에서도 2품 이상의 품계에 오른 자만이 봉군되었다.

충훈부는 시대가 흐를수록 무수히 많아지는 공신자손을 체계적으로 관리할 필요가 있었다. 국가에서 백성을 관리하기 위해 호적을 만들었던 것과 같이 충훈부는 공신자손을 관리하기 위해서 매 식년마다 「式年啓下事目」2)을 반포하여 공신자손의 세계단자를 거두었고 이를 바탕으로 공신자손록을 작성하고 충의위에 소속시켜 관리하였다. 이 사목은 공신자손세계단자를 수단하는 규정, 공신자손의 충의위 입속과 거짓 등록에 관한 규정, 공신자손 중 충의위에 소속되는 대수가 지난 경우 이들을 사회·경제적으로 예우하기 위해서 軍役이나 賤役에 배정하지 말 것을 당부하는 규정 등이 실려 있었다.

III. 충훈부의 공신자손 파악과 공신자손세계단자

공신자손세계단자는 공신자손이 자신들의 계보를 충훈부에 신고하기 위하여 작성한 세계단자이다. 이는 공신 가문에 대한 免役·蔭敍 등을 위한 증빙자료로 식년마다 제출되었다. 충훈부는 이를 바탕으로 공신자손을 관리하는 기초자료인 공신자손록을 만들었다. 이외에도 공신자손이 회맹제에 참석하는 국가 행사의 인증 자료로도 제출되었다. 현전하는 공신자손세계단자는 1672년(현종 13)부터 1879년 (고종 16)까지 총 74점이 남아있다.

〈표 1〉 공신자손세계단자 현황

현전문서 발급 기간	점수	현전문서 발급 기간	점수
현종 1660~1674	1	순조 1801~1834	11
숙종 1675~1720	8	헌종 1835~1849	12
경종 1721~1724	0	철종 1850~1863	12
영조 1725~1776	4	고종 1864~1906	23
정조 1777~1800	2	미상	1
총계		74	

---

2) 『충훈부등록』에 기재된 「식년계하사목」은 매 식년 정월마다 충훈부가 국왕에게 올리는 啓目과 후록된 事目을 말한다. 이 사목은 『충훈부등록』에 1699년(현종 10)부터 1888년(고종 25)까지 220년간 73번의 식년 가운데 46번 기재되었다.

1. 충훈부의 공신자손세계단자 수봉 과정

공신자손세계단자는 「식년계하사목」의 규정에 따라 작성되었다. 충훈부는 식년마다 왕의 재가를 받은 「식년계하사목」을 경외에 반포하였다. 서울은 종부시, 병조, 한성부의 중부·서부·동부·남부·북부, 충의청 등에 甘結과 함께 발급하였고, 각 지방은 감영, 병영, 유수에 關과 함께 발급하였다. 이는 세계단자 수봉 및 공신자손 관리에 협조가 필요한 기관이었다.

서울의 경우 세계단자의 수봉과 직접적인 관련이 있는 기관은 한성부와 5부이다. 따라서 한성부를 중심으로 '한성부→ 5부→ 동임→ 공신자손'의 순으로 세계단자의 수봉을 알렸다. 실제로 수봉을 담당하는 사람은 5부와 동임이며, 「식년계하사목」의 처벌 규정 또한 그들을 대상으로 하고 있다.

〈도식 1〉 서울의 공신자손세계단자 수봉 단계

이때 세계단자 작성은 6품 이상의 顯官 3인을 갖추어 保人이 서명하고 적장과 문장 또한 서명한다. 이렇게 작성된 단자는 5부에 올려 답인을 받은 후 충훈부에 제출된다. 이때 충훈부에 제출하는 주체가 동임인지 해당 부관인지 아니면 당사자인 공신자손인지는 정확하지 않다.[3] 하지만 해당 부관이 답인하여 進呈한다고 규정하고 있기 때문에 한성부 부관이 직접 충훈부에 제출한 것으로 생각된다.

〈도식 2〉 서울의 공신자손세계단자 제출 단계

다음으로 지방의 경우 각도 감영을 중심으로 '감사→ 소재 지방관→ 향소·색리→ 공신자손'의 순으로 공신자손세계단자의 수봉을 알렸다. 실제 수봉을 담당하는 사람은 소재 지방관과 향소·색리들이며, 처벌 규정 또한 그들을 대상으로 하고 있다.

---

3) 한성부 소재 공신자손의 공신자손세계단자는 현전하지 않아 자세히 알 수 없다.

〈도식 3〉 지방의 공신자손세계단자 수봉 단계

소재 지방관은 공신자손이 거주하는 지역 향소, 색리 및 면리의 임원에게 명령서인 下帖를 발급하여 세계단자의 수봉을 공신자손에게 알렸다. 지방의 세계단자 작성은 서울과 마찬가지로 6품 이상 현관 3인을 갖추어 보인과 적장, 문장이 서명하고 지방이기 때문에 공신자손의 신원을 보증하기 위한 三鄉所 또한 서명하였다. 그리고 소재 지방관이 관인을 답인하고 서명하면 문장이 받아서 충훈부에 제출하였다.

이때 공신자손은 세계단자를 3건 작성하여, 소재관을 경유하며 1건을 납부하고 이후 충훈부에 2건을 가지고 올라가 충훈부를 경유하며 또 1건을 납부하고, 나머지 1건은 증빙문서로써 공신자손이 돌려받았다. 이때 충훈부가 배면에 '考還'을 작성하고 관인을 찍어 공신자손에게 다시 돌려주었다. 공신자손은 이 문서를 통해 자신의 지위를 증빙할 수 있었다.

〈도식 4〉 지방의 공신자손세계단자 제출 및 반환 단계

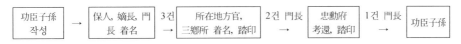

2. 공신자손세계단자의 양식과 내용구성

현전하는 공신자손세계단자는 1672~1879년 동안 작성된 것으로 조선후기에 작성된 것이다. 모두 지방에서 작성된 것이며 草稿인 경우도 있다. 세계단자는 공신적장이 올리는 都單子와 공신의 지손이 올리는 葉單子로 나뉜다. 도단자는 공신적장이 공신의 모든 자손을 기재한 것이며, 엽단자는 지손이 자신의 지파만을 기재한 것이다. 도단자는 정훈공신의 모든 자손을 파악하고, 엽단자와의 대조를 위해 필요했다. 엽단자는 공신의 지손을 파악하고, 도단자와 대조한 다음 병조로 移文하여 중자충의위 임명의 증빙자료가 되었다. 공신자손세계단자의 문서식은 1786년 (정조 10)에 具允明이 편찬한 사찬 법전인 『典律通補』을 통해 확인할 수 있다.

〈자료 1〉『전율통보』 「공신자손세계단자식」

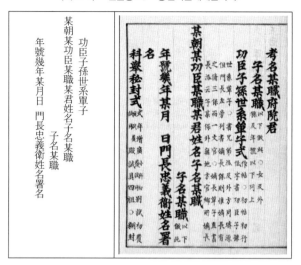

문서식의 설명을 살펴보면,[4] 공신자손세계단자는 형태적으로 作帖하였다. 이때의 작첩은 세로 4단·가로 4단의 형태로 낱장 종이를 접은 것을 말한다. 첫 번째 작첩한 열에 '功臣子孫世系單子'라는 문서명을 낮춰서 쓴다. 현전 문서의 문서명은 지역과 가문에 따라 다양하게 기재되었다. 대체로 그 구성요소는 수령기관인 '忠勳府', 발급자를 지칭하는 '功臣子孫' 및 본관·성씨, 공신명과 공신호, 발급자가 거주하는 지명, 문서명인 '單子'·'世系單子', 작성하는 식년 등 총 5가지 요소를 복합적으로 사용하고 있다.

다음 열에는 선조 공신에 대해 기재하는데 어떤 왕대[某朝]의 무슨 공신[某功臣]이며 선조의 관직[某職]과 군호[某君], 성명을 쓴다. 그리고 자손을 뜻하는 '子'를 쓰고 공신자손의 이름과 관직을 기재한다. 이때 형제 자손[兄弟派]을 쓰는 것과 지방의 경우에는 璿源錄世系單子 작성 방식과 동일하다.[5] 형제 자손을 함께 기록하는데 먼저 형의 자손[兄派]을 쓰고, 그 다음에 아우의 자손[弟派]을 써서 昭穆에 따라 행을 가지런히 쓴다. 현전 문서의 공신자손 나열은 관직뿐만 아니라 군호, 시호 및 충의위 구전 여부, 나이, 호적 입적 시기, 외조부의 직역·성명·본관, 거주지,

4) 『典律通補』 「功臣子孫世系單子式」: 作帖 ○初帖初行低字書功臣子孫世系單子 ○書兄弟派及外方同璿源 但門長左旁列書嫡長 保則惟嫡長有之備三保而一文官 ○嫡長單子直書長派云子某 保外無地方官鄕所嫡長. 규장각 소장(奎貴1377).

5) 『典律通補』 「璿源錄世系單子式」: 作帖 ○初帖初行低字書璿源錄世系單子式 ○內外孫勿限代幷書 ○衆兄弟派合錄 則先書兄派後 次書弟派 而從其昭穆 齊行書 ○外則年號踏印 月日下 書地方官具衔姓名署名 三【間字】鄕所列書姓名署名 鄕所右旁列書一保具衔姓名署名 門長名署名.

배우자 등 다양한 기재양상을 보인다. 이중 충의위 구전 여부 및 나이, 호적 입적 시기, 외조부 근각을 기재한 경우는 당시 「식년계사사목」의 규정을 반영한 모습이다. 이와 같은 부기 사항은 1720년(숙종 46) 「식년계하사목」에서 모두 제외되며, 이후 작성된 세계단자에서는 거의 나타나지 않는다.

　공신자손세계단자의 '年號'에 해당 소재관의 관인을 찍고 '月日' 아래에 소재관의 품계, 관직, 겸직 그리고 성씨[具銜姓]를 모두 갖추어 쓰고 착명하였다. 그리고 글자의 사이를 띄어서 三鄕所가 나란히 성명을 쓰고 서명한다. '門長'은 직명인 '忠義衛'와 함께 성명을 쓰고 서명하고 문장의 왼쪽에는 나란히 '嫡長'을 쓴다. 보인은 오직 적장이 있을 경우에만 3인을 갖추어야 하는데 그중 한 사람은 文官이어야 한다. 마지막으로 공신적장이 작성하는 嫡長單子는 맏아들의 갈래[長派]를 直書하여 '子'를 쓰고 공신자손의 이름을 쓰며, 보인 이외에 지방관‧향소‧적장은 기재하지 않는다. 현전 문서의 삼향소는 주로 座首 1인, 別監 2인으로 구성되며 지역에 따라 별감 1인을 대신하여 監官, 都監이 나타나는 경우도 있다.

〈표 2〉 공신자손세계단자의 구성

⑤배면	④발급연월일 지방관	③참여인	②본문	①시면
干支式[印] 考還[印] 地名	年號幾年[印] 某月日　品階官職兼職姓(着名)	門長姓名(着名) 座首姓名(着名) 別監姓名(着名) 姓名(着名)	子某職名 子某職名‧‧‧ 子某職名 子某職名‧‧‧ 子某職名 子某職名‧‧‧ 子某職名‧‧‧	功臣子孫世系單子 某朝某功臣某職某君姓名　子某職名 子某職名 子某職名 子某職名

현전하는 공신자손세계단자의 구성을 살펴보면 다음과 같다. 먼저 '功臣子孫世

系單子'라는 문서명과 '某朝某功臣某職某君姓名'인 공신명을 기재하는 ①시면, '子 某職名'으로 공신자손을 나열한 ②본문, ③문장·적장·삼향소·보인 등 참여인의 성명과 착명, ④발급연월일과 지방관의 품계·관직·겸직·성·착명, 그리고 ⑤배 면에 충훈부가 단자를 수봉 받은 뒤에 공신자손에게 단자를 돌려주며 기록한 '考 還' 내역으로 이루어졌다.

공신자손세계단자의 구성을 현전문서와 비교하면 다음과 같다. 이는 1840년(헌 종 6) 靖國功臣 崔漢洪의 자손 崔分得이 충훈부에 올린 공신자손세계단자이다. 최 분득은 단자를 소재관인 전라도 고창현을 경유해서 충훈부에 제출하였다.

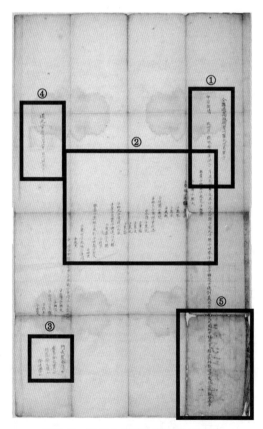

〈자료 2〉 1840년 최득분 공신자손세계단자

①시면에서 문서명을 '全羅道 高敞縣 慶州崔氏 世系單子', 공신명을 '中宗朝 靖 國功臣 鷄林君 崔漢洪'이라고 기재하였다. ②본문에서는 '子月溪君濮 子永湏 子浤

子欣孫 …'으로 공신자손을 항렬에 따라 단을 나누어 나열하였다. ③참여인은 문장과 삼향소의 좌수·별감으로 문장 崔分得, 좌수 金元寶, 별감 徐允哲·徐廷學의 성명과 착명, ④발급연월일과 지방관의 직함은 '道光二十年二月二十日 行縣監 李(着名)'으로 기재하고 지방관의 관인을 답인하였다. 그리고 ⑤배면의 '考還' 내역은 '庚子式考還 高敞'으로 해당 식년과 공신자손의 소재 지명을 기재하고 충훈부의 관인을 답인하였다.

Ⅳ. 충훈부의 공신자손 임명과 문서 검토

충훈부는 공신자손을 경제적으로 예우하기 위해서 충의위에 소속시켜 체아직에 임명해 녹봉을 받을 수 있게 하였다. 더불어 이들을 충훈부의 소속 관원인 당상과 도사에 임명하였으며, 문무관 2품 이상 품계에 오른 공신적장은 승습봉군하였다. 공신자손을 대상으로 하는 국왕, 이조, 병조의 임명은 모두 충훈부를 경유한 이후 처리되었다. 공신자손은 충훈부를 통해서 자신을 증명할 수 있었고, 다른 기관은 충훈부를 통해서 공신자손을 확인할 수 있었다.

첫 번째 충훈부가 공신자손을 충의위에 소속시키는 '忠勳府 嫡長忠義衛 口傳差帖'과 '兵曹 衆子忠義衛 口傳差帖'을 살펴보고, 두 번째 공신자손이 충좌위 체아직에 임명되는 현황을 '忠佐衛 遞兒職 告身'을 통해 알아볼 것이다. 세 번째 공신적장의 승습봉군의 절차를 '功臣嫡長 承襲封君 告身'을 통해 살펴보도록 하겠다.

〈표 3〉 충훈부의 공신자손 관련 임명문서 현황

문서	임명 사안	점수	현전문서 발급 기간
忠勳府口傳差帖	嫡長忠義衛	14	1660년(현종 1)~1791년(정조 15)
	將仕郎都事	16	1884년(고종 21)~1887년(고종 24)
	忠勳府參奉	1	1885년(고종 22)
	미상	5	1885년(고종 22)~1893년(고종 30)
소계		36	1660년(현종 1)~1893년(고종 30)
兵曹口傳差帖	衆子忠義衛	8	1626년(인조 4)~1753년(영조 29)
告身	功臣 錄勳 이후 蔭加	1	영조대 분무공신 박동형아들 박완신 사례
	會盟祭 入參 加資	3	1646년(인조 24) 영국공신, 1680년(숙종 6) 보사공신 회맹제

문서	임명 사안	점수	현전문서 발급 기간
	功臣嫡長 仍資	144	1462년(세조 8)~1885년(고종 22)
	忠勳府都事	5	1678년(숙종 4)~1880년(고종 17)
	承襲封君	7	1625년(인조 3)~1873년(고종 10)
	承襲君 仍資	6	영조대 호성공신 이원익자손 이존도 사례
소계		174	1462년(세조 8)~1885년(고종 22)
총계		210	1462년(세조 8)~1893년(고종 30)

1. 충훈부의 충의위 임명과 구전차첩 발급

공신자손은 적장과 중자로 구분되는데 공신자손에 대한 예우는 여기서부터 서로 차이가 있다. 공신의 자손을 공신자손으로 인정하는 충의위 구전6) 절차는 적장과 중자로 구분하여, 적장은 충훈부에서 적장충의위로 구전하고 중자는 병조에서 중자충의위로 구전하였다. 충의위는 오위의 충좌위에 소속된 군직으로 이는 법전상 병조의 소관이다. 하지만 『경국대전』「병전」의 '번차도목'에서 충의위의 도목을 충훈부에서 한다는 단서가 명시되어 있기 때문에 충의위에 대한 일체 사안은 충훈부의 소관이었다.

공신적장은 공신의 제사를 받들고 공신자손을 예우하고 관리함에 근간이 되는 공신자손이다. 따라서 이들은 충훈부당상이 구전차첩으로 적장충의위에 구전하였다. 이와 달리 공신중자는 적장과 문장이 보증한 공신자손세계단자를 통해 그 존재를 입증 받은 이후에야 공신자손으로 인정받았다. 그리고 공신적장은 체아직 및 승습봉군, 회맹제 참석, 加資 등 국가로부터 각종 예우를 받는 것과는 달리 공신중자는 충의위 체아직만을 보장받았다. 공신중자는 충훈부의 關을 통해 병조에서 중자충의위로 구전되어 충의위 체아직에 임명되었다.

충훈부의 적장충의위 구전 과정을 확인할 수 있는 자료는 『충훈부등록』이며, 이때 발급된 문서가 '충훈부 적장충의위 구전차첩'이다. 충훈부가 '공신적장'으로 구전한다는 것은 해당 자손을 공신의 적장자로 인정한다는 것이다. 적장충의위 구전 과정은 먼저 이전 공신적장이 사망해야만 그 아들이 공신적장으로서 차례가 된다. 다음으로 전·현직 관원이 충훈부에 공신적장의 구전을 요청하는 單子를 올린다. 단자는 충훈부에 접수되고 이후 도목정사 때에 계목으로 국왕에게 입계된다. 마지

---

6) 구전은 한 명의 후보자를 천거하여 임명할 때 사용된 임명 방식이다. 구전으로 임명하는 경우에는 이조와 병조의 당상이 궐내에 들어가지 않고 승정원에 이문하면 승지가 대신 국왕의 재가를 받아주었다. 구전차첩의 발급 대상은 參下의 無祿官이다.

막으로 국왕의 계하를 받은 충훈부는 구전차첩을 발급하였다.

〈도식 5〉 충훈부의 적장충의위 구전 과정

| 前現職官員 | 單子→ | 忠勳府 | 啓目→ | 國王 | 啓下→ | 忠勳府 | 口傳差帖→ | 功臣嫡長 |

적장충의위 구전차첩은 충훈부에서 자체적으로 확인 절차를 거친 이후 국왕에게 충훈부계목으로 입계하여 적장충의위 구전을 허가받은 뒤에 충훈부에서 발급하는 것이다. 『경국대전』에 기재된 '帖式'과 현전하는 최고 적장충의위 구전차첩의 양식을 비교하면 다음과 같다.

〈자료 3〉 『경국대전』 첩식과 충훈부 적장충의위 구전차첩 비교

帖式

某曹爲某事云云合下仰照驗施行須至帖者
右帖下某准此
年[印]月 日
[帖]判書押 參判押 參議押 正郎押 佐郎押

	『經國大典』「禮典」帖式	1660년 충훈부-홍호 구전차첩
발급자	某曹	忠勳府
발급사유	爲某事	爲口傳事
본문	云云	順治十七年正月十七日 右副承旨 臣 鄭檆 次知 啓 靖社功臣 南昌君 洪振文 嫡長子 洪灝 口傳施行爲有置有等以
결사	合下仰照驗施行須至帖者	合下仰照驗施行須至帖者
수취자 기재부분	右帖下某准此	右下嫡長子洪灝准此
발급시기	年[印]月 日	順治十七年正月日 [忠勳府郎廳印] 口傳
결재자 기재부분	[帖]判書押 參判押 參議押 正郎押 佐郎押	[帖] 府<着押>

위와 같이 충훈부 적장충의위 구전차첩은 『경국대전』에 기재된 '첩식'을 그대로 준수하였다. 단지 발급자인 '某曹'의 경우 '忠勳府'로, 수취자 기재부분의 '右帖下'가 '右下'로 나타나고, 연호 좌방의 '口傳'이란 방서가 추가되었다. 그리고 충훈부의 구성원인 유사당상과 도사가 모두 기재되지 않고 결재자가 충훈부의 '府'를 着官한 다음 着押하였다. 착관과 착압의 주체는 충훈부도사로 추측되는데 이는 날인된 관인 또한 [忠勳府郎廳印]이기 때문이다.

충훈부에서 중자충의위를 구전하는 것은 먼저 공신자손의 세계단자를 수단하였다. 다음으로 공신중자 중에 아직 구전하지 못한 자는 적장의 세계단자, 그리고 호적과 대조한 후 족계와 거주지가 확실하면 忠義衛口傳案 책자를 만들어 監封하여 병조에 이송하면서 關을 보냈다. 이후 중자충의위 구전에 관한 사항을 이관 받은 병조는 국왕에게 계목을 입계하여 국왕의 계하에 따라 구전차첩을 발급하였다.

〈도식 6〉 충훈부의 중자충의위 구전 과정

嫡長/衆子	功臣子孫世系單子 →	忠勳府(單子, 戶籍 대조) →	關	兵曹 →	啓目	國王 →	啓下	兵曹 →	口傳差帖	衆子忠義衛

2. 공신적장 충좌위 체아직 임명과 녹봉 지급

공신의 적장은 공신녹권과 교서의 '공신의 적장은 대대로 승습하여 녹을 잃지 않게 한다[嫡長世襲 不失其祿]'는 구절에 따라 법전상 '공신적장'이라는 체아직에 임명되었다. 공신적장 체아직은 적장충의위를 말하는 것으로 오위 중 충좌위에 소속된다. 이에 공신적장은 충좌위의 대호군, 부호군, 부사직, 부사과, 부사정, 부사맹, 부사용 등에 임명되었다. 이때 비록 군직을 관리하는 병조도 관여하지 못하였다. 공신적장의 경우 충훈부에서 구전하고 공신적장 체아직에 임명하는 것 또한 충훈부의 추천을 통해 병조로 이관하여 처리하기 때문이다.

충좌위 체아직 고신은 공신적장의 품계에 따라서 문무관 5품 이하 고신과 문무관 4품 이상 고신으로 발급되었다. 현전하는 고신 중에 가장 많은 충좌위 체아직 고신을 수취한 공신적장의 임명 현황을 통해서 당시 고신이 언제 어떤 양식으로 발급되었는지 살펴보겠다.

〈자료 4〉 이광효의 충좌위 체아직 고신

| 1705년 3월 일 | 1714년 12월 일 | 1720년 3월 일 | 1726년 3월 일 |

공신적장 李廣孝는 靖社功臣 李重老(1577~1624)의 손자이다. 1698년(숙종 24)부터 1726년(영조 2)까지 29년 동안에 46점의 충좌위 체아직 고신을 수취하였다. 1년에 적게는 1차례, 많게는 4차례까지 고신을 수취했다. 이는 공신적장의 도목으로 인해 나타나는 현상이다. 공신적장의 도목은 『경국대전』에서는 2도목으로 시행되던 것이 『속대전』에서 4도목으로 바뀌었다. 이광효의 경우는 4도목이 적용되어 고신 발급이 春等은 12·1월, 夏等은 3·4월, 秋等은 6·7월, 冬等은 9·10월에 시행되었다.

당시 이광효의 품계는 종4품 하계 宣略將軍, 정3품 당하 禦侮將軍으로 발급되는 고신이 모두 문무관 4품 이상 고신이었다. 그렇지만 이광효가 임명된 체아직은 종5품 부사직, 종6품 부사과, 종7품 부사정, 종9품 부사용이었다. 이는 공신적장의 체아직 수가 품계가 높을수록 적었기 때문이다. 공신적장은 본인의 품계에 맞는 체아직에 제수될 수 없었고 그보다 낮은 품계의 체아직에 제수되었다.

충좌위 체아직 고신의 본문은 수취자인 공신적장을 나타내는 '嫡長'이란 단어로 시작하여 성명이 기재되고, 다음으로 수취자의 품계와 行守 표시, 임명된 충좌위 체아직이 기재된다. 이때 발급연월일의 우측에 방서가 기재된다. 충좌위 체아직은 병조의 소관이므로 방서가 우측에 쓰이고, 대개 '嫡長仍資'로 기재되었다. 이 뜻은 공신적장으로 이전의 자급을 그대로 둔다는 의미로 공신적장의 품계는 그대로 두고 체아직을 제수한다는 것이다. 이광효 고신의 경우에 연호 방서가 '仍資', '嫡長仍資', '嫡長忠義仍資', '嫡長忠義衛仍資', '靖社功臣嫡長仍資', '靖社功臣嫡長忠義仍資' 등으로 나타난다. 이때 고신의 본문에 수취자를 나타내는 '嫡長'이란 단어가 기재되면 연호 방서에 '嫡長'이란 단어가 기재되지 않는다.

3. 공신적장의 승습봉군과 절차

공신적장은 공신의 군호를 세습 받을 수 있었다. 공신적장의 승습봉군 과정은 『충훈부등록』을 통해 확인할 수 있다. 먼저 공신적장이 2품 품계에 올라야 했다. 그리고 실직 또한 2품 관직을 제수 받아야 했다. 曷聖功臣 高曦의 적장인 高斗煌의 경우를 살펴보도록 하겠다. 고두황은 1709년(숙종 35)에 종2품 嘉善大夫에 임명되었고, 1709년 6월 24일에 병조의 주청으로 고두황은 실직인 '同知' 곧 종2품 同知中樞府事에 제수되었다. 다음날 고두황의 노비인 戶奴 厚生이 승습봉군을 요청하는 소지를 충훈부에 올렸다. 충훈부는 소지에 따라 고두황을 승습봉군 할 것을 이조에 이문하겠다고 계목으로 국왕에게 보고하였다. 이후 1709년 6월 30일에 이조의 주청으로 고두황은 '瀛海君'으로 승습봉군되었다.

〈도식 7〉 충훈부의 공신적장 승습봉군 과정

현전하는 공신적장 승습봉군 고신은 문무관 4품 이상 고신이며 승습봉군의 사실은 연호 왼쪽의 방서를 통해 확인 할 수 있다. 이조에서 주관하기 때문에 방서가 왼쪽에 쓰인다. 공신적장 洪璹은 1705년(숙종 31) 5월 26일에 '嘉善大夫 京畿水軍節度使 兼三道統禦使'에 임명되어 종2품 품계와 실직에 제수 받았다. 이후 6월 1일에 '嘉善大夫 南溪君'에 승습봉군되었다. 발급 사유는 '靖社功臣 南陽郡 洪振道 嫡長 依法典 承襲封君'으로 나타난다. 그리고 같은 날에 이전에 제수 받았던 종2품 품계와 실직에 군호를 포함한 고신이 발급되었다.

〈자료 5〉 1705년 홍숙 승습봉군 고신

5월 26일 홍숙 고신-2품. 실직   6월 1일 홍숙 승습봉군 고신   6월 1일 홍숙 고신

V. 충훈부등급과 완문의 공신자손 증빙

충훈부등급과 완문은 충훈부가 공신자손에게 발급하는 증빙문서이다. 주로 공신자손의 요청에 따라 「식년계하사목」을 인용하여 해당인이 공신의 자손이므로 각종천역으로 침해하지 말라는 내용으로 발급하였다.

충훈부등급은 다른 낱장문서와는 달리 선장본으로 작성되었으며, 「식년계하사목」을 인용한 등급은 영조대에 처음 발급되어 고종대까지 줄곧 발급되었다. 영조대 『속대전』에서 공신자손을 충의위에 소속시키는 대수를 9대로 한정하면서, 9대가 지난 공신자손의 경우 대수에 상관없이 七般賤役[7])에 배정하지 말라는 규정이생겨났다. 이로 인해 9대가 지난 공신자손의 지위를 증빙해 주기 위해 만들어진문서가 충훈부등급이다. 충훈부완문은 낱장문서로 충훈부등급의 내용을 요약한것과 그렇지 않은 것으로 나뉜다. 충훈부등급의 내용을 요약한 완문은 순조대 이후에 처음 발급된다.

〈표 4〉 충훈부등급과 완문 현황

문서	점수	현전문서 발급 기간	내용
충훈부등급	1	1687년(숙종 13)	傳准의 성격을 가진 등급
	101	1764년(영조 40)~1894년(고종 31)	「식년계하사목」 등급
충훈부완문	2	1749, 1779년 분무공신 박동형 사패지 사례	충훈부등급 이외 내용
	32	1814년(순조 14)~1893년(고종 30)	충훈부등급 내용

1. 충훈부등급의 양식과 내용구성

충훈부등급은 충훈부에서 공신자손 또는 공신에 준하는 특정인의 자손에게 「식년계하사목」 또는 열성조의 수교를 등서한 다음 그 자손들을 천역으로 침해하지말라는 문구를 추가해 발급하는 증빙문서이다. 충훈부가 공신자손에게 발급한 등급은 그 중에서도 「식년계하사목」을 등서한 문서이다. 현전하는 등급 대부분이 이부류에 속한다. 현전하는 충훈부등급 중 가장 이른 시기는 1687년(숙종 13)으로최승희의 『한국고문서연구』에서 '謄給'을 설명하며 소개된 문서이며 17세기 문서로는 유일하다. 본 장에서 1687년 소송의 전말을 등서한 등급을 제외하고 영조대이후 발급된 등급을 살펴볼 것이다.

---

7) 조례·나장·일수·조군·수군·봉군·역졸과 같은 천한 계급이 종사는 역.

영조대에 「식년계하사목」을 등서한 충훈부등급이 등장하는 배경은 다음과 같다. 첫 번째 1742년(영조 18)에 공신자손을 충의위에 구전하는 대수를 9대로 규정한다는 하교가 1746년(영조 22) 『속대전』에 포함되었다. 두 번째 1747년(영조 23)에 공신자손을 군역으로 침해하지 말라는 하교가 내려졌다. 영조는 이 두 가지 규정을 포함한 「식년계하사목」을 반포하였고, 이를 통해 각 지방에 충의위에 구전되지 못한 한미한 공신자손을 예우하였다. 조선후기에 공신자손의 사회적 지위는 현저히 낮았다. 과거로 현달하지 못한 공신자손은 지방에서 양반에는 미치지 못하고 양인이라 하기에는 애매한 위치였다. 따라서 한미한 공신자손은 국가의 공신자손 예우로 사회적 지위를 겨우 유지하였다. 그 연장선상에서 공신자손의 천역 금지를 보장하는 내용으로 구성된 충훈부등급이 나타난 것이다.

충훈부등급의 표제는 '啓下事目'이란 단어가 주로 나타난다. 영조대에 「식년계하사목」이 정례로 성립되고 처음 등급이 발급되는 과정에서는 표제로 '勳府事目', '忠勳府謄給', '忠勳府事目', '盟府事目' 등이 나타났다. 이후 정조대에 「식년계하사목」이 동일한 내용으로 고착화되고 등급의 발급 또한 정례화되면서 이후 모든 표제가 '계하사목'으로 바뀐다. 이는 문서의 본문 마지막에 '啓下事目謄給爲去乎', '啓下事目如是謄給爲去乎' 등의 문구를 통해서도 확인할 수 있다. 표제에 '충훈부등급'이라는 문서명보다는 '국왕의 재가를 받은 규정'이라는 뜻의 '계하사목'이 적힌 것이다.

충훈부등급의 양식은 조선시대에 규정된 문서식이 없기 때문에 현전하는 문서를 통해 양식과 내용구성을 정리하였다. 등급은 형태적으로 인찰지에 필사되었으며 오침안으로 장정한 선장본이다. 표지의 장황은 대개 황색 종이에 비스듬한 만자문이다. 계선이 있으며 광곽은 대체로 사주쌍변이며 안쪽은 빨강색, 바깥쪽은 파랑색 계선이 나타난다. 19세기 후반에는 사주단변으로 빨강색 계선이 쓰인다. 행자수는 성책의 크기에 따라서 5~7행, 10~13자이며 그중에 6행 13자가 많다. 판심은 나타나지 않는다. 크기는 대개 세로 33㎝, 가로 22㎝이다. 서체는 주로 행서로 쓰였고, 국왕을 나타내는 단어가 나올 때는 단어의 사이에 공격을 두거나 대두를 하였다. 경우에 따라서는 인찰지 계선 밖으로 한 칸씩 글자를 대두하였다.

충훈부의 관인이 찍힌 부분은 첫 번째 본문 첫 장에 '忠勳府爲謄給事'에서 '謄給' 부분에 찍히는 것을 시작으로 두 번째 본문 면, 세 번째 장과 장이 이어지는 면, 네 번째 '右下(수취자)准此' 기재부분, 다섯 번째 발급연월일 및 방서 '謄給' 기재부분이다. 이는 발급 사유, 수취자, 발급일이 명시된 곳에 관인을 찍음으로써 문서의 발급 목적 및 정확성을 높이고, 본문 및 장과 장이 이어지는 면에 관인을 찍어서 문서의 위조여부를 확인할 수 있게 하였다.

<표 5> 충훈부등급의 내용 구성

③ 수취자, 발급자 부분			② 충훈부 증빙 부분		① 「식년계하사목」 등서 부분				
발급자	발급연월일방서	수취자	충훈부 증빙	공신자손 내력	경외반포	계하연월일 담당승지	조목 3	조목 2	기두어 조목 1
忠勳府(着押)	年號年月日 謄給	右下 忠義衛姓名等准此	其先祖豊功偉烈⋯⋯之弊是良置 啓下事目如是謄給爲去乎 以此憑考於地方官爲於 本官段置知此奉審施行宜當者	今此某道地名居忠義衛姓名等卽 某朝某功臣某君姓名子孫也	啓依允事 判下後頒布京外爲有乎	年號年月日某承旨臣姓名次知	一(조목 3)爲白齊事	一(조목 2)爲白齊	忠勳府爲謄給事節 啓下敎本府 啓目內 (조목1)爲平齊

충훈부등급의 내용구성은 세 가지로 나눌 수 있다. 「식년계하사목」 등서 부분, 충훈부의 증빙 부분, 수취자 공신자손과 발급자 충훈부 기재 부분이다. 첫 번째 「식년계하사목」 등서 부분은 기두어 '忠勳府爲謄給事'부터 경외 반포 '啓依允事 判下後頒布京外爲有如乎'까지 이다. 먼저 기두어는 '忠勳府爲謄給事 節啓下敎本府啓目內'로 '충훈부가 등급하는 일이다. 이번에 계하하신 충훈부계목의 내용은'이라 하며 시작한다. 다음으로 서문에 해당하는 조목 1과 함께 조목 2, 3이 기재된다. 이때 조목의 마지막 결구는 '爲白齊'로 '하옵니다'로 마무리 짓는데 세 번째 조목은 '爲白齊事'로 '하옵는 일'이라 끝맺었다. 마지막은 「식년계하사목」을 국왕에게 재가 받은 연월일과 담당 승지의 성명을 '年號年月日 某承旨臣姓名次知'로 기재하고, '啓依允事 判下後頒布京外爲有如乎'로 '국왕이 그대로 윤허하는 일로 재가하신 후에 서울과 지방에 반포하였다'라고 끝맺었다.

두 번째 충훈부의 증빙 부분은 '今此'로 시작하여 '知此奉審施行宜當者'까지 이다. 먼저 '今此某道地名居忠義衛姓名等 卽某朝某功臣某君姓名子孫也'로 수취자인 공신자손의 거주지, 직명, 성명 그리고 해당 공신의 공신호, 군호, 성명을 기재하였다. 마지막은 공신자손을 軍役 및 烟戶, 雜役으로 침해하는 폐단이 있더라도[其先祖豊功偉烈~之弊是良置] 충훈부에서 계하사목을 이와 같이 등급해 주니[啓下事目如是謄給爲去乎] 이것을 소재 지방관에게 검토하게 하면[以此憑考於地方官爲旀] 지방관 이를 알아 받들어 시행함이 마땅하다고[本官段置 知此奉審施行宜當者] 증빙하며 끝을 맺는다.

세 번째 수취자 공신자손과 발급자 충훈부의 기재 부분이다. 먼저 '右下忠義衛姓名等准此'로 수취인인 공신자손의 직명, 성명을 나열한다. 이때 지역명을 함께 기재하는 경우도 있다. 다음은 발급연월일로 중국의 연호가 기재되며 연호 좌측에 '謄給'을 방서한다. 마지막은 발급자인 충훈부의 着官, 着押이 기재된다.

〈자료 6〉 현전 자료로 살펴본 충훈부등급의 구성

1797년 충훈부등급		
조목 2	조목 1	기두어
충훈부 증빙	공신자손 내력	계하연월일, 담당승지, 경외반포	조목 3	조목 2

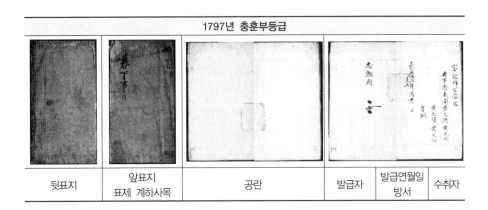

1797년 충훈부등급					
뒷표지	앞표지 표제 계하사목	공란	발급자	발급연월일 방서	수취자

2. 충훈부완문의 양식과 내용구성

충훈부완문은 충훈부가 공신 및 공신자손의 특권을 보장해주기 위해 발급한 증빙문서이다. 충훈부등급이 영조대 공신자손의 지위를 보장하기 위해 만들어진 문서라면 충훈부완문은 다른 공공기관에서 발급하는 '완문'의 기능과 동일하다. 따라서 충훈부완문은 공신자손뿐만 아니라 공신에 관한 여러 사안으로도 발급된다.

현전하는 충훈부완문은 1749년(영조 25)부터 1893년(고종 30)까지 발급되었다. 그중에 대다수를 차지하는 충훈부등급의 축소본으로 발급된 충훈부완문은 1814년(순조 14)부터 발급되었다. 충훈부등급이 영조대 18세기 후반부터 발급되었기 때문에 충훈부완문은 19세기 이전에 발급되었을 가능성도 배제할 수 없다. 수취자인 공신자손은 대다수가 정훈공신의 자손이었던 충훈부등급에 비해 충훈부완문은 정훈공신과 원종공신의 자손이 고루 발급받은 것으로 보인다.

충훈부완문의 양식은 충훈부등급과 마찬가지로 조선시대에 규정된 문서식이 없기 때문에 현전하는 문서를 통해 양식과 내용구성을 살펴보았다. 충훈부완문의 형태는 필사한 낱장문서이다. 충훈부등급과 동일하게 국왕을 상징하는 단어가 나올 때는 단어의 사이에 공격을 두거나 대두를 하였다.

충훈부완문의 내용구성은 ①문서명과 기두어, 본문은 ②충훈부등급의 「식년계하사목」 조목, ③공신자손 내력, ④충훈부의 증빙을 기재하고, ⑤수취자 공신자손 나열, ⑥발급연월일과 방서, ⑦발급자 충훈부의 착관과 착압으로 구성된다.

〈표 6〉 충훈부완문의 내용 구성

⑦	⑥	⑤	④	③	②	①	
발급자	발급 연월일	수취자	충훈부 증빙	공신자손 내력	충훈부등급 조목	기두어	문서명
忠勳府(着押)	年號年月日 賸給	右下忠義衛姓名等准此	其先祖豊功偉烈···是良置依 判下內辭意永久勿侵之意 玆以完文成給爲去乎以此受敎 申飭憑考於該當地方官爲於 本官段置知此奉審施行宜當者	今此某道地名居忠義衛姓名等卽 某朝某功臣某君姓名子孫也	本府 啓目內 國朝開國以下揚武二十二功臣··· 年號年月日某承旨臣姓名次知 啓依允事 判下後須頒布京外爲有如乎	右完文爲成給事	完文

충훈부완문은 문서명 '完文'이 기재되고 이어서 '右完文爲成給事'로 '이 완문을 발급해 주는 일'이라고 시작된다. 이어 본문은 ②충훈부등급의 「식년계하사목」 조목을 기재한 경우와 ④충훈부의 증빙을 기재한 경우, 또는 두 가지를 모두 기재한 경우로 나뉜다. 이때 ③공신자손 내력은 어느 경우에나 함께 기재되었다. ②가 기재된 경우에는 ①·②·③·⑤·⑥·⑦의 순, ④가 기재된 경우에는 ①·③·④·⑤·⑥·⑦의 순으로 나타난다. 모두 기재된 경우에는 ①·②·③·④·⑤·⑥·⑦의 순으로 나타난다. 이는 충훈부등급에서 「식년계하사목」 등서 부분, 충훈부 증빙, 수취자와 발급자 기재 부분으로 나타나는 내용구성과 동일하다. ③공신자손의 내력은 '今此某道地名居忠義衛姓名等 卽某朝某功臣某君姓名子孫也'로 수취자인 공신자손의 거주지, 직명, 성명 그리고 해당 공신의 공신호, 군호, 성명을 기재하였다.

②충훈부등급의 「식년계하사목」 조목을 기재한 경우에는 충훈부등급의 '節啓下敎本府啓目內'가 그대로 또는 '本府啓目內'나 문구 없이 시작한다. 다음으로 충훈부등급 조목 1의 '自國朝開國以下二十二功臣~'의 내용을 시작으로 충훈부등급의 조목을 모두 기재하지는 않고 일부분을 편집하여 기재하였다. 이때 「식년계하사목」의 계하연월일과 담당승지, 국왕의 윤허 등은 기재되기도 그렇지 않기도 하였다.

④충훈부의 증빙을 기재한 경우에는 충훈부등급의 '其先祖豊功偉烈~本官段置知此奉審施行宜當者'과 같이 시작과 끝맺음이 동일하다. 하지만 내용상 공신자손을 군역 및 연호, 잡역 등으로 침해하지 말 것을 명시한 충훈부등급에 비해서 충훈

부완문은 대개 공신자손을 조금이라도 침해하는 폐단이 없게 하라는 증빙만을 내릴 뿐이었다.

〈자료 7〉 현전 자료로 살펴본 충훈부완문의 구성

1832년 忠勳府-吳處瑾 완문

1846년 忠勳府-朴桂俊 완문

⑤수취자 공신자손의 기재 부분은 충훈부등급과 동일하게 '右下~准此'로 수취자인 공신자손의 직명, 성명을 나열한다. ⑥발급연월일은 중국의 연호가 기재되며 연호 좌측에 '成給'이란 방서가 쓰였다. 이는 충훈부에서 발급한 일반 완문의 경우에 중국의 연호가 아닌 간지가 기재되는 것과 차이가 있다. 마지막은 ⑦발급자인 충훈부의 착관, 착압이 기재되며 충훈부의 관인이 찍힌다. 충훈부완문에 찍힌 관인은 주로 [忠勳府印]이 찍혔다. 그리고 [忠翊府郎廳印]도 찍힌 것으로 보아 [忠勳府郎廳印]도 찍혔을 것으로 추정된다.

이처럼 충훈부완문의 내용구성은 충훈부등급을 차용하여 만들어졌다. 19세기 초반 충훈부등급의 축소본으로 만들어져 충훈부등급의 내용을 그대로 또는 요약하여 기재하였다. 19세기 중반부터는 충훈부등급의 양식을 차용하지만 직접적으로 「식년계하사목」을 언급하지 않고 충훈부등급의 내용을 녹여낸 정형화된 문구를 만들어내 발급하였다.

충훈부완문은 증빙문서로써 그 발급 목적은 충훈부등급과 동일했다. 단지 형태적으로 상세 내용을 선장본으로 발급받을 것이냐 간략 내용을 낱장 문서에 발급받을 것이냐, 그리고 충훈부의 「식년계하사목」을 그대로 베껴서 받을 것이냐 아니냐의 차이이다. 충훈부완문은 문서의 지위에 있어서도 국왕이 재가한 계목을 직접 인용하여 발급하는 충훈부등급보다 증빙문서로써 공신력이 낮다고 할 수 있다.

VI. 맺음말

본 논문은 조선후기 충훈부의 공신자손 관련 문서와 『충훈부등록』 기사를 통해서 충훈부의 공신자손 예우 및 관리, 문서행정을 살펴보았으며, 현전하는 충훈부 문서 중 공신자손 관련 문서의 양식 및 내용구성 등을 분석하였다. 조선후기 충훈부의 공신자손 관련 문서는 공신자손세계단자, 충훈부를 통해 발급된 각종 임명문서, 충훈부등급과 완문이 있다. 이 문서들은 충훈부가 공신자손을 파악해서 임명하고 증빙해주는 관리 운영 체제에서 밀접한 관계를 맺고 있다. 이와 함께 조선후기 충훈부 관련 제반 사항을 등록한 『충훈부등록』은 이러한 문서들을 유기적으로 엮을 수 있는 자료이다.

먼저 충훈부가 공신자손을 관리하기 위해서는 누가 공신자손인지 파악하는 것이 1차 순서이다. 충훈부는 3년마다 공신자손에게 공신자손세계단자를 수봉받았다. 이에 대한 규정이 식년마다 충훈부가 국왕에게 계목을 올려 결재를 받는 「식년계하사목」이다.

다음으로 충훈부는 공신자손록을 수정하고 2차 순서로 공신자손을 충의위 구전 및 각종 관직, 체아직, 직임에 임명하였다. 이를 통해 공신자손을 정치·사회·경제적으로 예우하였다. 공신자손에 관한 임명은 충훈부뿐만 아니라 이조와 병조에서도 시행되는데 이는 모두 충훈부의 확인을 통해 이루어졌다.

마지막으로 국가는 시대가 흐를수록 많아지는 공신자손을 관리하기 위해서 공신자손의 대수를 제한하였다. 충의위에 소속할 수 있는 대수가 지난 공신자손에 대해 어떻게 예우할 것인지 국가적인 대책이 필요했다. 이러한 대책은 충훈부의 「식년계하사목」에 포함되어 서울과 지방으로 반포되었다. 그리고 공신자손은 자신의 지위를 유지하기 위해서 충훈부로부터 「식년계하사목」의 조목을 기재한 충훈부등급과 충훈부완문을 신청해 발급받았다.

충훈부는 국왕과 다른 기관 그리고 공신자손 사이에서 정해진 규정에 따라 문서 행정을 운영하였다. 이러한 일련의 과정은 모두 국가의 법전에 이미 제도화되어 있었으며 시기에 따라 개정되는 법전 규정과 국왕의 정책, 그리고 충훈부의 「식년계하사목」의 조목은 충훈부 문서에 반영되었다.

충훈부의 공신자손 관련 문서는 소장처에 따라서 현전하는 문서의 구성이 다르게 나타난다. 공신자손세계단자, 충훈부 임명문서, 충훈부등급과 완문을 모두 소장한 공신가문은 없었다. 공신자손세계단자와 충훈부 임명문서가 함께 남아있는 소장처는 주로 공신자손 중에서도 공신적장 계열이다. 이외에 충훈부 문서는 개별적으로 남아있는 경우가 많다. 이러한 경우 소장처는 공신자손 중에서 공신중자 계열일 가능성이 높다. 특히 공신적장 소장처에서는 「식년계하사목」을 등급한 충훈부등급과 충훈부완문이 거의 나타나지 않았다. 그리고 고종대 한 사람이 충훈부 장사랑도사 구전차첩, 충훈부등급, 충훈부완문 3점을 세트로 발급받은 경우도 더러 나타나는 특징이 있다.

충훈부의 공신자손 관련 문서의 시기별 추이를 정리하면 먼저 세조대부터 공신적장의 체아직 고신이 나타난다. 다음으로 공신자손세계단자가 현종대부터, 마지막으로 「식년계하사목」이 등급된 충훈부등급이 영조대, 충훈부완문이 순조대부터 나타난다. 현전하는 충훈부 문서와 관련 기록물의 작성 연대가 대부분 임진왜란 이후이므로 조선전기의 충훈부 문서에 대해 자세히 알 수 없다. 하지만 공신도감이 설치된 1392년(태조 1)부터 충훈부가 사라진 1894년(고종 31)까지 충훈부의 공신자손 관련 제도가 거의 변동되지 않았기 때문에 문서 또한 동일하게 운영되었을 것이다. 곧 충훈부가 공신자손을 공신자손세계단자를 통해 파악하고 이후 파악된 공신자손에게 각종 임명문서를 발급하는 과정은 조선시대 내내 운영되었을 것이다. 다만 시기에 따라 국가의 공신자손 예우 방침이 달라지고, 정치·사회·경제적으로 공신자손의 지위가 점점 낮아지며 공신자손에 대한 세부 문서운영은 달라질 수 있다. 이러한 변화 중 하나가 조선후기 충훈부가 「식년계하사목」을 반포하고 이후 영조대에 충훈부등급과 완문을 발급하게 된 것이다.

지금까지 본 논문에서는 고문서학적인 연구 방법을 적용하여 조선후기 충훈부의 공신자손 관련 문서에 대해서 제도, 발급 과정, 양식, 내용 등을 중심으로 살펴보았다. 그 결과 조선후기 충훈부와 공신자손을 문서를 통해서 종합적으로 이해하고, 충훈부와 공신자손 관련 각종 제도를 규명하였다.

조선후기 宮房문서
-龍洞宮 문서를 중심으로- *

이은진

I. 머리말

조선전기의 宮房은 후궁, 왕자녀의 존칭 또는 그들이 사는 물리적 공간을 의미하였다. 그런데 宮房田이라고 일컬어지는 庄土의 확대가 궁방의 개념 변화에도 영향을 미치면서 조선후기에 들어서며 개인 및 家計 재정의 기반, 제사 봉행, 內帑과 같이 기능에 따라 그 종류가 세분화되었다.[1] 이러한 과정을 거치면서 조선후기의 궁방은 이전보다 실무적인 성격을 띠고 민생과 밀접한 관련이 있는 존재로 진화하였다.

각 궁방에 주어진 기능을 수행하기 위한 財源은 지방에 산재한 장토의 수익에서 나왔고, 장토의 운영을 위해 궁방에서는 중앙과 지방아문, 宮屬, 민 등과 끊임없이 소통하였다. 그런데 궁방은 정식 품아문이 아니었기 때문에 연대기 사료의 기사만으로는 그 위계나 다양한 기능에 대해 명확히 알 수 없다. 만약 발급자·수취자에 따라 사용하는 문서나 구체적인 서식이 달라지는 조선시대 문서행정의 특징에 주목한다면, 궁방 문서에 대한 연구는 다양한 관계 속에서 존재하였던 궁방 자체에 대한 연구로도 이어질 수 있다. 이를 위해 본문에서는 궁방 중에서도 1907년 궁방이 폐지되는 시기까지 존재하였고, 낱장 문서 및 등록류의 형태로 현재까지 전해지는 자료를 통해 그 운영 실태를 파악할 수 있는 궁방 중 하나인 龍洞宮 문서에 주목하였다.

먼저 2장에서는 궁방의 문서행정에 대해 언급한 사료를 정리하고, 3장에서는 용동궁 문서를 바탕으로 크게 중앙과 지방으로 나누어 궁방에서 주고받은 문서의 행이 및 대표적인 사례에 대해 소개하도록 하겠다.

---

* 이 글은 「조선후기 龍洞宮 문서 연구」, 한국학중앙연구원 한국학대학원 박사학위논문, 2020을 요약·정리한 것이다.

1) 조영준, 『조선 후기 왕실재정과 서울상업』, 소명출판, 2016, 21~25쪽.

II. 궁방 문서행정의 특징

정조는 재위기간 동안 궁방의 문서행정에 관해서 가장 많이 언급하였던 임금이다. 이는 그가 즉위한 해부터 진행한 궁방의 免稅結 정리처럼 왕실재정의 엄격한 통제와 같은 선상에서 이어진 관심이었다고 할 수 있다. 먼저 궁방의 문서행정과 관련하여 정조가 처음으로 언급한 기사를 살펴보도록 하겠다.

> 병신년 9월 초5일 술시에 임금께서 존현각에 행차하셨다. …전교를 쓰라고 명하시기를 "御寶를 위조한 죄인 김봉진의 推案을 보니 봉진이 비록 매우 無狀하다고 하더라도 원래 남의 힘을 빌려서 의지하는 일이 없었다면 어찌 궁방의 圖署를 위조하는 일이 있었겠는가. 궁방에서 公事를 해치고 백성들을 병들게 한 것이 진실로 한 가지 단서만이 아니다. 그리고 빚을 놓는 일[捧債]에 있어서는 또한 본래 궁방에 損益이 있는 것이 아닌 즉, 다른 사람의 촉탁을 받아서 小民을 침학하였으니, 무상한 중에 더욱 무상하여 이를 데 없음이 이보다 심한 적은 없었다. 앞으로 각 궁방 및 나이가 어린 종친·부마가 다시 이러한 일로 민을 어지럽게 하는 일이 있다면 法司에서 즉시 법에 의거해 糾覈하고 조정에서도 보고한 대로 엄히 처벌할 것이니 먼저 알려서 禁令을 어기지 말도록 하라."하셨다.[2]

위의 기사는 1776년(정조 즉위) 9월 5일 『승정원일기』의 기사이다. 김봉진은 1년 전 御寶, 경기감영의 관인과 圖署 즉 궁방의 인장을 위조한 죄목으로 붙잡혔다. 정조는 궁방에서 공사를 해치고 민생을 병들게 하는 것은 물론 손익이 없는데도 남의 촉탁을 받아주는 상황에 대해 지적하였다. 이러한 일들이 이어져왔기 때문에 궁방의 힘을 빌려 도서를 위조하는 일이 가능하였다는 것이었다. 정조는 앞으로 궁방과 종친·부마 측에서 이러한 일로 소란을 일으키지 않도록 엄히 단속한다는 내용의 전교를 내렸다. 궁방의 무분별한 문서행정에 대한 정조의 처분은 8년 후인 1784년(정조 8)에 보다 구체적으로 진행되었다.

1784년 1월 11일에 正言 이익진이 궁방에서 圖署牌子를 곧바로 해당 읍에 보내 公兄과 민을 괴롭히는 등 불법을 저지르는 폐단이 심하니 禁令을 무시하고 도서패자를 보내면 엄히 처벌하도록 하자고 아뢰었다. 정조는 그의 말에 동의하며 비변사로 하여금 합당하게 거행할 조건을 마련해서 아뢰게 하라고 분부하였다.[3] 그 결

---

2) 『承政院日記』정조 즉위년(1776) 9월 5일: 丙申九月初五日戊時, 上御尊賢閣. …命書傳敎曰, 以御寶僞造罪人金奉鎭推案觀之, 奉鎭雖甚無狀, 元無可以憑藉之事, 則豈有僞造宮房圖署之事乎? 宮房之害公病民, 固非一端. 而至於捧債事. 又非本宮房有所損益者, 則受人囑托, 侵虐小民, 無狀之中, 尤極無狀, 事之無謂, 莫此爲甚. 此後各宮房及年淺宗親·駙馬, 更以此等事, 有援民之事, 自有法司, 卽當執法糾覈, 而朝家亦當隨聞嚴處, 先令知悉, 俾勿犯禁.

3) 『日省錄』정조 8년(1784) 1월 11일: 防各宮房圖書[署]之弊. 正言李翼晉啓言. 近來各宮房圖書[署], 直付該邑, 或推捉公兄, 或恐喝鄕民, 非理不法之事, 不一而足. 中外之痼瘼, 孰甚於此, 若不嚴徵[懲], 則末流之弊, 有不可言. 嚴防各宮房, 俾無復踵前轍, 如有事關外邑者, 自宮房報于內司, 自內司報于該曹, 自該曹發關該道, 以爲知委該邑, 而或有不

과 아래와 같은 定式으로 정리되었다.

> 각 궁방 도서.
> (정조) 8년 비변사 계목에 "각 궁방의 도서 한 가지는 京司에서 直關하는 예에 따라 節目을 작성하여 여러 도에 엄히 신칙하는 것이 어떠합니까?"라고 아뢰었다. (판부 내용에) "궁방에서 도서와 패자를 가지고 있는 것은 여러 아문의 印信이나 關·牒呈의 제도와는 크게 달라서 쓰이는 곳이 불과 땔감이나 곡식을 재촉하는 일 및 導掌이나 舍音을 差定하거나 汰去하는 등의 일일 뿐이다. 그 밖에는 크고 작은 일을 막론하고 반드시 사유를 갖추어 내수사에 手本을 보내면 내수사에서 각 該曹에 轉報하고 (각 해조에서) 각 도에 관을 보내니, 이전부터 내려오는 법의 근본 취지가 대체로 이러하다.
> 이른바 도서란 단지 한 宮屬의 사적인 표식이기 때문에 궁속들이 비록 이것을 찍어서 침탈하려 해도 각 읍에서 만약 법을 내세워 따르지 않는다면 어찌 이러한 폐단이 일어나겠는가. 臺臣이 아뢴 바를 보건대 이보다 더 놀랍고 통탄스러운 일이 어디 있겠는가. 이것은 아마도 외방의 營邑에서 인신과 도서를 전혀 구별할 줄 모르고 궁방에 관계되는 일이면 반드시 모두 들어주고 따랐기 때문일 것이다. 관찰사나 수령의 직위에 있는 자가 아직도 늘 시행되는 법과 제도에 정통하지 못하니 이러고서야 한 지방을 보살피고 백성을 다스린들 어찌 剛明한 정치를 하리라 기대할 수 있겠는가.

위의 정식은 이익진이 정조에게 아뢴 지 2달 후인 3월 11일에 정조가 하교한 내용이다. 먼저 비변사 계목에 내려진 정조의 판부는 문서와 관련된 궁방과 아문의 분명한 차이를 지적하면서 시작된다. 궁방의 인장인 도서와 문서인 도서패자는 아문에서 사용하는 印信과 關·牒呈과 같은 문서와는 다르기 때문에, 물품을 재촉하거나 導掌·舍音 등을 差汰할 때만 사용되어야 하였다.

이러한 발급 목적의 제한과 연관되어 문서행정절차 역시 엄격하였다. 이전부터 물품의 재촉과 차태 이외의 일에 대해서는 반드시 내수사에 手本으로 보고하여 내수사에서 해당 아문에 보고하고, 해당 아문에서 각 도에 關을 보내는 방식이 지켜져 왔다. 하지만 지방 군현에서 궁방의 도서와 아문의 인신을 구별하지 않고, 궁방에 관련된 일이라면 무조건 따르는 점이 문제였다.

> 내가 즉위한 후로 궁방의 일을 조절하고 단속하기를 매우 분명하게 할 뿐만 아니라 賜牌 문서는 반드시 이조와 형조에서 署經하게 하고, 庄獲을 折受할 때에도 모두 내수사와 호조에 첩보하게 해서 수본은 직접 올릴 수 없게 하였고 啓目도 스스로 작성하여 올리지 못하고 묘당과 상의하거나 해조에 내려 보내도록 하였다. 또 該道로 하여금 민정을 자세히 살펴 이치를 따져 狀啓로 보고하게 하고 장계로 보고한 후에 다시 소관 아문으로 하여금 覆啓하여 품처하게 하였으니, 조정의 본뜻은 궁중과 조정이 한 몸이 되게 하여 요행을 막고 청탁을 금하려는 것이다. 이제 와서는 병신년(1776, 정조 즉위)의 受敎를 밝히면 되지 달리 바로잡을 필요가 없다. 지금 만약 도서의 直送을 금단하도록 절목을 만들어 낸다면 이는 도리어 없는 법을 새로

可[有]禁令, 直送圖書[署]之事, 各別重繩. 敎以, 所奏甚是, 從之. 合行條件, 令廟堂參酌磨鍊, 指一稟處後分付.

만드는 혐의가 있을 것이다.

대체로 관과 첩문에는 모두 인신을 찍기 때문에 위조한 자에게는 一律을 적용하고 훔쳐서 찍은 자에게는 次律을 시행한다. 이른바 패자는 관이나 첩정이 아니며 이른바 도서는 인신이 아닌데 궁속들이 함부로 관이나 첩정의 격식으로 영읍에 號令을 행하니 그 좌상을 논하면 관이나 첩정에 위조하거나 훔친 인신을 찍은 것보다 더 나쁠 것이다.

정조가 즉위한 후에는 궁방의 문서행정 절차에 대해 보다 엄격한 조치가 취해졌다. 궁방에 내리는 賜牌文書는 반드시 이조와 형조의 署經을 거쳐야 하였다. 또한 장토의 절수는 내수사와 호조에 보고하여 수본과 啓目⁴⁾을 직접 올리지 못하게 하며 비변사와 상의해서 해당 아문에 보내도록 하였다. 해당 도에서는 민정을 살펴 狀啓로 보고하고, 그 이후에는 다시 소관 아문이 覆啓하여 아뢰게 하였다.

또한 궁방의 도서는 인신과 엄연히 다른데도 궁속들이 함부로 관이나 첩정을 흉내 내어 지방 군현에 명령하는 것은 인신을 위조하거나 훔쳐서 관문서에 답인하는 것보다 그 죄상이 나쁘다고 하였다.

앞으로 여러 궁방은 위에서 말한 땔감이나 곡식을 재촉하는 일, 도장이나 마름을 임명하거나 해임하는 일을 제외하고 만일 전답과 노비를 측량하거나 望定하는 일 및 漁稅를 침탈하거나 빚을 징수하는 일에 해조를 거치지 않고 직접 도서패자로 중앙과 지방에 알리는 경우에는 해당 궁방의 首任은 엄히 형추하여 정배하고, 나쁜 전례를 만든 宮任은 세 차례 엄히 형추하여 무기한으로 遠地에 정배하며, 영읍과 閭邑에서 숨기고 보고하지 않은 경우에 도신과 수신은 먼저 파직한 후 拿問하며, 수령은 徒 3년으로 정배하고 5년을 기한으로 禁錮하는 것을 정식으로 삼아 시행하고, 경사의 당상과 낭청이 즉시 적발하지 못한 죄는 관찰사와 수령에 대한 형률에 따라 논죄하라. 이 판부를 비변사에서 베껴 별도로 관을 보내 여러 도에 각별히 엄하게 신칙해서 揚板해 두고 항상 눈으로 보고 척념히 할 수 있게 하라. 또한 의금부와 형조로 하여금 수교에 기재하여 영구히 준행할 수 있도록 하며 비변사에서 行會할 때 미진한 조건은 보이는 대로 跋尾에 추가해서 관과 함께 계판하라고 아울러 분부하라."하셨다.⁵⁾

─────────────

4) 내수사에서 궁방과 관련한 사안으로 국왕에게 입계할 때 작성한 문서는 사료 상에서 啓目, 單子, 草記, 手本 등으로 다양하게 나타난다. 다만 문서식과 현전하는 실물 문서를 검토해보았을 때, 궁방 수본을 점련하여 입계한 문서는 단자로 명명하는 것이 타당해 보인다(이은진, 「朝鮮後期 宮房 手本 硏究」, 한국학중앙연구원 석사학위논문, 2017, 35～38쪽).

5) 『特敎定式』(古 951.009-T296): 八年, 備邊司啓曰, "各宮房圖署一款, 依京司直關例, 成節目, 嚴飭諸道, 何如?"啓. "宮房之有圖署·牌子, 與諸衙門印信或關牒之制, 大有不同, 用處不過柴穀催促及導掌差汰等事而已. 外此則無論大小事, 必具由手本於內需司, 自內需司轉報各該曹, 行關於各道, 自成法意, 蓋如許矣. 所謂圖署, 特一宮屬之私標乙仍于, 宮屬縱欲圖踏侵漁, 而各邑若能舉法不從, 則豈有此等之弊. 觀此臺臣之所啓, 事之駭倂, 孰甚於是. 此殆方方營邑, 專昧印信與圖署之別, 事係宮房, 則必皆一例聽從之故耳. 職在方伯·守令者, 尙不曉常行之法制, 如是而按藩臨民, 安望官理之綱лог乎. 朝家御極以後, 以宮房之操切拘束, 不啻丁寧, 賜牌文書, 則必令署經吏曹·刑曹, 庄獲折受, 則亦皆牒報內司·度支, 而手本則無得直呈, 啓目亦不自斷, 或議廟堂, 或下該曹. 又令該道採深民情, 論理狀聞, 狀聞之後, 所管衙門覆啓稟處, 如是乎朝家本意, 則蓋欲使宮府一體杜僥倖而禁干囑也. 到今但宜修明內申受飭, 不必別加橋揉. 今若以直送圖署禁斷事, 成出節目, 則此反有無於法而創法之嫌焉. 大抵關牒, 具有印迹, 故僞造者用一律, 盜踏者施次律. 所謂牌子則非關牒, 所謂圖署則非印信, 而宮屬妄引關牒之式, 行號令於營邑, 論厥罪狀, 殆有浮於關牒之僞盜. 此後諸宮房, 除非上所云柴穀催促·導掌舍音差汰外, 萬一田畓奴婢打量望定及有漁稅徵債錢事, 不由該曹, 直以圖署牌子, 知委京外者, 該宮首任, 嚴刑定配, 作俑宮任, 嚴刑三次, 勿限年遠地定配, 營閭邑之匿不以聞者, 道·帥臣先罷後

따라서 앞으로 궁방에서 땔감·곡식을 재촉하거나 도장·마름을 차태하는 일 외에 예를 들어 전답을 측량, 노비를 망정하거나 어세를 침탈, 빚을 징수하는 일에 해당 아문을 거치지 않고 직접 도서패자를 사용해 중앙과 지방에 알린다면 해당 궁방의 首任과 宮任을 형추하고 정배시키겠다고 하였다. 또한 지방의 관원들에게 도 책임이 있다고 지적하였듯이 이를 숨기고 보고하지 않은 관찰사와 절도사는 파 직한 후 拿問하며, 수령은 徒 3년·5년 기한의 禁錮로 처결하고, 적발하지 못한 경 사의 당상·낭청까지 관찰사와 수령의 형률에 따라 논죄한다고 하였다.

비변사에서는 경사가 直關하면 처벌하는 예6)에 따라 도서의 直送을 금단하는 절 목을 작성해서 여러 도에 신칙하자고 제안하였다. 그러나 정조는 도리어 없는 법을 새로 만드는 것이라고 반대하며, 대신에 비변사에서 판부를 베낀 관을 여러 도에 보내 揭板하게 하고 의금부와 형조에서 수교에 기재해 영구히 준행하도록 하였다.

무엇보다 정조는 국왕 중심의 효율적인 통치를 위해서 기관과 업무의 성격을 고 려하여 일정한 격식을 갖춘 문서를 마련하는 것이 중요하다고 생각하였다. 이를 위해 節目과 관서지를 편찬하는 방식으로 문서시행세칙을 정리하여 공문서 체계의 정비를 추진하였다.7) 이러한 관심이 공문서에만 그치지 않고 궁방에서 발급할 수 있는 문서 및 문서행정에 대한 제한으로 이어졌을 것이라고 생각된다. 정조의 전 교는 이후에도 꾸준히 언급되었다.

> 정원용이 아뢰기를 "근래 지방의 민정이 매우 고달파서 근심의 단서가 많은 중에 각 궁방의 差隸를 칭하는 자가 漁箭·鹽船 등의 세금과 築堰·作狀 등의 일로 핑계를 대며 잔약한 민을 침학하고 잡아다가 토색하여 마을이 소란스럽습니다. …비록 일일이 지적해서 아뢸 수는 없으나 이는 결단코 궁방에서 아는 일이 아니고 모두 경외의 무뢰배·모리배가 서로 짜고 궁방의 도서와 내수사의 문적이라고 하며 속여서 침어하는 것이 대부분입니다. …" 임금께서 말씀하시기를 "이 일은 늘 한 번 하교하려 하였다. 각 궁방에서 어염·堰狀 등 의 세금으로 외읍에 폐단을 일으켜 피해가 잔약한 민에게까지 미치니 매우 놀랍다. 옛날에 정조 조에 일찍이 신칙하신 하교가 매우 엄하시어 만약 비변사에서 알린 것이 아닌데도 혹 내수사와 여러 궁방의 도서패자와 문적이 외읍에 있다면 해당 道臣이 즉시 장계로 보고하라는 뜻으로써 분명히 법으로 금하셨다. …"8)

拿, 守令徒三年定配, 限五年禁錮, 定式施行, 京司堂·郎之不卽摘發之罪, 遵監司·守令之律論. 以此判付, 自本司謄 書別關, 各別嚴飭諸道, 俾爲揭板, 常目惕念之地, 亦令禁府·刑曹載之受敎, 以爲永久遵行之地爲旀. 本司行會時, 未 盡條件, 從所見添入跋尾, 並與關文而揭板事, 並以分付."

6) 『續大典』 「刑典」 雜令, 京司直關外邑: 京司不由巡·兵營而直關外邑者, 二品以上重推, 三品以下罷職. [五軍門·捕 盜廳事係軍務及護捕, 則直關].

7) 문보미, 「正祖의 御製統治文書 硏究」, 한국학중앙연구원 박사학위논문, 2017, 24~35쪽.

8) 『承政院日記』 헌종 14년(1848) 9월 10일: 元容奏曰, 近來外道民情, 困瘁莫甚, 憂虞多端之中, 有稱以各宮房差隸, 以漁箭鹽船等稅, 築堰作狀等事, 憑藉假托, 侵虐殘民, 推捉徵索, 閭里騷擾. …雖不能一一指的仰奏, 而此決非宮房所 知之事, 皆由於京外無賴牟利之輩, 互相締結, 謂有宮房圖署, 謂有內司文蹟, 恐喝欺瞞, 多般侵漁. …上曰, 此事每欲 一番下敎矣. 各宮房漁鹽堰狀等稅, 貽弊外邑, 害及殘民, 萬萬駭然. 在昔正廟朝, 嘗以此防敎載嚴, 如非籌司知委, 而

위의 기사는 1848년(헌종 14) 9월 10일『승정원일기』의 기사이다. 영의정 정원용은 무뢰배들이 궁방의 差隷를 모칭해서 행패를 부리며 궁방의 도서패자와 내수사의 문적을 사칭한다고 보고하였다. 이를 들은 헌종은 비변사에서 알리지 않은 내수사와 궁방의 문적, 도서패자가 있다면 관찰사가 장계로 보고하게 한 정조의 하교를 직접 언급하였다. 이처럼 정조의 하교는 궁방에서 지방에 보낸 문서의 당위성에 의문을 제기하는 과정에서 언급되었다. 즉 정조의 계획과는 달리 여전히 궁방은 문서 발급에 제한을 두지 않았고, 지방의 관원들은 이를 제대로 확인하지 않아 민들이 피해를 입는 상황이 빈번하였던 것이다. 이러한 상황은 일제강점기의 기록에서도 드러난다.

1910년대에 조선총독부 토지조사국에 근무하며 일제의 토지조사사업에 참여하였던 와다 이치로는 조선의 토지 및 지세에 대해 조사한 내용을 담은『조선토지지세제도조사보고서』라는 연구서를 발간하였다. 그 중 '司宮庄土의 설정'이라는 항목에서 궁방의 문서 행이와 관련한 내용을 서술하며 문서 행이가 지켜지지 않았던 상황에 대해 설명하였다.

> 내수사와 궁방에 관한 수입과 지출 그 밖에 중요사건은 반드시 국왕의 勅裁를 거친 후에 典需・大次知가 그것을 행하였던 것이다. 그런데 내수사는 하나의 宮中直司였기 때문에 사무 상 다른 관청과 조회를 하고 또 직접 국왕에게 상주하는 권한이 있었어도, 다른 각궁은 직사가 아니었기 때문에 이러한 권한이 있지 않았다. 그러므로 사건의 처리에 대해서는 반드시 내수사를 경유하고 내수사에서 上奏 또는 照會의 수속을 한 것이다.
>
> 그러나 후세에 이르러서는 관의 기강이 무너져서 점차 宮權 만능의 형세를 따라 점차 변하면서, 일이 궁장토와 관련한 것이라고 하더라도 대차지와 같은 환관들이 직접 국왕에게 상주하며 혹은 다른 관청에 대해 조회 또는 명령으로써 호조 또는 지방관청의 직권을 유린하는 것에 이르고, 게다가 이들 관리는 환관의 위권을 두려워하여 그저 예예하며 수응하는데 분주한 것과 같은 상태가 되어, 이리하여 점차 宮府의 混淆를 보는데 이르렀다.[9]

위의 기록을 보면 궁방에서는 직접 국왕에게 아뢰거나 관련 아문과 조회할 권한이 없었다. 따라서 반드시 내수사에서 대신 단자를 올려 입계하거나 첩정을 보내야만 궁방의 의견을 전달할 수 있었다. 이러한 문서의 경유 과정은 정조의 전교에서도 언급된 적이 있다.

그런데 점차 아문의 기강이 무너진 반면에 궁방의 세력은 비대해지면서 궁방에

或有內司諸宮房, 圖署文蹟於外邑, 則該道臣卽爲狀聞之意, 著爲法禁矣 ….

9) 和田一郎,『朝鮮土地地稅制度調査報告書』, 朝鮮總督府, 1920, 124~125쪽.

서 직접 국왕에게 아뢰거나 다른 아문에 조회, 명령하게 되었다. 특히 다른 관청에 조회 또는 명령하여 호조나 지방아문의 직권을 유린하게 되었다는 대목은 무엇을 의미할까. 이는 궁방에서 문서의 발급 사유나 행이 과정에 거리낌이 없었고 심하게는 아예 관이나 첩정을 사용하였음을 뜻한다고 생각된다.

정조는 국가재정이 궁방을 포함한 왕실재정을 제재할 수 있도록 호조에서 왕실재정 운영을 흡수 또는 통제하고, 진휼 등 공공부문에 대한 지출에 내수사의 비중을 늘려 공적 재원으로서의 역할을 강화하고, 궁방에서 자체적으로 재원을 파악하고 수취하는 것을 지양하는 등의 개혁을 추진하였다.[10] 일명 '宮府一體'라고 하는데 앞서 언급한 1784년의 하교에서도 궁부가 한 몸이 되게 하여 요행을 막고 청탁을 금하는 것이 조정의 본뜻이라고 밝혔었다. 그러나 궁방의 문서행정에서만큼은 그 제재가 소용이 없었고 결국 '일체'가 '혼효'로 표현될 정도로 엄격하게 지켜지지 않았던 것으로 보인다.

III. 궁방 문서의 행이와 대표 사례

왕권 및 궁방의 세력 등의 요소로 인해 시대에 따라 문서 행이의 정확성이 달라지기는 하지만 사료, 용동궁의 등록류 및 실물 문서를 바탕으로 궁방에서 주고받은 문서의 종류 및 방향을 파악해 보았다. 이는 크게 중앙과 지방으로 나뉘고 중앙에서 행해진 문서 행이는 다시 국왕, 중앙아문, 타 궁방으로 분류할 수 있다. 먼저 국왕의 경우를 살펴보도록 하겠다.

〈도식 1〉 중앙에서 행해진 궁방의 문서 행이(1)

---

10) 송양섭, 「正祖의 왕실재정 개혁과 "宮府一體"論」, 『대동문화연구』 76, 2011, 123쪽.

앞서 살펴보았듯이 궁방은 국왕이나 중앙아문에 대해 직접 문서를 올릴 권한이 없었다. 대신에 궁방의 관리를 담당하였던 내수사를 경유해야하는 행이 절차가 필수였기 때문의 내수사의 역할이 중요하였다. 먼저 궁방에서 국왕에게 보고할 사안이 있을 경우에는 내수사에 수본을 작성하여 올렸다. 수본이 내수사를 경유한 것, 즉 내수사에서 수본을 접수하였다는 사실은 문서에 답인된 內需司印과 함께 접수시기, 접수처가 기재된 것으로도 알 수 있다. 국왕에게 입계해야할 사안인 경우에는 내수사에서 단자를 작성하고 수본을 점련해서 올렸는데 이는 현전하는 문서의 형태와 내용을 통해서도 드러난다.

〈자료 1〉 궁방 手本(右), 내수사 單子(左)의 粘連 형태 및 단자의 起頭辭

위의 문서는 1736년(영조 12) 5~6월 사이에 작성된 용동궁 수본과 내수사 단자이다. 5월에 작성된 용동궁 수본을 6월에 작성된 단자의 오른쪽에 점련하여 근거 문서로서 활용한 것을 볼 수 있다. 또한 '內需司(啓)粘連某宮房手本是白有亦'라고 시작하는 단자의 기두사를 기재하여 수본과 단자가 점련된 상태임을 밝혔다. 이를 통해 수본을 점련한 단자가 국왕에게 입계되어 처리되었다는 사실을 알 수 있다.

궁방은 법전에 명시되지 않았기 때문에 궁방에서 작성한 문서의 서식 또한 명문화되어 있지 않다. 다만 수본의 경우에는 실물 문서를 바탕으로 그 서식을 정리할 수 있으며, 이를 통해 시기를 구분할 수 있을 정도로 특징이 뚜렷하다. 이를 정리하면 아래와 표와 같다.

〈표 1〉 궁방 手本의 서식

① 작성 궁방명	某宮房
② 문서명	手本
③ 기두사	宮亦 等(기두사 無), 右手本爲(기두사 有)
④ 본문 내용	云云
⑤ 행이 과정	入啓…爲(白)只爲
⑥ 결사	行下向教是事
⑦ 작성 시기	年 月 日
⑧ 담당자 직함·성명	某職姓名
⑨ 담당자 착명	<着名>
⑩ 내수사인	[內需司印]
⑪ 접수 시기	年 月 日
⑫ 접수처	某房

①작성 궁방명 '某宮房'과 ②문서명 '手本'은 그 사이를 隔字하거나 문서명인 수본 두 글자를 비교적 작게 기재하기도 하였다. ③기두사는 기재 유무에 따라 두 가지로 나뉜다. 첫째, 특별한 기두사가 없이 바로 본론을 시작하는 경우이다. 둘째, '右手本爲'라는 기두사로 시작하는 경우이다. 19세기 중반 이전에는 문서명 이후 기두사가 없이 바로 내용으로 넘어가 사안을 언급하는 것이 대부분이다가 19세기 중반 이후가 되면 '右手本爲'라는 기두사가 나타났다.

④본문 내용이 이어진 후에는 '入啓…爲(白)只爲' 등과 같이 앞으로 진행되어야 할 ⑤행이 과정을 언급하였다. 그 범위와 표현에 차이가 있지만 궁방에서 국왕에 게 입계할 만한 사안인지 여부는 물론 앞으로의 문서 행이 과정을 숙지하고 있었 다는 사실을 의미한다. ⑥결사는 항상 '行下向教是事'를 사용하였다. 이는 수본이 사안을 보고하는 것에서부터 시작하여 문제를 해결해줄 것을 청원하는 내용으로 마무리되는 문서임을 보여준다. ⑦작성 시기는 처음에는 중국 연호를 기입하였다 가 19세기 중후반 이후에는 간지로 대체하였다. 일자는 생략된 채 연대와 월자만 기입하는 것이 대부분이었다.

특히 수본은 궁방에서 작성한 문서 중에서 실제 작성자의 정보를 파악할 수 있는 유일한 문서이다. ⑧담당자의 직함과 성명, ⑨담당자의 착명을 기재하였기 때문이다. 수본 담당자들의 직함인 掌務, 書員, 稷宮(稷奴)은 모두 궁방의 내부 직제 중 운영 및 재산의 관리와 장부의 작성 등 실무를 수행하는 소임에 해당하

였다.[11] 이들은 궁방의 문서 및 도서와 관련하여 문제가 발생하였을 때 소환되기도 하였다.[12]

궁방에서 수본을 작성할 때의 서식은 담당자의 착명에서 마무리되지만 작성 이후 수본에는 또 다른 서식이 추가되었다. 바로 내수사에서 수본을 접수하며 기재한 ⑩내수사인, ⑪접수 시기, ⑫접수처이다. 내수사에서는 내수사인을 답인하고 그 위에 접수한 연대, 월자, 일자와 접수처인 각 방의 명칭을 차례대로 기재하여 해당 수본을 접수하였다는 것을 표시하였다. 수본에 나타나는 접수처는 戶房, 禮房, 刑房, 工房이며 실제로 내수사는 4개의 방 체제로 운영되었다.[13]

때로는 수본으로 내수사에 보고·청원해야할 사안이 한 궁방만이 아니라 다수의 궁방과 관련된 경우도 있었다. 이때 각각의 궁방은 단독이 아닌 연합하여 수본을 작성하였는데 이를 都手本이라고 한다. 도수본은 궁방이 단독으로 작성하는 경우와 서식상의 차이가 없지만 마지막에 참여한 궁방의 이름을 聯名하였다는 점이 특징이다.

이어서 궁방의 문서 행이 중 중앙아문의 경우이다.

〈도식 2〉 중앙에서 행해진 궁방의 문서 행이(2)

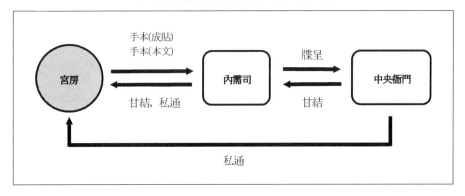

11) 조영준, 앞의 책(2016), 38~40쪽.

12) 『承政院日記』 인조 19년(1641) 10월 11일: 刑曹啓曰, 粘連京畿監司書狀云云. 宮家圖書禁斷時, 寧城君冒法出送, 其宮掌務稼奴等, 推問後處置, 何如? 啓依允.

13) 각 방의 기본 업무를 보면 호방은 조달 비용과 수입 처리, 예방은 祭典 조달, 형방은 궁속의 범죄 단속, 공방은 御用備品의 제조를 담당하였다(조영준, 「19世紀 王室財政의 運營實態와 變化樣相」, 서울대학교 박사학위논문, 2008, 45쪽). 그러나 이러한 업무는 수본의 내용과는 연결되지 않기 때문에 수본을 접수하는 데에는 각 방의 기본 업무가 고려되지 않았던 것으로 보인다.

궁방에서 중앙아문에 보고할 사안이 있을 경우에도 내수사에 수본을 작성하여 올렸는데 국왕에게 입계한 경우와 마찬가지로 내수사의 역할이 중요하였다. 먼저 궁방에서는 내수사에서 중앙아문에 보고하도록 요청하는 내용의 수본과 전체적인 사안을 기재한 수본 2점을 작성하였다. 내수사에서는 사안이 적힌 수본의 내용을 직접 인용한 첩정을 중앙아문에 올렸다. 첩정에는 수본을 점련하였다는 기두사가 등장하지 않기 때문에 실제로는 근거 문서인 수본을 점련하지 않았던 것으로 보인다.

반대로 내수사에서 궁방에 지시나 요청 사항을 전달할 때는 감결이나 사통을 보냈다. 감결은 궁방과 내수사 사이는 물론 첩정으로 보고받은 중앙아문에서 자신들의 의견을 내수사에 전달하고, 이를 다시 내수사에서 궁방에 전달할 때에도 사용되었다.

다음은 타 궁방과 이루어진 문서행정의 모습이다.

〈도식 3〉 중앙에서 행해진 궁방의 문서 행이(3)

문서가 가지는 간편함으로 인해 사통은 궁방끼리도 주고받은 대표적인 문서였다. 왕실 행사의 지원이나 장토의 운영 등과 관련하여 정보를 전달하고 의견을 수렴하는 것이 주요 목적이었다. 특히 장토가 인접하여 洑, 水路의 문제를 공유하는 경우에는 다수의 궁방이 연합하여 도수본을 작성해서 올렸다. 이때 사통을 주고받으며 사전에 내용을 조율하거나 담당자의 정보를 기입하였다. 사안과 관련된 궁방이 여러 곳이라면 한 건의 사통을 작성하여 돌려보기도 하였다.

지방에서 행해진 궁방의 문서행정은 다시 지방아문과 지방에 산재한 장토와 관련하여 이권 업무를 담당한 궁속, 민, 원당으로 나눌 수 있다. 그중에서 먼저 지방아문과의 사이에서 오고갔던 문서의 종류를 보도록 하겠다.

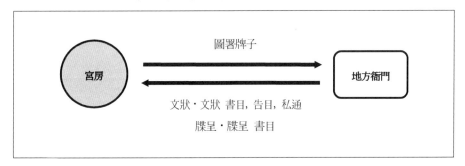

궁방과 지방아문 사이에서는 지방아문의 吏胥와 문서를 주고받는 것이 일반적이었다. 궁방에서는 장토 운영과 관련된 자들에게 수시로 궁방의 의사를 전달하고 명령을 이행하도록 할 필요가 있었다. 이를 위해 사용한 대표적인 문서가 도서패자이다. 일반적으로 牌子는 개인 간의 매매 과정 중에 상전이 노복에게 위임하기 위해 작성한 문서로 알려져 있으며, 牌字・牌旨・배지・배자・빅즈라고도 표기하였다. 그러나 궁방・서원・문중・관으로 발급주체가 보다 다양하며 패자의 성격 또한 사안에 대한 지시나 통보 등의 목적으로 작성되었다.[14)

도서는 좁게는 궁방의 인장, 넓게는 궁방의 인장이 답인된 문서를 가리킨다. 특히 궁방에 있어서 답인된 도서는 단순히 문서의 양식적 특징만을 의미하지 않았다. 궁방은 정식 아문이 아니라는 이유로 품계의 高低에 따른 일반 관문서의 사용에 제약이 있었다. 따라서 발급 주체로서의 권위를 효과적으로 드러낼 수 있는 방법은 도서의 답인이었으며, 이는 임명・지시 등의 목적으로 내리는 하달 문서에서 더욱 두드러졌다. 도서와 문서명을 결합시켜 표현한 경우는 '圖署差帖', '圖署完文' 등에서도 발견되며 모두 문서 곳곳에 도서가 답인되었다는 특징을 가지고 있다. 특히 도서패자는 단순한 합성어를 넘어서서 고유한 문서명으로까지 발전하였다.

패자의 서식은 『儒胥必知』에 수록된 내용과 실물 문서의 형태를 바탕으로 정리되었다. 생략 가능한 문서명, '~處/付/處付' 등으로 표현되는 수취자, '無他~' 등의 기두어와 '~宜當向事', '~事' 등의 결사, 발급일자, 발급자, 서명 또는 답인과 같이 총 7가지 요소로 구성되었다.[15) 그렇다면 궁방 도서패자의 서식 또한 이와 유사한지 살펴보도록 하겠다.

---

14) 박성호, 「고문서 패자에 관한 고찰―패자의 유형과 성격 고찰을 중심으로」, 『국학연구』 15, 2009, 299~301쪽.
15) 박성호, 앞의 논문(2009), 313쪽.

<자료 2〉 정해년 9월 용동궁 圖署牌子

위의 문서는 정해년 9월에 용동궁에서 평안감영 영리에게 보낸 도서패자이다. 문서는 문서명이 없이 '平安監營營吏處'라고 하여 수취자를 기재하는 것으로 시작하였다. 또한 패자의 서식과 마찬가지로 기두어 '無他'에서 결사 '宜當向事'로 내용을 마무리하였다. 발급일자인 '丁亥九月日', 발급자인 '龍洞宮'을 기재하고 해서체로 '龍洞宮'을 새긴 장방형의 도서를 답인한 것까지 패자의 서식을 충실히 따르고 있다. 실제로 위의 문서를 포함한 용동궁의 모든 도서패자는 문서명을 기재하지 않고, 수취자를 '～處'로만 기재하였다는 점을 제외하면 일반 패자의 서식과 크게 다르지 않다.

특히 이서에게 보낸 도서패자는 '告(本)官', '告營(門)', '告于汝矣官家'라고 하여 상급자인 지방관에게 보고하라는 당부의 내용으로 마무리되기도 하였다. 궁방의 뜻을 지방관에게 전달하기 위해서 이서를 경유하였음을 보여주는 문구인 것이다. 이후 수령이나 관찰사가 상부에 보고할 때도 궁방에서 이서에게 보낸 도서패자는 그 근거로 나타나고 있다.16)

도서패자에서 다루고 있는 사안은 주로 궁방의 장토를 타량, 상납하는 등 수세와 관련된 일을 수행하는데 협조를 구하는 것이다. 때에 따라 용동궁에서는 자신들이 지시 또는 당부한 내용이 어떻게 거행되었는지 그 결과에 대해 보고받기를 원하였다. 이는 形止를 馳告 또는 馳報하라는 내용으로 등장한다. 이서들은 文狀 및 文狀 書目, 告目, 사통으로 사안을 보고하였다.

---

16) 『各司謄錄』 「南原縣牒報移文成册」 영조 13년(1737) 2월 10일: 二月初十日報巡營. 爲相考事. 節到付本縣三公兄 了於義宮圖署內….
  『日省錄』 정조 21년(1797) 윤6월 2일: 平安監司朴宗甲狀啓, 以爲平壤庶尹洪樂正牒呈內, 本府三公兄所抵壽進宮 圖署知委, ….

공교롭게도 문장과 문장 서목은 지방 군현의 삼공형, 고목은 감영의 영리가 작성한 것만이 남아있다. 『용동궁공사책』에는 이서들이 보고한 문서가 아예 없었고 『용동궁등록』에는 군현의 삼공형이 작성한 문장만을 확인할 수 있었다. 남아있는 자료의 수량이 적기 때문에 단언할 수 없지만 같은 이서라고 하더라도 궁방에 보고하기 위해 작성한 문서의 종류에는 차이가 있었던 것으로 추정된다.

그런데 궁방과 지방아문 사이에서 문서가 오고갔을 때 반드시 이서와 접촉하지만은 않았던 것으로 보인다. 지방의 수령이 牒呈 및 牒呈 書目으로 궁방에 보고한 사례도 다수 남아있기 때문이다. 용동궁에 바쳐야 할 상납을 米 또는 錢文의 형태로 올려 보낸다고 보고하는 내용을 담고 있기 때문에 삼공형이 작성한 문장 및 문장 서목에서 다루는 사안과 중요도 면에서 큰 차이가 없다. 그럼에도 불구하고 지방 수령의 명의로 상급자에게 보고할 때 사용하는 첩정을 작성하게 된 정확한 이유는 알 수 없다.

〈도식 5〉 지방에서 행해진 궁방의 문서 행이(2)

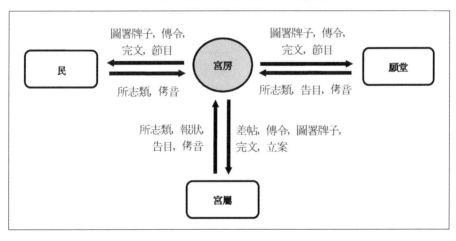

그밖에 지방에서 궁방과 문서를 주고받은 주요 대상들로는 장토 관련 이권 업무를 담당한 궁속과 민, 원당 역할을 한 사찰이 있다. 궁속에게는 임명, 지시, 증빙의 목적에 맞게 각각 差帖, 傳令과 도서패자, 完文과 立案을 보냈다. 반대로 궁속이 궁방에 보낸 문서로는 청원할 사안과 관련한 소지류 문서, 진행 상황을 보고할 때 작성한 報狀과 고목, 어떠한 사안에 대해 처리하고 책임을 지겠다는 내용의 侤音이 있다. 궁방에서 일반 민들에게는 도서패자와 전령, 완문과 절목을 보냈고 민들

이 보낸 문서로는 소지류 문서, 다짐이 있다. 원당 사찰에도 역시 도서패자와 전령, 완문과 절목을 보냈으며 사찰 측에서는 소지류 문서, 고목, 다짐을 보냈다.

이중에서 구체적으로 살펴볼 문서는 궁속에게 발급한 차정문서인 차첩이다. 궁방에서는 宮差나 도장이 監官, 마름을 두어 장토와 작인을 관리하고 수세·상납을 하는 방식으로 운영하였다. 궁차는 궁방에서 장토를 직접 경영하기 위해 내부에서 근무하는 직원이나 노자를 파견한 것이었으며 책임자로서의 성격을 지닌 상급자는 宮監, 京監이라고도 불리었다. 이들 궁차에게는 별도의 차정문서가 발급되지 않았지만 해당 지역의 삼공형에게 보낸 도서패자의 내용을 통해 파견 사실을 알 수 있다.[17]

반면에 도장, 감관, 마름은 장토 관리를 위해 별도로 차정한 대표적인 궁속들이다. 도장은 한 개인이 해당 지역 장토의 수세권을 부여받아 차정되었으며 그 권리는 상속 또는 매매되었다. 따라서 궁방에서는 차정한 도장에게 일정액을 상납하도록 해서 간접적으로 장토를 관리하였다. 감관과 마름은 궁차나 도장의 명령을 받들어 주로 付種·引水·秋收 등 수확을 위한 과정과 작인의 관리를 담당하였다.[18] 이들은 본래 궁방에 속하지 않은 외부의 인물을 임명한 것이기 때문에 차첩의 발급을 통하여 그 관계와 임무를 분명히 하도록 하였다. 도장·감관·마름 외에 차첩의 수취 대상으로는 鄕監과 作人, 山直, 旅客主人·浦口主人·船主人 등 장토의 성격과 업무에 따라 다양한 궁속이 있었다. 또한 庫直, 奴子와 같은 궁속들에게도 발급하였다.

왼쪽의 문서는 경신년 4월에 용동궁에서 서찬애에게 발급한 도장 차첩이다. 모든 궁방 문서와 마찬가지로 궁방의 차첩은 양식이 별도로 정리되지 않았고, 문서마다 내용과 양식이 일정하지 않다. 그럼에도 불구하고 분명한 점은 官 발급 차첩에서 확인할 수 있는 '合下仰照驗施行, 須至帖者' 등의 투식, 첩자인과 담당자의 착관·착압

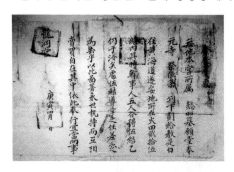

〈자료 3〉 경신년 4월 서찬애 도장 差帖

17) 『龍洞宮公事冊』 1책: 庚辰十月十二日. 長湍三公兄處. 【條牌子.】 無他, 宮屬本府所在月峰山柴場, 今秋柴木載運上納次, 宮差下送爲去乎, 到卽定將差, 執捉完固船隻, 風高前, 星火裝載, 趁卽上送, 以爲莫重內用之需, 無孃奉公之意, 告本官, 惕念擧行, 宜當向事.

18) 김용섭, 「司宮庄土의 管理: 導掌制를 中心으로」, 『사학연구』 18, 1964, 573~586쪽.

과 같은 특징이 전혀 나타나지 않는다는 것이다. 이는 '某處', '宜當向事' 등의 문구와 발급처인 용동궁을 기재하는 것으로 대체되었다. 현전하는 실물 문서와 등록류에 등서된 문서에서도 관의 차첩과 같은 사례는 나타나지 않았다. 관의 임명 차첩을 본뜨면서도 서식에 한해서는 자신들의 편의에 맞게 변용시켰다고 볼 수 있다. 또한 기두어 '無他'로 시작하여 결사 '宜當向事'로 마무리되는 사례도 있다는 점에서 도서패자와 그 양식이 유사하지만 차첩은 임명을 목적으로 발급한 것이기 때문에 내용을 통해 충분히 구분 가능하다.

『용동궁공사책』과 『용동궁등록』에 등서된 차첩을 통해서는 산직을 총괄한 都山直의 존재나 한 사람이 감관과 마름을 겸하는 등 보다 다양한 사례들을 확인할 수 있다. 또한 실물 차첩의 본문은 '無他'로 시작하는 것이 대부분이었지만 등록류를 통해서는 '右差帖爲' 또는 '右帖爲', '右帖文爲'로 시작하는 경우도 나타났다.[19]

IV. 맺음말

궁방 문서는 당시 궁방에서 어떠한 조직과 체계를 가지고 기능을 수행하였는지 보여주는 1차 자료이다. 본문에서는 1907년 궁방이 폐지되는 시기까지 존재하였고, 낱장 문서 및 등록류의 형태로 현재까지 전해지는 자료를 통해 그 운영 실태를 파악할 수 있는 궁방 중 하나라는 점을 고려하여 용동궁 관련 문서를 주요 대상으로 삼아 연구를 진행하였다.

국왕 중심의 효율적 통치를 위한 방안 중 하나로 공문서 체계를 정비한 정조는 궁방 문서에 대해서도 언급하였다. 궁방에서 땔감·곡식을 재촉하거나 도장·마름을 차태하는 일 외의 이유로 지방에 도서패자를 보내지 말라는 것이었지만 발급 사유나 행이 과정을 지키지 않는 폐단이 비일비재하였다.

용동궁 문서를 바탕으로 파악할 수 있는 궁방 문서의 행이 및 종류는 크게 중앙과 지방으로 나뉘었다. 특히 중앙에서 행해진 문서행정 중 국왕의 경우에는 궁방에서 수본을 작성해서 내수사에 보고하고, 내수사에서 수본을 점련하여 국왕에게 단자를 올렸다. 지방에서 행해진 문서행정 중 지방아문의 경우에는 일반적으로 이

---

19) 『龍洞宮公事冊』 1책: 差帖. 朴永祚. 【辛巳五月日.】 右帖爲本宮所屬文川北彿監官差定爲去乎, 收稅等節, 着實擧行爲旀, 上納段, 每年十一月內備納, 無至抵罪之地, 宜當向事.

서에게 도서패자를 보내 문장이나 고목으로 보고받았지만 수령이 첩정으로 보고하기도 하였다. 장토 관련 업무를 담당한 궁속에게는 임명 차첩을 발급해주었는데 도장 차첩이 대표적이다.

특히 궁방은 소지류 문서를 접수하여 처분을 내리거나 입지·입안 및 완문·절목을 발급하기도 하였다. 용동궁 이외에도 다른 개별 궁방 문서의 분석이 지속적으로 이루어진다면 기능에 따른 궁방군이나 전 시기 궁방에 적용할 수 있는 문서 행정 상 특징이 확실히 정립될 수 있을 것이다. 더 나아가 크게 왕실 문서·관문서·사문서로 구분된 고문서 분류체계에 대해 궁방 문서라는 새로운 범주를 적용해볼 수 있다는 가능성도 생각해볼 필요가 있다.

조선시대 斜給立案*

박하늘

I. 머리말

사급입안은 조선시대 허여와 매매로 인해 발생한 재산의 소유권 변동에 대한 공증을 담당하던 입안의 한 종류이다. 조선시대에는 직계존비속 간의 허여를 제외한 재산의 허여와 매매 후 그에 대한 공증문서인 입안을 발급받아야 했다. 이때 관에서 발급하던 문서가 바로 사급입안이다. 사급입안은 1354년부터 1831년까지 현재 총 461건이 확인되는데, 1354년 고려 말 사급입안을 시작으로 그 수가 점차 증가하여 16세기부터 18세기 사이 가장 성행하는 모습을 보인다.[1] 이렇게 사급입안은 여말선초부터 조선후기까지 약 500여 년에 걸쳐 허여와 매매에 대한 공증문서의 역할을 담당하였고 현재 전하는 입안 중 가장 많은 수를 차지하고 있다.

조선의 사급입안은 입안 발급 과정에서 발생한 所志, 許與文記・賣買明文, 招辭, 立案을 차례로 이어붙인 粘連문서의 형태이다. 이것은 허여와 매매 후 입안 신청 소지를 관에 올리면 관에서 허여 및 매매문서, 관련자의 진술 등을 검토한 후 최종적으로 입안을 작성해주는 방식으로 발급되었다. 이러한 사급입안의 발급 과정은 소지-허여문기・매매명문-초사-입안이 차례로 점련된 사급입안의 형태에 그대로 반영되었고, 이것은 사급입안의 문서 행정 절차를 그대로 보여준다.

입안 발급 과정에서 여러 종의 문서를 검토하였던 관은 개별 문서의 여백에 관의 처분을 기록하였다. 여기서 관의 처분이란 수령의 처분과 서명과 같이 문서의 처리에 관해 작성한 모든 관부의 기록을 말하는데, 이는 관의 문서 행정 절차를 시각적으로 보여주는 부분으로 사급입안의 발급 절차를 유추할 수 있게 한다.

---

* 이 글은 「조선시대 斜給立案의 양식과 발급 절차」, 『고문서연구』 54, 2019를 수정・보완한 것이다.

1) 관의 공증문서인 입안이 남아있는 사급입안을 대상으로 자료를 수집하였다.

사급입안의 발급 시기							계(건)
1354~1400년	~1500년	~1600년	~1700년	~1800년	~1831년	미상	
3	15	88	156	171	11	17	461

한편 사급입안은 발급 시기에 따라 그 양식이 점차 변화하는 양상을 보인다. 그리고 이러한 변화는 사급입안의 점련 문서에서 주로 나타났다. 따라서 본고에서는 시기별 사급입안의 점련 문서를 시기별로 나누어 살펴보고, 사급입안에 기재된 관의 처분 기록을 통해 문서의 발급 절차를 실증적으로 구명하고자 한다.

II. 사급입안의 양식

사급입안의 양식은 1800년대 민간에서 간행된 『儒胥必知』「買得斜出式」에 수록되어 있다. 유서필지는 조선후기 사대부나 서리, 일반 백성들이 유용하게 쓸 만한 문서들의 규식을 수록한 것으로, 이 중 매득사출식은 매매에 관한 사급입안을 발급받는 과정에서 작성하는 문서의 서식과 형태를 예시하고 있다. 시기적으로 허여사급입안은 여말선초부터 16세기 이전까지, 매매사급입안은 15세기 중엽부터 19세기 중반까지 발급되었는데,[2] 이를 반영하여 당시 빈번하게 사용되었던 매매사급입안의 양식을 유서필지에 수록한 것으로 보인다. 다음은 사급입안의 점련 문서와 형태를 언급한 매득사출식의 내용이다.

① **매득인 소지**에 이르기를, '…제가 ○○○로부터 □□을 매득하였으므로 법에 따라 사급해 주시기 바랍니다…'하고, 그 제김(제사)에 '요청한 대로 사급할 일'이라고 쓴다.

② 그 다음에 **매득한 명문**을 붙인다.

③ ○○년 월 일, 재주가, —성명과 나이를 호패와 대조 확인하였음— 아뢰기를, "네가 ○○○게 □□을 방매한 진위를 현고하라'고 추문하였기에, '제가…(대략 매매명문 내용대로 작성한다)하고 영구히 방매한 것이 확실하다'는 점을 진술합니다."고 한다.

④ 증인과 필집 —각자의 성명과 나이를 쓴다. 각각 호패를 대조 확인하였음—아뢰기를, "○○○이 …라고 하였기에, □□을 얼마로 값을 쳐서 받고 방매할 때 저희들이 증인과 필집으로 함께 참여한 것이 확실합니다."고 한 다음 '白'자를 열서하고 차례대로 착명을 하거나 수촌을 한다. 수령이 서압을 한다.

⑤ 성첩 말단에 **입안**을 붙이되 별지를 사용한다. 첫 번째 줄에는 '연호 ○○년 월 일 ○○관 입안'이라고 쓴다. (두 번째 줄) 입안은 사급해주는 일이다. **소지·매매문기와 증인·필집·각인의 초사**를 점련하였다. ○○년 월 일 재주 ○○○은 □□을 ×××쪽에서 방매한 것이 확실하기때문에 매득한 것이거니와, ○○○에게 규례에 따라 엽질을 점련하여 돌려주고, 이에 입안한다. 행○○관 착압. 성첩하여 차례로 이

---

2) 허여사급입안과 매매사급입안의 시기별 분포 현황은 다음과 같다.

유형	1354~1400년	~1500년	~1600년	~1700년	~1800년	~1831년	미상	계(건)
허여사급입안	3	12	28	2	0	0	1	46
매매사급입안	0	3	60	154	171	11	16	415

어 붙이고 답인한다.(문기는 이어 붙인 곳에만 답인한다. 본문기는 이어 붙인 곳에만 답인한다.)³⁾

위와 같이 매득사출식은 매매한 재산에 대한 斜出, 즉 매매사급입안의 양식을 예시하고 있다. 이는 당시 사급입안의 발급 사안이 대부분 매매에 있었기 때문인데 허여사급입안의 경우 소지 뒤에 매매명문이 아닌 허여문기가 점련되었다는 차이가 있을 뿐 그 양식이 이와 크게 다르지 않다. 따라서 여기서 매매명문을 허여문기로 보아도 무방하다.

또한 매득사출식은 사급입안의 점련 문서와 형태, 그리고 사급입안을 구성하는 개별 문서의 서식을 수록하고 있다. 위의 밑줄로 표시한 부분이 사급입안의 점련 문서와 형태에 대해 언급한 부분인데, 이를 통해 사급입안이 소지, 매매명문(허여문기), 초사, 입안으로 구성되어 있음을 알 수 있다.

이렇게 사급입안의 구성 문서는 매매명문(허여문기)을 제외하고 모두 사급입안 발급 과정에서 작성된 문서들이었다. 이들은 소지, 매매명문(허여문기), 초사, 입안 순으로 점련되었고, 문서의 발급 관은 개별 문서의 연접 부분에 해당 관의 官印을 찍었다. 이를 바탕으로 사급입안의 점련 문서와 형태를 도식화하면 다음과 같다.

〈도식 1〉 사급입안의 점련 문서와 형태

| ⑤ 立案 | ④ 證筆 招辭 | ③ 財主 招辭 | ② 賣買明文 (許與文記)⁴⁾ | ① 所志 |

------ 점련면
← 점련 방향

이러한 사급입안의 양식은 실제 사급입안에 그대로 나타난다. 위와 같이 일반적인 조선의 사급입안은 입안 발급 과정에서 발생한 소지, 매매명문(허여문기), 재주

---

3) 전경목 외, 『유서필지』, 사계절, 2006, 356~358쪽.
4) 관으로부터 공증 받고자 하는 재산의 습득 경로가 허여인 경우 재산의 허여 당시 작성된 허여문기가, 매매인 경우 재산의 매매 당시 작성된 매매명문이 소지 뒤에 점련되었다.

및 증인과 필집의 초사, 입안을 차례로 이어붙인 점련 문서의 형태를 가지고 있다.

한편 수집한 사급입안을 검토하는 과정에서 사급입안의 점련 문서가 발급 시기에 따라 점차 변화하는 양상을 보인다는 사실을 알 수 있었다. 사급입안의 점련 문서는 고려 말, 15세기에서 16세기 초, 16세기 이후로 구분할 수 있다.

1. 고려 말

〈도식 2〉 고려 말 사급입안의 점련 문서

典議[5]	(證筆等 所志)	許與文記	所志

소지-허여문기-전의가 점련된 형태는 현전하는 고려 말 사급입안 세 건에 공통적으로 나타나는 특징이다. 위와 같이 고려 말 세 건의 사급입안은 모두 소지 뒤에 허여문기를 점련하고 있다. 이를 통해 현전하는 고려 말 사급입안이 모두 허여사급입안임을 알 수 있는데, 실제 고려 말에는 재산의 매매를 엄격하게 금지하고 있었다.[6] 따라서 당시에는 오직 허여사급입안의 발급만이 가능했던 것으로 보인다. 또한 고려 말 사급입안에는 공증문서로서 '典議'가 가장 마지막에 점련되었다. 이것은 조선에서 입안이 문서명으로 사용되기 이전에 사용되었던 고려의 공증문서명으로 여겨진다.[7]

〈표 1〉 고려 말 사급입안의 현전 현황

번호	발급 연도	발급 사안	대상	발급자	수취자	점련 문서	형태
1	1354	허여	노비	耽津縣	尹丹鶴	許與文記, 所志, **證筆等 所志**, 題音, 典議	帖
2	1379	허여	노비	漢陽府	收養女	所志, 許與文記, 典議	粘連
3	1386	허여	노비	蔚珍郡	南永蕃	所志, 許與文記, 典議	轉載

한편 1354년 탐진현 사급입안에는 '證筆等 所志'가 추가적으로 나타난다. 이것

---

5) 고려 말 세 건의 사급입안의 입안에 해당하는 문서의 始面에는 모두 '典議'가 기재되어 있다. 입안이 문서명으로 자리 잡기 이전인 고려시대에는 典議가 사급입안 공증문서의 문서명으로 사용되었다.

6) 『고려사』, 志39 형법2 공양왕 3년.

7) 현전하는 사급입안 중 입안이 처음 문서명으로 등장한 것은 1404년 대구현 사급입안부터이다. 이를 시작으로 이후 입안은 사급입안의 공증문서를 지칭하는 문서명으로 일관되게 사용되었다.

은 허여문기 작성 당시 참여한 필집과 증보의 진술문서이다. 이 문서는 내용적 측면에서 재주 및 증인과 필집을 관에 불러 그들이 구두로 진술한 말을 문서화시킨 조선시대 초사와 상당히 유사한 특징을 가진다. 그러나 증인과 필집이 직접 진술하고자 하는 내용을 소지의 형식으로 작성하여 관에 제출한 것으로, 문서의 발급 주체가 진술자 본인이었다. 따라서 적어도 고려 말까지는 진술자가 관에 출두하여 구두로 진술을 하는 초사와 같은 제도가 아직 행해지지 않았음을 알 수 있다. 하지만 나머지 두 건의 사급입안에 이 같은 문서가 나타나지 않는 것으로 보아 당시에는 관련자들의 진술문서가 사급입안 발급에 필수적이지 않았던 것으로 보인다.

2. 15~16세기 초

〈도식 3〉 15~16세기 초 사급입안의 점련 문서

立案	侤音·條目	侤音·條目	(公緘/緘答)	許與文記 · 賣買明文	所志

소지-허여문기·매매명문-다짐·조목-입안이 점련된 형태는 1408년에서 1510년 사이에 발급된 사급입안에 공통적으로 나타나는 특징이다. 15세기 초에는 허여사급입안만이 나타나다가 약 1468년을 기점으로 점차 매매사급입안이 나타나기 시작하는데, 이것은 노비와 전택의 매매 후 이에 대한 입안을 필수적으로 발급받을 것을 규정한 경국대전의 영향인 것으로 보인다.[8] 매매사급입안의 경우 매매 당시 작성된 명문이 소지 뒤에 점련되었다.

이 시기부터는 한 개 이상의 진술문서가 거의 모든 사급입안에 필수적으로 점련되기 시작한다. 이때 진술문서의 역할을 했던 문서는 다짐·조목·함답이었고, 진술의 주체는 허여 또는 매매 당시 참여했던 재주 및 증인과 필집이었다. 함답은 양반가 부인·관에 출두하지 못하는 6품 이상의 현직관리·내시가 작성한 서면 진술서로 사급입안에 항상 점련되는 문서는 아니었다. 드물지만 관의 질문서인 공함이 함답과 함께 점련된 경우도 있다.

---

8) 『경국대전』「刑典」私賤條, 戶典 買賣限條.

〈표 2〉 15~16세기 초 사급입안의 현전 현황

번호	발급 연도	발급 사안	공증 대상	발급자	수취자	첨련 문서	형태
1	1404	허여	노비	大邱縣	李氏	所志, 立案	전재9)
2	1408	허여	노비	楊洲府	朴氏	所志, 許與文記, 侤音, 立案	첨련
3	1414	허여	노비	·	徐沈	所志, 許與文記, 立案	전재
4	1431	허여	노비	大邱縣	徐沈子	所志, 立案	전재
5	1464	허여	노비	醴泉郡	金孝盧	所志, 許與文記, 條目, 立案	첨련
6	1465	허여	노비	禮安縣	金澗	所志, 許與文記, 條目, 立案	첨련
7	1466	허여	노비	寧海府	南蓀	所志, 許與文記, 侤音(條目), 立案	첩
8	1466	허여	노비	奉化縣	·	許與文記(傳准),10) 立案	첨련
9	1468	매매	노비	大都護府	·	所志, 賣買明文, 侤音, 立案	첨련
10	1480	허여	전택	安東府	黃氏	許與文記, 緘答, 진술,11) 立案	첨련
11	1480	허여	노비	安東府	黃氏	許與文記, 진술, 公緘, 緘答, 立案	첨련
12	1480	허여	노비	安東府	金孝盧	所志, 許與文記, 진술, 公緘. 緘答, 立案	첨련
13	1487	매매	전답	禮安縣	金孝盧	所志, 賣買明文, 侤音, 立案	첨련
14	1494	허여	노비 전택	掌隸院	·	所志, 許與文記, 緘答, 條目, 立案	첨련
15	1496	매매	노비	掌隸院	鄭眉壽戶 奴	所志, 賣買明文, 緘答, 條目侤音, 立案	첨련
16	1506	허여	노비	金山官	·	許與文記, 진술, 立案	첨련
17	1507	매매	노비	金山郡	孫宅戶奴	所志, 賣買明文, 緘答, 진술, 立案	첨련
18	1509	허여	노비	安東府	吳氏	所志, 許與文記, 緘答, 진술, 立案	첨련
19	1509	허여	노비 전답	靈巖郡	·	所志, 許與文記, 緘答, 條目, 立案	첨련
20	1509	허여	노비 전답	奉化官	權士秀	許與文記, 진술, 立案	첨련
21	1509	허여	노비	掌隸院	·	所志, 許與文記, 緘答, 條目, 立案	첨련
22	1509	허여	노비 전답	安陰縣	全氏	許與文記, 진술, 立案	첨련
23	1510	허여	노비	掌隸院	·	許與文記, 條目, 緘答, 立案	첨련

진술문서는 진술자의 관 출두 여부에 따라 두 가지로 구분된다. 다짐과 조목은

---

9) 1404년, 1414년, 1431년 전재된 세 건의 사급입안은 모두 달성서씨 가문의 문서로, 1988년 활자본 2책으로 간행
된 『달성서씨현감공파창계공세보』의 상권의 권수 부분에 수록된 것이다.

10) 1466년 흥해배씨 사급입안의 경우, 11년 전의 허여문기에 대한 전준을 받아 이에 대해 사급입안을 받은 것이
다. 여기에는 진술서에 해당하는 문서나 허여문기에 대한 전준을 신청하는 소지가 보이지 않는다.

11) '진술'이라고 표기한 것은 재주 및 증인과 필집이 진술문서가 존재하지만 진술문서의 시면 혹은 입안의 본문에
진술문서의 명칭이 명확히 드러나지 않은 경우이다.

진술자가 직접 관에 출두한 경우로 구두로 진술한 내용을 담당 서리가 받아 적어 문서화한 것이다. 다짐과 조목은 진술문서의 始面 또는 입안의 본문에 등장한 용어를 문서명으로 삼은 것인데, 문서의 시면에 문서명으로 등장하기도 하고 입안의 본문에서 진술문서를 지칭하는 용어로 사용되기도 했다.

3. 16세기 이후

〈도식 4〉 16세기 이후 사급입안의 점련 문서

立案	招辭	招辭	(公緘/緘答)	許與文記 · 賣買明文	(牌子-)[12]	所志

소지-허여문기·매매명문-초사-입안이 점련된 형태는 약 1518년 이후의 사급입안에서 공통적으로 나타나는 특징이다. 이는 현전하는 마지막 사급입안인 1831년 사급입안까지 지속되어 나타나며, 조선의 가장 일반적인 사급입안의 점련 형태라고 할 수 있다.

초사는 약 1518년에 발급된 것으로 추정되는 한성부 사급입안의 입안 본문에 처음으로 등장한다.[13] 이때 등장하는 초사는 다짐과 조목을 대신하여 이후 사급입안의 진술문서를 지칭하는 문서명으로 지속적으로 사용된다. 실제 유서필지 매득사출 식에서도 재주와 증필의 진술문서를 '招辭'라고 언급하고 있다. 이는 진술문서로서 다짐과 조목을 언급하던 이전 시기의 사급입안과 다른 특징이며, 이를 기점으로 이후 사급입안에서는 재주 및 증인과 필집의 진술문서를 초사라 지칭하고 있다.

또한 1643년 적성현 사급입안을 시작으로 매매명문 앞에 牌子를 점련한 사례가 나타난다. 배자는 매매관련 배자로 상전이 자신의 하인에게 매매 절차를 대신 이행하도록 할 때 작성한 위임장에 해당한다.[14] 배자는 매매의 절차상 매매명문의 앞에 점련되었으며, 상전이 자신의 권리를 하인에게 위임한 경우 발급되었으므로 사급입안에 항상 점련되는 문서는 아니었다.

---

12) 고문서 패자는 한자로는 牌旨·牌子·牌字, 한글로는 배지·빈즈·배자 등의 다양한 표기 형태를 보이고 있다. 본고에서는 서울대학교 규장각 소장본 『震覽』의 吏文편 '牌子[빈즈]'에 따라 편의상 '牌子[배자]'라고 명명하겠다.

13) 양주 사릉 해주정씨 해평부원군종가 고문서.

14) 박성호, 「고문서 패자에 관한 고찰 -패자의 유형과 성격 고찰을 중심으로-」, 『국학연구』 15, 한국국학진흥원, 2009, 303쪽.

III. 사급입안의 발급 절차

사급입안은 입안 신청 소지를 관에 올리면 해당 관에서 허여 및 매매문서, 관련자의 진술 등을 검토한 후 최종적으로 입안을 작성하는 방식으로 발급되었다. 그리고 이와 같이 입안 발급 과정에서 여러 종의 문서를 검토하였던 관은 개별 문서의 여백에 관의 처분을 기록하였다. 본 절에서는 사급입안에 기재된 관의 처분 기록을 바탕으로 사급입안 발급 절차를 구명하고자 한다.

1. 소지의 접수와 처분

사급입안은 입안 발급 과정에서 검토한 문서들을 차례대로 점련하는 형태적 특징을 가진다. 그리고 사급입안의 발급 관은 사급입안에 점련된 개별 문서의 여백에 해당 문서에 대한 관의 처분을 기재하였다. 여기서 관의 처분이란 소지의 題音[뎨김]과 수령의 着官·着押과 같이 문서의 처분에 관해 작성한 모든 관부의 기록을 말하는데, 이는 다음과 같이 허여문기·매매명문을 제외한 소지, 초사, 입안에 주로 나타난다.[15]

〈자료 1〉 사급입안에 기재된 관의 처분[16]

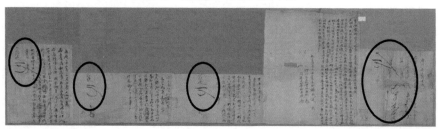

수령의 착관과 착압으로 문서의 처결 주체를 나타낸 초사·입안과 달리, 입안 신청 소지의 여백에는 관의 처분 기록인 뎨김이 작성되었다. 이것은 소지에 대한 관의 접수와 처분 사항을 기록한 것으로, 입안 신청 소지에 대한 관의 접수 및 처분 과정을 알 수 있게 한다.

---

15) 입안 신청 소지가 관에 제출되면, 이에 대한 관의 접수와 처분 업무가 시작되었다. 관의 접수 및 처분에 관한 기록은 소지의 여백에 작성되었는데, 이렇게 소지에 작성된 관부의 기록을 모두 '題音[뎨김] 또는 '題辭'로 통칭하여 불렀다.

16) 한국정신문화연구원, 『고문서집성』 65, 「경주 옥산 여주이씨 독락당편」, 2003, 468쪽.

그런데 이러한 사급입안 신청 소지의 뎨김은 시기에 따라 작성 양식의 차이를 보인다. 먼저 1354년에서 1431년 사이에 발급된 여말선초 사급입안 소지의 뎨김에는 다음과 같이 처분 날짜, 처분 내용, 처분 관리의 서명 등 소지에 대한 관의 처분 사항이 기록되었다.

여말선초 사급입안 소지의 뎨김 양식 (약 1354~1431년)

① 처분 날짜
② 처분 내용
③ 처분 관리의 서명

실제 여말선초 시기의 사급입안 소지에 작성된 뎨김을 살펴보면, 다음과 같이 관의 처분 날짜를 기재한 뒤 처분 날짜 주변에 처분 내용을 적고, 처분 주체인 수령의 착관과 착압을 하는 방식으로 기록되었다.

〈자료 2〉 여말선초 사급입안 소지의 뎨김 사례

[사례 1] 1354년 탐진현 사급입안	[사례 2] 1379년 한양부 사급입안	[사례 3] 1386년 울진군 사급입안	[사례 4] 1408년 양주부 사급입안
①(至正)十月十日 ②付 ②斜 ③耽津監務官[着押]	①同月十二日 ②斜(只)▪ ③判官[着押]	②付 ①同日 ②斜是 監印[17]	②付 ①同月廿六(日) ②監 ③府使[着押]

---

17) 해당 문서는 『南宗通記』에 전재된 것인데, 문서에 찍힌 관인을 '監印'으로 표현한 것이다.

이것은 해당 날짜에 해당 처분을 해당 관리로부터 받았음을 나타낸 것이다. 따라서 위 소지들은 소지를 올린 날짜를 기준으로 각각 '至正十月十日', '同月十二日', '同日', '同月卅六日'에 관의 수령으로부터 '斜付', '斜只', '斜是付', '監付'라는 처분을 받았다. 여기서 처분 내용을 '斜(是)付', '監付'와 같이 해석한 것은 한성부 사급입안 뎨김에 일관되게 나타나는 '斜付'라는 표현을 참고한 것이다. 다음 [사례 5], [사례 6]과 같이 한성부에서는 사급입안 신청 소지에 대한 관의 처분 날짜 뒤에 '斜付'를 기재함으로써 해당 날짜에 소지에 대한 관의 처분이 내려졌음을 나타내었다.18)

이로 볼 때 본래 한성부 사급입안 소지에서 '사급입안을 발급하라'는 의미로 사용되던 '斜付'라는 표현을 지방에서 일정기간 차용한 것으로 추측된다. 이에 대한 근거로 다음 [사례 7] 1509년 안동부 사급입안의 뎨김을 들 수 있는데, 이는 기존과 달리 '斜'와 '付'의 순서를 뒤바꾸어 작성한 사례로 처분 내용이 처분 날짜를 중심으로 '斜付'라고 작성되기도 하였음을 보여준다.

〈자료 3〉 '斜付'가 기재된 사급입안 소지의 뎨김 사례

[사례 5] 1541년 한성부 사급입안	[사례 6] 1608년 한성부 사급입안	[사례 7] 1509년 안동부 사급입안
初四 黃19) (■■)十月初五日 **斜付** 房掌參軍 呂[着押]	卅六 宙 戊申六月卅六日 **斜付** 房掌參軍 崔[着押]	初五日 刑 **斜** 正德四年正月十三日 **付** 行府使[着押] 行判官

18) 위 [사례 5]와 [사례 6]은 소지의 뎨김 형식을 볼 수 있는 현전하는 가장 이른 시기의 한성부 사급입안이다.

19) 한성부 입안신청 소지의 제사에는 천자문 자호 '天', '地', '玄', '黃', '宇', '宙' 중 한글자가 기재되었다. 이것은 입안 발급 업무를 담당한 부서, 즉 한성부 내 6방을 나타낸 것이다(박하늘, 「조선시대 한성부 所志 題辭에 기재된

이후 뎨김의 양식은 약 15세기 중반을 기점으로 변화하는 양상을 보인다. 약 1464년에 발급된 사급입안 소지의 뎨김부터는 소지에 대한 관의 접수 사항과 처분 사항을 분리하여 기재하기 시작한다. 이렇게 접수 사항을 분리하여 기재하는 현상은 『경국대전』 호전(戶典) 매매한조(買賣限條)의 영향인 것으로 보이는데 매매한조에서는 허여의 경우 1년 이내에, 매매의 경우 100일 이내에 허여와 매매 사실을 관에 고해야 한다고 규정하고 있다.[20]

다음과 같이 이 시기 뎨김의 접수 사항에는 접수 날짜와 담당 기관, 처분 사항에는 처분 날짜, 처분 내용, 처분 관리의 서명이 작성되었다. 문서행정 절차상 접수가 처분보다 먼저 이루어졌기 때문에 접수 사항이 처분 사항보다 먼저 기록되었다.

15세기 중반 이후 사급입안 소지의 뎨김 양식 (약 1464년 이후)

① 접수 날짜
② 담당 기관
③ 처분 날짜
④ 처분 내용
⑤ 처분 관리의 서명

여기서 담당 기관이란 관에서 해당 소지에 대한 업무를 담당했던 기관을 말한다. 실제 지방관아에서 사급입안 발급업무를 담당했던 기관은 대부분 刑房으로 이는 접수 날짜 뒤 '刑'으로 표기되었다. 즉 소지의 접수 이후 그에 대한 입안 발급 업무가 형방에게 일임된 것이다.

이는 관에 출두하지 못하는 진술자들에게 발송한 관의 질문서인 공함에서도 나타난다. 아래 공함에 기록된 것과 같이 공함의 발송주체는 해당 관의 형방 記官이었다. 간혹 戶房에서 사급입안 발급업무를 담당한 사례가 나타나는데, 이는 매매 대상이 전답인 경우였다.

千字文 字號와 六房의 업무 분담」, 『장서각』 43, 한국학중앙연구원, 2020).
20) 『경국대전』 戶典 買賣限條.

〈자료 4〉 공함의 발송 주체

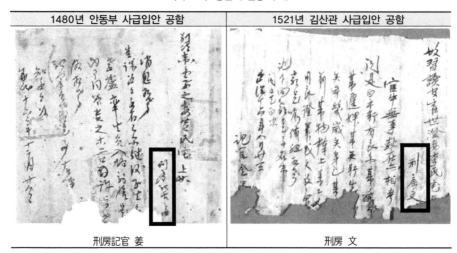

1480년 안동부 사급입안 공함	1521년 김산관 사급입안 공함
刑房記官 姜	刑房 文

실제 이 시기 사급입안에 작성된 소지의 뎨김을 살펴보면, 다음과 같이 관의 접수 날짜와 담당 기관을 기재한 후 관의 처분 날짜와 처분 내용을 적고 처분주체인 수령의 착관과 착압을 하는 방식으로 작성되었다.

〈자료 5〉 15세기 중반 이후 사급입안 소지의 뎨김 사례

[사례 8] 1464년 예천군 사급입안	[사례 9] 1468년 대도호부 사급입안	[사례 10] 1487년 예안현 사급입안	[사례 11] 1509년 안동부 사급입안
①初五日 ②刑 ③甲申十二月初五日 ④右所志內乙用良 推考向事 合行立案者 ⑤行知郡事[着押]	①初十日 ②刑 ④付 ③十一月二十二日 ④斜 ⑤行府使[着押] 行判官	①初八日 ②戶 ③初九日 立案 ④右所志內乙(用良) ⑤■…■	①初五日 ②刑 ④斜 ③正德四年正月十三日 ④付 ⑤行府使[着押] 行判官

따라서 위 소지들은 각각 '初五日', '初十日', '廿八日', '初五日'에 관에 접수되어 이에 대한 입안 발급 업무가 刑房과 戶房에 일임되고 이후 각각 '甲申十二月初五日', '十一月二十二日', '初九日', '正德四年正月十三日'에 관의 수령으로부터 입안 발급 처분을 받았다.

처분 내용을 살펴보면 위 [사례 8]과 [사례 10]은 입안을 요약한 형식으로, [사례 9]와 [사례 11]은 여말선초 뎨김과 같이 '斜付'를 처분 내용으로 작성하였다. 이러한 처분 형식은 16세기 초반 이전 소지에 주로 나타나는데, 특히 입안을 요약한 형식의 처분은 다음과 같이 15세기 중반부터 16세기 초반에 발급된 입안 신청 소지에서 나타나는 특징이다.

〈자료 6〉 15세기 중반~16세기 초 입안을 요약한 형식의 뎨김 사례

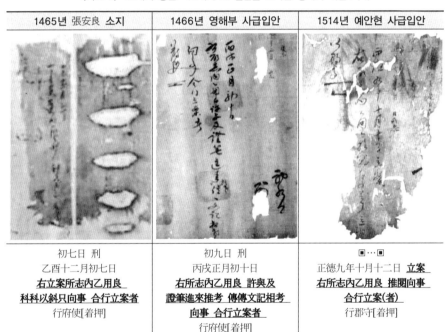

1465년 張安良 소지	1466년 영해부 사급입안	1514년 예안현 사급입안
初七日 刑 乙酉十二月初七日 **右立案所志內乙用良** **科科以斜只向事 合行立案者** 行府使[着押]	初九日 刑 丙戌正月初十日 **右所志內乙用良 許典及** **證筆進來推考 傳傳文記相考** **向事 合行立案者** 行府使[着押]	■…■ 正德九年十月十二日 **立案** **右所志內乙用良 推閱向事** **合行立案(者)** 行郡守[着押]

이렇게 관의 처분 사항만을 기재하던 여말선초 사급입안의 뎨김과 달리, 관의 접수 사항과 처분 사항을 분리하여 기재하는 15세기 중반 이후의 뎨김 양식은 곧 소지의 접수와 처분이 분리되어 이루어졌음을 의미한다. 이러한 사실은 소지의 접수 날짜와 처분 날짜 사이에 존재하는 시간 간격과 접수 담당 기관과 처분 관리와

의 차이를 통해서도 알 수 있다.

실제 [사례 9], [사례 10], [사례 11]은 모두 접수 날짜와 처분 날짜 사이에 하루 이상의 간격이 존재하고, 소지의 접수 주체가 형방 또는 호방인 반면 처분 주체는 해당 관의 수령이었다. 즉 여말선초 시기 관에서는 소지의 접수와 처분을 일괄적으로 진행하다가 약 15세기 중반 이후부터 소지의 접수와 처분 업무를 분리하기 시작한 것이다.

하지만 이후 뎨김부터는 관의 처분 사항을 점차 생략하기 시작한다. 다음과 같이 관의 접수 사항만을 기입할 뿐 이전보다 처분 날짜, 처분 내용, 처분 관리의 서명과 같은 처분 사항을 철저히 기재하지 않는 경향을 보인다.

〈자료 7〉 16세기 이후 사급입안 소지의 뎨김 사례

[사례 12] 1521년 김산군 사급입안	[사례 13] 1594년 경주부 사급입안	[사례 14] 1677년 해남현 사급입안	[사례 15] 1696년 기장현 사급입안
①卄一日 ②刑	②刑 ①二十九日 ④訂筆率來向事 ⑤尹[着押] 判官	④依願斜給向事 ①十七 ②刑 ⑤官[着押]	②刑 ①十二日 ⑤官[着押]

처분 내용 역시 위 [사례 14], [사례 15]와 같이 '증인과 필집을 데리고 올 것(訂筆率來向事)', '원하는 대로 사급해 줄 것(依願斜給向事)'과 같이 상당히 정형화된 양식으로 작성되었다. 이는 관의 사급입안 발급에 대한 관의 행정 절차가 점차 형식화되고 관례화되어 가고 있음을 보여준다. 하지만 여전히 소지의 접수 사항이 작성되는 것은 이후에도 소지를 접수하고 처분하는 업무가 관에서 분리되어 이루어졌음을 알 수 있게 한다.

2. 입안의 발급 절차

앞서 살펴본 입안 신청 소지의 데김과 같이, 사급입안에는 문서에 대한 관의 문서행정 절차를 유추할 수 있게 하는 관의 처분이 기록되었다. 그리고 이러한 관의 처분 기록은 약 16세기 초반 이전, 즉 사급입안의 발급 절차가 관례화되기 이전에 발급된 사급입안에 비교적 충실히 기재되는 경향을 보인다. 특히 관의 처분 기록에 나타나는 문서의 접수 날짜와 처분 날짜는 문서에 대한 관의 처분 시점을 명확하게 보여주는 요소인데, 이는 사급입안의 발급 절차를 밝히는 중요한 단서가 된다.

다음에서는 개별 문서의 작성 날짜와 관의 접수 및 처분 날짜가 충실히 기재된 사급입안의 사례를 통해 사급입안의 발급 절차를 구명해보도록 하겠다.

1) 1466년 영해부 사급입안

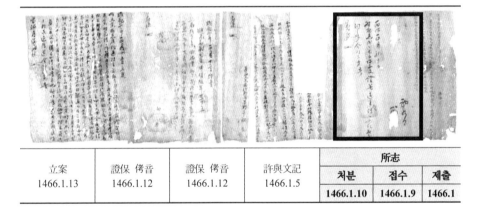

立案 1466.1.13	證保 侤音 1466.1.12	證保 侤音 1466.1.12	許與文記 1466.1.5	所志		
				처분	접수	제출
				1466.1.10	1466.1.9	1466.1

위 문서는 영해부에서 남손에게 발급한 노비 허여사급입안으로, 남손의 아버지 남수와 그의 처 백씨가 자녀들에게 노비를 허여한 사실을 공증하고 있다. 점련된 문서를 통해 입안 발급 과정에서 영해부가 허여 당시 작성한 허여문기와 당시 증보의 자격으로 참여하였던 임씨와 신석손의 진술 내용이 적힌 다짐 2건을 검토하였음을 알 수 있다. 위 경우에는 소지에 관의 접수 및 처분 날짜가 기재되었다.

개별 문서의 작성 날짜와 데김에 나타난 소지의 접수 및 처분 날짜를 시간 순서대로 나열해 보면, 1466년 1월 5일에 이루어진 허여에 대해 같은 달 남손이 영해부에 입안 신청 소지를 제출하였고, 그 달 초 9일에 영해부에서 해당 소지를 접수하여 10일에 입안 발급 처분을 내렸다. 그리고 12일, 증보 임씨와 신석손이 관에 나와 사실을 진술하고 그 하루 뒤인 13일에 입안이 최종적으로 발급되었다. 즉 제출된 소지를 접수하고 그에 대한 입안 발급 처분을 내린 후 관련자의 진술을 검토하여 최종적으로 입안을 발급한 것이다.

이에 따라 관의 사급입안 발급 절차를 정리해보면 다음과 같다.

〈도식 5〉 사급입안의 발급 절차 1

입안 신청 소지 제출 ▶ 소지 접수 ▶ **관의 처분** ▶ **관련자의 진술** ▶ 입안 발급

하지만 위 사례와 달리 관련자의 진술이 관의 입안 발급 처분보다 선행된 경우도 있었다.

2) 1509년 안동부 사급입안

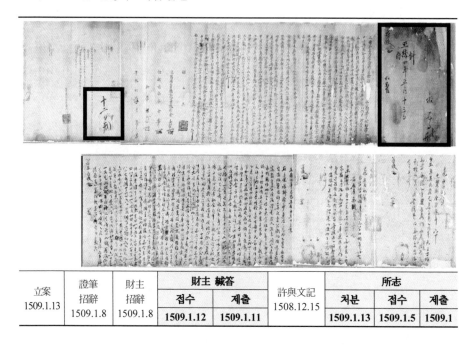

立案 1509.1.13	證筆 招辭 1509.1.8	財主 招辭 1509.1.8	財主 臧答		許與文記 1508.12.15	所志		
			접수	제출		처분	접수	제출
			1509.1.12	1509.1.11		1509.1.13	1509.1.5	1509.1

위 문서는 안동부에서 김연에게 발급한 노비·전답 허여사급입안으로, 백부 김효원과 그의 처 오씨가 조카 김연에게 노비와 전답을 허여한 사실을 공증하고 있

다. 점련된 문서를 통해 입안 발급 과정에서 안동부가 허여 당시 작성한 허여문기와 재주인 오씨, 김효원의 함답과 초사, 당시 증보와 필집의 자격으로 참여하였던 이철주, 권형, 김린의 초사를 검토하였음을 알 수 있다. 위 사급입안의 경우 소지에 관의 접수 및 처분 날짜가 기재되었을 뿐만 아니라 양반가 부인인 오씨가 작성하여 제출한 함답에도 함답에 대한 관의 접수 날짜가 기재되었다.

개별 문서의 작성 날짜와 소지의 접수 및 처분 날짜, 함답의 접수 날짜를 시간 순서대로 나열해보면, 1508년 12월 15일에 이루어진 허여에 대해 1509년 1월 김연이 안동부에 입안 신청 소지를 제출하였고, 그 달 초 5일에 안동부에서 해당 소지를 접수하였다. 그리고 3일 뒤인 8일, 재주 김효원과 증필 이철주, 권형, 김린이 관에 나와 사실을 진술하고 11일, 재주 오씨가 서면진술서인 함답을 작성하여 관에 제출하였다. 제출한 함답은 12일, 형방에서 접수하였고 다음날 13일, 마침내 해당 소지에 대한 입안 발급 처분이 내려지면서 당일에 바로 입안이 발급되었다. 즉 제출된 소지를 접수하고 관련자의 진술을 모두 검토한 뒤에 그에 대한 입안 발급 처분을 내린 후 최종적으로 입안을 발급한 것이다.

다음 1468년 대도호부 사급입안 또한 이와 동일한 발급 절차를 취하고 있다.

3) 1468년 대도호부 사급입안

立案 1468.11	侤音 1468. 11.10	侤音 1468. 11.10	侤音 1468. 11.10	侤音 1468. 11.10	賣買明文 1468.11.9	所志		
						처분	접수	제출
						1468.11.12	1468.11.10	1468.11

이 역시 제출된 입안 신청 소지를 관에서 접수한 당일에 재주 및 증필에 대한 추고가 이루어졌고, 이들의 진술이 모두 완료된 이틀 후에 관의 입안 발급 처분이 내려졌다. 이에 따라 관의 사급입안 발급 절차를 정리해보면 다음과 같다.

〈도식 6〉 사급입안의 발급 절차 2

입안 신청 소지 제출 ▶ 소지 접수 ▶ **관련자의 진술** ▶ **관의 처분** ▶ 입안 발급

이처럼 관의 처분 기록이 비교적 충실히 기재된 사급입안에 점련된 개별 문서들의 작성 날짜와 문서의 접수 및 처분 날짜를 시간 순서대로 나열한 결과, 당시 사급입안의 발급에 있어서 소지에 대한 관의 입안 발급 처분이 관련자의 진술 이전에 행해지기도 하고 관련자의 진술이 행해지고 난 후 입안을 발급 직전에 행해지기도 하였음을 알 수 있다. 즉 당시 상황이나 행정의 편의에 따라 관련자에 대한 추고가 입안 발급 처분보다 선행되기도 한 것이다. 이는 수령의 입안 발급 처분이 내려진 후, 관련자에 대한 추고를 시행하였다는 기존에 알려진 사급입안의 발급 절차와 차이가 있다.

그러나 [사례 13]과 같이 이후 소지에 '증인과 필집을 데리고 올 것(訂筆率來向事)'이라는 처분 내용이 빈번하게 작성되는 것을 통해, 소지에 대한 관의 처분이 먼저 내려진 후 관련자들이 관에 출두하여 사실을 진술하는 것이 이후 보다 일반적인 사급입안의 발급 절차였음을 추측할 수 있다.

IV. 맺음말

이렇게 사급입안의 시기별 점련 문서와 관의 처분 기록에 주목하여 사급입안의 양식과 발급 절차에 대해 살펴보았다. 그 결과 사급입안의 점련 문서는 발급 시기에 따라 세 시기로 구분할 수 있었다. 고려 말 사급입안은 所志-許與文記-典議, 15세기 초에서 16세기의 사급입안은 所志-許與文記·賣買明文-佮音·條目-立案, 16세기 이후의 사급입안은 所志-許與文記·賣買明文-招辭-立案 순으로 점련되는 특징을 보였다. 이 가운데 진술문서의 변화가 가장 주목할 만한데 고려 말에는 증필 등 소지가, 15세기에서 16세기 초까지는 다짐과 조목이 진술문서로 사용되다가 16세기 이후부터 초사가 일반적인 사급입안의 진술문서로 정착하기 시작하였다.

또 입안 신청 소지에 기재된 관의 처분 기록을 분석하는 과정에서 소지의 접수 날짜와 처분 날짜 사이의 간격과 접수 기관과 처분 관리의 분리를 통해 여말선초 시기 관에서 소지의 접수와 처분 업무를 일괄적으로 진행하다가 약 15세기 중반

이후부터 접수와 처분 업무를 분리하기 시작했음을 알 수 있었다. 그리고 관의 처분 기록이 비교적 충실히 기재된 사급입안에 첨련된 개별 문서들의 작성 날짜와 문서에 기재된 관의 접수 및 처분 날짜를 시간 순서대로 나열한 결과, 사급입안은 ①입안 신청 소지를 관에 제출하고 ②소지에 대한 관의 접수와 ③처분이 내려지면 ④관련자를 추고하고 이들의 진술 내용을 검토한 뒤 이에 대한 ⑤입안을 작성하는 절차를 거쳐 발급되었음을 알 수 있었다. 하지만 경우에 따라서는 관련자에 대한 추고가 선행된 이후 입안 발급 처분을 내리는 유동적인 모습을 보이기도 했다. 즉 관의 입안 발급 처분은 당시 상황이나 행정의 편의에 따라 재주 및 증필의 진술 이전에 행해지기도 하고 그 이후에 행해지기도 한 것이다.

조선시대 單子
-탄원서를 중심으로-*

이다희

I. 머리말

조선시대 백성들은 억울하고 원통한 일이 있어 하소연하거나 청원하고자 할 때 所志라는 문서를 사용하여 관부에 글을 올렸다. 소지는 백성·서리·천민이 관부에 올리는 訴狀·請願書·陳情書로서 관부의 판결과 도움이 필요할 때 올리는 문서이다.1) 이러한 목적으로 올리는 문서들의 종류를 탄원서라고하며 그 속에는 所志, 單子, 上書, 原情, 議送 등 다양한 문서들이 포함된다. 본고에서는 그 중 '대개 사대부가 친히 官司(守令·方伯)에 올리는 소장·청원서'로 정의되는 단자에 대해 살펴보고자 한다. '단자'라는 명칭이 사용된 동명이의의 문서들 중에는 국왕이나 관부에 人名·物種 등의 목록을 신고·보고하는 목적으로 작성한 문서와2) 개인이 인명·물종 등을 기재한 목록을 칭하는 문서명으로 사용된 경우가 있다. 그러나 본고의 연구대상은 탄원서의 성격을 갖는 단자로 한정하고자 한다.

탄원서에 속하는 단자는 서식과 작성자에 따라서 문서명이 다르게 표기되는데, 본고에서는 단자의 서식과 작성자에 대해 분석함으로써 단자만의 특징을 정리하고 현재까지 알려져 있는 단자에 대한 인식을 규명하는 것을 목적으로 하고자한다. 이를 위해 작성연대가 명확한 260건의 문서를 바탕으로 단자의 서식을 시기적으로 분석할 것이며, 관찬사료와 실물 분석을 통해 작성자를 규명할 것이다. 더 나아가 사족들이 관에 동일 사건을 가지고 여러 건의 탄원서를 올릴 경우, 다양한 종류의 탄원서 가운데 단자를 사용한 특별한 이유가 있는지 고찰해 보고자 한다.

---

* 이 글은 「조선시대 所志單子 연구」, 한국학중앙연구원 한국학대학원 석사학위논문, 2018을 수정·보완한 것이다.

1) 최승희, 『(개정증보판)韓國古文書硏究』, 지식산업사, 2011, 306쪽.

2) 본 내용은 석사학위 논문 Ⅱ장 단자의 정의와 용례에서 논하였으며, 최승희의 『(개정증보판)한국고문서연구』에 단자라는 문서명이 사용된 20종의 문서(선원록세계단자, 돈녕단자, 천단자, 포폄단자 등)를 분석하여 내린 결론이다.

II. 단자의 서식

1. 서식의 시기별 변화양상

『경국대전』禮典의 用文字式 이하 조문이나 『전율통보』등을 살펴보면 교지나 첩정 등 관문서의 서식은 실려 있지만, 사문서에 관한 서식은 없다. 따라서 본장에서는 작성연대가 밝혀진 260건의 단자들을 통해 다른 탄원서와 구분되는 명확한 서식적 특징과 시기별 변화 양상[3]을 서술할 것이다. 이를 위해 먼저 단자를 작성할 때 일반적으로 기재하는 구성요소들을 세분화하여 검토해보고자 한다.

〈자료 1〉 단자의 구성요소

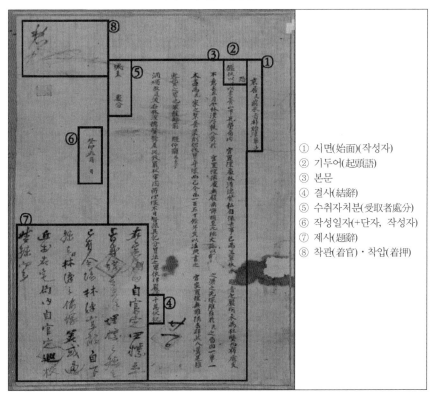

① 시면(始面)(작성자)
② 기두어(起頭語)
③ 본문
④ 결사(結辭)
⑤ 수취자처분(受取者處分)
⑥ 작성일자(+단자, 작성자)
⑦ 제사(題辭)
⑧ 착관(着官)·착압(着押)

---

3) 탄원서에 작성일자를 적을 때 고려시대와 조선전기에는 중국의 연호를 기재하여 그 연대가 분명하나, 조선후기에는 간지만 기재하는 경향이 두드러졌기 때문에 연대추정의 어려움이 있다. 따라서 Ⅱ장에서는 연대추정이 된 단자만을 연구대상으로 한다.

가장 첫 행은 ①시면이라고 하며 주로 문서명을 기재한다. 그러나 단자의 경우 시대에 따라 작성자를 함께 기재하기도 했다. 두 번째 행에 ②기두어를 시작으로 소송·청원하는 내용을 ③본문에 기재한다. 본문 내용이 끝나는 마지막 행에 ④결사를 적고 ⑤수취자는 대상과 처분이라는 용어를 기재한다.[4] 그 후 단자의 ⑥작성일자를 적는데, 하단에 '單子'라는 문서명을 함께 적는 경우도 있다. 작성자가 ①~⑥까지 작성하여 관에 제출하면 관에서 수취자가 처분인 ⑦題辭를 적고 왼쪽 상단에 ⑧着官·着押을 하였으며, 탄원서 전체에 官印을 찍어 돌려준다. 官印을 찍어 돌려준다. 제사는 관의 판결을 나타내는 것으로 왼쪽 여백에 작성하였고 처분의 내용이 많으면 오른쪽과 뒷면에 이어 작성하기도 하였다. 작성자는 단자를 작성할 때 위와 같은 구성요소를 대부분 빼놓지 않고 작성하였는데, 반드시 위의 구성과 같이 정해진 위치에 작성하진 않았다. 작성자를 ①번 위치가 아닌 ⑥작성일자 뒤에 적는 경우도 있었기 때문이다.

이와 같이 정리한 단자의 구성요소를 바탕으로 현전문서에 기재된 시면, 작성자, 기두어, 결사의 서식을 시기별로 분석하여 기재방식의 변화를 살펴보면 다음과 같다.[5]

1) 시면

〈표 1〉 시기별 시면 변화양상

1600년대	1700년대	1800년대	1900년대
城主前 單子/單子	單子	單子	(거주지)-(신분)-성명-單子

위의 표는 현전하는 단자의 시면을 분석하여 시기별로 가장 많이 사용된 서식을 기재한 것이다. 시면을 기재하는 방식은 세 가지 경우로 나눌 수 있는데 첫째, 문서명 '단자'만 적는 경우, 둘째, '城主前 單子'처럼 수취자와 문서명을 함께 적는 경우, 셋째, 작성자의 거주지, 신분, 성명, 문서명을 함께 기재하는 '某面某里居幼學姓名單子'의 형태가 있다. 1600년대는 '성주전 단자'와 '단자'가 쓰였고, 1700~1800년대는 '단자'가 주로 기재되는 양상을 보였다. 표에는 나타나 있지 않지만

---

4) 단자에는 주로 城主處分과 巡相處分으로 기재하였다.

5) 현전하는 最古의 단자가 부안김씨 가문 '1656년 김후열 등 단자'이기 때문에 1656년 이후 문서부터 경술국치 (1910년) 이전까지의 문서들을 중심으로 살펴보았다. 따라서 표에 1600년대와 1900년대는 1656년-1699년과 1900년-1910년까지이기 때문에 1700-1800년대보다 짧은 시기임을 유념해야한다.

1800년대는 '(거주지)-(신분)-성명-단자'로 기재하는 양상이 생겨났고, 1900년에 주로 사용되었다. 거주지를 생략하여 '신분-성명-단자'의 형식으로 쓰거나 신분을 나타내는 용어를 생략하여 '거주지-성명-단자'의 형식으로 기재하기도 하였다.

2) 작성자

작성자를 기재하는 방식은 시면에 따라 달라졌는데, 첫 번째로 '성주전 단자'와 '단자'를 적을 경우에는 작성자를 시면과 같은 행 하단이나 다음 행 하단에 기재하였다. 이 경우 모두 거주지와 직역 혹은 신분을 나타내는 용어와 성명을 기재하였다. 두 번째는 1900년대의 시면의 기재양상처럼 '모면모리거유학성명단자'로 작성하는 방식이며, 작성자의 거주지와 신분, 성명 그리고 문서명을 모두 한 행에 이어 기재했다. 세 번째는 작성자를 ⑥작성일자 아래에 적는 경우이다. 이는 주로 시면에 '성주전 단자'라고 쓴 경우보다 '단자'라고 기재한 경우가 더 많았으며 탄원서 중 等狀과 같이 여러 사람의 성명을 연명하여 단자를 올릴 경우는 대부분 작성일자 뒷부분에 작성자 성명을 기재하였다.

3) 기두어

기두어는 내용을 적은 본문이 시작되는 첫머리를 말한다. 주로 '살펴주시기 바랍니다. 엎드려 생각건대'라는 뜻을 가지고 있는 '恐鑑伏以'를 사용하였으며, 기두어 또한 시기별로 변화되는 양상이 존재했다.

〈표 2〉 시기별 기두어 변화양상

1600년대	1700년대	1800년대	1900년대
誠惶誠恐仰達于城主閣下	誠惶誠恐仰達于城主閣下	恐鑑伏以	恐鑑伏以

1600~1700년대의 경우 절반이상이 '誠惶誠恐仰達于城主閣下'라는 기두어를 사용하였다.[6] 이는 '진실로 황송하며 성주합하에게 우러러 말씀드립니다.'라는 뜻을 지니고 있으며 '성주합하'를 다음 행에 대두하는 방식이었다. 기두어에 쓰인 '誠惶誠恐'이라는 투식은 주로 신하가 국가의 일에 관련하여 국왕에게 올리는 글

---

6) 1600년대는 6건 중 4건, 1700년대는 27건 중 24건이 '誠惶誠恐仰達于城主閣下'라는 기두어를 사용하였다.

인 상소에 사용한 것이며7) 『眉巖集』에 실린 상소식을 통해서도 '誠惶誠恐'이 주로 상소에 사용된 투식임을 알 수 있다.8) 또한 조선전기 문신 河西 金麟厚(1510~1560)의 문집 『河西全集』을 통해서는 서간을 작성할 때도 사용했다는 사실을 알 수 있다.9)

'성황성공'이란 기두어를 사용한 상소와 서간, 단자의 공통점은 모두 작성자가 士族이며 수취하는 대상이 국왕 혹은 성주로 대상이 한정되어 사용되었다는 특징이 있다. 1600~1700년대의 단자는 자체적인 기두어가 없어 사족이 작성한 간찰, 상소 등에서 주로 사용한 기두어를 활용했던 것이나10) 시간이 흘러 단자만의 기두어를 만들어 사용했음을 추측해 볼 수 있다.11)

4) 결사

기두어를 기재한 다음은 본문에 단자를 올리는 이유와 관에 바라는 내용을 적고 결사로 마무리한다. 결사는 본문 마지막에 쓰는 것으로 수취자에게 부탁하는 의미를 담아 작성하는 것이다.

〈표 3〉 시기별 결사 변화양상

1600년대	1700년대	1800년대	1900년대
行下向敎是事	千萬~	千萬~	千萬~

1600년대에는 주로 '行下向敎是事', 즉 '명령·분부하실 일입니다.'로 해석되는 결사를 사용하였다.12) 이는 탄원서에서 많이 볼 수 있는 일반적인 결사의 서식이

---

7) 『典律通補』 上疏式: 具銜臣姓名 誠惶誠恐頓首頓首 謹百拜上言于···. 『조선왕조실록』 중종26년 3월 27일 기사에 "자기의 일이라고 한다면 上言이어야 하고 상소라 해서는 안 된다."라고 하여 상소와 상언이 내용적 측면에서 구분된다는 사실을 밝히고 있다. 본 논문에서는 상언과 상소 두 가지 모두 수취하는 대상이 국왕이며 '성황송공(誠惶誠恐)'이라는 기두어를 사용했다는 점에 대해서만 주목하고자 한다.

8) 『眉巖集』 권4, 庭訓: 某官臣姓名某 誠惶誠恐 頓首頓首 謹上言于 主上殿下 說頭 臣伏以云云 疏末 臣謹昧死以 聞 書 年號月日 不書名.

9) 『河西先生全集』 권11, 書: 月日 化民孤哀子金麟厚 誠惶誠恐 稽顙再拜 謹言于城土閤下 竊嘗聞 古之爲民上者 不患 己勢之不尊 而患民之不親 不患民心之不服 而患己之不盡 不以民性之流於惡爲可畢 而恒致念於本源之未嘗不善···. 본 서간은 문집의 「書」에 실려 있는 것으로, 김인후가 여러 현인의 말을 인용하여 성주(城土) 김태수(李太守)에게 올린 서간을 적어 놓은 것이다. 모월 모일이라는 작성 일자와 본인의 성명을 기재하였고 '성황성공(誠惶誠恐)'이라는 기두어로 서간을 시작하였다.

10) 단자의 작성자가 사족으로 한정되었다는 사실은 Ⅲ장에서 자세히 살펴보고자 한다.

11) 일반적 탄원서에서 사용된 '삼가 소지를 올리는 일은 다음과 같습니다.'의 뜻을 지닌 '우근언소지의뜬(右謹言所志矣段)'과는 확연한 차이를 보이며, 다른 탄원서에서도 살펴볼 수 없는 서식이기 때문이다.

다. 그러나 1700년대부터 1900년대까지는 '千萬幸甚'과 '千萬至祝'을 주로 사용하였는데 각각 '천만번 축원합니다.', '천만번 바라옵니다.'의 뜻으로 쓰였다. 필자는 모두 '千萬~'[13)으로 통합하여 분류하였는데, '千萬~'에 '之至'를 붙이거나 '行下向敎是事'를 붙여 쓰기도 했으며, 뜻은 모두 '천만~'과 유사했다.

2. 『유서필지』와 단자

단자를 작성하는 규칙은 『유서필지』에서만 찾을 수 있다.[14) 『유서필지』는 백성 혹은 서리들이 公私文書를 작성할 때 참조할 만한 서식들을 정리한 현존하는 최초의 서식집이다. 『유서필지』의 범례에 실린 시면과 기두어, 결사에 관한 설명을 살펴보면 다음과 같다.

> …始面에는 '某部某洞居幼學某單子'라고 쓰고, 起頭에는 '恐監伏以[삼가 살펴주시기를 바랍니다. 엎드려 말씀드리건대…]'라고 쓰며, 結辭에는 '無任祈懇之至[간절히 바라마지 않습니다]'라고 쓴다. [매우 원통하고 중대한 일이라면 혹 '無任泣祝[울면서 간절히 바라마지 않습니다]'라고도 쓴다.][15)

『유서필지』의 범례에 정의된 단자의 시면과 기두어는 앞서 살펴 본 실제 단자의 서식과 일치한다. 그러나 결사는 차이가 있는데. 실제 『유서필지』의 단자 예시를 살펴보면 필자가 정리한 서식과 다름이 없음을 알 수 있다. 단자의 세 가지 사례 가운데 「士夫以山訟事親呈單子」의 서식을 살펴보면 다음과 같다.[16)

---

12) 6건 중 5건에 해당된다.

13) 千萬幸甚, 千萬伏祝, 千萬泣祝, 千萬至祝, 千萬血祝, 千萬祈祝 등을 포함한다.

14) 무교갑진본을 근거로 초간본의 간행 연도가 1844년(헌종 10) 이전일 것이라고만 추정해왔다. 『유서필지』의 초간년도가 이와 같은 1844년이라면 편찬 시기는 당연히 그보다 앞설 것으로 추정되는데 편찬에 관련된 자료가 전해지지 않아 정확한 시기를 알 수 없다. 그러나 『유서필지』에 수록된 선조의 충신정려를 청하는 상언에 역신의 예로 홍경래가 언급되어 있으므로, 홍경래 난이 진압된 이후(1812년(순조 12))에 이 책이 편찬되었을 가능성이 있다(김종철, 「작문 교재로서의 『유서필지(儒胥必知)』」, 『국어교육연구』 제37권, 2016, 261쪽).

15) 始面云某部某洞居幼學某單子 而起頭則曰恐監伏以 結辭則曰無任祈懇之至 事系至寃重大 則或云無任泣祝(전경목 외 옮김, 『儒胥必知』, 사계절, 2011, 38쪽).

16) 이 중 「外邑人頉役所志」의 경우, 『유서필지』의 본문에 문서명이 所志라고 기재되어있지만 실제 『유서필지』의 목록에서 「外邑人有班脉者頉役單子」로 기재되어 있으며, 문서의 시면에도 단자로 기재되었기 때문에 단자로 구분하여 살펴보았다.

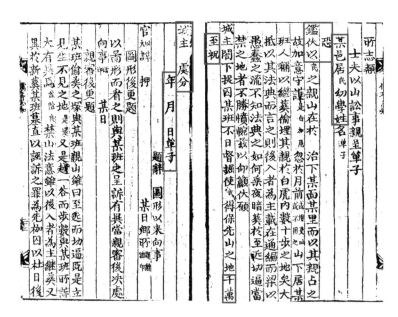

〈자료 2〉 士夫以山訟事親呈單子

　시면에 '某邑居民幼學姓名單子'를 기재하였고, 다음 행에 기두어 '恐鑑伏以'를 적는데 '恐'을 적고 다음 행에 '鑑'을 대두하여 기재하였다. 이는 살펴주는 대상이 수령이기 때문에 존중·존경의 의미로서 대두하여 작성한 것이다. 기두어를 쓴 후에 본문을 적고, 결사로 '千萬至祝'을 기재한다. 그다음 행에는 수취자인 성주에게 처분을 바란다는 뜻의 '城主 處分'을 적고 작성연월일과 단자를 적었다. 나머지 두 사례도 이와 유사한 서식으로 작성되었다.

　앞서 정리한 현전문서들의 시기별 시면, 기두어, 결사의 서식 중 『유서필지』의 간행연도와 유사한 1800-1900년대 서식과 『유서필지』 단자식을 비교하여 정리하면 다음과 같다.

〈표 4〉 현전문서들과 『유서필지』 단자의 서식 비교

	시면	기두어	결사
1800년대	單子	恐鑑伏以	千萬~
1900년대	(거주지)-(신분)-성명-單子	恐鑑伏以	千萬~
『儒胥必知』	거주지-신분-성명-單子	恐鑑伏以	千萬之祝 千萬祈祝之至 千萬祈懇之至

1800년대의 시면을 제외한 나머지 기두어와 결사는 동일함을 알 수 있다.[17] 민간에서 주로 쓰이는 단자식을 『유서필지』에 기재한 것인지, 『유서필지』로 인해 서식이 규정된 것인지는 알 수 없으나 이 서식집은 조선후기에 널리 사용되었던 공사문서의 서식을 잘 정리하였을 뿐만 아니라 문서의 체계를 세우려고 했다는 사실에는 부합된다고 할 수 있다.[18]

당시 사족은 탄원서를 작성할 때, 소지나 발괄이 아닌 단자라는 구별되는 문서명과 투식을 사용하여 다른 계층과의 차별성을 표출하고자 했던 것으로 보인다. 이에 『유서필지』를 편찬한 편찬자도 각각의 문서들을 신분에 따라 문서의 체계를 나누어 정리했다고 할 수 있다.

III. 단자의 작성자

단자의 서식을 살펴본 결과, 사족들이 다른 계층과 구별되는 탄원서를 작성하기 위해 서식에 차별을 두었을 수 있다는 가능성을 제기하였다. 그러나 이와 관련하여 작성하는 대상이 실제로 사족에 한정되었는지 밝혀진 바가 없다. 이에 대해 밝히기 위해 조선전기에도 단자가 존재하였는지 파악하고, 그 단자에 나타난 서식과 작성자에 대해 검토하여 조선후기에도 같은 특징이 이어지는지 살펴보고자 한다. 또한 『유서필지』의 범례를 살펴 단자의 정의와 작성자에 대해 고찰할 것이다. 그후 현전하는 단자 715건의 작성자를 신분에 따라 분류하여 사족만이 단자를 올린 것인지 분석하고, 그동안 증명하지 못했던 단자만의 특징을 규명하고자 한다.

먼저 조선전기의 단자 존재여부에 관해서는 柳希春(1513~1577)의 시문집인 『미암집』에 실린 일기를 통해 볼 수 있다. 일기에는 단자로 추정되는 문서를 베껴 적은 글이 존재한다.

> 형조에 좌기가 있음을 듣고 내가 손수 단자를 써서 보내기를, '살펴주십시오. 서울의 어을의동에 사는 충의위 柳源은 희춘과 전혀 알지도 못하는 사람인데, 전라 우수사 柳應龍이 부임해 갈 때 군관 자리를 속여서 몰래 취할 생각으로 희춘의 편지를 위조하여 6촌 아우라 칭하고 군관에 자신을 추천했으니, 이는 국법을

---

17) 이 표는 현전문서에서 가장 많이 쓰인 서식을 나열한 것이기 때문에 『유서필지』와 1800년대의 시면이 다르다고 생각할 수 있다. 그러나 '거주지-신분-성명-單子'의 서식은 1800년대에 처음 등장하여 1900년대에 가장 일반적으로 사용된 것으로 『유서필지』가 간행되었을 당시에도 사용된 서식이라고 할 수 있다.

18) 전경목, 「『유서필지』 編刊과 고문서학적 의의」, 『유서필지』, 사계절, 2011, 367쪽 참조.

두려워하지 않고 군대의 직임을 詐取한 것으로서 매우 간휼하여 통분을 금할 수 없습니다. 위에서 말한 유원의 위조편지를 유 수사가 보내왔기에 첨부하여 바치니, 법대로 죄를 다스려서 간사한 자들 전횡하는 풍조를 바로잡아 주십시오. 여러분들이 잘 살펴주시기를 바랍니다.'하였다.19)

유희춘은 유원이 거짓으로 고한 사실에 대해 형조에 단자를 올려 처벌을 요청했다. 서식적인 면에서 단자에 주로 쓰이는 '恐鑑'이라는 기두어를 사용했고 '伏惟僉令鑑'이라는 결사를 사용하여 법을 어긴 유원을 처벌해달라고 요청하는 내용으로 마무리 하였다. 이는 청원성의 목적을 지닌 단자라고 할 수 있으며, 앞의 절에서 살펴 본 단자의 기두어 서식과 비교하면 조선전기에도 동일한 기두어를 사용했다고 할 수 있다.

본 단자의 작성자의 경우, 조선전기 문신인 유희춘으로 당시에 전라도관찰사까지 역임한 사족이다. 즉 유희춘이 작성한 단자를 통해 조선전기에도 사족이 단자를 작성하였으며 조선후기 단자 서식과 유사했다는 것을 알 수 있다.

그렇다면 조선후기 간행된 『유서필지』의 범례에 기재된 단자에 대한 규정을 통해 단자를 작성하는 작성자에 제한을 두었는지 고찰해보고자 한다.

> 一. 사대부가 직접 올리는 소장을 단자라고 한다. 가령 서울에 사는 사대부가 산송 등의 일로 5부나 형조·한성부에 소장을 올릴 경우, 시면에는 '某部某洞居幼學某單子'라고 쓰고, 기두에는 '恐監伏以[삼가 살펴주시기를 바랍니다. 엎드려 말씀드리건대…]'라고 쓰며, 결사에는 '無任祈懇之至[간절히 바라마지 않습니다]'라고 쓴다. [매우 원통하고 중대한 일이라면 혹 '無任泣祝[울면서 간절히 바라마지 않습니다]'라고도 쓴다.]
> 一. 사대부가 자신이 살고 있는 고을의 수령[土主官]이나 조상의 무덤이 있는 고을의 수령[山在官]에게 소장을 올릴 경우, 시면에는 '某地居幼學某單子[△△땅에 사는 民 유학 ○○○의 단자]'라 쓰고, 기두와 결사는 위의 문구와 같다. [해당 고을의 수령을 '城主閣下'라고 존칭한다.]20)

『유서필지』에서 단자를 정의할 때 사대부가 직접 올리는 소장을 단자라고 한다고 규정하였다. 따라서 필자는 이 정의를 증명하기 위해 총 715건의 단자에 기재된 작성자의 신분 관련 용어를 검토하여 사족을 뜻하는 것인지 밝히고자 한다.

---

19) 『眉巖集』 권10, 1574년 4월 25일: ○二十五日 開刑曹坐起 余手書單子以送曰 恐鑑 京中於乙依洞居忠義衛柳源 與希春一不相知之人 以節全羅右水使柳公應龍赴任時 軍官欺罔 規取爲欲 僞造希春書簡 至以六寸弟稱云 以致軍官 自望爲有臥乎所 不畏國法 詐取軍旅之任 極爲奸譎 不勝痛憤 上項柳源僞造書簡乙 柳水使已送來爲乎等乙用良 粘連仰呈爲自去乎 依法治罪 以正姦橫之風 伏惟僉令鑑.

20) 一. 士夫親自呈訴曰單子 假令京士大夫或以山訟等事 呈訴於五部及刑漢城府 則始面云某部某洞居幼學某單子 而起頭則 曰恐監伏以 結辭則曰無任祈懇之至 事或至寃重大 則或云無任泣祝 一. 士夫呈訴狀於土主官及山在官 則始面云某地居民幼學某單子 起頭結辭 上同 尊稱其官曰 城土閣下(전경목 외 옮김, 『儒胥必知』, 사계절, 2011, 38쪽).

구분		수량(건)	
士族	民	489	569
	幼學	57	
	儒生, 進士, 掌議	11	
	生	8	
	門中	4	
官職名		10	
기타		7	
없음		129	
합계		**715**	

　　먼저 단자 작성자의 신분 관련 용어를 정리하면 위와 같다. 이를 통해 위의 명칭들이 사족에 해당하는지 혹은 해당하지 않는지 1차적으로 검토해보고자 한다. 첫 번째로 사족으로 분류된 용어 중 民과 관련된 용어이다. 민에는 化民과 民, 罪民, 士民을 포함시켰는데, 각각 313건, 114건, 61건, 1건이다. 가장 많이 사용된 용어는 '화민'으로 사족에 속하는 사람이 탄원서를 올릴 때 자기 자신을 낮추어 칭하는 방식이다.21) '민'은 『유서필지』에서 사대부가 단자를 올릴 때 사용함으로써 자신을 지칭한 사례를 찾을 수 있다. 다음으로 '죄민'의 '민'도 앞서 설명한 것과 같은 맥락이며, '효도를 제대로 하지 못하여 부모님을 돌아가시게 한 죄를 범한 사람'이라는 뜻에서 '죄인', '죄생'이라는 명칭을 사용하기도 했다. '죄민'이라고 기재한 사람이 다른 탄원서에서 본인을 '화민', '진사', '민' 등 사족으로 구분할 수 있는 또 다른 용어를 사용하였기 때문에, '죄민'이라는 용어는 '부모의 상중에 있는 사족'에 한정하여 사용한 용어라고 할 수 있다. '사민'으로 올린 한 단자는 유정환이 선조의 문집을 발간하기 위해 돈을 모았다는 사실을 통하여 '사민' 또한 사족임을 알 수 있다.22)

　　'유학'이란 칭호는 벼슬 없는 유생들 사이에서 폭넓게 쓰인 직역이었으며23) 『유

---

21) 이는 이미 송준호(『전북지방의 고문서』 1, 전라북도 전북향토문화연구회, 1993, 139~140쪽 참조)와 전경목(「조선후기 소지류에 나타나는 화민(化民)에 대하여」, 『고문서연구』 제6권, 1994, 150~153쪽 참조)에 의해 연구된 바 있다. 송준호는 '화민'이라는 호칭에 대해 "탄원서를 올릴 때 자기 자신을 낮추어 칭하는 방식으로 사용하였다"고 하였으며, "사족에 속하는 사람만이 이것을 쓸 수 있다"고 정의하였다. 또한 전경목은 이에 대해 덧붙여 "실제 탄원서 본문에서는 자신을 지칭할 때 '화민'보다는 '민'이라고 줄여서 기재하였다"고 하였다.

22) 호남권 한국학자료센터, 1851년 유정환 단자.

23) 김경숙, 「조선후기 山訟 所志類의 文書樣式과 分類」, 『규장각』 제25집, 2002, 111쪽.

서필지』에 실린 세 단자의 시면에도 모두 성명 앞에 유학이라고 기재한 것을 통해 사족들이 사용했던 신분 관련 용어라는 사실을 알 수 있다. 유생은 유학을 익히는 사람들이고 진사는 진사시에 합격한 사람으로 사족에 속하는 용어이며, 掌議는 성균관이나 향교 재임의 으뜸 자리를 맡은 사람으로 사족에 속한다. '生' 역시 '민'처럼 본문 내에서 사족 본인을 지칭할 때 사용했던 용어이다.

'문중'이라고 기재한 것은 시면에는 신분이 적혀있지 않고 작성 일자 뒤에 문중 사람들의 성명을 이어 적은 경우나, 문중의 일로 올린 경우를 모두 사족으로 구분하였다. 다음 관직명에 관련된 용어에는 郡守, 前府使, 前叅軍, 前司果, 前校理가 포함된다. 이들 모두 관직의 명칭을 적은 것이기 때문에 사대부에 속한다는 사실을 알 수 있다. 기타로 분류된 것에는 '童蒙', '畓主', '均役海稅派員', '南倉社首', '一鄕', '二別監', '前主事'에 해당하는 작성자가 쓴 단자로서 각각 1건씩 존재한다. 문서를 검토한 결과, 이들은 사족이거나 혹은 갑오개혁 이후의 신분으로 사족으로 정의할 수 없는 명칭이다.

단자에 기재된 신분 명칭을 살펴보았는데, 신분을 나타내는 용어를 기재한 경우 외에 나머지 129건은 신분을 밝혀 적지 않았거나, 문서가 훼손되어 알아볼 수 없는 경우였다. 그러나 시면에는 신분을 적지 않았으나 본문에 '민' 혹 '생'을 적은 경우와 다른 탄원서에서 '화민'과 '유학'이라고 지칭한 총 61건의 경우는 모두 사족으로 포함하여 정리였고, 이는 다음 표와 같다.

〈표 6〉 단자 작성자별 건수

구분	사족		기타	없음	총
건수	573	61	10	68	715

사족으로 분류된 573건에는 <표 5>의 사족 569건과 사족으로 추정한 '동몽', '답주', '남창사수', '일향'을 포함한 것이고, 61건의 경우는 단자에 직접 적혀있지 않았으나 다른 문서를 통해 사족으로 밝힌 것이다. 기타에 속하는 것은 갑오개혁 이후 등장하는 신분을 포함한 것이다. 따라서 총 644건이 사족이 작성한 단자임을 알 수 있으며, 이는 훼손되거나 아예 기재되지 않은 경우를 제외한다면, 단자를 올린 신분의 대부분이 사족이라는 사실을 알 수 있다.

반대로, 노비나 保兵, 保人 등의 일반군역을 진 사람들이 단자를 작성한 경우는 단 한 건도 찾을 수 없다는 사실도 알 수 있다. '어느 댁 노 누구'가 올린 발괄[白活]이나 소지의 경우는 있지만, 단자의 경우는 단 한 건도 찾아볼 수 없다. 그렇다면 이는 반드시 사족에 속하거나 관직을 지낸 사람만이 글을 올릴 수 있었던 것이라고 생각해 볼 수 있다.

탄원서는 작성하는 사람의 신분과 목적에 따라 구별되어 작성되었으나 법전에 규정된 사항이 아니었다. 그렇기 때문에 탄원서 내에서도 여러 문서가 혼용되어 사용되었고, 뚜렷한 구분이 나타나지 않는다고 생각했다. 그러나 단자의 작성자 신분을 검토한 결과 단자는 사족과 관직을 지닌 자들만이 사용했다는 경향성을 알 수 있었고, 그 규칙이 엄격히 지켜졌다는 사실 또한 알 수 있다. 이는 앞서 Ⅱ장에서 언급한 1600~1700년대에 주로 쓰인 '성황성공'이라는 기두어를 사용한 의도가 단자의 작성자를 사족으로만 한정하기 위함이라고 할 수 있다. 이는 당시의 사족들이 신분 구분 없이 작성하였던 탄원서의 양식을 신분에 따라 차별을 두고 자신들만 쓸 수 있는 문서 양식으로 고착화하고자 하였으며, 그 양식을 단자라는 문서를 통해 드러냈다고 할 수 있다.

Ⅳ. 사족과 단자

한 가문이나 한 사람이 동일한 내용에 관해 여러 종류의 탄원서를 사용하여 관에 소송·청원하는 경우가 있는데, 본장에서는 동일한 사안을 단자가 아닌 다른 문서를 번갈아 사용하여 올린 이유에 대해 고찰하여 사족들이 단자를 사용한 특정 이유가 있는지 고찰해보고자 한다.

〈표 7〉 규장각한국학연구원 『고문서』 수록 玄永富 산송문서군

번호	문서명	작성시기	발급자	수취자		요약 내용
1	所志	庚午 3월	玄永富	城主	본문	玄永富 부모의 산 가장자리 血爭의 땅에 투장한 山直 池世龜를 잡아 처벌하고 독굴할 수 있도록 청함
					제사	山直을 엄히 다스려 懲罰하기 위해 데리고 올 일이다. 18일
2	所志	庚午 3월		城主	본문	지세귀가 面主人과 한통속이니 세귀를 장을 치고 가두고 偸葬한 것을 열흘 내로 굴거할 수 있도록 해주길 청함

번호	문서명	작성 시기	발급자	수취자		요약 내용
					제사	주인이 기한을 어기고 지세귀를 대령하지 않은 죄로 마땅히 잡아올 일. 20일
3	單子	庚午 4월	玄永富	城主	본문	세귀를 잡아 가두고 빠른 시일에 掘去할 수 있게 해달라고 청함
					제사	독굴하는 일로 池哥를 잡아 가둘 일. 초9일
4	單子	庚午 4월		城主	본문	장을 치고 포승을 묶어 관법을 거절한 죄를 다스리시고 투장한 것을 독굴하게 해달라고 청함
					제사	마땅히 다시 더하여 엄금할 일. 16일

위의 표에 정리한 문서군은 규장각한국학연구원 발간『고문서』수록 현영부 산
송문서군이다. 현영부의 山直 池世龜가 현영부의 부모의 산에 몰래 투장한 것에
관해 관부에 두 차례의 소지를 올리고, 두 차례의 단자를 올렸다. 1번 소지내용을
보면, 현영부가 부모의 산을 守護禁養한지가 60년이 되었는데, 산직 지세귀가 현
영부 부모의 산 血爭의 땅에 투장하였으므로 지세귀를 잡아 처벌해달라는 내용의
글을 관에 올린다.[24] 수령은 面主人에게 지세귀를 잡아 오는 기간을 명령하지만
지세귀는 이를 행하지 않았고, 현영부는 또다시 두 번째 소지를 올린다.[25] 소지는
지세귀와 면주인이 한통속으로 다른 면에 장사지냈다고 속이고 현영부의 산에 투
매하는 흉악한 계획을 행하였으니 주인과 지세귀를 모두 엄히 벌을 내려달라고 청
한 내용이다. 하지만 역시 행해지지 않았고, 현영부는 또다시 하소연하는 글을 올
린다. 2번과 3번 소지 사이엔 현존하지 않는 두 건의 탄원서가 더 있는데, 계속 탄
원서를 올려도 문제가 해결되지 않았기에 현영부는 3번 단자를 올리게 된다.[26] 현

---

24) 遠一面旺升里居化民玄永富 右謹言刻骨至痛情由 近來人心 雖曰不淑 未有甚於池哥之叵惻 民之親山在於本面盤谷
而守護禁養者 殆今六十餘年 無一人偸葬之弊矣 山下居池世龜 即民之山直 而民近者 瞻拜親山 則有一新塚 突兀於
民親山唇前血爭之地 不勝驚悸 問于山直世龜 則答日寂然不知云云 莫味塚主 至冤彌中 心神散越是加尼 今始探知
則 乃世龜乘夜偸葬其母者也 若此不已則 世無爲墓主人 不行山直 隨行民之山直 侵犯民之親山 誠萬萬駭痛 其所爲
之極惡 有逐條可明者 世龜昨年遭▨母喪 虛葬於他處 而實葬於民山 究厥所爲是可忍耶 玆敢仰籲於執法公明之下
鑑民情之痛迫 察彼謀之奸慝敎是後 所謂世龜身乙 發差捉到虛實葬之罪狀 各別嚴治 而其偸塚 即刻督掘之地 千萬
祈懇之至 城主 處分 庚午 三月日 (題辭) 以山直而如是逼禁偸葬萬萬駭論治懲礪督掘次世龜漢即刻捉待向事 狀奴
主人 十八日 (서울대학교 규장각, 『古文書 19 -私人文書』, 玄永富 所志(195849)).

25) 遠一面旺升里居化民玄永富 右謹言微天極痛情由 池世龜即民之山直也 以偸葬於民親山至逼事 日昨仰白于城主 執
法嚴明之下 則題敎內 以山直如是逼禁偸葬 萬萬痛駭 嚴治懲礪督掘次 世龜漢即刻捉待爲敎 故在民之道 感頌而退
主人押令期於世龜捉待矣 主人醉倒於豊西市邊 慢不知何事 官令之下無嚴極矣 所謂世龜先入邑云云 而民昨日遍踏
邑底 終不見形究厥謀脫 則奸濫無雙形勢 有餘無力 與主人潛相符同而然厥 虛葬於他處而詐稱外面 偸埋於民山 而
欲售凶計者 罪關照律 主人舉行 如彼太慢 世龜蹤跡 如此疑訝 以民之孤弱 何以能捉世乎 情地尤不勝恫迫 玆更泣
血 仰達伏願親鑑敎是後 特下別般處分 所謂世龜漢杖囚 而乘夜偸葬 當旬 [句]內掘去之地 千萬泣祝 城主 處分 庚
午三月日. (題辭) 何不與主人眼同捉來是喩主人則以過期不待之罪當捉來向事 二十日 告全濟晩(서울대학교 규장각,
『古文書 19 -私人文書』, 玄永富單子(195844)).

26) 單子 恐鑿伏以 民與池世龜相訟 而至於圖形 官家庶可洞燭世龜之奸狀 而察民之痛迫情私矣 大抵世龜 有何等勢力

영부의 소지와 단자의 내용을 살펴보았을 때 앞서 같은 해에 현전하는 두 건의 소지와 두 건의 단자 외에도 단자의 본문에 언급된 두 건의 탄원서를 통해 최소 6건 이상의 문서를 같은 문제로 올렸다는 사실을 알 수 있다.

그러나 현영부의 문서군에서 문서를 올린 목적과 관에서 내린 처분 등 내용상에서 소지와 단자의 차이점을 발견할 수 없었다. 단지 시면과 기두어를 기재한 방식만이 다르다는 것을 알 수 있는데, 이를 정리하면 아래의 표와 같다.

〈표 8〉 玄永富 산송문서군의 서식 비교

번호	종류	시면	기두어	결사어
1	所志	遠一面旺升里居化民玄永富	右謹言刻骨至痛情由	千萬祈懇之至
2	所志	遠一面旺升里居化民玄永富	右謹言徹天極痛情由	千萬泣祝
3	單子	單子	恐鑑伏以	千萬泣祝
4	單子	單子	恐鑑伏以	千萬泣祝

소지의 경우 시면에는 작성자의 거주 지역, 신분, 성명을 적었고, 단자의 경우는 단자라는 문서명만 기재하였다. 기두어는 소지의 경우 '右謹言~'으로 시작하며 단자는 '恐鑑伏以'를 기재하는 차이를 보이나 결사의 경우는 소지와 단자가 같은 뜻을 지닌 투식을 사용했다. 단자의 시면은 1600년대부터 1900년대에 꾸준히 나타나는 시면의 현상대로 기재하였고, 기두어는 1700년대부터 등장하기 시작한 서식으로 작성하였다. 따라서 두 종류의 문서의 서식을 비교한 결과, 서식에서는 소지와 단자를 뚜렷하게 구분할 수 있는 양상이 나타났음을 알 수 있다. 그러나 서식 외에 아래의 수취자가 기재한 착압을 보았을 때 한 사람의 필체로 동일 인물이 수취하였다고 판단할 수 있다.

而爲人山直之名 還奪山主之血爭之地 已極凶獰之不測 而且官令督掘之下 偃然食息 今過屢日 初無掘移之意 如彼奸猾之人眼 無畏法者也 此無乃官家不施嚴刑之之致也 如彼勒奪人血爭之地者 若爲容貸 則此眞無訟山之法也 亦無掘移之法也 伏願城主特垂公明之政 捉上世龜 爲先嚴杖重繩 其拒官令之罪 不日內督掘 俾民得無呼寃更訴之地 千萬泣祝 城主 處分 庚午四月 日 (題辭) 當更加嚴禁事 十六日 告孟元述(서울대학교 규장각,『古文書 19 -私人文書-』, 玄永富 單子(195841)).

〈자료 3〉 玄永富 산송문서군의 着官 및 着押

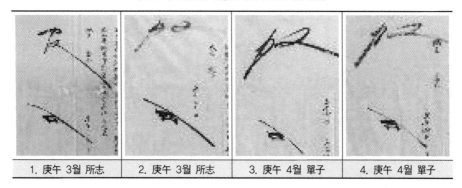

1. 庚午 3월 所志	2. 庚午 3월 所志	3. 庚午 4월 單子	4. 庚午 4월 單子

　　소지와 단자 모두 동일한 수령이 처분을 내려주었다는 사실을 통해 결론적으로 단자와 소지는 서식 외에 크게 드러나는 차이점이 없다고 할 수 있다.

　　그러나 『유서필지』의 단자식에는 단자를 기재하는 방식에 있어서 '或用吏吐或不用之'라는 細註가 달려있는데, 이는 사대부들이 단자를 작성할 때 이두를 사용하거나 그러지 않아도 무방하다는 사실이 명시되어있는 것이다. 이에 현영부의 문서군의 문투를 비교해 보면 소지의 경우는 '是加尼', '敎是後' 등과 같이 조사에 이두를 사용하였으나 단자는 완전한 순 한문 투로 문서를 작성했다는 사실을 알 수 있었다. 이는 단자가 사족에 한정되어 사용된 문서이기 때문에 다른 문서들처럼 이두를 사용하는 경우보다 순 한문으로 각종 미사여구를 활용하거나 유교경전의 구절을 인용하는 등의 기술방법을 사용했다는 점을 일정 부분 반영한다고 할 수 있다. 그러나 그렇다고 해서 모든 단자가 현영부의 단자처럼 순한문으로만 기재하였다고는 할 수 없다. 실제 단자의 결사에는 탄원서에서 주로 쓰이는 투식 중 '行下向敎是事'이 사용된 경우가 많았고, 본문에 '是乎尼', '爲去乎'과 같은 조사를 사용하거나, 글을 마무리하는 부분에서 성주에게 부탁하는 의미를 담은 '洞燭敎是後', '叅商敎是後' 등에서 사용되었기 때문이다. 하지만 필자는 『유서필지』에 기재된 '이두를 쓰기도 하고, 쓰지 않기도 한다.'라는 세주를 생각해보면, 이런 언급 자체가 당시에 일반적으로 단자에는 이두를 사용하지 않았다는 인식이 있었기 때문에 다른 종류의 탄원서와는 달리 부가적인 설명을 기재한 것으로 생각한다. 원칙적으로 이두를 사용하지 않았으나 현실적으로 이두를 사용하는 경우가 많이 있었기 때문에 세주를 적었다고 보는 것이다.

　　위의 현영부 산송문서군에 속한 소지와 단자를 살펴본 결과, 서식과 이두 외에 큰 차이점을 밝히지 못하였다. 이는 단순히 생각해보았을 때, 오히려 시면에 기재한 '단자'라는 문서명으로 올린 행위 자체가 가장 큰 의미를 지닌다고 생각해 볼수 있다. 단자를 작성하는 신분을 구분한 결과 대부분이 사족임을 알 수 있었는데,이는 당시 사회에서 공공연하게 알려진 사실이라고 설명할 수 있다. 따라서 단자를 사용하여 관부에 문서를 올리는 것은 사족만이 할 수 있었던 행위였으며, 이두보다는 순한문의 기재방식을 택하는 행위를 통해 다른 신분과 구분되길 바랐던 것이라고 추측된다. 관부는 다양한 내용을 담은 여러 건의 탄원서들을 수취하였으므로 시기상 먼저 올라온 문서들을 중심으로 해결하려고 했을 것이다. 그러나 사족들은 조금이라도 더 빨리 처분을 받기 위해 규정되지 않았던 문서의 크기나 형태를 유리하게 이용하여, 더 크고 좋은 종이를 사용하여 이득을 보려고도 했을 것이다. 조선시대 탄원서는 규격화되지 않은 白面楮紙에 기재하였기 때문에, 탄원서의크기가 천차만별이었다. 또한, 소지에 기록된 글자의 크기 및 기재된 내용의 분량또한 규격화되어 있지 않았다. 이에 따라 조선시대 탄원서는 작성자의 개성 및 의도 또는 가문의 사회 경제적 상황에 따라 현격한 차이를 보이는 경우가 많았다.즉, 사회경제적 지위가 우세한 집안일수록 보다 크고 두꺼운 종이를 사용하는 경향이 있었는데, 이는 가문의 사회적 지위 및 영향력을 과시하려는 의도가 내재했다고도 보인다.27)

사족들은 관에서 다른 계층과 구분하여 단자를 처리해주길 바랐을 것이며, 그의미로 사족만이 사용했다는 특징을 지닌 단자라는 문서를 활용하여 관에 하소연하였을 것이다. 이는 여타 탄원서와 다른 기두어를 사용하고, 본문에 순한문을 사용한 서술방식을 택하여 서술한 것 등을 통해 알 수 있다. 그렇기 때문에 관에 해결되지 않는 한 문제에 대해 연속적으로 문서를 올릴 때, 여러 계층이 사용하는 소지를 올리다가 작성자가 사족으로 한정되어 있는 단자를 올리는 현상이 나타났던것으로 추측할 수 있다.

V. 맺음말

탄원서 가운데 단자에 주목하여 서식과 작성자에 대해 분석하고 동일인이 동일

---

27) 김경숙, 「조선후기 山訟 所志類의 文書樣式과 分類」, 『규장각』 제25집, 2002, 103쪽.

내용으로 올린 탄원서를 분석하여 특히 단자를 사용하고자 했던 원인에 대해 밝히고자 하였다. 이를 위해 먼저, 실제 단자의 구성요소 중 시면, 작성자, 기두어, 결사를 중심으로 시기별 변화양상을 살펴보고, 조선후기 공사문서 서식집인『유서필지』의 단자 서식과 당시에 작성된 실제 단자의 서식을 비교하였다. 그 결과 현전문서의 서식들과『유서필지』의 단자의 서식이 어느 정도 일치했다는 사실을 알 수 있었다.

또한 단자가 가진 특징 가운데 작성자가 사족에 한정되어 사용된다는 사실을 증명하기 위해 현전하는 단자의 작성자를 모두 분류하여 각각의 직역 및 신분용어가 사족에 해당하는지 밝히고, 실제로 사족들만이 단자를 작성하였다는 사실에 대해 규명하였다.

마지막장에서는 한 가지 사건에 대해 동일 인물이 연속적으로 탄원서를 올린 사안을 통해 다른 종류의 문서를 번갈아 사용하여 올린 이유에 대해 고찰하였다. 그 결과 내용적인 면보다는 서식과 이두의 사용 등과 같은 형태적인 면에서만 차이가 있다는 사실을 알 수 있었다. 이는 사족들이 신분 구분없이 작성하였던 탄원서의 양식을 신분에 차별을 두고 자신들만 쓸 수 있는 문서 양식으로 고착화하고자 하였으며, 그 양식을 단자라는 문서를 통해 표출하고자 한 것이라 생각했다.

본 논문은 탄원서 가운데 단자의 서식을 분석하고, 작성자에 관해 증명함으로써 그동안 연구되지 않았던 단자에 대해 주목하는데 의의가 있다고 할 수 있다.

2부

역사 및 문서 관리론적 고찰

조선후기 제주 어도 진주강씨 고문서
-재산 형성을 중심으로-*

조정곤

I. 머리말

제주도는 육지와 멀리 떨어진 섬으로 바람이 많이 불고 風災·水災·旱災가 빈번하게 발생하는 지역이다. 또한 화산활동으로 생긴 많은 오름과 돌이 있으며 화산회토로 덮여있는 지질적인 특징으로 인해 토지는 척박할 뿐만 아니라 논보다는 밭이 더 많은 비중을 차지하였다.[1] 이와 같은 제주지역의 자연환경은 당시 사람들의 재산 형성에도 영향을 주었다.

조선시대 제주지역의 재산 형성은 가문마다 차이가 있을 수 있으나 대부분 상속과 매득을 통해 이루어졌다는 점은 육지와 같다.[2] 다만 제주지역의 살았던 사람들이라 하더라도 가문의 사회적인 배경이나 능력에 따라 재산의 형성하고 소유했던 과정이나 방식은 다를 수 있다고 생각한다.

그간 제주지역에서는 1990년대 이후부터 고문서의 발굴과 수집이 이루어졌고 이를 바탕으로 많은 연구들이 진행되었다. 특히 가문에 소장된 고문서를 통하여 토지매매명문을 통한 토지매매의 양상, 분재기를 통한 제주지역의 분재의 양상, 호적을 통한 가계의 연구, 노비매매명문과 관련 문서를 통해 노비매매의 실태 등 다양한 연구가 진행되었다.[3]

---

* 이 글은 「조선후기 제주지역 재산 형성 연구 -於道里 晉州姜氏家의 고문서를 중심으로-」, 한국학중앙연구원 한국학대학원 박사학위논문, 2020을 요약·정리한 것이다.

1) 조선전기 제주목의 墾田 비율을 살펴보면 밭은 3,997결이었으며 논은 31결이었다. 이는 대정현도 마찬가지로 밭, 2,227結, 논 85결 이었다. 정의현은 밭이 3,208결이었다. 18세기 말에 간행된 『제주읍지』에 기재된 전결수는 제주목은 3,991結 92負, 논 150結 3負 9束, 대정현은 밭이 2,229結 89負 3束, 논이 93結, 45負 2束, 정의현은 밭이 3,383結 13負 3束, 논이 16結 57負였다. 김영란, 『제주지역 토지매매 연구』, 한국학중앙연구원 석사학위 논문, 2011, 8쪽.

2) 조선시대 양반들의 재산 형성 방식은 조상으로부터의 相續을 비롯하여 買得, 開墾, 賜牌 등이 있었다. 이와 같은 재산의 형성 방식은 가문의 사회적 배경이나 경제력에 따라 조금씩 차이는 있을 수 있으나 큰 틀에서 보면 상속과 매득을 통해 재산을 형성하는 것이 가장 보편적인 방법이었다고 할 수 있다.

3) 이와 같은 연구는 고창석에 의해 연구가 되었고 다음의 책으로 출간되었다. 고창석, 『제주도 고문서 연구』, 제주대학교 탐라문화연구소, 2001. 다음으로 토지매매에 관해서는 김영란의 연구가 있으며, 가문별로 연구한 사례는

본 연구는 이와 같은 연구성과를 바탕으로 제주지역의 이러한 자연지리적인 배경 아래에서 조선후기 於道里에 세거했던 晉州姜氏가에 소장되어 있는 고문서를 분석하여 제주지역의 재산 형성에 대한 일면을 살펴보고자 한 논문이다. 어도리 진주강씨가의 고문서는 최근 한국학중앙연구원 장서각에서 조사 및 수집 및 목록 작성을 한 이후『고문서집성』으로 간행되었다.[4] 이 가문의 문서는 16세기 후반부터 19세기에 이르기까지 가문의 사회적인 배경을 비롯하여 재산형성 과정과 소유 양상에 대해 살펴볼 수 있는 다양한 유형의 문서가 온전하게 남아있다. 특히 16세기부터 19세기에 해당하는 매매명문과 분재기가 남아있다. 이를 가지고 토지와 노비의 매득 양상과 상속의 모습을 살펴본다면 재산이 어떻게 형성이 되었고 그 규모는 어떠한지 파악할 수 있을 것이다.

그러므로 본고에서는 제주지역의 자연환경 속에서 어도리 진주강씨가에 소장된 재산 관련 문서를 중심으로 당시 무과급제와 유향품관으로 사회적 기반을 형성하고 이어나갔던 한 가문이 어떠한 과정을 통해 재산을 형성하였고 시기적인 변화에 따라 그 소유 양상이 어떻게 달라지는지 검토해보고자 한다. 이 연구는 그간 제주지역에서 주목 받지 못했던 어도리 마을과 이곳에 거주하였던 진주강씨가의 인물들의 재산의 형성과 관련된 생활상을 살펴본다는 측면에서 의의가 있을 것이다.

II. 대상 가문 및 재산 관련 문서

제주 어도 진주강씨의 입도조는 강인덕(姜仁德, 1406~?)으로 알려져 있다. 그는 제주도에 입도한 이후 1436년(세종 18)에 현재 제주시 조천읍 지역인 제주목 북포촌[5]에 정착하여 학문에 힘썼다고 알려져 있다.[6] 이들은 조선 전기에 토관직을 지냈으며 무반의 품계를 가지고 있었던 가문이었다.

강인덕의 후손 가운데 고문서를 소장하고 있으며 공간된 자료로서 확인할 수 있

김동전, 김일우 등이 있다. 제주지역의 분재형태에 관해서는 문숙자의 연구가 있다. 이 연구들은 지면상 참고문헌으로 대신한다.

4) 『고문서집성』108(제주 애월 수산리·중엄리·하가리), 한국학중앙연구원, 2014;『고문서집성』110(제주 어도 진주강씨·조천 김해김씨·구좌 동래정씨 고문서), 한국학중앙연구원, 2014;『고문서집성』114(제주 진주강씨·곡산강씨·김해김씨·경주김씨·제주고씨·동래정씨 고문서), 한국학중앙연구원, 2015.

5) 탐라지에 의하면 북포는 주 동쪽 40리 떨어진 곳에 있다고 기록되어 있다(北浦 在州東四十里). 李元鎭,『耽羅誌』(미국 버클리대학교 동아시아도서관 소장본(20.27)).

6) 디지털제주시문화대전(http://jeju.grandculture.net).

228 한국 고문서학 논총 1

는 가문은 총 네 가문으로 첫째, 강수황(姜受璜, 1607~?)의 장자로 이어지는 가계, 둘째, 강수황의 장남인 강두형(姜斗炯, 1628~1709)의 넷째 아들 강세건(姜世建, 1658~1709)과 그의 후손으로 이어지는 가계, 그리고 셋째, 강수황의 둘째 아들 강두환과 그의 후손로 이어지는 가계, 넷째, 강두형의 증손자 강시양(姜時揚, 1719~1801)의 둘째 아들 강시풍(姜時豊, 1725~1795)과 그의 후손으로 이어지는 가계이다. 본고는 이 네 가문 가운데 첫째인 강수황의 장자로 이어지며, 현재 그의 후손인 강우석 선생이 소장하고 있는 고문서를 연구대상으로 삼았다.

이 가문은 16세기에 강언웅과 동생 강언준이, 그리고 17세기 중반에는 강계남과 그의 3형제 강취황(姜取璜, 1605~?)·강수황·강치황(姜致璜, 1609)까지 모두 무과에 급제하여 제주지역에서 사회적인 기반을 마련하는 계기가 되었다. 강두형 또한 武學啃官을 역임하여 실직으로 겸사복에 제수되었다. 18세기가 되면 어도 진주강씨가의 인물들은 선대가 마련한 사회적인 기반을 이어 제주목에서 유향좌수와 별감을 비롯하여 군직과 마을행정실무자 등 제주목 관리로 임명 되었다. 이들이 제주목 관리가 될 수 있었던 배경에는 선대의 무과합격을 비롯하여 강수황대 부터 좌수와 별감 및 군직 등을 역임한 바 있었기 때문이다. 그러므로 이들은 조선후기에 지속해서 사회적인 영향력을 가진 가문으로 성장하였다.

이와 같은 어도 진주강씨가의 사회적인 지위는 제주목내에서 많은 재산을 형성하는 배경이 되었다. 이들은 제주목 중산간지대에 위치하였던 상가리와 하가리를 비롯하여 어도리 지역에 많은 토지를 소유하였고 일부 노비 매득하면서 재산을 형성하였다. 이러한 제주목의 사회적 배경과 경제적인 활동으로 인하여 어도리 진주강씨가에는 지금까지 다양한 고문서가 작성되어 전래되었다.

〈표 1〉 어도 진주강씨가의 가계

仁德	鵬祿	渭亮	世平	彦雄	
1406~?	1427~1519	1450~1544	1488~1574	1527~?	
	千戶	禦侮將軍	禦侮將軍	武科 主簿	
				彦俊	繼男
				1530~?	1574~?
				武科 主簿	武科 劍使
繼男	取璜				
	1605~?				

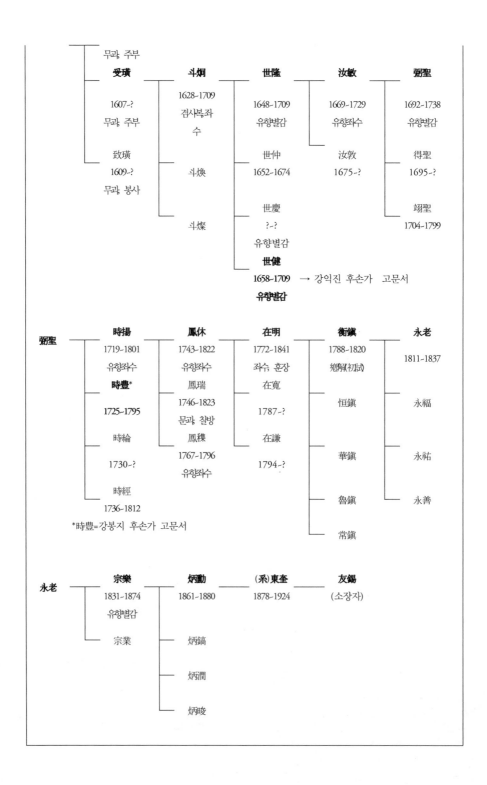

무과 주부
受璜
1607-?
무과 주부
致璜
1609-?
무과 봉사

斗烔
1628-1709
겸사복좌수

斗煥

斗燦

世隆
1648-1709
유향별감

世仲
1652-1674

世慶
?-?
유향별감

世健
1658-1709 → 강익진 후손가 고문서
유향별감

汝敏
1669-1729
유향좌수

汝敦
1675-?

弼聖
1692-1738
유향별감

得聖
1695-?

翊聖
1704-1799

弼聖

時揚
1719-1801
유향좌수
**時豊*
1725-1795

時綸
1730-?

時經
1736-1812

*時豊=강봉지 후손가 고문서

鳳休
1743-1822
유향좌수

鳳瑞
1746-1823
문과 찰방

鳳稤
1767-1796
유향좌수

在明
1772-1841
좌수 훈장

在寬
1787-?

在謙
1794-?

衡鎭
1788-1820
鄕解(初試)

恒鎭

華鎭

魯鎭

常鎭

永老
1811-1837

永福

永祐

永善

永老

宗樂
1831-1874
유향별감

宗業

炳勳
1861-1880

炳鎬

炳潤

炳晙

(系)東奎
1878-1924

友錫
(소장자)

제주 어도 진주강씨가에는 16세기부터 19세기에 이르는 동안 42종 540여점의 고문서가 남아있다.[7] 가운데 가장 많은 비중을 차지하는 것이 재산관련문서이다. 재산관련 문서 가운데 토지매매명문이 171점이며 노비매매명문이 17점이 전한다. 이 가운데 토지매매명문을 시기별로 살펴보면 16세기에 1점, 17세기에 52점, 18세기에 73점, 19세기에 39점이 전하며 연대를 알 수 없는 문서가 6점이 있다. 이처럼 17세기부터 19세기에 이르는 동안 많은 수량의 매매명문이 남아있는 것으로 볼 때 지속적으로 재산을 축적하였던 모습을 살펴볼 수 있다. 아울러 분재기 또한 27점이 전하고 있다. 시기별로 17세기 10점, 18세기 8점, 19세기 8점이 남아있다. 주로 별급문서가 많이 남아있는 편이다. 이 문서들을 통해 재산을 형성하는 과정에서 상속의 양상이 어떠했는지 알 수 있다. 또한 준호구와, 소지, 불망기, 입안 등의 문서가 다수 전하고 있다. 이와 같은 문서들을 통해 재산의 형성과정과 소유 양상과 관련하여 재산의 형성과정에서 발생했던 다양한 생활상들을 알 수 있는 단서가 된다.

III. 16～17세기 재산 형성의 과정

1. 16～17세기 초 재산 형성

제주 어도 진주강씨가의 인물들은 앞서 살펴보았듯이 제주지역에서 토관직을 역임하였으며 무과를 급제한 인물이 다수 배출되었다. 그러므로 제주지역에서 사회적인 기반을 가지고 있었다면 어느 정도의 재산을 소유하고 있었을 것으로 생각된다. 다만 조선전기 이 인물들의 재산의 형성과 소유 규모에 대해 파악할 수 있는 자료는 확인되지 않는다.

어도 진주강씨가의 인물 가운데 재산 소유의 상황을 확인할 수 있는 가장 이른 시기의 사람은 강세평이다. 강세평은 戶婢 多喬와 別羅山里 동변원에 밭 1斗付只를 소유하고 있었다는 사실을 1663년(현종 4)년에 제주목에서 진주강씨가에 발급한 결송입안을 통해 확인할 수 있다. 별라산리는 현재 제주시 월평동 일대이며[8]

---

7) 유형별로 교령류 2종 25점, 소차계장류 1종 56점, 첩관통보류 8종 104점, 증빙류 9종 93점, 명문문기류 3종 210점, 치부기록류 4종 4점, 시문류 1종 1점, 근현대문서 13종29점, 호패 2점 등이 남아있다. 조미은, 「제주도문중고문서의 유형과 특성」, 『고문서집성』 110, 55쪽.

8) 오창명, 『제주도 마을 이름의 종합적 연구 Ⅰ』, 제주대학교 출판부, 2007, 489쪽.

조선시대 제주목 관아에서 남쪽에 위치하였다. 하지만 강세평이 어떠한 이유로 별라산리에 토지를 소유하고 있었는지 대해서는 관련 자료가 없어 알 수 없다.

그의 아들 강언웅과 강언준도 문서를 통해 재산의 일부를 확인할 수 있다. 강언웅은 1599년(선조 32)년에 자신의 말을 훔쳐 먹은 함복련에게 말 값을 대신하여 밭 일부를 받은 사실이 있다. 강언준은 자신의 손자인 강수황이 제주고씨 고윤경의 딸과 혼인을 한 후 처 고씨가 자신을 보러 왔을 때 대정현에 소재한 변수원 水畓 2斗付只를 별급해 주었다. 이로 볼 때 강언준은 대정현 지역에 약간의 논을 소유하고 있었음을 확인할 수 있다.

또한 강언준은 과거시험을 보러 서울에 갔을 때 이규장에게 노비 2구 매득한 사실이 있었다. 제주지역에 거주하였던 외거노비 가운데 주인이 육지에 사는 경우가 있었는데 이때 육지인들은 멀리 떨어진 노비를 관리하기 힘든 이유로 제주인에게 방매하곤 하였다. 그런데 서로 왕래하기 힘든 먼 거리에 거주하였기 때문에 노비의 소유권을 가지고 빈번하게 소송이 발생하였다. 강언준 또한 매득한 노비를 이순달의 손자인 이규장이 자신의 소유 노비를 친족인 유적이라는 사람이 몰래 도매한 것이라고 주장하여 소유권을 두고 소송을 벌인 일이 있었다. 강언준은 이 소송에서 승소하여 자신이 매득한 노비를 계속 소유할 수 있었다.

이와 같이 16세기의 진주강씨가의 재산에 대해서는 결송입안과 분재기 및 명문을 통해 소유하고 있었던 재산의 일부만을 확인할 수 있을 뿐이다. 이들은 별라산리와 대정현 일대에 논을 소유하고 있었고, 아울러 제주지역에 거주하는 외거노비를 서울에 사는 사람에게 매득하여 재산을 형성하였음을 확인할 수 있다.

17세기가 되면 어도 진주강씨 인물들은 무과에 급제하는 인물들이 대거 배출되었고, 강계남이 제주목 상가리로 이거를 하면서 많은 재산을 형성하였다. 먼저 강계남과 그의 아들 강취황·강수황·강치황 형제가 모두 무과에 급제하였다. 강계남은 1601년(선조 34)에 무과에 급제하여 첨사 및 권지훈련원봉사를 역임하였다. 강취황은 1624년(인조 2) 갑자년 증광시에서 병과 33위로 급제하여 훈련원봉사와 판관을 역임하였다. 강수황은 과거 급제 사실을 방목에서 확인할 수 없으나 정의현감에게 올린 입안신청문서를 통해 자신을 '前主簿'라고 표현하였고, 신미년 별시에 갑과로 급제하여 6품에 제수되었다는 내용이 기재되어 있다. 그리고 마지막 강치황은 1636년(인조 14) 별시 병과에서 395위로 급제하여 역시 훈련원봉사와 주부 등을 역임하였다.

이들의 무과급제는 제주지역 내에서 유력한 가문들과 혼인을 하는 등의 사회적 기반을 굳건히 하는데 큰 배경이 되었을 뿐 아니라 재산을 형성하는데도 큰 기여를 하였다. 무과급제를 통해 재산을 상속하는 별급은 조선시대 내내 있어왔던 관행이었으며 재산을 형성하는 데도 도움이 되었다. 어도 진주강씨 가문에서 무과 급제로 인해 재산을 상속받았던 인물은 강계남과 강수황이다. 강계남의 별급에 대한 기록은 1629년(인조 7) 제주목에서 강계남에게 발급해 준 결송입안을 통해 확인할 수 있다. 이 문서에 따르면 강계남은 무과에 급제한 후 장인인 제주부씨 夫崇理로부터 婢 所乙수을 별급받았다. 강수황은 무과에 급제하여 어머니 부씨와 시부 고윤경으로부터 재산을 별급받았는데 그 규모는 밭 6석 10두 10승을 비롯하여 소 4마리 말 1마리, 노 1구 등을 받았다. 그리고 아버지 강언준에게 6품의 관직에 제수된 것을 축하받으며 밭 2섬을 별급받기도 하였다.

한편 남아있는 고문서를 통해 볼 때 17세기 초반 어도 진주강씨는 강계남이 상가리로 이거한 이후에 이 지역 일대에 많은 토지를 매득하였다. 강계남이 상가리로 이거한 시기와 그 배경에 대해서는 정확하지 않으나 대체로 16세기 후반이나 17세기 초에 제주부씨와의 혼인을 계기로 이거한 것으로 추정된다. 이 시기 재산은 대체로 상가리에 소재한 토지를 집중적으로 매득하였음을 남아있는 16점의 토지매매명문을 통해 확인할 수 있다. 강계남은 1587년(선조 20)과 1621년(광해군 13) 및 1622년(광해군 14)에 3번에 걸쳐 상가리에 있는 토지를 매득하였고 강수황은 1632년(인조 10)부터 1671년(현종 13)까지 13번에 걸쳐 역시 상가리와 하가리·부면리 등의 토지를 매득하였다. 이 때 매득한 토지는 7석 164두 16승 정도로 추정된다.

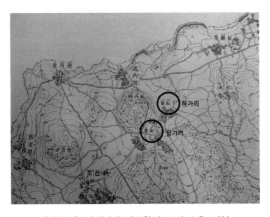

〈자료 1〉 강계남과 강수황의 토지 소유 지역

특히 강수황이 이렇게 많은 토지를 매득할 수 있었던 것은 집에서 많은 우마를 보유하고 있었으며 아울러 1671년에 제주도에 심한 기근이 발생하였기 때문이다. 강수황은 13번의 토지 거래 가운데 우마를 지급한 사례가 9번이나 된다. 대체로 우마의 지급은 멋대로 남의 우마를 도살하는 경우, 그리고 갚아야 할 同色馬와 故失馬로 인한 것이었다. 이 당시 많은 사람들이 남의 우마를 멋대로 잡아먹기도 하였고, 관영목장의 말이 죽거나 혹은 잃어버리게 되면 담당하던 목자가 같은 색의 말로 관에 납부하였는데 마련할 방법이 없어 자신이 소유한 토지를 대신 지급하고 말을 하였던 것이다.

그리고 1671년은 제주지역에서 대규모 기근이 일어났던 해이다. 이른바 '경신대기근'으로서 1670년(현종 12)년부터 다음 해까지 발생하였는데 아래의 기사를 통해 당시 제주지역의 상황을 엿볼 수 있다.

> 제주도 민생의 일은 이미 극도에 달했습니다. 모든 백성이 산에 올라가 나무 열매를 줍는데 나무 열매가 이미 다했고 내려가 들나물을 캐는데 풀뿌리가 이미 떨어졌습니다. 우마를 죽여서 배를 채우며 무뢰한 자들은 곳곳에서 무리를 지어 공·사간의 마소를 훔쳐서 잡아먹는 일이 부지기수입니다.9)

위 사료와 같이 제주지역에 발생한 기근으로 인해 많은 사람들이 굶주림을 면치 못하게 되었고 당시 제주목사 盧錠이 보고한 馳啓에 따르면 이 기근으로 제주도에서 굶어 죽은 사람이 2,260여 명이 되었다고 하며 닭과 개뿐 아니라 마소를 잡아 경각에 달린 목숨을 부지하고 있다고 하였다.10) 강수황은 이 기근으로 인해 한 해에 5번 토지를 매득하였으며 그 규모 또한 전체 매득한 규모의 절반 이상이나 된다. 특히 강수황은 仁生에게 흉년을 이유로 새끼를 밴 말 1필을 가지고 4석 47두 부지라는 대규모의 토지를 매득하기도 하였다.

이상과 같이 16세기 후반에서 17세기 초 어도 진주강씨가의 인물들의 재산형성은 크게 상속과 매득을 통해 이루어졌다. 특히 상속은 무과에 급제한 것을 계기로 받은 별급이 주를 이루었다. 그리고 강계남에 의해 상가리로 이거한 이후 상가리 일대의 많은 토지를 매득하였으며 이 시기 제주에 불어 닥친 흉년을 계기로 많은 토지를 소유할 수 있었다. 17세기 중반에는 강두형이 선대를 살던 곳을 벗어나 어도리에 정착하면서 다시 많은 재산을 소유하게 되었다.

---

9) 『현종실록』 19권, 1671년(현종 12년) 1월 30일.
10) 『현종실록』 19권, 1671년(현종 12) 4월 3일 기사.

2. 17세기 중반 어도리 정착과 재산형성

강두형은 강수황과 제주고씨 고윤경의 딸 사이에서 1628년(인조 6)에 태어났다. 이후 강수황과 함께 지내다가 복성문씨와의 혼인을 계기로 어도리에 정착한 것으로 보인다. 강두형의 혼인은 장자인 강세륭이 1649년(인조 27)에 태어났으므로 이 시기 이전에 복성문씨와 혼인을 하였고 어도리로 이거하였을 것으로 생각된다.[11] 다만 강두형이 왜 어도리에 거주하고 있던 복성문씨와 혼인을 하였는지에 대해서는 설명할 만한 자료가 부족하다. 다만 선대가 소유한 토지가 어도리 인근인 부면리에 있었던 것도 하나의 이유가 될 것으로 추측된다.

강두형은 어도리로 이거한 이후 상속과 매득을 통해 재산을 형성하였다. 상속으로 인한 재산을 확인할 수 있는 문서는 강두형과 처 복성문씨와 관련하여 총 7점의 분재기가 남아있다. 이 문서 가운데는 강두형과 그의 처가 상속으로 받은 것 5점과 반대로 자녀들에게 재산을 상속하면서 작성한 문서 2점이 있다.

강두형과 그의 처가 상속으로 받은 재산의 형성은 대부분 혼인을 기념한 별급을 통해 이루어졌다. 제주지역에서는 혼인을 하게 되면 신부와 신랑에게 각각 일정한 재산을 별급하는 관행이 육지와 마찬가지로 존재하였다. 다만 그 용어가 여성에게 별급할 때는 '初謁日'이라 하였고 남성에게 별급할 때에는 '成婚'이라는 용어를 주로 사용하였다. 강두형의 처 문씨는 강두형의 사촌인 강두위에게 초알일을 기념하여 소 1마리를 별급을 받았다. 강두형 또한 처 문씨 쪽에서 혼인을 기념하여 재산을 별급 받았을 것이지만 실제 분재기는 존재하지 않는다. 다만 1665년(현종 9)에 강두형은 자신이 소유한 토지를 홍례남과 상환하면서 작성한 토지매매명문에 소유 토지의 소종래를 처삼촌으로부터 별급 받은 것이라고 기재하였다.

이 밖에 강두형의 장모가 강두형과 강두형의 처 문씨에게 재산을 별급한 것이 있다. 두 문서는 11일 간격으로 작성되었는데 먼저 강두형에게는 1671년(현종 12) 3월 11일에 그리고 딸인 문씨에게는 3월 19일에 작성하였다. 강두형에게 재산을 별급한 이유는 봉양 때문이다. 앞서 1671년에 제주에 닥친 기근에 대해 설명한 바 있는데 이때에 강두형이 장모의 식솔들을 위해 잡곡 5섬 6두부지를 마련해 주었다. 딸인 문씨에게는 소송 비용을 대납해 주었기 때문에 그에 상응하는 노 1구를

---

11) 이 당시 혼인을 통한 거주지 이거의 사례는 진주강씨 뿐 아니라 다른 가문의 사례를 통해서도 확인된다. 제주목 한동리에 거주했던 김해김씨 가문의 경우 1660년 경에 한동리에 정착하였다고 알려져 있으며 그 계기를 혼인으로 보고 있다. 이옥부, 「조선후기 제주도 한동리 김해 김씨 김덕경 가계와 이들의 경제기반-김덕경 가계의 상속 및 거래 문서를 중심으로」, 『지방사와 지방문화』 18, 역사문화학회, 2015, 122쪽.

별급해주었다. 이와 같이 강두형은 어도리로 이거한 직후 성혼별급과 봉양을 이유로 처가로부터 많은 재산을 별급 받았다.

강두형은 1649년(인조 27) 어도리에 정착한 이후 상속 이외에 거래를 통해 토지와 노비를 소유함으로써 자신의 재산을 증식시켜 나갔다. 특히 강두형은 어도리를 비롯하여 그 주변 일대에 상당히 많은 양의 토지를 매득을 통해 소유할 수 있게 되었다. 이는 현재 강두형이 토지를 거래하면서 받은 27점의 토지매매명문을 통해 확인할 수 있다.[12] 이 문서들을 볼 때 강두형은 1653년(효종 4)부터 1688년(숙종 14)까지 35년에 걸쳐 토지를 매득하였다. 이때 매득 규모는 총 10석 93두 58승부지에 달하며 매득 지역은 거주지인 어도리를 중심으로 어음리·부면리 일대에 해당한다.

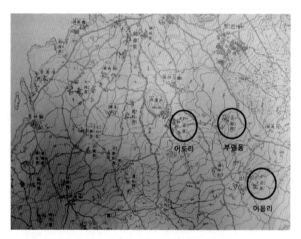

〈자료 2〉 강두형의 토지 소유 지역

강두형의 토지 매득이 집중되는 시기는 1671년과 1672년(현종 13)으로 앞서 자신의 아버지인 강수황이 토지를 매득한 것과 동일하다. 강수황이 흉년을 이유로 상가리 지역 중심의 토지를 매득했다면 강두형은 같은 이유로 어도리 일대의 많은 토지를 매득하였다. 이 두 해에만 모두 11번의 토지의 매득이 있었던 것이다.

강두형은 토지를 매득하면서 포목, 우마, 잡곡, 동물 가죽 등 다양한 물품을 지급하였다. 특히 우마를 많이 지급하였는데 모두 14번에 해당한다. 전체 매득한 횟

---

12) 이 가운데 3점은 토지상환명문이다.

수의 절반이 넘게 우마를 지급한 것이다. 우마를 지급할 때의 방매사유는 흉년과 동색마, 그리고 투식으로 기재한 요용소치 등이 있었다.

강두형은 흉년으로 토지를 매득할 때에는 살아있는 우마보다는 죽은 우마를 많이 지급하였다. 제주지역의 흉년은 水害·寒害·風害·凍害 등으로 인해 계절에 상관없이 발생하였으므로 제주도 백성들의 식량난도 시급한 문제였지만 우마를 사육하는 관이나 私家에서도 심각한 문제가 되었다. 강두형 집에서도 지급한 물품으로 죽은 우마가 있었던 것으로 볼 때 이를 교환의 수단으로 사용하여 다른 물품으로 교환하거나 일부 토지를 매득하였다. 1671년과 1672년 자폐우를 지급하면서 매득한 토지의 규모는 작게는 8升付只부터 많게는 1石付只에 해당하므로 동일한 시기의 흉년에 살아있는 소를 지급하여 매득한 토지의 규모는 보다는 작은 편이었다.

다음으로 강두형이 어떠한 방식으로 노비를 소유하게 되었으며 그 규모는 어느 정도 였는지에 대해 살펴보도록 하겠다. 1671년(현종 12) 강두형의 처 문씨가 어머니인 고씨로부터 상속을 통해 노 1구를 별급 받은 사실은 앞에서 살펴보았다. 이외에도 강두형은 어도리에 거주하면서 매득를 통해 노비를 소유하였다. 남아있는 문서를 통해 강두형은 모두 4번의 노비 거래가 있었음을 알 수 있다. 강두형이 노비를 매득할 때 방매했던 사람들은 제주지역에 거주했던 인물과 두 차례, 그리고 육지지역의 인물과 두 차례의 노비 거래가 있었다. 특히 강두형과 거래한 육지인은 각각 한양과 담양에 거주하는 인물이다. 한양에 거주하는 인물의 노비 거래는 장예원의 사급입안이 남아있는 것으로 보아 강두형이 서울에서 거래를 한 것으로 보이며, 담양에 거주하는 사람과의 거래는 방매자가 직접 제주도로 내려와서 노비를 거래한 사례이다.

이 노비 거래에서 육지인들과 노비를 거래한 것이 주목된다. 1661년(현종 2)한양에 거주하는 사람과 노비를 거래할 때는 강두형이 겸사복을 역임하는 기간 동안 한양에서 매득한 것으로 생각된다. 조선시대에는 타관에 소지를 제출할 때에는 반드시 자신이 거주하는 지역과 성명을 함께 기재하였다. 하지만 이때 장례원에서 사급입안을 발급받기 위해 입안신청소지를 올릴 당시 제주에 거주하고 있다는 표현을 기재하지 않았기 때문이다.

다음으로 1687년(숙종 13)에 潭陽에 거주하는 尹慶信과의 노비 거래는 방매자가 직접 제주도로 와서 노비를 방매한 사례에 해당한다. 강두형은 이때에 윤경신으로부터 당시 19세였던 노 어둔이를 매득하였는데 이때 강두형은 노 어둔이를 매득하면서 자신이 소유하고 있던 말 5필을 윤경신에게 주었다. 강두형은 윤경신과 거래를 하고 한 달이 지난 이후 그 소유권을 확실히 해두고자 입안신청소지를 올렸다. 그러나 위의 문서에서 살펴볼 수 있듯이 윤경신이 제주도에서 아직 출륙하지 않고 계속 거주하고 있었고, 또 담양에서 직접 제주도로 내려와서 거래를 한 것이므로 자신이 출륙하여 노비를 매득한 것과는 다르다고 하면서 본문기를 상고하여 제주목에서 입안을 발급받을 수 있도록 요청하였다. 즉 강두형은 본래라면 재주가 있는 담양에 가서 직접 입안을 받아야 했으나 위와 같은 이유로 동년 6월에 제주목에서 입안을 신청한 것이다. 제주목사는 윤경신이 가지고 온 본문기가 입안을 받은 것이 명백한 것이라면 강두형의 말대로 입안을 발급하도록 처분을 내려주었다. 이와 같이 강두형은 상속과 거래를 통해 1678년에는 4명의 비를 소유하였고 1702년부터 1708년까지는 3~4구 정도의 노비를 소유하였다.

16세기 후반부터 17세기 중후반까지 어도 진주강씨가의 인물의 재산형성은 상속과 토지 매득에 집중되었다. 무과급제와 관직제수 및 혼인을 통한 별급이 재산의 상속과 형성에서 큰 비중을 차지하였다. 강계남과 강수황은 상가리에 거주하면서 그 일대의 토지를 집중적으로 매득하였다. 강두형은 복성문씨와의 혼인을 계기로 어도리로 정착한 이후 상속을 통해 일부 재산을 형성하였고, 어도리 일대를 중심으로 약 30여년에 걸쳐 토지를 매득하였다. 즉 17세기 중후반에는 강수황과 강두형은 서로 인근지역에 거주하면서 1671년에 발생한 대기근을 이유로 우마를 지급하면서 많은 토지를 매득하여 각자 자신만의 재산을 형성하였다.

IV. 18~19세기 재산 형성과 소유 양상

1. 토지와 노비의 매득 양상

17세기 중반에 강두형에 의해 어도리로 정착한 어도리 진주강씨가의 인물들은 이곳에 정착한 이후 다른 지역으로 거주지를 옮기지 않았다. 18세기에서 19세기에 이르는 기간 동안 어도리 진주강씨가의 인물들이 매득하고 상환한 토지 거래는 남아있는 명문을 통해 97번의 거래가 이루어졌음을 알 수 있다. 18세기에는 강필성과 강봉휴가 많은 재산을 형성하였고, 19세기에는 강재명과 강종락이 매득을 통해 많은 재산을 형성하였다.

이 당시 어도 진주강씨가 인물들이 자녀들에게 재산을 나누어주면서 작성한 분재기를 통해 당시 소유하고 있던 토지의 소유 규모를 확인해 본 결과 강시양은 1770년(영조 46)에 7석 57두 16승부지 규모의 토지를 소유하고 있었고, 강봉휴는 19세기 초반에 작성된 분재기를 통해 12석 231두 90승과 노비 7구를, 그리고 강재명은 13석 197두 40승에 해당하는 규모의 토지를, 마지막으로 강종락은 7석 167두 42승 규모의 토지를 소유하고 있었다.

한편 이 가문의 명문과 사급입안을 통해 노비를 매득하는 사례 또한 살펴볼 수 있다. 이 당시 어도 진주강씨가의 인물들은 많을 때는 15구의 노비를 소유하고 있었고 시간이 지날수록 점차 줄어들어 19세기 중반이 되면 2명에 불과하였다. 비록 시간이 지날수록 노비의 소유규모가 줄어드는 추세였지만 18세기에 10구 이상의 노비를 소유한 것은 제주지역에서 다른 가문들의 노비 소유 규모가 그리 많지 않았다는 점을 볼 때 꽤 많은 노비를 소유하고 있었다.

또한 이 가문에서는 노비를 소유하고 그 소유권을 확실히 해두기 위해 했던 단서들을 고문서를 통해 살펴볼 수 있다. 먼저 이 가문에서는 거래 중개인을 통해 노비를 매득한 사실을 확인할 수 있다. 거래 중개인은 미리 노비의 값을 받고 육지로 가서 노비를 데리고 왔다. 하지만 노비를 데리고 오지 못할 경우에는 그 책임을 져야 했다. 이 가문에서도 김시영이라는 자가 육지로 가서 노비를 사오겠다며 물건값을 미리 받았지만 계속해서 노비를 데려오지 않자 결국 결국 분쟁이 발생하는 사례를 확인할 수 있다. 결국 이 분쟁은 거래 중개인인 김시영 자신의 소유한 토지를 주는 것으로써 마무리되었다.

그리고 제주지역에서는 육지에서 입도한 노비들이 많이 거주하고 있었음은 앞서 살펴본 바와 같다. 진주강씨가의 인물들은 매득한 노비들이 만일 육지에서 입도한 자들일 경우 반드시 구문기를 받기 위해 노력하였다. 혹시 모를 소유권 분쟁이 발생할 수도 있기 때문이었다. 이 가문에서 소장하고 있는 다수의 불망기와 사급입안은 이러한 상황을 잘 보여준다. 한 예를 들면 1732년(영조 8)에 한수봉이라는 자가 강필성에게 노비를 방매하였다. 이 노비는 한수봉이 영암에 거주하는 이두실이라는 자에게 매득한 것이었다. 하지만 이때에 본문기를 찾아오지 못하였다. 그래서 강필성에게 육지에 가서 찾아오겠다는 약속을 하면서 불망기를 작성해주었다.[13] 이외에도 구문기로 남아있는 사급입안을 통해 노비 소유권을 확실히 해두고

---

13) 『고문서집성』 110, 불망기5, 443쪽.

자 하였다.

한편 이 시기에는 전대와 다르게 토지와 노비를 매득하면서 지급한 물품에도 변화가 있었다. 17세기 강수황과 강두형의 재산 형성에서 많은 비중을 차지하는 것은 우마였다. 하지만 18세기가 된 이후부터 우마의 지급은 전체 거래에서 11차례에 지나지 않으며 포목을 지급하는 형태로 변화한다. 또한 18세기가 지난 이후에도 동전이 주조되지 않아서 현물로서 토지와 노비를 매득하였다. 육지지역의 경우 동전이 유통되어 대부분의 토지와 노비의 거래가 동전을 통해 이루어지고 있었다. 이에 반해 제주지역은 동전으로 인한 거래가 19세기 중반 이후에야 나타나고 있으며,[14] 이 가문에서는 동전으로 거래한 사례는 확인되지 않고 모두 현물로서 토지와 노비를 매득하였다.

2. 분가에 따른 재산의 소유 양상

17세기에 들어서면 한국의 전통가족은 가계계승과 부계친족집단의 결속을 중요시한 결과 장남은 부모를 모시고 살면서 장남에서 장남으로 이어지는 직계가족의 형태를 취하게 된다. 그리고 시기가 지날수록 장남이 단독으로 제사를 봉행함에 따라 균분상속에서 시작된 재산의 상속 관행은 아들 위주로 상속하다가 차후 장자에게 집중되는 현상을 보인다.

그러나 제주도의 가족은 육지의 전통가족과 다르게 장남이 결혼을 한 후 부모가족과 동거하지 않고 독립된 생활을 영위하였다. 이는 장남 뿐 아니라 차남도 마찬가지이다. 그리고 아들이 결혼을 하면 일단 부모로부터 분가를 하였다. 이때의 분가는 부모와 자식이 같은 울타리에서 지낸다고 하더라도 '안거리'와 '밖거리'라는 별도의 공간에 거주하였는데 이 또한 일종의 분가에 속한다. 그리고 이와 같은 개별적인 주거생활을 하는 동시에 경제적인 독립성까지 포함되어 있다. 즉 경작지를 나누어 따로 농사를 지으며, 취사와 세탁 등 일상생활을 각기 독립적으로 영위해 나간다. 그러면서 제주도 사람들은 가급적 몸을 움직일 수 있는 한 따로 사는 것을 당연하게 생각하였고 노동력이 있는데도 불구하고 자식에게 의지하는 것을 수치로 여겼다고 한다.[15]

---

14) 김영란, 앞의 논문, 52~53쪽.

15) 제주지역 가족제도와 분가제도에 관해서는 다음의 연구를 참고하였다. 이기창, 『濟州道의 人口와 家族』, 영남대학교출판부, 1999년, 303~307쪽.

현재 제주지역의 분가에 관해서는 대체적으로 그 연원을 알 수 없으나 19세기 말의 호적중초에 이미 장남의 분가가 널리 행해져 그 역사가 오래되었을 것이라는 추측만 할 뿐이다. 그러므로 제주지역의 분가 문화가 오래전부터 시작되었다고 보았을 때 이러한 점이 가문에 소장된 고문서에 어떻게든 반영되었을 것으로 생각한다. 이러한 문제의식을 가지고 어도리 진주강씨가의 거주지와 재산 형성을 통해 살펴보려고 한다.

어도 진주강씨가 인물들의 거주지는 현재 남아있는 51점의 준호구를 통해 파악할 수 있다. 이 준호구는 인물별로 그리고 시기적으로 나열해보면 아버지와 아들이 같이 생존하고 있는 시기에 각각 제주목에서 준호구를 발급받고 있다. 이는 거주지를 달리하여 살고 있었기 때문이다. 예를 들어 강두형의 준호구가 1678년부터 1708년까지 남아있다면 그의 아들인 강세륭의 준호구는 1696년(숙종 22)에 발급받은 것이 별도로 남아있고 넷째 아들 강세건의 준호구는 1681년부터 1708년까지 별도로 남아있는 것이다.

이때의 거주지를 살펴보면 강두형은 右面 於音非道內山里 제 1통 제5호에 거주하였다. 그리고 1696년(숙종 22)에 강세륭에게 발급한 준호구를 살펴보면 그는 우면 제7어도내산리 제1통 4호에 거주하였고 나이는 49세였다. 강세건의 경우도 1681년 당시에 우면 제6 어음비도내산리 제1통 2호에 거주하고 있었다. 나이는 25살이었으며 당시 30세였던 제주양씨와 혼인을 한 상태였다. 이들의 거주지가 모두 어도내산리 1통이며 호수만 다른 것으로 볼 때 매우 인접한 거리에 거주하였음은 틀림없는 사실로 보인다.

이때 강두형과 강세건의 토지 매득을 비교해보면 강두형은 앞서 서술한 바와 같이 어도리로 이거한 직후 1653년부터 1688년까지 35년에 걸쳐 토지를 매득함으로써 형성하였다. 이를 넷째 아들 강세건의 토지 매득과 비교해보면 그는 8점의 매매명문을 통해 1676년부터 1715년까지 토지를 매득한 사실을 확인할 수 있으며 소재지는 대부분 거주지인 어도리 일대의 지역이었다. 즉 이때에는 진주강씨가의 인물들이 혼인을 하더라도 먼 지역으로 가지 않고 어도리에 계속 거주하면서 부자간에 매우 가까운 곳에 거주하면서 별도로 자신들의 재산을 형성하고 있음을 알 수 있다.

하지만 이후부터는 부자 사이에 별도로 거주하지 않고 있음을 준호구를 통해 확인된다. 그 이유는 부자가 모두 같은 준호구에 기재되어 있기 때문이다. 이와 같이 상황에서 18세기 중반의 거주지 또한 한 번만 바뀌게 된다. 어도리 진주강씨가 인물들의 거주지는 1741년(영조 17)부터 1759년(영조 35)까지는 어도내산리 1통 4호에 거주하다가 1762년부터 어도내산리 1통 2호에 거주하였다.

이를 염두에 두고 강봉휴(姜鳳休, 1743~1822)와 아들 강재명(姜在明, 1722~1841)의 사례를 통해 확인해 보자. 강봉휴의 준호구는 1798년(정조 22)에 작성된 것부터 남아있다. 이 당시에 아들인 강재명은 강봉휴와 같은 호에 거주하였다고 기재되고 있다. 그리고 1822년(순조 22)에 작성된 준호구에서도 강재명은 계속 기재되어있다. 이때 강재명의 나이는 51세였다. 즉 준호구의 기록을 따른다면 강재명은 혼인을 하고 아들을 낳은 이후에도 계속해서 아버지인 강봉휴와 함께 거주하였던 것이다.

다음으로 이들의 토지매득에 대해 살펴보면 강봉휴는 1758년(영조 34)년부터 1808년(순조 8)까지 그리고 그의 아들은 1788년(정조 12)부터 1838년(헌종 4)까지 재산을 매득하면서 받은 매매명문이 남아있다. 즉 강재명이 재산을 형성하기 시작한 1788년(정조 12) 이후 아버지 강봉휴 또한 별도로 재산을 형성한 것이다. 특히 동일한 시기에 토지를 별도로 매득한 사례도 확인된다. 1792년(정조 16)에는 강봉휴가 변씨에게 덕천원에 있는 밭 5斗付只를 정목 5필을 주고 매득하였으며 아들 강재명은 양삼문에게 부면리 성언원에 소재한 2斗付只의 밭을 매득하였다. 그리고 노비의 경우도 마찬가지로 별도로 매득하였다. 강봉휴는 1795년(정조 19)에 양씨로부터 노 1구를 매득하였으며 강재명은 1792년(정조 16)에 한 차례와 1795년(정조 19)에 세 차례 노비를 매득하였다.

그렇다면 위와 같이 어도리 진주강씨 인물들은 18세기 중반 이후 같은 호에 거주하면서 별도로 재산을 형성하였는데 실제로 분가를 하지 않은 것인가? 이에 대해서 살펴 볼 필요가 있다. 준호구에 기재된 이들의 가족 구성원을 살펴보면 과연 한 호에 모두 거주하였는지 의심이 든다. 왜냐하면 한 호에 많은 사람이 함께 거주한 것으로 기재되어 있기 때문이다.

준호구에 기재된 가족의 규모를 파악해 본 결과 강시양의 준호구에는 1741년(영조 17)부터 1792년(정조 16)까지 자신과 처를 제외하고 2명에서 7명이었다. 그리고 아들 강봉휴의 준호구에는 1798년(정조 22)부터 1822년(순조 22)까지 자신과 처를 제외하고 모두 9명이 기재되어 있고 1816년(순조 16)의 준호구에는 16명의 가족이 기재되고 있다. 또한 1825년(순조 25)부터 1834년(순조 34)까지 작성된 강재명의 준호구 4점에는 자신과 처를 제외하고 10명~11명이 기재되어 있다.

아울러 준호구에 기재된 가족의 구성원을 살펴보면 호주의 가족 뿐 아니라 동생과 동생의 처 및 조카가 기재되어 있는 사례가 있고 오촌숙 및 종조모까지 기재되고 있다. 강병윤의 사례에서는 재종형제와 그의 처도 함께 기재되어 있는 사례가 있다. 가족의 수와 구성원을 살펴보면 이들이 과연 한 집에 거주하였을까 라는 의심이 들게 되는 것이다.

이와 같은 현상에 대해 제주지역의 부세제도를 연구한 결과에 의하면[16] 제주지역의 환정은 가족의 구성원 수에 따라 분급되었기 때문에 제주 백성들은 이에 대응하고자 환곡의 수를 줄이고자 구성원을 낮추거나 키웠다고 설명하고 있다. 그리고 이는 부자형제숙질간에 각호에 별거하고 있으면서도 하나의 호로 등재되는 것이 일반적인 제주지역의 관행이었다는[17] 사실과 일치한다. 이와 같이 본다면 어도 진주강씨가의 인물 또한 제주지역의 이러한 사회적인 배경에 의해 자의적으로 구성원을 임의적으로 변경하였을 가능성이 있으며 이들은 각호에 별도로 거주하고 있지만 재산의 마련은 독립적으로 이루어지고 있는 것이라고 판단된다.

V. 맺음말

지금까지 어도 진주강씨가에 소장된 재산 관련 고문서를 통해 토지와 노비의 상속과 매득의 양상을 검토하여 재산의 형성과 소유 양상이 어떠한지 살펴보았다. 강계남과 그의 아들 강수황에 의해 상가리에서 많은 재산을 매득하였고 강두형은 어도리로 정착한 이후 역시 어도리 일대 중심의 많은 토지를 매득함으로써 재산을 형성하였다. 또한 노비를 매득하는 과정에서 육지인들로부터 제주도에 거주하는 외거노비를 매득하였다는 점, 그리고 소종래가 육지에서 제주도로 내려 온 노비일 경우에는 소유권을 확실히 해두고자 반드시 본문기를 받아두고자 했던 점을 통해 제주인의 노비매득의 양상을 살펴볼 수 있다. 또한 18세기에는 제주도 전통문화의 하나인 분가관습과 토지 소유의 관계를 통해 이들은 준호구에는 하나의 호로 기재되어 있지만 실제로는 분리된 공간에서 거주하였을 것이라 추론하였고 아울러 재산도 별도로 형성하였음을 파악하였다. 이외에도 어도 진주강씨가의 고문서는 제

---

16) 허원영, 「19세기 제주도의 호적제 운영과 가족제도의 변화」, 『장서각』 30, 2013.

17) 정진영, 「조선후기 호적대장 '호의'의 편제양상 -제주 대정현 하모슬리 호적중초(1843~1907)」의 분석, 『역사와 현실』 45, 한국역사연구회, 2002, 247쪽.

주지역의 생활상을 살펴볼 수 있는 많은 자료들이 남아있을 뿐만 아니라 아울러 여기서 검토하지 않은 어도리에 거주했던 다른 진주강씨 가문까지 합쳐서 살펴본다면 조선시대 제주지역의 어도 진주강씨가의 생활사 및 마을사를 아울러 살펴볼 수 있을 것으로 기대한다.

점필재 김종직 종가 고문서*

이상현

I. 머리말

본고는 가문 고문서를 세밀하고 다각적으로 검토하는 미시적 연구의 일환으로서, 김종직 종가고문서 전체를 유기적으로 파악하여 가문만의 특수한 상황과 잘 드러나지 않은 기록을 정밀하게 추적하는 데 목적이 있다.

기존 고문서학 연구는 대체로 특정 문서에 관한 연구 성과를 축적시키면서 고문서에 관한 기초연구를 수행하였다. 이러한 연구는 문서의 구조와 내용을 정밀하고 깊이 있게 살펴볼 수 있지만 다른 문서간의 상호 연관 관계 및 유기적 관계를 살피는 데 한계가 있다. 따라서 기존의 연구 성과를 반영하는 동시에 여러 종류의 문서를 이용하여 다각적인 연구가 필요하다. 그리고 개별 문서 간의 연관관계를 다양한 각도에서 살펴보고 그 안에 숨겨진 이야기를 끌어내는 작업 또한 필요하다. 이러한 내용을 살펴보기 좋은 것이 가문에 소장된 고문서이다. 가문 소장 고문서는 여러 가지 문서들이 혼합되어 있고, 경우에 따라 개별 문서뿐만 아니라 시기와 지역, 인물과 주변 상황 등을 거시적이고 미시적인 내용을 볼 수가 있다.

가문 고문서를 이용한 연구는 대체로 문중의 개념·형성배경·조직·활동·서원·사우의 건립과 관련된 연구가 대다수를 차지한다.[1] 이러한 연구는 대부분 문중과 관련한 거시적인 사실을 다루었으며 생활사적인 측면[2]은 미흡한 측면이 있다. 또한, 고문서를 활용한 연구는 대부분 고문서를 보조 사료로 사용한 역사학 연구가 주를 이루었으며, 본연의 고문서학 연구는 많지 않다. 따라서 본고는 기존 연

---

* 이 글은 「佔畢齋 金宗直 宗家古文書 硏究」, 한국학중앙연구원 한국학대학원 석사학위논문, 2013을 요약·정리한 것이다.

1) 김문택, 「16~17세기 안동의 진성이씨 문중 연구」, 한국학대학원 박사학위 논문, 2004; 김명자, 「조선후기 안동 화회의 풍산류씨 문중연구」, 경북대학교 박사학위 논문, 2006; 박선미, 「조선후기 영암 서호 밀양김씨 문중연구」, 목포대학교 석사학위논문, 2011 등이 있다.

2) 고문서를 활용하여 생활사적인 측면에서 가문을 자세하게 들여다본 연구는 전경목의 『고문서를 통해 본 우반동과 우반동 김씨의 역사』가 있다.

구에서 그간 부각 되지 않았거나 미처 살피지 못한 부분을 전면에 드러내어 기존과 다른 측면을 살펴보도록 하겠다. 그리고 앞서 언급한 고문서의 연관관계, 유기적 관계를 통해 해당 가문만이 가지는 특징을 드러내고자 한다.

II. 고문서의 현황과 전존 배경

김종직 종가에는 450여 건의 고문서가 소장되었음을 확인할 수 있다. 국사편찬위원회에는 일부 고문서가 일제강점기 때 조사된 유리건판 사진으로 소장되어 있다. 그 중 현재 종가에도 전하지 않은 문서가 유리건판에 남아 있다. 고문서의 전체 현황을 살펴보면 아래와 같다.

〈표 1〉 고문서 현황

대분류	소분류		수량	대분류	소분류		수량
교령류	고신		60	명문문기류	노비매매명문		1
	녹패		2		토지매매명문		11
소차계장류	상소		1		분재기	분급문기	16
	소지		73			별급문기	24
첩관통보류	급분첩		1	서간통고류	서간		120
증빙류	시권		14		통문		1
	입후성문		1	치부기록류	물목		1
	입안		1		전답안		1
	완문		4	시문류	시		12
	완의		1		만사		40
	호적	호구단자	10		제문		1
		준호구	33		문		1
		호적표	1	기타			19

소계 : 450

누락된 고문서(유리건판)							
소차계장류	소지		11	치부기록류	전답안		6
첩관통보류	관		1	서간통고류	서간		2
기타			1				

소계 : 21

합계 : 471

위 문서들 중 고문서학적으로 중요한 문서들이 소장되어 있다. 특히 김종직 告身의 경우 무오사화와 갑자사화를 겪었음에도 몰수되거나 훼손되지 않고 대부분 남아 있어 조선시대 고신을 연구하는데 중요한 자료이다. 성종 7년(1476) 김종직 처 조씨 고신의 경우 조선 초기 교첩 가운데 당하관 처에게 발급된 사례로 『경국대전』이 완성되기 이전에 3품 이하 처 고신식이 이미 성립된 것을 볼 수 있는 자료이다.3) 성종 17년(1486) 김종직 처 문씨 고신의 경우는 조선 초기 고신 가운데 당상관 처에게 발급된 유일한 사례로서 중요하다.4) 마지막으로 세조 14년(1468) 母夫人 밀양박씨 서간과 세조 14년(1468) 김종직 처 조씨 서간의 경우 조선 초기 여성이 쓴 초서체 한문간찰로써 서간에 이두가 사용된 것을 확인할 수 있는 자료이다.

이렇게 중요한 문서가 현재까지 종가에서 전존할 수 있었던 배경은 두 가지 측면이 있다. 첫째, 세거지 정착 이전의 주거지 이동 사실이 구전과 문서를 통해 잘 나타나 있다는 점이다. 김종직과 그의 후손들은 밀양, 합천의 야로, 고령에 거주하였고 선산도 그 일대에 위치하였으며 더구나 세 곳은 가까운 거리에 있었다. 이러한 사실은 종가에 남아 있는 준호구, 호구단자, 분재기를 통해 알 수 있다. 김종직의 후처 남평문씨는 밀양에서 합천 야로에 옮겨와 거주하였고, 16세기 중반 후손들은 고령으로 이거한 후 현재까지 세거한 것을 확인할 수 있다. 따라서 문서가 옮겨지면서 훼손 및 분실될 여지가 적었음을 알 수 있다. 둘째, 문서 및 유물들이 유실되기 쉬웠던 조선시대 임진왜란과 현대의 한국전쟁을 거치고도 훼손되지 않은 점이다. 임진왜란의 경우 김종직의 5세손 김성율은 고령에 거주하고 있었다. 당시 고령은 임진왜란임에도 불구하고 일본군의 침입이 없었던 곳 중 하나였다. 당시 일본군은 여러 갈래로 나누어 한양을 향해 진격하였는데 그 중 구로다[黑田長政] 군단은 경상우도를 침입하여 김해를 함락시키고 창원·칠원·영산·창녕·현풍을 거쳐 성주를 지나 金山을 함락하고 추풍령을 넘어 한성으로 직행하였다. 그들은 경상도에 큰 병력을 주둔시키지 않았으며, 의령·초계·합천·고령·산음·거창 등 10여 邑은 일본군이 침입하지 않았다. 이후 의령에서 곽재우가 의병을 일으켜 낙동강을 중심으로 일본군을 물리쳤고5) 김면은 고령에서 의병을 조직하여 茂溪津

---

3) 川西裕也, 『高麗末·朝鮮初における任命文書と国家』, 九州大学博士論文, 2012, 164쪽.

4) 박성호, 『조선초기 왕명문서 연구 -경국대전체제 성립까지를 중심으로-』, 한국학대학원 박사학위논문, 2011, 87쪽.

5) 이장희, 『곽재우연구』, 양영각, 1984, 162~166쪽.

과 開山浦에서 일본군을 물리쳤으며, 우척현 전투에서도 큰 전공을 세워 일본군의 침략에서 고령일대를 방어하였다.6) 정인홍은 합천에서 의병을 일으켜 김면과 함께 무계전투를 치뤘으며, 草溪戰鬪와 安彦驛戰鬪에서 일본군을 크게 물리쳐 고령과 초계를 안전하게 방어하였다.7) 이러한 정황을 보면 고령에는 일본군이 접근할 때 의병에 의해 방어되어 피해가 거의 없었다. 한국전쟁의 경우 17대 종손인 고 김병식씨의 인터뷰 내용을 통해 알 수 있다. 그는 인민군이 마을로 들어왔을 때 선조의 유품과 신주 등을 보존하기 위해 한밤중에 집 뒤 대나무 숲에 굴을 파고 독을 묻고 그 속에 넣어 보존하였다. 전쟁으로 인해 한순간 재가 될 뻔한 선조들의 유품과 신주 그리고 문적들을 그의 기지로 지킬 수 있었다.

III. 김종직 고신의 적몰과 연좌

1. 告身의 籍沒

'적몰'이라는 용어에 대해 살펴보면 다음과 같다. 『經國大典抄解』에는 "장부를 작성하여 몰수 하는 것, 가산을 장부에 기록하여 제도에 따라 관이 몰수하는 것, 판결로써 가산을 몰수하는 것을 말한다"라고 하였다. 『校註 大典會通』刑典 推斷條에는 "범죄자의 소유에 관계된 일체의 재산을 관의 장부에 등록하여 몰수 하는 것"이라고 하였다.8) 법제처에서 편찬된 『대명률직해』 「名例刑註解』에서 적몰재산에 대해 "중대한 죄를 범한 자의 전 재산을 장부에 기록하여 관에 몰수하는 처분"이라고 하였다. 따로 적몰에 대해서는 "일체의 재산을 전부 몰수하는 것을 일컫는다"라고 하였다.9) 따라서 적몰이라는 용어는 현대사회의 형벌 가운데 하나인 '몰수'와 개념적으로 유사하지만 대상범위가 좀 더 포괄적이고 광범위한 개념의 형벌이라고 할 수 있다.10)

『경국대전』의 추단조와 『대명률』의 모반대역조는 무오사화 때 김종직과 그의

---

6) 노영구, 「임진왜란초기 경상우도 의병의 성립과 활동영역」, 『역사와현실』 64, 한국역사연구회, 2007, 52~53쪽.
7) 김강식, 「임진왜란 시기 내암 정인홍의 의병운동」, 『역사와 경계』 81, 부산경남사학회, 2011, 244~249쪽.
8) 김성갑, 「조선후기 적몰 '위토' 회복과정연구 -거창 초계정씨 고문서를 중심으로-」, 『고문서연구』 28, 한국고문서학회, 2006, 186쪽.
9) 법제처, 『대명률직해』, 서울인쇄주식회사, 1964, 138~139쪽.
10) 김성갑, 앞의 논문, 187쪽.

제자들에게 적용되었던 규정으로 이로 인해 가산을 적몰당하였다. 적몰의 대상을 살펴보면 따로 규정되어 있지 않지만 『조선왕조실록』에 토지, 가사, 노비는 물론 포목과 서책까지 모두 몰수하는 것을 볼 수 있다.[11] 이러한 적몰대상을 통해 재산과 관계된 노비·토지·가사매매문기·분재기 등 재산관계문서가 그 대상에 포함되어 함께 몰수되었다는 것을 알 수 있다.[12] 告身의 경우 재산관계문서와 함께 몰수되었는지 아니면 그대로 남겨졌는지 그것도 아니면 다른 곳으로 옮겨졌는지 기록에 나타나 있지 않아서 확인할 수 없다. 하지만 적어도 고신이 적몰대상에 포함되지 않았다는 것은 알 수 있다.

그렇다면 고신은 어떻게 처리되었을까? 고신의 처리를 살펴보기 위해 김종직과 그의 제자들이 무오사화 때 적용된 『경국대전』의 추단조와 『대명률』의 모반대역조가 다른 사건에서 어떻게 사용되었는지 살펴보자.[13] 무오사화를 전후로 모반대역조가 적용된 사건은 세조시기의 단종 복위 사건과 연산군 시기의 갑자사화가 있다. 사건들을 살펴보면 무오사화와 같이 처벌자들을 적몰하는 기사가 나오는 한편 고신추탈[14]에 관한 기사도 나타난다. 세조시기 단종복위사건에 대한 관련자들의 처벌내용을 살펴보면 사건 관련자들은 가산과 고신을 거두고 멀리 유배형에 처하거나 고신을 거두고 유배형을 내리고 있음을 볼 수 있다.[15] 사건의 주모자들의 경우 모두 車裂刑에 처하고 3일 동안 저자에 효수하였다. 그리고 가산적몰과 함께 연좌죄가 적용되었다.[16] 연산군 대의 갑자사화도 마찬가지로 관련자들에 대한 처벌을 논의하였으며 부관참시·능지처사, 가산 적몰, 유배의 처벌이 내려졌다. 각각의 사건에 대한 처벌과 적용된 인물의 사례를 비교·분석해보면 모반대역죄에 해당되는 처벌을 받았을 때 죄의 경중에 따라 부관참시·능지처사·교형 등 목숨을 빼앗는 처벌과 함께 적몰만 하는 경우, 적몰과 고신추탈을 하는 경우, 고신추탈만 하는 경우 또는 고신추탈과 유배형의 경우로 나누어 처벌하고 있다. 따라서 죄인을 처벌할 때 '적몰'과 고신추탈은 따로 언급하고 있는 것으로 보아 이 둘을 개별적으로

---

11) 『세조실록』 권2, 1년 8월 15일 戊午 2번째기사;『세조실록』 권5, 2년 11월 4일 庚午 2번째기사;『연산군일기』 권54, 10년 6월 8일 丁卯 2번째기사.
12) 『충훈부등록』 영인본 3권, 보경문화사 1991, 265~266쪽; 충훈부등록의 기록을 살펴보면 가사 및 재산문서를 충훈부로 보내라는 내용이 기재되어 있다.
13) 대부분이 모반대역률에 해당되는 사건으로 주모자의 대부분이 가산적몰을 당했다.
14) 실록기사를 보면 고신추탈이라는 용어 이외에도 고신회수, 직첩회수라는 용어가 쓰이고 있다. 본고에서는 죄를 지어서 고신을 관에서 가져가기 때문에 고신추탈이라는 용어로 통일하였다.
15) 『세조실록』 권4, 2년(1456) 6월 26일 甲子 4번째기사.
16) 『세조실록』 권4, 2년(1456) 6월 8일 丙午 2번째기사.

처벌하고 있음을 알 수 있다. 따라서 적몰했다고 해서 고신도 함께 몰수되었다고 볼 수 없다.

초계정씨의 경우를 살펴보면 무신난으로 인해 동계 정온의 위토가 다른 재산과 함께 몰수당했다가 후손들에 의해 환급받게 된다. 환급 받았을 당시 적몰 당했을 때 가져갔던 토지문서는 이미 없고「文簡公位土推給決案」이라고 해서 환급을 위해 올렸던 소지 내용과 환급명령이 내려진 후 충훈부에서 등록에 적몰된 토지의 지번과 토지의 형태 부수 등의 내용을 위 성책에 기록하여 후에 분쟁 등에 증거로 삼도록 기록하였다.[17] 하지만 고신에 대해서는 아무 언급도 없다. 다른 예로 중종 때 문인 新齋 崔山斗는 기묘명현 중 한 사람으로 기묘사화로 인해 동복에 유배되었다가 중종 28년(1533)에 풀려났다. 그는 이 사건으로 유배와 함께 고신이 모두 추탈 당하였다.[18] 20년 후 조정에서 죄가 크지 않은 사람들의 서용이 이루어졌고, 이미 죽은 사람들에게 직첩을 돌려주라고 지시함으로써 최산두는 직첩을 돌려받게 되었다.[19] 현재 최산두의 고신은 남아 있지 않지만 함께 추탈 당했을 것으로 보이는 백패와 홍패[20]가 남아 있어 그 증거가 된다.

위의 내용과 여러 예를 통해 고신을 추탈하라는 명이 있지 않은 이상 고신은 적몰된 집안에 그대로 있거나 혹은 친척이나 지인에 의해 옮겨져 보관되었을 가능성이 높다고 할 수 있다. 따라서 김종직 고신의 경우, 적몰의 명만 있고 고신을 추탈하라는 명이 없기 때문에 재산관련 문서 이외에 나머지 문서는 집안에 그대로 있었다.

2. 고신과 연좌

앞에서 살펴본 바와 같이 김종직고신은 다른 문서와 함께 적몰되지 않았다는 것을 알 수 있다. 김종직 고신은 형 내지 조카 그리고 처가에서 고신을 옮겨 보관하였을 것으로 짐작된다. 그 이유는 무오사화 처벌이 세조대의 단종복위사건과 갑자사화 때의 처벌과 달리 상당히 가벼웠기 때문이다. 두 사건처럼 처벌당했다면 김

---

17) 이외에도 1820년 忠勳府混籍文簡公位土還給記, 1825년 안의현감이 작성한 文簡公位土事實營草件, 1825년 安義縣所在文簡公位土復給時關文謄書成册 등을 통해 환급된 토지의 상황을 알 수 있다(한국정신문화연구원, 『고문서집성23 -거창 초계정씨편』, 한국정신문화연구원, 1995, 572~639쪽).

18) 『중종실록』 권37, 14년(1519) 12월 16일 1번째기사.

19) 『중종실록』 권87, 33년(1538) 4월 12일 3번째기사.

20) 백패와 홍패도 고신과 같이 국왕의 보인이 찍힌 국왕 문서로써 고신을 모두 회수하는 경우 '永不敍用'의 규정이 적용되기 때문에 백패와 홍패도 이와 같은 규정에 적용된다고 판단된다.

종직의 아들 김숭년은 교형에 처해졌을 것이다. 단종복위사건·갑자사화 때의 처벌내용과 조선시대 역모죄에 대한 대명률의 형벌을 비교하여 무오사화의 처벌이 가벼웠던 이유를 살펴보면 다음과 같다.

먼저 대명률의 규정을 먼저 살펴보면 "모반대역의 죄인은 모두 능지처사하고 죄인의 부와 16세 이상의 아들은 교형, 15세 이하인 자와 母·女·妻·妾·祖·孫·兄·弟·姉妹 및 아들의 처와 첩은 공신의 노비로 삼도록 하며 재산은 모두 관에 몰수하고, 백숙부와 형제의 아들도 流三千里安置의 형에 처한다"고 규정하였다. 하지만 예외 조항으로 남자로 80세이거나 篤疾에 걸린 자 그리고 여자로서 60세이거나 폐질에 걸린 자는 모두 연좌의 죄에서 면제하며, 연좌한 사람은 범인과 동거하는 자가 아니면 그의 재산을 몰수하지 않는다. 만약 여자로서 약혼이 이미 정해진 자는 그의 남편에게 보내주며, 자손으로서 남의 집에 수양자로 주어진 자와 약혼하였으나 아직 혼인하지 아니한 자는 모두 죄를 논하지 않는다."21) 라고 하였다.

세조 2년(1456)의 단종복위사건에서는 연루자들의 친족에 대한 처벌 내용이 구체적으로 언급되어 있어서 앞의 대명률과 비교할 수 있는 좋은 자료이다.22) 그 예로 처벌된 사람들 중 朴彭年의 경우를 보면 다음과 같다. 박팽년은 시신거열형을 당하고 아버지 朴仲林은 능지처사를 당하였다. 동생 朴大年과 아들 憲·珣·奮은 교형을 당하고, 어머니·아내·제수가 공신의 노비로 전락되었다. 박중림의 三寸叔되는 龍伊·斯枰·斯梯·斯杠·斯楨 등은 流刑을 당하여 한집안 모두가 죽임을 당하거나 離散되었다.23) 박팽년은 단종복위사건의 주동자로 위의 내용처럼 자신을 포함하여 연좌된 가족들의 범위가 『대명률』의 규정보다 넓고 처벌 또한 가혹한 것을 볼 수 있다. 특히 아들의 경우 연령과 상관없이 모두 교형에 처하였고 심지어 동생의 갓난쟁이 딸까지 죽인 것은 가혹함을 넘어선 처벌이었다.

무오사화가 발생한 지 6년 후에 일어난 갑자사화의 경우는 처벌받은 연좌인의

---

21) 『大明律』, 「謀反大逆 謀叛條」.

22) 1456년 6월에 일어난 단종복위 사건에서 세조는 모반에 연루된 자들의 처벌규정을 다음과 같이 규정하였다. "친자식들은 모조리 교형에 처하고, 어미와 딸·처첩·祖孫·형제·자매와 아들의 처첩 등은 極邊의 殘邑의 노비로 영구히 소속시키고, 伯叔父와 형제의 자식들은 먼 지방의 잔읍의 노비로 영원히 소속시키고, 그 나머지는 아뢴 대로 하라"(『세조실록』 권4, 2년(1456) 6월 7일 癸卯 2번째기사); 추가적으로 그들의 사위에 대한 처벌하라고 명을 내렸다. "역모를 한 사람들의 사위들도 모두 먼 지방에 안치하라"(『세조실록』 권4, 2년(1456) 6월 8일 丙午 4번째기사).

23) 류영박, 「단종복위 모의자들의 사법처리」, 『진단학보』 78, 진단학회, 1994, 134~144쪽. 이 내용들은 실록기사들의 내용에 기인한 것으로 모두 『세조실록』 권4, 2년 6월·7월의 기사내용들이다.

범위가 단종복위사건의 경우보다 넓었다. 동성·이성의 사촌뿐만 아니라 심지어 사돈까지도 연좌되었다. 동성과 이성의 사촌은 백부·숙부·형제의 아들과 마찬가지로 유배 안치되었고, 사돈의 경우는 고신이 회수되어 관직에 나아갈 수 없게 되었다. 이 당시는 국왕의 전횡을 견제할 수 있는 사간원과 홍문관 자체가 혁파되는 등 군신 관계가 크게 동요하고 있었으므로 그 처벌이 국왕의 자의에 따라 일방적으로 결정되었다.24)

무오사화의 경우를 살펴보면 위의 단종복위사건과 갑자사화보다는 연좌에 대한 기록이 적어서 그 범위에 대해서 자세히 알 수는 없다. 무오사화 주모자들의 처벌을 보면 불사의 죄에 해당되기에 대역의 율이 적용되어 김종직은 부관참시 당하였고, 김일손·權五福·權景裕는 陵遲處死를 당하였다. 그리고 亂言絶害 또는 亂言의 죄가 적용되었던 연루자들 가운데 강겸은 곤장 1백 대와 가산의 적몰 그리고 極邊으로 내쳐 종으로 삼았다.25) 라는 죄인들의 처벌내용만 나타나 있고 연좌되는 처벌에 대해서는 거의 언급이 없다. 다만 권오복의 죄를 경감해 줄 것을 청하는 기사와 권경유의 형 권경우에 대한 기사를 통해 무오사화 때 주모자들의 연좌범위를 확인할 수 있다. 사형되어야 할 권오복과 권경유·권경유의 아들은 곤장 1백대와 함께 종으로 만들고 있으며, 권경유의 형 권경우는 연좌되어 강릉부의 관노가 되었음을 알 수 있다.26) 그리고 점필재집 부록 무오사화 사적에 김종직의 후처 정부인 문씨와 그의 아들 숭년에게 가해진 형벌이 남아 있다.27) 이러한 기록을 보면 연좌된 가족들의 죄가 단종복위사건과 갑자사화보다는 경감된 것을 확인할 수 있다. 그리고 대역죄로 처형된 4명의 친족들 가운데 연좌되어 교형에 처해진 자는 없었다.28)

실록기사에 나타난 위 세 사건과 대명률을 비교하여 대명률을 기준으로 연좌의 범위와 처벌이 확대되었는지 아니면 축소되었는지를 살펴 다음의 표로 정리하였다.

---

24) 김돈, 『조선전기 군신권력관계 연구』, 서울대출판부, 1997, 43~97쪽.

25) 『연산군일기』 권30, 4년(1498) 7월 27일 辛酉 1번째기사.

26) 『연산군일기』 권32, 5년(1499) 2월 18일 戊申 3번째기사.

27) 7월에 사화가 일어났다. 유자광이 연산군에게 아뢰어 대역으로 논죄함으로써 즉시 부관참시하게 하였고, 집은 적몰되어 정부인 문씨는 雲峯縣에 定屬되었다. …(중략)… 아들 숭년은 이 때 나이 13세로 합천군에 安置되었는데, 나이가 차지 못했다는 이유로 刑禍를 면하였다(김종직, 『점필재집』, 부록 「무오사화사적」).

28) 진상원, 「조선왕조 정치범의 신원과 추존문화」, 동아대학교 박사학위논문, 동아대학교 대학원, 2006, 21쪽.

〈표 2〉 대명률·단종복위사건·무오사화·갑자사화 죄인의 연좌 범위[29]

죄인과 관계	사례명	대명률	단종복위사건	무오사화	갑자사화
본인		능지처사 재산몰수	능지처사 재산몰수	능지처사 (부관참시) 재산몰수	능지처사 (부관참시) 재산몰수
父와子	16세이상	교형	교형	노비·장100♠	참형·효수 (부관참시)★
	15세이하	노비	교형★	노비	교형 (유아제외)★
母·女·妻·妾·祖·孫		노비	노비	노비	노비·장100★
형제		노비	노비	노비	노비·장100★
자매, 자의 처·첩		노비	노비	노비	노비·장100★
백부·숙부·형제의 子		流三千里安置	노비★	流三千里安置	유배·장80★
사위		해당없음	遠方安置★	해당없음	유배·장80?★
동성·이성친족		해당없음	유배 (4~5촌)★	해당없음	유배·장80 (동성,이성4촌)★
사돈		해당없음	해당없음	해당없음	직첩회수★
80세이상 남자와 60세이상 여자 및 廢疾者		면제	면제	면제	유배·장80★

★대명률 규정보다 처벌이 심한 경우, ♠대명률 규정보다 처벌이 약한 경우

위 표를 통해 무오사화가 다른 두 사건과 대명률에 비해 연좌 범위와 처벌이 가벼웠음을 알 수 있다. 이렇게 처벌이 가벼웠던 이유는 무오사화가 연산군 당시에 삼사의 역할이 자꾸 커지는 것에 대한 일종의 제재 조치였기 때문이다.[30] 무오사화가 이극돈과 유자광의 개인적인 분노에서 시작되었다면 김일손과 김종직만이 처벌하면 그만이었을 것인데, 이 둘은 물론 김종직의 제자들이 모두 처벌받았다는 것은 삼사의 역할을 제재하기 위한 정치적인 의도로 봐야 할 것이다. 이와 같이 무오사화를 겪었음에도 김종직 고신이 남아있게 된 이유는 고신에 대한 추탈 명령이 없었으며, 적몰에도 포함되지 않아서 몰수되지 않아서였다. 처벌도 다른 모반대역에 해당되었던 단종복위사건과 갑자사화의 연좌범위보다 가벼웠기 때문에 주변의 친척이나 처가 쪽 사람들도 몸을 보전할 수 있었고 이에 고신을 가져다가 잘 보관

---

29) 진상원, 「조선전기 정치사건의 처벌과 신원 -김종직의 사례를 중심으로-」, 『역사학보』 180, 역사학회, 2003, 71쪽. 이 논문에 기재된 '조선전기 주요 모반대역 죄인의 연좌범위' 표를 주제의 성격에 맞게 수정하였다.

30) Edward W. Wagner(송준호 역), 「정치사적 입장에서 본 이조 사화의 성격」, 『역사학보』 85, 역사학회, 1980, 131~132쪽.

하는 것이 가능하였다.

Ⅳ. 봉사조의 변화와 재산승계

1. 봉사조의 변화

'봉사조'라는 것은 제사를 봉행하기 위해 별도로 설정한 재산을 지칭한다.[31] 봉사조는 조선 초기부터 이미 『경국대전』에 그 양이 규정되어[32] 있었지만 지켜지지 않았고, 오히려 고려시대의 遺制인 '제자녀윤회봉사'였으며, 재산도 평균 분급하였다. 이러한 윤회봉사는 17세기 중반부터 딸이 제외되고 아들들이 돌아가면서 제사지내는 불완전 윤회봉사로 변화되었다가 18세기 중엽 이후 점차 장자단독봉사가 정착되었다.[33]

김종직의 종가에 소장된 분재기에는 김종직 사후 그의 부인 처 문씨가 분급한 분재기가 가장 오래된 것으로 이때부터 제위조가 나타난다. 이 제위조는 '승중조'라고 기재되어 있어서 분재기가 작성된 시기부터 장자 단독봉사를 행해진 것이다.[34] 이런 배경에는 김종직이 『小學』교육과 『家禮』의례의 숭상을 보급하기 위해 노력한 것을 들 수 있다. 특히 『소학』교육을 중시하였으며 종법과 제례에 대해서는 두말할 것 없이 잘 알고 있었다.[35] 김종직이 소학을 중시했고 종법제례에 대한 이해도가 상당했기 때문에 그의 부인 문씨가 재산을 분재하는 분재기에 '승중위'를 정한 것은 자연스러운 것이었다. 따라서 앞서 연구된 것처럼 윤회봉사→불완전윤회봉사→장자단독봉사의 순서로 변화 되는 것이 아니라 김종직종가는 애초부터 장자 단독봉사였다.

그렇다면 봉사조와 그에 따른 분재량이 분재기상에서 어떻게 기재되고 변화되는지 살펴보면 다음과 같다. 종가에 소장된 분재기 중 '봉사조'가 가장 먼저 기재된 것은 중종 38년(1543) 10월 4일에 작성된 것이다. 이 문서는 전처의 두 딸과 자신

---

31) 그 외에도 '承重條', '主祀條', '祀位'라고도 한다(문숙자, 『조선시대 재산상속과 가족』, 경인문화사, 2005, 109쪽).

32) 『경국대전』, 「형전」, 사천조.

33) 문숙자, 앞의 책, 128~130쪽.

34) 정구복, 『고문서와 양반사회』, 일조각, 2002, 66~67쪽: 광산김씨와 김종직종가를 비교해 보면 '승중위' 명목으로 봉사조를 장자에게 주는 시기가 중종38년(1543)으로 약10년 정도 차이가 나지만 시기가 거의 비슷하다.

35) 김언순, 「18세기 종법사회 형성과 사대부의 가정교화」, 『사회와 역사』 83, 한국사회사학회, 2009, 125~126쪽.

의 아들과 딸 그리고 첩자녀에게 주는 분재기로 적실자녀는 모두 평균분급하고 첩자녀에게는 차등분급하고 있으며, 아들에게 따로 '승중위'라는 항목을 만들고 노비 한 구씩과 토지를 분급하였다. 하지만 명종11년(1556) 1월 15일 김숭년 처 손씨가 세 아들에게 나눠준 분재기에는 승중위조가 보이지 않는다. 분재기가 작성되고 난 10년 뒤 명종21년(1566) 김숭년의 次子 김유가 죽고 그의 자녀 김몽령 등 3남매가 작성한 화회문기에서 승중위가 다시 확인된다. 이 화회문기에는 경국대전에 있는 條文을 인용하여 승중위를 두고 있고 묘를 관리하는 묘직을 노 1구로 정하고 있다. 여기서 나타난 봉사위는 김유와 그의 처 양천최씨의 제위조이다. 당시 김종직의 제사위는 김유의 형 김윤에게 분급되었기 때문에 아버지인 김숭년의 제사위도 김윤에게 분급되었던 것이다. 따라서 여기에 기재된 봉사위는 김유와 처 양천최씨의 제사위라고 볼 수밖에 없다. 김윤에게 분급된 재산은 선조 17년(1584) 1월 5일 작성된 분재기에 奉祀者의 변화가 있음을 볼 수 있다. 이 문서는 김윤의 처 하씨가 두 아들과 장손녀 그리고 얼손자에게 주는 문서로 첫째아들인 天瑞가 아들 없이 죽자 둘째 아들 天祥에게 봉제사를 맡도록 하는 내용이다. 분재기에는 제위조가 둘째 아들인 천상에게 분급되고 있는 것을 볼 수 있다. 이후 선조 28년(1595) 10월 16일에 작성된 별급문기에는 김유의 처 문씨가 손자인 弘業에게 별도로 준 것인데 여기서 홍업을 '承重孫'이라고 지칭하고 있고 "능히 선조의 제사를 이을 수 있을 것 같다"라는 말을 기재하고 있다. 문서의 내용을 통해 볼 때 김천상에게로 넘어갔던 봉사자의 지위는 그가 후사가 없었기 때문에 당시 홍업의 아버지인 김성율에게 옮겨진 것으로 보인다.[36] 이 두 문서를 통해 당시 종법에 입각하여 양자를 들여 대를 잇고 제사 지내는 立後奉祀制가 아닌 형제간으로 제사가 승계되는 兄亡弟及이 이루어지는 것을 볼 수 있다.

숙종 36년(1710) 5월 10에 작성된 분재기는 이전의 분재기와 전혀 다른 양상을 보인다. 이전의 분재기에는 봉사조 하나만 책정하여 분급하였지만, 이 분재기에는 봉사의 대상자별로 여러 종류의 봉사조가 설정된 것을 볼 수 있다.[37] 이후의 분재기도 모두 이와 같은 방식으로 봉사조가 세분되어 분급되고 있다.[38] 이렇게 봉사

---

36) 기타 문서와 족보를 살펴보면 김륜의 두 아들인 김천서와 김천상의 생몰년이 기재되어 있지 않다. 뒤에 봉사를 받은 김천상이 언제 죽었는지 알 수 없지만 아마 이 별급문기가 남아 있을 당시에는 이미 김유의 첫째인 김성율에게 봉사가 넘어간 것으로 짐작된다.

37) 봉사조를 보면 吾夫妻祭位, 元來祭位, 侍養曾祖父母上祀位, 亡兄祀位, 金宗直墓位로 나뉘어 있다.

38) 영조 15(1739) 5월 9일 화회문기에는 先祖文忠公墓位, 先祖母文夫人墓位, 傍親祀位, 文忠公祀位, 元來祀位가 있다. 영조 36년(1760) 3월 25일 화회문기에는 先祖文忠公祀位, 元來祀位, 父母祀位가 있다.

조가 세분되어간 변화는 고령에 정착한 김수휘 때부터이다. 김수휘는 아버지의 末弟 김성철에게 侍養子로 갔다가 자신의 형 즉 大宗奉祀者가 연이어 죽고 대를 이을 사람이 없게 되자 다시 본가로 돌아와 대종봉사자가 되었다. 그런 뒤 김성철의 처 은진 송씨가 죽기 전 자신의 시양자였던 김수휘에게 재산을 주면서 侍養父였던 김성철과 자신의 제위를 부탁하였다. 이렇게 김수휘에게 제위를 부탁하여 봉사조로 전급한 노비 및 토지가 전급된 것이 문서로 남아있다. 이 제위조는 그의 손자인 김시락에게 전급되어 제위로 남아 있고 김시락을 끝으로 더 이상 나타나지 않은 것으로 보아 김성철과 그의 처 송씨의 제사는 3대 봉사로 끝난 것으로 생각된다.[39]

위와 같이 제위조가 세분되는 배경은 첫째, 16~17세기 초 선대의 조상과 부모, 시양부모 등 봉사의 대상별로 제사를 주관하는 사람이 각기 다른 분할봉사 방식으로 봉사가 시행되었기 때문이다. 둘째, 특정 제사를 특정인이 맡는 경우가 생겨나 일찍 죽은 자식, 前母 혹은 계모나 양부모 등의 제사를 가문의 사정에 따라 발생하는 제사의 경우 특정인이 맡아서 하는 경우이다.[40] 이러한 봉사조의 세분은 조선 후기에 접어들어 종손이 혼자 모든 제사를 담당하게 되면서 점차 사라지게 된다. 김종직 종가의 봉사조 세분은 위 두 가지와 비슷해 보이지만, 봉사자가 여러 사람이 아닌 한 사람으로 집중된다는 점과 조선후기 18세기 후반 분재기까지도 봉사조가 세분되어 기재되기 때문에 기존 연구와는 다른 양상이 나타난다.

이러한 봉사자와 봉사조 변화 양상을 정리하면 아래와 같은 모습으로 나타낼 수 있다.

〈표 3〉 김종직 종가의 奉祀者와 奉祀條량의 변화

봉사자	받은 봉사조량	봉사자	받은 봉사조량
(18) 金宗直(派祖)			
⇩			
(19) 金嵩年	奴1, 婢1, 畓 40卜 8斗落, 田33卜10斗落, 瓦家 1坐		
⇩	↓		
(20) 金綸	봉사조 분재량 기재 안됨	(20) 次子 金維	없음
⇩	↓	↓	⇊

---

39) 숙종 36년(1710) 5월 10에 작성된 분재기에 나타난 侍養曾祖父母主祀位를 통해 알 수 있다.
40) 문숙자, 앞의 책, 112~114쪽.

(21) 金天祥(無后)	奴1, 婢2, 畓23卜6束, 田55卜2束 (大宗奉祀가 형 김천서 → 김천상)	(21) 金夢齡	奴3, 婢2, 畓25斗落, 垈田 40卜, 田12斗落
	↓		⇊
↰	⇨	(22) 金聲律	奴3, 婢2, 畓25斗落, 垈田 40卜, 田12斗落 (봉사자의 변화)
	⇩		↓
		(23) 金受徽	奴9, 婢3, 畓25斗落, 垈田 40卜, 田12斗落 (봉사조의 자연증가)
	⇩		↓
		(24) 金彝	분재기 없음.
	⇩		↓
		(25) 金是洛	분재기 없음.
	⇩		↓
		(26) 金世鳴	元來祀位: 奴14, 婢11, 垈田56卜4束19斗落, 田49卜2石落, 畓100卜2束 吾夫妻祭位: 奴1, 婢1, 畓14卜3斗落, 田六卜 侍養曾祖父母主祀位 : 奴1, 婢2, 田25卜5斗落 亡兄祀位: 婢2, 畓16卜6束 4斗落 (봉사조의 세분)
	⇩		↓
		(27) 金壽岳	文忠公墓位: 畓5斗落, 先祖母文夫人墓位: 田7斗落 先祖文忠公祀位: 畓125卜3束32斗落 元來祀位: 奴17, 婢23, 畓 174卜4束47斗落, 垈田64卜3束21斗落, 田44卜7束2石落 吾夫妻祀位: 奴1, 婢2, 畓10卜6束4斗落, 垈田16卜5斗落, 田17卜9束11斗落

⇩: 大宗奉祀者 ↓: 次子 金維奉祀者 ↓: 大宗奉祀位 ⇊: 金維奉祀位

2. 재산의 전승과 변화

앞서 언급했듯이 종가의 분재기는 217년간 전승되어 가는 모습을 볼 수 있다. 특히 처가에서 받은 분재기를 통해 종가의 재산의 대부분 처가에서 비롯되었다는 것도 알 수 있다. 처가의 분재기를 살펴보면 김종직 후처 남평문씨, 김유의 처 양천최씨, 김성율의 처 고령박씨 집안에서 재산이 유입이 확인된다. 이 가운데 양천최씨 집안에서 유입된 재산이 가장 많으며, 이전에 김유가 물려받은 것과 함께 종가재산의 바탕이 되었다. 이러한 재산이 잘 유지될 수 있었던 까닭은 4가지로 볼 수 있다. 첫째, 孫外與他의 철저한 금지[41] 둘째, 각 世代의 처변재산 획득 셋째, 17세기 이래 봉사조의 확대 및 차등분급 실시로 들 수 있다.

조선전기의 분재방식은 연구된 바와 같이 평균분급이었으며, 임진왜란을 거쳐 종법과 예학이 발달하면서 점차 장자상속으로 변화되어 갔다. 김종직종가의 조선전기 분재기도 평균분급으로 나타난다. 이러한 평균분급은 인조 1년(1623)년 작성된 분재기까지 나타나고 그 이후에는 장자우대상속이 나타난다. 초기의 재산 분재부터 살펴보면 김종직 후처 문씨가 작성한 분재기는 모두 2점인데 하나는 중종 38년(1543) 10월 4일에 작성된 것이고 다른 하나는 중종 39년(1544) 10월 10일에 작성된 분재기이다.

김종직의 후처 문씨가 작성한 두 분재기를 보면 모두 평균분급이기는 하지만 남편과 자신의 재산을 분리해서 남편의 재산은 모든 자식들에게 나눠주고, 자신의 재산은 자기소생 자녀와 손자들에게 분급하고 있다. 이를 통해 자기소생 자식과 자기소생이 아닌 자식에게 차별을 두고 있음을 알 수 있다. 지금까지 알려진 자료 중에서 김종직 종가분재기가 이러한 사실을 보여주는 유일한 자료이며, 조선전기 재산 분배양상을 보여준다.

앞서 살펴본 바와 같이 봉사조를 제외하고 모두 자녀에게 평균분급하고 있으며 이러한 경향은 17세기 초인 인조 1년(1623)년 7월 13일에 김성율 처 박씨가 자식들에게 나눠준 분재기까지 나타난다. 이후 작성된 분재기의 경우 앞서 언급한 숙종 36년(1710)에 제위조처럼 세분화되고 증가하는 대신 자식들에게 나눠주는 재산의 양이 줄어드는 변화가 나타난다. 이러한 변화는 여타의 다른 집안과 다를 것이 없는데 17세기에 들어서면 평균분급과 윤회봉사의 원칙이 무너지고 딸에게는 아들이 받는 유산의 ⅓만을 지급하도록 하기 때문이다.[42] 또한 17세기 후반 사위들에 의한 재산의 자진반납과 제사로부터의 탈퇴, 종손의 상속재산에 대한 방매 행위가 있었음을 볼 수 있다.[43] 김종직 종가도 이와 같은 사회적 현상과 비슷한 시기에 봉사조의 증가와 함께 아들과 딸의 차별 상속과 장자에 대한 우대상속이 이루어지고 있다. 그리고 재산분배에 있어서 조선후기 종법으로 인해 자식이 없으면 가까운 친척에게서 양자를 들이는데 이 양자로 가는 아들에 대한 재산분배도 분재

---

41) 김종직의 후처 문씨부인이 자식들에게 준 중종 4년(1543) 10월 4일에 작성된 허여문기를 통해 알 수 있다.
42) 전경목, 『고문서를 통해본 우반동과 우반동 김씨의 역사』, 신아출판사, 2001, 119~120쪽.
43) 문숙자, 앞의 책, 105쪽.

기에 기재되어 있어서 양자로 가는 아들과 그렇지 않은 아들과 차별을 두고 있는 것을 볼 수 있다.

분재기에는 親疎관계를 따지기 위해 동성과 이성을 구분하고 있다. 조선 초기와 중기에는 同姓과 異性을 명확하게 구분하지 않고 오로지 촌수로만 친소관계를 따졌고, 조선 후기처럼 동성과 이성을 명확하게 구분하지 않았다. 16세기 중반 무렵부터 동성과 이성을 점차 구분하기 시작하였고 이처럼 血緣上 친소를 따지는 방식에 점차 변화가 오고 있었다.[44] 김종직 종가의 분재기를 살펴보면 선조 36년(1603)부터 그들의 처가와 고모의 집안에서 이성과 동성을 구분하는 것을 볼 수 있다.[45] 이후 광해군 4년(1622)에 작성된 별급문기를 보면 이성과 동성의 구분은 아니지만 外族와 親族을 구분하고 있으며,[46] 인조 25년(1647)에 작성된 분재입안에 동성이라는 문구로 동성과 이성을 구분하고 있다.[47] 이후 분재기에도 이러한 구분을 확인할 수 있다. 다른 가문과 비교해 보면 우반동 김씨는 1570년경부터 동성과 이성을 구분하고 있어 김종직종가보다 약 70년 정도 빠른 것을 알 수 있다.[48]

V. 김종직의 복시와 불천위토 형성

1. 김종직의 復諡

성종은 김종직이 작고했다는 소식을 듣고 봉상시에 명하여 시호를 "도덕이 높고 학문이 넓은 것을 '文'이라 하고, 청렴하고 公正한 것이 '忠'이다."[49]라고 하며 김종직의 시호를 '문충'이라 하였다. 그러나 의정부에서 김종직의 시호가 마땅하지 않다며 바꿀 것을 건의하였다. 이후 여러 차례 시호를 고치는 일이 제기되자 성종은 봉상시에 김종직의 시호를 고칠 것을 논의하게 하였고, 윤필상·정문형·이극균의 논의에 따라 '문간'으로 변경되었다.[50]

---

44) 전경목, 「분재기에 나타난 조선시대 생활과 풍속의 변화」, 『대동사학』 1집, 대동사학회, 2002, 108~109쪽·111쪽.

45) 선조 36년(1603) 3월 21일 고모 郭再定 妻 金氏가 조카 김성율에게 주는 별급문기와 선조 38년(1605) 7월 17일 김성율이 처가에서 받은 분재기.

46) 광해군 14년(1622) 7월 1일 김성율이 아들 김수휘에게 주는 별급문기, 인조 1년(1623) 7월23일 김성율 처 박씨가 4남매와 얼녀에게 분재한 분재기.

47) 인조 25년(1647) 8월 1일에 김성철 처 송씨가 시양자 김수휘에게 주는 분재입안.

48) 전경목, 앞의 논문, 109~110쪽.

49) 『성종실록』 권268, 23년(1492) 8월 19일 4번째 기사.

중종반정이 일어나 다시 관작을 회복했지만 본래의 시호를 되찾지는 못했다. 이후 명종과 선조 때에도 조광조의 신원운동과 문묘종사운동으로 김종직에 대한 도통 논의와 도학의 정통계보에 대한 논의만 있었고 김종직에 대한 직접적인 추숭의 움직임은 없었다. 김종직의 추숭이 직접적으로 이루어지지 못한 것은 아마도 그 자손들의 문과급제자가 없었다는 점이 하나의 이유가 될 수 있었다.

김종직의 복시는 숙종 연간에 김종직을 둘러싼 문제가 노소 분당의 갈등을 배경으로 표면 위에 떠오르게 되면서 이루어졌다. 소간 분당갈등으로 인해 조정에서는 김종직과 김굉필에 대한 언급이 많아지게 되었고, 자연스럽게 김종직에 대한 관심이 높아지게 되었다. 이때 후손인 김시락은 이 시기가 김종직의 추숭을 위한 좋은 기회라고 생각하고 숙종 14년(1688) 3월 19일에 김종직의 증직과 시호를 '문충'으로 복시해달라고 復諡疏를 올리게 된다. 하지만 상소 결과는 증직으로만 이어지고 복시는 이루어지지 못하였다. 당시 남용익이 임금께 상소의 내용을 임금께 고할 때 복시의 내용은 이야기하지 않고 증직만을 이야기하고 있기 때문이다.[51] 이후 숙종 15년(1689) 김수홍의 상소로 인해 찬성에서 영의정으로 증직되었고 숙종 34년(1708)이 되어서야 예조에서 국왕에게 청원하여 김종직의 시호가 '문충'으로 회복할 수 있게 되었다.[52] 하지만 예조에서 어떠한 이유로 계를 올려 김종직의 시호를 복시하게 해주었는지는 관련된 기록과 문서가 없어서 자세한 내막은 알 수 없다.

김종직의 복시를 하면서 宣諡 와 延諡가 행해진 것을 볼 수 있는데 이 행사는 시호를 반하고 맞아들이는 의례적이고 연회적인 성격을 지니고 있다. 선시의 날짜는 서경이 완료된 이후에 이루어지지만 대부분 연시할 채비가 된 후손의 요청에 의해 날짜가 정해진다. 이는 연시를 위해 막대한 경비가 필요하고, 무엇보다 후손에게 벼슬이 없으면 연시를 할 수 없었기 때문이다. 선시는 시호를 반하하는 왕의 교서와 제문이 내려지는 행사로 관복을 입지 않고는 의식에 참여할 수 없었다. 그리고 延諡宴을 위한 지출과 禮幣 비용이 상당하였다. 관련된 자료가 없어 알 수 없지만 다른 연구를 통해 알 수 있다.[53] 후손인 김시락도 선시와 연시를 위한 비용과 물품 장만 그리고 빈객을 위한 접대 준비로 시호교지가 작성되고 종손이 이를 받는 기간이 약 7개월이 걸린 것이 확인된다. 회복된 시호를 받으면서 베푼 연시연

---

50) 『성종실록』 권276, 24년(1493) 4월 14일 5번째 기사.

51) 『숙종실록』 권19, 14년(1688) 10월 22일 1번째기사.

52) 『숙종실록』 권20, 15년(1689) 2월 1일~2일 기사.

53) 김학수, 「고문서를 통해 본 조선시대 증시행정」, 『고문서연구』 23, 한국고문서학회, 2003, 81~82쪽·88쪽.

에 참석한 사람이 남긴 기념하는 시가 남아있어 이를 뒷받침 해준다.

2. 불천위 토지 형성

'불천위'란 不遷之位의 줄인 말로 나라에 큰 공훈을 남기고 죽은 사람의 신주를 4대봉사가 지난 뒤에도 땅에 묻지 않고 사당에 영구히 두면서 제사를 지내는 것이 허락된 신위이다.[54] '국불천위'는 나라를 구한 의병, 치리를 잘한 공신,[55] 학문이 깊고 이를 실천하여 백성들에게 모범이 된 실천가로서, 또 백성들이 잘살 수 있도록 여러 가지 법도와 조목을 고안해 낸 학자, 효행이 있는 사람 등이다. 김종직은 무오사화 때 부관참시의 화를 입었으나 중종반정 후 신원되어 복관·복시 되고 불천위로 인정받은 국불천위이다.

그의 불천위를 모신 시기는 종가에 소장된 분재기를 통해 확인할 수 있다. 문서 가운데 김수휘와 그의 아들 김이가 작성한 분재기는 남아 있지 않고 김시락이 작성한 분재기도 불천위조는 없다. 하지만 김시락의 아들 김세명의 분재기부터 불천위 관련 문서가 나타난다. 특히 이 문서는 위 김시락의 아들 김세명이 문중에서 받은 분재기라고 볼 수 있는데, 그 서문에 불천위를 위해 토지를 모아 종손에게 주고 있다. 문서의 내용을 살펴보면 김종직이 성종에게 받은 사패지가 있어서 그곳을 불천위토[56]로 삼으려고 했는데, 어떤 이유인지 모르지만 찾을 수 없게 되어 문중 사람들이 양식을 모아 불천위에 사용된 제물 비용을 충당하기 위한 토지를 마련하여 종손에게 주고 있다.[57] 이전부터 불천위를 모시고 있었는지는 명확하지 않지만 적어도 이때부터는 불천위를 모신 것을 확인할 수 있다. 이 문서가 작성된 후 영조 15년(1739) 김세명이 그의 자식 4남매에게 재산을 나눠준 분재기를 살펴보면 '先祖文忠公祀位'라고 기재하고 위의 분재기에 받았던 분재량을 기입하고 있다. 이후 영조 36년(1760) 金敬中등 6남매 和會文記에도 같은 내용이 기재되어 있어 불천위가 이어져 내려가고 있는 것을 볼 수 있다. 이같이 김종직의 불천위는 적어도 경종 4년(1724)에 모신 것이 확인된다.

---

54) 신주를 祧墷하지 않고 계속 봉사한다고 하여 不祧位라고도 한다.

55) "처음 공신이 된 자는 대수가 비록 다하였더라도 신주를 없애지 않고, 1실을 세워둔다"라고 하여 법전에 실려 있다(『대전회통』 권3, 예전 「봉사」).

56) 불천위제사를 위해 토지를 마련하여 제조로 지정하는 것을 본고에서는 '불천위토' 라고 하겠다.

57) 자세한 내용은 「조선후기 賜牌田의 失傳과 不遷位 位土의 마련: 김종직 종가고문서를 중심으로」, 『고문서연구』 48, 2016 논문에 있다.

Ⅵ. 맺음말

본 논문은 특정 종류의 문서에 한정한 1종문서에 대한 연구가 아니라 가문 소장 고문서를 세밀하고 다각적으로 검토하는 미시적 연구의 일환으로서, 문서전체를 유기적으로 파악하여 연구하고자 하였다. 연구대상은 김종직 종가소장 고문서 약 450건이며 그 가운데 분류를 통해 고신, 호구단자 및 준호구, 분재기, 복시와 연관 문서 등 문서학적으로 중요한 문서들을 선별하여 이용하였다.

선별된 종가의 문서들을 통해 이들이 어떻게 전급되었는지 그 소종래를 살펴보고 고문서학적으로 중요한 문서들을 소개·설명하였다. 그리고 가문의 제례와 재산관계의 변화를 살펴 종가가 어떻게 현재까지 잘 유지되었는지 알아보고 김종직 종가만이 가지는 특징들을 살폈다. 이러한 사항들을 살펴보면 다음과 같다.

첫째, 고신은 무오사화를 거쳤음에도 불구하고 남아있는 유일한 문서로서 현재까지 어떻게 전존할 수 있었는지 살폈다.

둘째, 217년간 이어져 온 분재기를 통해 가문의 재산형성과 분재방식의 변화 그리고 봉사조와 봉사자의 변화를 살폈다.

셋째 김종직의 시호가 본래 '문충'이었다가 성종 당시 훈구파의 반대로 '문간'으로 변경되었다가 다시 회복되는 과정과 불천위토와 불천위제사를 모시는 과정을 살폈다.

본 논문은 가문고문서를 전면적으로 연구 분석하여 기존의 가문·문중연구 또는 1종문서 연구와 시각을 달리하여 접근하였다. 김종직 고신의 경우 문서학적으로 중요한 것들이 많아 어떠한 이유로 전존할 수 있었는지 밝힌 점은 고문서학적으로 중요한 의미를 가진다. 그리고 김종직에 관한 복시문서를 통해 다른가문에서는 볼 수 없는 복시행정을 살폈으며 그 과정이 조선시대에 자주 행해진 증시의 그것과는 다르다는 사실을 확인하였다. 또한, 복시가 되고 난 후 불천위를 모시고 불천위토를 형성했다는 점을 볼 수 있는 분재기는 종가에서만 볼 수 있는 유일한 문서이다.

영양향교의 校奴婢 획급 과정
-1687년(숙종 13) 『鄕校奴婢案』 분석을 중심으로- *

나현민

Ⅰ. 머리말

향교는 고려시대부터 등장하기 시작하여 조선에 이르러 인재양성과 유교이념을
보급하기 위해 '一邑一校'에 따라 전국적으로 세워진 관학이다. 조선은 성리학을
기반으로 하는 사회체제를 유지하면서 이를 이끌어갈 수 있는 교화정책을 펼쳐나
갔다. 그 정책 중 하나가 바로 향교의 보급이었다. 이에 따라 향교는 성종대에 이
르러 전국적으로 확산되면서 모든 군현에 설립되었다. 향교는 성현을 배향하는 동
시에 학생들을 가르치던 교육기관이었으며, 지방 사족들이 출입하는 등 지역사회
의 풍속 교화에 중심적인 역할을 하였다.

이러한 중요성에 따라 향교의 전반적인 모습을 밝히고자 하는 연구들이 등장했으
며[1] 이를 기반으로 각 지역 향교 고문서들을 중심으로 하는 연구가 축적되어왔다.[2]
그러나 향교를 운영하는데 필요한 재정과 관련된 연구는 대체로 미비한 편이다.

조선초기부터 국가에서는 향교에 전답과 노비를 군현의 등급에 따라 획급해주
었다. 또한 종래 연대기 사료나 『學校謄錄』과 같은 자료에서도 국가가 향교에 획
급해주었다는 사실이 기록되어 있다. 그러나 실제로 어떤 과정을 거쳐 획급되었는
지에 대해서는 살펴볼 수 없다. 따라서 본 논문은 향교 운영에 중요 재정이었던 전

---

* 이 글은 「英陽鄕校의 校奴婢 劃給 과정 -1687년(숙종 13) 『鄕校奴婢案』 자료의 분석 사례-」, 『고문서연구』53,
2018을 수정·보완한 것이다.

1) 강대민, 『韓國의 鄕校硏究』, 경성대학교 출판부, 1992; 윤희면, 『朝鮮後期 鄕校硏究』, 일조각, 1990; 전경목, 「조
선후기의 교생 -책을 읽을 수 없는 향교의 생도-」, 『고문서연구』 33, 한국고문서학회, 2008.

2) 김동전, 「濟州鄕校 所藏 조선후기 고문서 자료의 종류와 내용」, 『역사와 실학』 36, 역사실학회, 2008; 박진철,
「조선후기 향교의 청금유생과 재지사족의 동향: 나주 『청금안』 분석을 중심으로」, 『한국사학보』 25, 고려사학
회, 2006; 박진철, 「17세기 조선 장흥 향교의 교노비 실태」, 『지역과 역사』 30, 부경역사연구소, 2012; 박진철,
「조선후기 순천 재지사족의 향촌실태와 동향 -향교 소장 문서 분석을 중심으로-」, 『담론』 201, 한국사회역사학
회, 2007; 吳松喜, 「朝鮮後期 濟州鄕校 運營實態」, 제주대학교 교육대학원 석사학위논문, 2002; 윤희면, 「조선후
기 구례향교의 양반유생과 교육활동」, 『남도문화연구』 27, 순천대학교 지리산권문화연구원, 2014; 임선빈, 「古
文書를 통해 본 조선후기 稷山鄕校의 운영실태」, 『고문서연구』, 한국고문서학회, 2002; 정동락, 「高靈鄕校의 연
혁과 운영기반」, 『민족문화논총』 26, 영남대학교 민족문화연구소, 2002.

답과 노비 중에서 노비가 국가로부터 어떻게 획급되었는지에 대해 살펴보고자 한다. 이를 위해 영양향교에 소장되어 있는 문서를 중심으로 연구해 보았다. 영양향교 고문서는 경북지역의 여타 향교와 달리 177건 정도로 상당히 많은 수와 다양한 문서들이 망라되어 있어 중요하다.

본 글에서는 어떤 과정을 거쳐서 국가가 향교에 노비를 획급해주었는지에 관하여 '획급 요청'과 '획급과 탈하'로 나누어 살펴보고자 한다.

II. 영양향교와 『鄕校奴婢案』

'영양'은 경상북도 북동부에 위치한 지역으로 대부분 험준한 산악지대로 둘러싸여 있다. 이러한 산악지형은 다른 지역으로의 교통이 원활하지 못했음을 알려주는데, 이를 상징적으로 나타내는 것이 '泣嶺'이다. 조선시대 영양은 영해도호부의 속현으로, 독립된 현이 되기 전까지 영양에 거주하는 백성들은 읍령을 거쳐 영해도호부에 貢賦를 바치러 가야만 했다. '泣'이라는 단어에서 볼 수 있듯이, 영양의 백성들은 이 길을 넘어갈 때 도적과 동물들의 습격으로 인한 고통과 불편이 있었다.

이와 더불어 영양의 主邑이었던 영해도호부가 영양의 백성들에 대해 부당한 대우와 과도한 貢賦를 부과하는 등의 폐단이 발생하게 되면서, 영양의 사족들은 영양을 독립된 현으로 만들고자 하였다. 이에 영양의 사족들은 여러 차례에 걸쳐 복읍 상소를 올렸고, 결국 1683년(숙종9) 이선악이 첫 번째 현감으로 파견되면서 영양은 속현에서 독립된 현으로 승격되었다.[3]

현이 된 이후, 1읍1교의 원칙에 따라 본격적으로 향교를 설립하였다. 영양은 다른 지역보다 현으로의 승격이 늦었기 때문에 향교 역시 늦게 설립되었다. 특히 복읍하는 과정에서 잦은 폐현과 복읍의 반복으로 인해 정확히 어느 시기에 향교가 설립되었는지에 대해서 확정할 수 없다. 다만 영양향교 소장 문서였던 『執綱案』 갑자(1684) 11월 26일 「奉安時執事分定記」에 1683년 12월에서부터 영양현감으로 부임했던 朴崇皐가 초헌으로 기록된 점, 영양향교 명륜당 암막새에 1684년이라는

---

3) 『石門先生文集』 권4 疏 「英陽士民請復縣疏」; 『芝村先生文集』 권2 疏 「英陽復縣疏」; 『현종개수실록』 권10, 현종 5년 4월 6일 무술; 『현종개수실록』 권10, 현종 5년 8월 6일 을축; 『승정원일기』 숙종 1년 9월 19일 갑진; 『숙종실록』 권4, 숙종 1년 9월 23일 무신; 『승정원일기』 숙종 1년 12월 11일 갑자; 『승정원일기』 숙종 2년 2월 17일 기사; 『승정원일기』 숙종 2년 4월 21일 계유; 『승정원일기』 숙종 2년 4월 26일 무인; 『승정원일기』 숙종 2년 5월 11일 임진; 『승정원일기』 숙종 9년 1월 26일 무진.

기록이 남아있다는 점4)을 통해 1684년을 전후로 하여 영양향교가 설립되었던 것으로 추정할 수 있다.

향교가 설립된 이후, 영양현감 박숭부는 향교의 원활한 운영을 위해 국가가 교노비를 획급하도록 노력하였다. 그리고 교노비를 획급할 때 주고받았던 문서들을 등서하여 하나의 案으로 만들었는데, 그것이 바로 『鄕校奴婢案』(1687)이다.5) 그 문서구성을 살펴보면 다음과 같다.

〈표 1〉 영양향교 소장 『鄕校奴婢案』(1687) 문서구성

번호	문서 종류	날짜	발급자	수취자	문서내용
①	奴婢案	1687.2.12	영양현감	영양향교	영양향교에 최종적으로 획급된 노비 10구의 명단
②	牒呈	1686.12.1	영양현감	경상감사	영양향교에 교노비를 획급해주길 바란다는 내용
③	狀啓 (啓本)6)	·	경상감사	숙종	신설된 영양향교에 법전에 따라 노비를 획급해줄 것을 요청하는 내용
④	關	1686.12.27 / 1687.1.5	경상감사	영양현감	영양현의 外居諸司奴婢 중 10구를 뽑아서 사환하고, 노비명단을 장예원과 감영에 1건씩 올리도록 하는 내용
⑤	牒呈	1687.3.15	영양현감	장예원	영양현에서 뽑은 노비 10구의 명단과 기재된 노비들을 탈하시켜주길 바란다는 내용
⑥	牒呈	1687.2.8	영양현감	경상감사	영양현에서 뽑은 노비 10구의 명단을 기재하여 올린다는 내용
⑦	關	1687.4.12	경상감사	영양현감	영양현감이 올린 노비 명단에 따라 획급해주고 寺奴婢案에서 탈하해주겠다는 내용
⑧	[跋文]	1687.6.1	영양현감	·	획급 받을 당시의 전말을 기록하여 훗날에 상고하길 바란다는 내용

위 표는 물리적 형태대로 작성한 것이다. 문서의 크기는 세로 42 X 가로 24.5cm

---

4) 국립문화재연구소, 『경상북도의 향교건축 북동부편』, 국립문화재연구소, 2003, 155쪽.

5) 『향교노비안』의 문서를 보면, 문서 전반의 필체가 동일한 것으로 보이므로 관련문서를 일괄 傳寫한 것으로 보인다. 그렇다면 위 『향교노비안』을 베낀 시기에 관하여 ⓐ: 1686-1687년간 노비획급과정에서 작성되었던 여러 원문서들을 보고 전사한 것인지 아니면 ⓐ-1: 1687년 이후 후일에 다시 전사한 것인지로 나눠 생각해볼 수 있다. ⓐ의 경우 『향교노비안』의 발문에 당시 주고받았던 문서와 그 전말을 기록한다는 언급이 있다는 점에서 위 『향교노비안』을 작성한 사람은 영양현감 박숭부가 가장 유력하다. 그리고 ⓐ-1의 경우, 작성자가 구체적으로 누구인지 확정할 수 없지만 영양현이나 영양향교 관련자로 추정할 수 있다. 위 두 가지 경우를 통하여 『향교노비안』의 작성주체가 누구였을지 생각해볼 수 있지만 향교노비의 획급과정을 살펴보는데 큰 무리는 없다.

6) 문서 ③인 '本道啓本草'에서의 '啓本'과 이후 문서 ④에서 언급된 '狀啓'는 별개의 문서가 아니라 동일 문서로 보이며, 용어의 혼동이 있었던 것으로 보인다. 이는 위 문서 외에 다른 경우에서도 용어에 대한 혼동이 있었던 것으로 보인다. 『충무공전서』에 기재된 장계는 啓本의 착오이며, 「임진장초」도 장계초가 아니라 대부분 계본초이다. 또 『전율통보』, 「장계식」을 보면, 장계의 결사어는 '… 詮次, 善啓向敎事事'로 기재되어있는 것을 볼 때 위 문서 ③은 장계로 보는 것이 타당할 것 같다(최승희, 『한국고문서연구』, 지식산업사, 1989, 155~165쪽).

이며 총 14장으로 구성된 필사본이다. 『향교노비안』의 발문에서 볼 수 있듯이 영양현감은 획급받을 당시의 전말을 기록해두었는데, 획급 과정에서 작성된 7건의 각종 공문서(牒呈·關·狀啓)와 노비명부인 노비안이 등서되어 있다. 등서된 문서 전반에 걸쳐 인장이 답인되어 있으나, 이미지 상태가 불량하여 판독할 수가 없다. 그렇지만 추정컨대 영양현감의 인장으로 볼 수 있을 것 같다. 그렇게 생각해볼 수 있는 근거는 문서 ①의 영양현 향교노비안에 현감의 着押이 존재한다는 점과 답인된 인장의 길이(세로축)가 거의 동일하다는 점이다.

본 논문에서는 향교에 노비가 획급되는 과정에 중점을 두고자 한다. 따라서 『향교노비안』에 기재된 날짜 순서대로(②→③⁷⁾→④→⑥→①→⑤→⑦→⑧) 내용을 살펴보면서 어떤 과정을 거쳐 향교에 노비가 획급되었는지 밝혀보고자 한다.

Ⅲ. 교노비 획급과정

조선시대 향교의 운영과 유지에 노비와 전답은 가장 중요한 경제기반으로 태종대부터 향교에 지급되었다. 향교에 지급하는 노비와 전답의 수량은 태종 이후 몇 차례 조정되었다가⁸⁾ 『경국대전』에 이르러서야 그 획급의 수가 확정되었다. 『경국대전』 「刑典」 外奴婢조에는 다음과 같이 교노비의 획급 수를 규정하고 있다.⁹⁾

> 府의 향교는 30명, 大都護府·牧의 향교는 25명씩, 都護府의 향교는 20명, 郡縣의 향교는 10명씩을 지급한다.

이러한 규정은 이후 『대전회통』에 이르기까지 변동이 없었다. 이 규정은 영양향교에도 적용되었고, 당시 영양의 행정단위는 현임에 따라 노비 10구가 획급되었다. 그렇다면 실제로 어떠한 과정을 통해 향교노비가 획급되었을지 그 과정에 대하여 '획급 요청'과 '획급 및 탈하'로 나누어 살펴보겠다.

---

7) 『향교노비안』의 장계는 날짜가 기재되지 않았지만, 다음의 근거를 통해서 순서를 파악할 수 있다. 첫 번째는 조선의 '中央-地方' 사이의 官文書 行移는 '守令-監司-中央'을 기본적인 형태로 한다는 점이다. 두 번째는 전후 문서에 기재된 내용과 맥락을 통해 확인할 수 있다.

8) 『태종실록』 권26, 태종 13년 11월 11일, 정해. '외방 각 고을의 향교의 노비는 유수관에 20호, 대도호부·목관에는 15호, 도호부에는 10호, 지관에는 7호, 현령·현감에는 5호씩'; 『태종실록』 권33, 태종 17년 5월 3일, 무자. '유수관 30구, 대도호부 목관은 25구, 단부관은 20구, 지관은 15구, 현령·현감은 10구를 지급한다.'

9) 『경국대전』, 「刑典」, 外奴婢條. '府鄕校三十名, 大都護府牧鄕校各二十五名, 都護府鄕校二十名, 郡縣鄕校各十名.'

1. 校奴婢 획급요청

〈자료 1〉 『향교노비안』 ② 1686년 12월 초1일 牒呈 (영양현감→경상감사)

	② 康熙二十五年十二月初一日 成貼
正書	01) 康熙二十五年十二月初一日, 成貼.
	02) 英陽縣監爲牒報事, 本縣自癸亥新刱之後, __聖廟告成, 俎豆累陳, 士民聳觀,
	03) 儀物粗新是乎矣, 凡百施設, 尙多未備, 不能成學宮模樣柒不喩, 至於土田
	04) 臧獲, 俱無出處, 齋廬雖成, 而典守無奴, 厨舍略具, 而釁炊無婢, 祭器祭服, 置之空
	05) 舍, 而不能無慢藏之患, 守齋儒生, 寄食村家, 而不得免苟且之事, 兩丁釋采, 多士
	06) 聚會之時, 種種使喚, 尤無以料理, 不得已搜得若干假鴈, 姑令守護乙良置, 峽裏
	07) 流民, 俱是朝東暮西之輩, 安保其必無偸竊之患, 而肯爲之典守乎, 即今事勢
	08) 有十分可慮之端是乎所, 保護之策, 久遠之道, 夙夜籌度, 計無所出是如乎, |前
	09) 日使道敎是, 巡到本縣之時, 一邑士子等, 有所陳達於使道前, 則題音內, 有思
	10) 量處之之敎乙仍于,| 縣監乃與士子等, 謹按__國朝大典爲乎矣, 郡縣鄕校, 則
	11) 有奴婢一十口題給之規, 此實__祖宗朝右文之盛意, 而在今日所當稟報事
	12) 是乎等以, 敢將本校疲弊實狀, 以冀使道處分爲去乎, 伏望使道商量__啓
	13) 聞, 本縣居各司奴婢中, 依法例割給, 使俾縣新設學校, 得蒙__恩賜之典, 則奚
	14) 但爲一邑之榮幸, 亦將爲風化之一助是去乎, 道以各別參商, 行下爲只爲. 云云.
	15) 丙寅十二月初四日, 在營題音內,__啓聞次到付.

먼저 위 문서 ②는 1686년(숙종12) 12월 초1일에 영양현감 박숭부가 경상감사 朴泰遜에게 보낸 첩정의 내용을 옮겨 적은 것이다. 첩정은 하급아문에서 상급아문으로 보내는 상행문서이다.[10]

내용을 살펴보면, 본 첩정을 올리기 전 경상도 지역을 순찰하던 경상감사 박태손에게 영양 사족들이 영양향교의 노비획급과 관련하여 문서를 올렸던 것으로 보인다. 그 당시 경상감사 박태손은 '헤아려 처리하라.'는 뜻으로 題音을 내렸고,[11] 이후 영양현감은 법전을 상고한 뒤 본 첩정을 작성하여 다시 감영에 올린 것으로 보인다.

그 내용은 영양현이 1683년(숙종9)에 새로 만들어졌지만 아직 향교의 많은 시설들이 설치되지 않았고, 향교의 토지와 노비도 갖춰지지 않았다는 것이다.

이에 따라 영양현감 박숭부는 『경국대전』에 '군현의 향교에 노비를 10구씩 제급'해야 되는 규정이 있음을 확인하였고, 이를 근거로 영양향교에 노비를 획급해주기를 바란다는 요청으로 본 첩정을 올렸다. 영양현감 박숭부가 올린 첩정을 받은 경상감사 박태손은 영양향교의 노비문제에 대하여 啓聞하기 위해 접수하겠다는 뜻으

---

10) 김완호, 『조선시대 牒呈 연구』, 한국학중앙연구원 한국학대학원 석사학위논문, 2012, 63~64쪽.

11) 〈자료 1〉 중 08)~10) 부분에 기재되어 있다.

로 1686년(숙종9) 12월 초4일에 제음을 내렸다.

이후 경상감사 박태손은 영양현감이 올린 첩정의 내용을 인용하여 숙종에게 장계를 올렸다. 다음은 박태손이 장계를 올리기 전에 작성했던 장계초를 등서한 것이다.

〈자료 2〉『향교노비안』③ 本道啓本草 (경상감사)

③ 本道啓本草	
正書	01) 本道啓本草.
	02) 節到付英陽縣監朴某牒呈內, 本縣自癸亥新刱之後, __聖廟告成, 俎豆累
	03) 陳, 士民聳觀, 儀物粗新是乎矣, 凡百施設, 尙多未備, 不能成學宮模樣叱
	04) 不喻, 至於土田臧獲, 俱無出處, 齋廬雖成, 而典守無奴, 厨舍略具, 而爨炊無
	05) 婢, 祭器祭服, 置之空舍, 不能無慢藏之患, 守齋儒生, 寄食村家, 而不得免苟且
	06) 之事, 兩丁釋采, 多士聚會之時, 種種使喚, 尤無以料理, 不得已搜得若干假屬,
	07) 姑令守護, 而峽裏流民, 俱是朝東暮西之輩, 安保其必無偷竊之患, 而肯爲之
	08) 典守乎, 卽今事勢, 有十分可慮之端, 保護之策, 久遠之道, 夙夜籌度, 計無所
	09) 出是如乎, 前日使道, 巡到本縣之時, 一邑士子等, 有所陳達於使道前, 題音內, 有
	10) 思量處之之敎乙仍于, 縣監乃與士子等, 謹按 國朝大典爲乎矣, 郡縣鄕校,
	11) 則有奴婢一十口題給之規, 此實__祖宗朝右文之盛意, 而在今日所當稟報
	12) 事是乎等以, 本縣絀校疲弊實狀, 枚擧牒報爲去乎, 商量, __啓聞, 本縣居各司
	13) 奴婢中, 依法例劃給, 使俾縣新設學校, 得蒙__恩賜之典, 則奚但爲一邑之榮幸,
	14) 亦將爲風化之一助是去乎, 道以各別參商, 行下爲只爲, 牒呈是白置有亦, [英
	15) 陽乃以新設之邑, 學校已成, 而時無一口奴婢劃給之事是白乎所, 其爲苟簡, 誠
	16) 如朴某所報是白置, 以本縣所居奴婢一十口, 依法典劃給事乙, 令該院覆__啓
	17) 分付爲白只爲, 詮次善__啓云云.]

위 문서 ③은 감사 박태손이 숙종에게 올리기 위해 작성한 장계의 草이다. 언제 작성했는지에 대해서는 알 수 없지만, 아마 현감의 첩정에 제음을 내린 이후에 작성했을 것으로 추정해볼 수 있다. 내용구성은 서두에 현감 박숭부가 올렸던 첩정의 내용을 그대로 인용한 뒤에 장계의 본 내용을 적었다.

현감이 올린 첩정을 인용한 부분은 제외하고,[12] 장계의 본 내용을 살펴보면([ ] 표시 부분), 영양에 향교가 설치되고 노비를 획급한 일이 없었기 때문에 법전에 따라 획급해야 하며, 該院으로 하여금 복계하게 할 것을 분부하시기를 바란다고 되어있다. 여기서 '해원'은 장예원을 지칭하는 것으로 이후 살펴볼 자료에서 확인해볼 수 있다. 장예원은 노비 전반에 대한 사무를 담당하던 관청이었기 때문에 영양 향교의 노비획급에 있어서도 장예원이 깊이 관여했던 것으로 보인다.

---

12) <자료 2> 중 02) 本縣自癸亥新刱之後… 14) 行下爲只爲 부분이 영양현감이 올린 첩정을 인용한 부분이다.

감사 박태손의 장계가 중앙으로 올라간 후, 중앙에서도 향교의 노비획급 문제를 처리하였다. 이 과정을 보여주는 문서는 없지만, 다음에서 살펴 볼 문서 ④에 그 처리과정이 간략하게 인용되어 있다. 다음은 1686년(숙종12) 12월 27일 감사 박태손이 현감 박숭부에게 내린 關의 내용이다.

〈자료 3〉『향교노비안』 ④ 1686년 12월 27일 關 (경상감사→영양현감)

	④ 丙寅十二月二十七日, 在營成貼, 丁卯正月初五日 到付
正書	01) 丙寅十二月二十七日, 在營成貼. 丁卯正月初五日到付. 02) 觀察使兼巡察使爲相考事. 節到付掌隷院牒呈內, 節__啓下敎, 院__啓目, 粘 03) 連__啓下是白有亦, ❶觀此慶尙監司狀__啓, 則英陽乃以新設之邑, 鄕校奴婢, 04) 時無一口劃給之事, 甚爲苟簡, 本縣寺奴婢十口, 依法典劃給事, 馳__啓爲 05) 白有臥乎所, 令本縣指名望呈後, 定給之意, 本道監司處, 回移何如, 引康熙二 06) 十五年十二月十七日, 左副承旨臣李次知, __啓依允敎是置, __❸啓下內辭 07) 意, 奉審施行爲只爲, 牒呈是置有亦, ❹牒呈內, 辭緣相考, 本縣各司奴婢中, 08) 十口抄出, 使喚爲於, 小名成冊一件, 上送該院, 以爲續案頉下之地爲乎矣, 09) 營上件, 亦爲上使向事, 合行云云.

문서 ④는 1686년(숙종12) 12월 27일에 감사 박태손이 현감에게 關을 작성하여 성첩하였고, 현감은 위 關을 이듬해인 1687년(숙종13) 1월 초5일에 전달받았다. '관'은 동급아문 사이에서 혹은 상급아문이 하급아문에 보내는 평행문서이자 하행문서로, 첩정과 함께 대표적인 조선시대 관부문서이다.[13]

관의 구성을 보면, 중앙에서 영양현에 전달해야 할 내용을 감사에게 고지하였고, 감사는 다시 관을 통해 영양현에 그 내용을 전달한 것으로, 중앙에서 처리한 과정들이 인용된 형태로 작성되었다.

내용을 살펴보면, 감사가 보낸 장계는 곧 승정원을 거쳐 숙종에게 전달되었고 숙종은 該院인 장예원이 처리할 수 있도록 계하하였다. 숙종의 계하를 받은 장예원은 '영양현으로 하여금 노비들을 지명하여 명단을 적어 올리도록 한 후에 定給하겠다는 뜻으로 감사에게 回移하는 것이 어떻겠습니까?'라는 내용으로 숙종에게 계목을 작성하여 올렸다.(❶번)

이 계목은 1686년 12월 17일에 左副承旨 李濡[14]가 榻前에서 읽어서 아뢰었고,

---

13) 문보미, 『조선시대 關에 대한 연구』, 한국학중앙연구원 한국학대학원 석사학위논문, 2009, 60쪽.

14) 『숙종실록』 권17, 숙종 12년 11월 19일 기사를 보면, 이유를 承旨로 삼았던 것을 확인할 수 있으며, 『숙종실록』 권17 숙종 12년 12월 14일 기사에 이유가 좌부승지였음을 알 수 있다. 이후 숙종 13년 1월 19일에 이유를 전라도관찰사로 삼은 것을 본다면, 위 계목이 올라간 시기는 이유가 승지를 담당하였던 것으로 추정해볼 수 있다.

숙종은 계목에 따른다는 것으로 장예원 계목에 윤허한다는 판부를 내렸다.(❷번)[15]
이후 장예원은 계하하신대로 시행하라는 내용의 첩정을 감사에게 올렸다.(❸번) 장
예원의 첩정을 받은 감사는 이상의 내용을 관에 인용하여 현감에게 전달하였다.
그리고 영양현의 各司노비 중 10구를 뽑아서 사환하며, 노비 이름을 적은 성책 1
건을 장예원에 올려 보내고 경상감영에도 노비성책 1건을 올리도록 하는 내용을
추가로 전달했다.(❹번)

감사가 현감에게 전달한 내용 중에, '本縣各司奴婢中, 十口抄出, 使喚爲旀, 小名
成冊一件, 上送該院, 以爲續案頉下之地爲乎矣.'라는 부분이 있다. 여기서 본 현의
각사노비라는 것은 '外居諸司奴婢'를 말하는 것으로 영양현에 거주하면서 중앙의
여러 司에 소속된 자들이다. 이들은 중앙의 각 司에 選上하여 立役하지 않는 대신,
身貢을 각 司에 바치는 노비들이다.[16] 위 문서 ④에 기재된 각사는 '掌隸院·軍器
寺·禮賓寺·司贍寺' 4곳을 말한다.(후술할 문서 ①에 기재됨) 즉, 영양향교에 획
급된 노비들은 영양현에 거주하면서 중앙의 各司(장예원·군기시·예빈시·사섬
시)에 속한 外居諸司奴婢임을 알 수 있다.

이상 영양현의 노비 획급요청은 중앙의 승인을 받게 되었고, 중앙에서는 영양향
교에 획급할 노비들을 영양현에서 선택할 수 있도록 하였음을 문서 ②~④번을 통
해 알 수 있었다. 지금까지 문서 ②~④번의 과정을 도식화하면 다음과 같다.

〈도식 1〉 『향교노비안』 ②~④번 문서에 나타난 교노비 획급 요청 과정

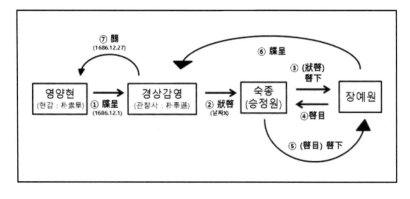

---

15) 명경일, 『조선시대 啓目 연구』, 한국학중앙연구원 한국학대학원 석사학위논문, 2010, 43~44쪽. 명경일은 논문
    에서 승지가 入侍하여 狀啓와 啓目 등을 아뢰고 국왕의 처결을 받는 과정을 서술하고 있다. 본 과정인 장예원
    과 국왕이 주고받는 과정도 이에 근거하여 설명한 것이다.

16) 김상환, 「조선후기 公奴婢의 신분변화 -17, 8세기 단성현 호적대장을 중심으로-」, 『복현사림』 12, 경북사학회, 1989,
    45~46쪽; 김상환, 「朝鮮初期 官奴婢制의 整備와 그 성격」, 『경상사학』 11, 경상대학교사학회, 1995, 3~7쪽.

이상의 내용을 요약하면, 먼저 향교노비 획급을 위해 영양현감은 향교노비의 필요성을 언급하는 내용으로 경상감사에게 첩정을 올렸다. 이후 감사는 영양현감의 첩정을 기반으로 국왕에게 장계를 올렸고, 국왕은 해당 관청인 장예원에 계하하게 되었다. 장예원은 영양현감이 영양 거주 각사노비를 직접 뽑아서 그 명단을 장예원에 제출하게끔 하자는 뜻으로 계목을 올리게 되었고, 국왕의 승인을 받게 되었다. 이후 장예원은 이상의 내용을 감사에게 첩정을 통해 전달했고, 감사는 관을 통해 현감에게 전달하였다. 이를 통해 영양현에서 향교 노비를 획급받기 위해 중앙정부에 어떻게 요청했는지 그 과정에 대해 살펴볼 수 있었다. 이후 영양현감은 향교노비의 획급과 탈하를 위해 문서를 작성하게 되는데 이와 관련하여 다음 절에서 살펴보겠다.

2. 교노비 획급과 탈하

〈자료 4〉 『향교노비안』 ⑥ 1687년 2월 초8일 牒呈 (영양현감→경상감사)

	⑥ 丁卯二月初八日 奴婢成冊上使草
正書	01) 丁卯二月初八日, 奴婢成冊上使草.
	02) 英陽縣監 爲上使事. [節到付掌隸院牒呈據使關內, 節__啓下敎, 本道狀
	03) 啓內, 英陽乃以新設之邑, 鄕校奴婢, 時無一口割給之事, 甚爲苟簡, 本縣寺
	04) 奴婢十口, 依法典劃給事, 馳_啓爲有臥乎所, 令本縣指名望呈後, 定給
	05) 之意, 本道監司處, 回移何如, 康熙二十五年十二月十七日, 左承旨臣李次知,
	06) 啓依__允敎是置,__啓下內辭意, 奉審施行爲只爲, 牒呈是置有亦, 牒呈
	07) 內, 辭緣相考, 本縣各司奴婢中, 十口抄出, 使喚爲於, 小名成冊一件, 上送
	08) 該院, 以爲續案頃下之地爲乎矣, 營上件, 亦爲上使向事], 關是置有亦, 本
	09) 縣案付, 各司奴婢中, 奴三口, 婢七口, 合十口抄出, 依_啓下行移, 本縣鄕校
	10) 良中, 移屬使喚爲於, 小名成冊一件, 上送該院. 一件上使爲遣, 合行云云. 題音內, (小字) **成冊捧上到付.**

위 문서 ⑥은 1687년(숙종13) 2월 초8일에 영양현감 박숭부가 경상감영에 올린 첩정의 초로, 노비명단과 함께 올린 것으로 보인다. 내용 구성을 보면, 경상감사가 영양현감에게 내린 관의 내용을 인용한 뒤([ ]부분), 영양현에 기재된 案의 각사노비 중 노 3구와 비 7구를 抄出하여 영양향교의 노비로 옮겨 사환시키겠다는 것으로 글을 작성하였다. 그리고 문서 ⑥번 말미에 경상감사의 題辭가 적혀있다. 이 제사의 날짜는 알 수 없지만 영양현감이 올린 노비성책이 도착했음을 알려주고 있다. 이후 영양현감은 1687년 2월 12일에 영양현 향교노비안을 작성하였는데, 이를 살펴보면 다음과 같다.

〈자료 5〉『향교노비안』 ① 1687년 2월 12일 英陽縣 鄕校奴婢案

	① 康熙二十六年二月十二日 英陽縣 鄕校奴婢案
正書	01) 康熙二十六年二月十二日, 英陽縣__鄕校奴婢案.
	02) 掌隸院
	03) 婢改春 陸所生婢己禮　年拾肆
	04) 軍器寺
	05) 婢蚝分 壹所生奴日命　年參拾陸
	06) 禮賓寺
	07) 婢女分 壹所生婢今春　年貳拾柒
	08) 司贍寺
	09) 婢仍叱德　肆所生婢一春　年貳拾伍
	10) 婢仍叱非　肆所生婢是禮　年拾肆
	11) **婢銀春 貳所生婢銀禮　年貳拾壹 B-【六所生奴道先, 以其妹金分**
	**　　　　　　　　　　　　烈女事, 自巡營給錢十五兩贖給】**
	12) 婢天代 參所生奴莫奉　年拾貳
	13) 婢蚝分 壹所生婢蚝進　年拾捌
	14) **貳所生婢蚝孫　年拾伍 A-【續案誤以奴懸錄】**
	15) 婢禮介 壹所生婢禮還　年拾捌
	16) **已上奴婢拾口內奴貳口**
	**　　　　　　　婢捌口**
	17) 行縣監朴 [着押]

위 문서 ①은 영양현감이 작성한 향교노비안으로, 문서에 기재된 대로 일단 1687년 2월 12일에 작성된 것으로 보인다. 그러나 위 문서에 기재된 사항은 앞서 살펴본 문서 ⑥과 후술할 문서 ⑤ㆍ⑦번에 기재된 문서의 내용과 다르기 때문에 해당 문서의 작성 시기와 작성 목적에 관하여 살펴볼 필요가 있다.

앞서 1687년 2월 초8일에 영양현감이 경상감사에게 보낸 첩정초를 보면 '奴 3구/婢 7구'를 抄出했음을 밝혔다. 그리고 후술할 문서 ⑤ㆍ⑦번에도 역시 '奴 3구/婢 7구'를 抄出하였고, 적힌 대로 획급과 탈하가 최종적으로 이뤄졌다. 그러나 위 문서 ①에만 최종 노비 획급의 수가 '奴 2구/婢 8구'라 적혀 있으며, A부분에 '婢 蚝孫'이 奴라고 案에 잘못 기재되었음을 밝히고 있다. 그렇다고 한다면 위 문서 ①의 작성 시기는 1687년 2월 12일이라 적혀 있지만, 이후 수정되어 등서된 것으로 보인다.

그러면 해당 문서 ①은 어떤 목적으로 작성된 것일까? 이는 두 경우로 나눠 생각해볼 수 있다. 첫 번째는 직접적인 사환을 위한 근거문서로 작성한 것이다. 영양현감의 첩정에서 볼 수 있듯이 정상적인 향교운영을 위해 노비가 시급하고 절실했음을 알 수 있다. 이에 상급기관인 감사에게 보고한 뒤 사환을 위한 근거로 1687

년 2월 12일에 위 노비안을 작성하여 영양향교에 전달한 것이다. 그러나 위 노비안 전후의 문서에서는 '奴 3구/婢 7구'로 노비의 수가 기재된 반면 해당 노비안에는 '奴 2구/婢 8구'로 기재되어있다. 이러한 점을 봤을 때 직접적인 사환이 이뤄졌다면 이후 장예원에 올리는 문서에 '奴 3구/婢 7구'라는 오류가 없었을 것이다. 따라서 직접적인 사환을 위해 작성되었을 가능성은 희박해 보인다.

두 번째는 경상감영과 장예원에 올리는 노비성책의 부본으로 작성한 것이다. 즉, 1687년 2월 초8일에 경상감사에게 보고한 이후 부본용으로 영양현감이 1687년 2월 12일에 따로 작성하여 보관하였고, 이후 등서하는 과정에서 내용을 수정하여 본 노비안을 영양향교에 준 것이다. 이상 두 경우를 본다면 상대적으로 두 번째 경우가 더 신빙성이 있어 보이지만, 최종 획급된 후 등서하는 과정에서 노비 수를 수정한 것 외에 날짜에 대한 수정이 이뤄지지 않은 점에 대해서는 알 수 없다.

한편 문서 ①의 구성을 살펴보면, 영양향교에 획급할 4곳의 중앙 각사 즉, 掌隸院(1口)·軍器寺(1口)·禮賓寺(1口)·司贍寺(7口)에서 총 10구의 노비를 획급했음을 알 수 있다. 그리고 각 각사마다 획급된 노비들의 母婢이름, 몇 번째 소생인지, 그리고 획급된 노비의 이름과 나이를 열거하고 있다. 마지막으로 영양향교에 총 몇 口의 노비가 획급되었는지 '奴/婢'로 구분하여 적은 뒤 영양현감이 착압을 한 형태로 작성되어 있다.

위에서 설명한 것처럼 최종 노비 수에 관하여 문서 ①에는 '奴 2구/婢 8구'로 적혀있다. 이처럼 노와 비의 수가 달라진 원인에 대해 밝혀주고 있는데, 바로 A부분을 통해 알 수 있다. A에 기재된 것을 보면, 사섬시 소속의 비 㫞分의 2소생 비 㫞孫이 續案에 노라고 잘못 기재되어 있었다. 여기서 말하는 '續案'은 크게 '장예원·사섬시·영양현'이 각각 소유한 案으로 볼 수 있는데, 3곳 중 정확히 누구의 案에 잘못 기재되었는지는 단정할 수 없다.

그러나 영양현감이 올린 노비성책에 따라 중앙의 各司에서 보관하고 있던 소속 노비명단(續案)과의 확인절차를 거쳐 별 문제없이 '奴 3구/婢 7구'로 획급과 탈하가 되었다는 점을 고려해본다면, 영양현에서 보관하고 있던 기존의 노비명단(속안)과 중앙각사의 노비명단(속안) 모두가 잘못 기재되어 있을 가능성이 크다고 볼 수 있다. 즉, 영양현감은 잘못 기재된 속안을 기반으로 '奴 3구/婢 7구'를 초출하여 경상감사·장예원·중앙에까지 보고하게 되었고, 이후 수정하여 등서한 것으로 보인다.

또한 등서한 이후에 추기한 것으로 보이는 부분이 있는데, 바로 B부분이다. 이처럼 추정해볼 수 있는 근거는 영양향교에 소장되었던 『鄕校田畓庚子量案』(1720)에 합철된 『鄕校奴婢圖案』(1720)[17]을 통해 확인해볼 수 있다. 『鄕校奴婢圖案』(1720)은 크게 劃給奴婢와 買得奴婢로 나눠 干支별로 노비들을 나열하고 있다. 여기서 획급노비는 국가로부터 획급되었던 노비 10구 중, 婢 8口에서 태어난 자식과 손자들을 가리키는 것으로, '조부모-부모-자식'의 순서로 기재하고 있다.

이러한 점을 고려하여 B에 기재된 내용을 살펴보면, '婢 銀禮의 6소생인 奴 道先이는 누이인 金分(4소생)의 烈女일로 순영에서 받은 錢 15兩을 (영양향교에) 주어 속급되었다.'라고 되어 있다. 언제 속급했는지 알 수 없으나, 1720년에 작성된 『향교노비도안』에는 여전히 奴 道先이가 기재되어 있고 속급되었다는 기록이 따로 없는 것으로 보아 B부분은 1720년 이후에 추기한 것으로 추정해볼 수 있을 것 같다.

이후 영양현감은 영양향교에 획급된 노비들을 법적으로 획급 받고 탈하고자 장예원에도 노비성책과 첩정을 올리게 되었다. 이와 관련해서 ⑤1687년(숙종13) 3월 15일 문서를 살펴보자.

〈자료 6〉 『향교노비안』 ⑤ 1687년 3월 15일 掌隸院奴婢成册報狀草 (영양현감→장예원)

⑤ 丁卯三月十五日 掌隸院奴婢成册報狀草	
正書	01) 丁卯三月十五日, 掌隸院奴婢成册報狀草.
	02) 慶尙道英陽縣監爲上送事. 節到付院牒呈據本道巡察使關內, [節 啓
	03) 下敎, 本道狀 啓內, 英陽乃以新設之邑, 鄕校奴婢, 時無一口劃給之事, 甚
	04) 爲苟簡, 本縣寺奴婢十口, 依法典劃給事, 馳 啓爲臥乎所, 令本縣指名望
	05) 呈後, 定給之意, 本道監司處, 回移何如, 康熙二十五年十二月十七日, 左承旨
	06) 李次知 啓依 允敎是置, 啓下內廞意, 奉審施行爲只爲, 牒呈是置
	07) 有亦, 牒呈內廞緣, 相考, 本縣各司奴婢中, 十口抄出, 使喚爲㫆, 小名成册, 上送
	08) 該院, 以爲續案順下之地向事, 關是置有亦] **本縣案付, 各司奴婢中, 奴三**
	09) **口, 婢七口, 合十口抄出, 依 啓下, 本縣鄕校良中, 移屬使喚爲㫆, 小名成册,**
	10) **上送爲去乎, 續案順下事乙, 行下爲只爲, 合行云云.**

문서 ⑤는 1687년 3월 15일에 영양현감이 장예원에 올려 보낸 첩정의 草로 이 첩정 역시 노비성책과 같이 올라갔다.[18] 내용은 앞서 경상감사에게 올린 첩정과

---

17) 영남대학교민족문화연구소, 『경북향교자료집성』(Ⅰ), 민족문화논총, 1992, 555~560쪽. 여기서 「鄕校奴婢圖案」은 557~560쪽에 수록되어 있다.

18) 조선시대 일반적인 관문서의 행이는 '外邑→감영→京司'의 형식으로 대부분 이루어졌지만, 위의 경우 영양현감은 감영을 거치지 않고 장예원에 직접 上送한 것을 볼 수 있다. 이러한 관문서 행이는 예외적인 현상은 아니었던 것으로 보인다. 재정과 관련한 물품의 납부문서 중 하나인 尺文의 경우에도 外邑에서 감영을 거치지 않고 京司에 보낼 물품과 牒呈, 서목, 陳省를 함께 올렸던 경우도 있었다(김한아름, 『朝鮮後期 尺文 研究: 京司 發給 尺文의 格式과 行移를 중심으로』, 한국학중앙연구원 한국학대학원 석사학위논문, 2013, 96쪽; 이희권, 「朝鮮後

동일하나([ ]부분), 추가로 노비 10구(奴 3구/婢 7구)를 탈하해줄 것을 요청하는 내용이 적혀 있다.

영양현감이 올린 노비명단과 첩정을 받은 장예원은 이후 영양현감이 기재한 노비 명단에 따라 탈하하겠다는 뜻으로 중앙에 다시 한 번 아뢰게 된다. 이 과정 역시 문서 ⑦을 통해 살펴볼 수 있다. 문서 ⑦번은 경상감사가 영양현에 내리는 관으로 중앙에서 획급과 탈하해주는 과정이 인용되어 있다. 이와 관련해서 1687년(숙종13) 4월 12일에 작성된 문서 ⑦을 살펴보자.

〈자료 7〉『향교노비안』 ⑦ 1687년 4월 12일 在營成貼 (경상감사→영양현감)

	⑦ 丁卯四月十二日 在營成貼
正書	01) 丁卯四月十二日, 在營成貼 02) 觀察使兼巡察使爲相考事. 節到付掌隷院移牒內, 節__啓下致, 院 03) 啓目粘連, __啓下是白有亦, ❶英陽郷校奴婢十口, 自本縣望呈後, 定給之意, 04) 知委爲白有如乎, 節到付英陽縣監朴某其牒呈及成冊, 相考爲白乎矣, 本 05) 縣案付, 掌隷院婢改春六所生婢己禮年十四, 軍器寺婢彘分一所生 06) 奴曰命年三十六, 禮賓寺婢禮分一所生婢今春年二十七, 司瞻寺婢艿叱 07) 德四所生婢一春年二十五, 婢艿叱非四所生婢是女年十四, 婢銀春二所 08) 生婢銀禮年二十一, 婢千代三所生奴莫奉年十二, 婢彘分一所生婢彘 09) 進年十八, 二所生奴彘孫年十五, 婢禮介一所生婢禮還年十八是如爲白 10) 有置. 右奴婢等乙良, 依望呈, 劃給錄案, 使役爲白遣, 寺奴婢案, 頉下之意, 11) 本道監司處, 移文何如, ❷康熙二十六年四月初一日, 同副承旨臣李宏知, __啓 12) 依__允敎是去有等以, __❸啓下內, 辭意審審, 施行向事, 移牒是置有於, 13) ❹移牒內辭緣, 相考施行向事, 合行云云.

내용을 살펴보면, 영양현감은 영양향교에 획급될 노비 10구를 적은 명단과 첩정을 함께 장예원에 올렸다. 장예원에 올린 노비성책에는 각사 4곳의 명칭과, 母婢의 성명, 획급된 노비들이 몇 소생인지, 그리고 획급된 노비 10구(奴 3구/婢 7구)의 성명과 나이를 열거했음을 알 수 있다. 장예원은 영양현감이 올린 노비성책에 따라 획급하고 寺奴婢案에서 탈하하겠다는 뜻을 경상감사에게 이문하겠다는 내용으로 숙종에게 계목을 올렸다.(❶번)

장예원이 숙종에게 계목을 올린 날짜는 알 수 없지만, 1687년(숙종13) 4월 초1일에 동부승지 臣 李宏[19]이 탑전에서 읽어서 아뢰었고, 숙종은 계목에 따른다는

期의 守令과 그 統治機能」,『전라문화논총』 2, 전북대학교 전라문화연구소, 1988, 83쪽).

19) 『승정원일기』 숙종 13년 3월 15일 기사에 李宏이 동부승지로 있었으며, 이후 부모의 간병을 이유로 숙종 13년 4월 19일에 改差하였다.

것으로 장예원 계목에 윤허한다는 판부를 내려주었다.(❷번) 이후 장예원은 경상감사에게 명을 받들어 시행하시라는 내용으로 이첩하였고 (❸번), 경상감사는 이에 대한 내용들을 인용한 뒤 상고하여 시행하라는 내용을 담아 1687년(숙종13) 4월 12일에 영양현에 관을 내렸다.(❹번)

이상 문서 ①, ⑤~⑦번을 통해 노비명단에 따라 중앙에서 최종적으로 획급과 탈하해주는 과정을 살펴볼 수 있었다. 이 과정들을 보기 쉽게 재정리해보면 다음과 같다.

〈도식 2〉『향교노비안』문서 ①, ⑤~⑦번에 나타난 교노비 획급과 頃下

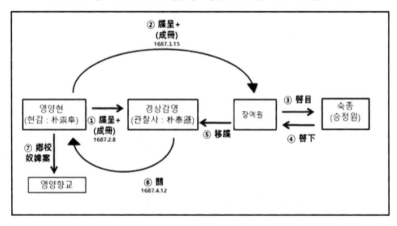

위 〈도식 2〉의 내용을 요약하면, 영양현감은 노비 획급의 요청이 승인된 이후 노비성책과 첩정을 작성하여 경상감영에 보고용으로 1건, 장예원에 획급과 탈하를 위해 첩정과 또 1건을 함께 보냈다. 영양현감의 첩정과 노비성책을 받은 장예원은 영양현감이 올린 노비명단에 따라 획급 및 탈하하고 이를 경상감사에게 전달하겠다는 뜻으로 계목을 작성하여 숙종에게 올렸다. 숙종은 이를 승인한다는 내용의 계하를 내렸다. 이후 장예원은 이러한 내용을 적어 경상감사에게 첩정을 올렸고, 경상감사 역시 關을 통해 영양현감에게 전달하였다. 이상의 과정을 통해 영양향교로 획급된 노비 10구가 최종적으로 획급 및 탈하가 이뤄지게 되었다.

모든 과정이 끝난 후, 영양현감 박숭부는 이상의 노비 획급 과정들을 요약 및 謄書하여 훗날에 相考할 수 있게끔 하는 뜻으로 跋文을 지었다. 이를 살펴보면 다음과 같다.

<자료 8> 『향교노비안』 ⑧ 1687년(숙종 13) 6월 초1일 [跋文] (영양현감)

	⑧ 丁卯六月初一日
正書	01) 鄉校新設已久, 而尚無一口奴婢, 事之苟簡, 莫此爲甚. 欲得未得,
	02) 迄今遷延, 今因使道枚擧馳 _啓, 十口之奴婢, 幸蒙劃給, 卽爲移
	03) 置校底, 自今春采, 得以成樣, 遠近多士之榮幸, 爲如何哉. 今記其
	04) 請得時文字顚末, 以爲校上後考之地. 時本道觀察使, 錦城後人,
	05) 朴泰遜, 本縣縣監, 咸陽後人, 朴崇阜.
	06) 丁卯六月初一日

위 문서 ⑧번은 1687년 6월 초1일에 영양현감 박숭부에 의해 작성된 것이다. 그 내용을 살펴보면, 영양향교가 설치된 이래로 노비를 얻고자 해도 쉽게 얻어지지 않았기 때문에 향교 생도들의 생활이 구차하였는데, 당시 경상감사였던 박태손의 노력으로 인해 노비 10구를 국가로부터 획급 받을 수 있게 되었음을 밝히고 있다. 이에 획급 받을 당시에 주고받았던 문서와 그 전말을 기록하여 향교에서 훗날에 상고하길 바란다는 내용을 기록함으로써 본 『향교노비안』이 작성된 배경을 알려주었다.

Ⅳ. 맺음말

이상 『향교노비안』에 등서된 내용을 통해 어떤 과정을 거쳐 향교에 노비가 획급되었는지 확인해볼 수 있었다. 기존 연대기 자료나 『학교등록』과 같은 자료에서는 구체적으로 어떤 과정을 통해 노비를 획급하였는지에 대해 알 수 없었으나, 본 문서를 통해 실제로 국가로부터 어떻게 획급되었는지에 대해 살펴볼 수 있었다. 또한 영양향교의 경우에는 중앙 각사에 소속된 외거노비 중 해당 지역에 거주하는 자들이 획급의 대상이었다. 이들은 중앙에 신공을 바치거나 입역하는 대신 향교에 소속되어 관련 업무를 수행하였음을 알 수 있었다.

貢人權 권원 증명 방법과 이중매매*

이명종

I. 머리말

현행 민법·형법에는 장물·선의취득 조항들이 있다. 장물을 취득할 경우 불의의 쟁송에 휘말리거나 형사처분도 받을 수 있다. 그러므로 권리의 이동(매매·상속·증여 등)에서 대상물의 권원을 증명·확인하는 것은 중요하다. 이런 사실은 조선 시대에도 마찬가지였다.

『經國大典』에서 소유권 귀속을 증명할 필요가 있는 사안에 立案을 발급받도록 규정하며 입안은 국가의 증명서로 인정받았다.[1] 그러나 입안제도는 조선 후기로 가면서 복잡한 절차와 作紙의 부담으로 점차 쇠퇴했다. 그리고 공증력을 지니면서도 간소하게 발급되는 立旨가 출현했다.[2] 발급절차를 거치며 소유권을 강력하게 증빙했던 입안·입지는 권원도 강력하게 증빙하였다.[3]

그러나 1781년(정조 5) 한성부판관 宋翼洙의 언급이나[4] 田川孝三의 지적대로[5] 공인권을 획득한 후 입안·입지의 발급절차를 거친 사례는 드물었다. 그럼에도 권원을 증명할 필요성은 여전했다. 따라서 공인권 이동시 '입안·입지 발급 외 권원을 증명·확인하고자 어떤 방법을 이용하였을까?'는 의문이 제기된다.

貢人에 대한 연구는 많이 축적되었지만 공인권 이동 관련 선행연구는 田川孝三, 이정수·김희호, 한효정의 연구가 대표적이다. 다가와 고죠는 고문서를 활용하여

---

* 이 글은 「조선후기 貢人權 權原 증명에 대한 연구」, 한국학중앙연구원 한국학대학원 석사학위논문, 2018을 요약·정리한 것이다.

1) 최연숙, 「朝鮮時代 立案에 관한 硏究」, 한국학중앙연구원 한국학대학원 박사학위논문, 2004, 279쪽.

2) 최연숙, 앞의 논문, 2004, 280쪽.

3) 물론 立旨는 권리문서에 대신하는 문서로서 立案이나 完文처럼 절대적 효력이 있는 것은 아니고 확인서에 불과하였다(朴秉濠, 『韓國法制史』, 민속원, 2012, 296쪽).

4) 『日省錄』 정조 5년(1781) 9월 21일: 漢城判官宋翼洙, 啓言, 斜出之法, 乃所以防奸也. 家舍田畓, 勿論價本之多寡, 臣府申筋斜給, 而至於貢物·京主人文券, 價雖至累千金之多, 皆以自文賣買. 故奸僞層生, 一依田畓例, 官斜然後, 庶有防弊之道矣 ….

5) 田川孝三, 「貢人關係文書について」, 『榎博士還曆記念東洋史論叢』, 山川出版社, 1975, 285쪽.

형태·내용, 공인권 획득·상실, 貢契, 공인권 가격 추이, 공인권 집중 등의 주제를 다루었다. 그러나 분량 상 한계로 충분히 소명되지 않은 감이 있다.[6] 이정수·김희호는 都案을 활용하여 토지·주인권 등 투자·재산소유 실태에 대해 살펴보았다. 그리고 각종 주인권 문서들을 분석하여 공인권 매매가의 장기 추이를 다루었다.[7] 한효정은 공인권 이중매매 등 공인권 이동에서 나타나는 불법행위를 分主人 활동과 관련하여 다루었다. 그는 공인권 이중매매 등의 요인으로 ①공인과 공인권 소유자의 괴리(분주인), ②공인권 명의 이전에 소극적이었다는 점, ③문서위조 등을 들었다.[8]

특히 한효정의 논문은 ①·②·③ 모두 공인권 이중매매 등의 요인으로 작용했음을 밝혔지만 인과관계를 명확히 밝히지 못한 감이 있다. 이는 방매하는 자와 매득하는 자가 권리의 권원을 증명·확인하는 측면을 제외하고 실상을 온전히 파악하기 어렵기 때문이다.[9]

따라서 본 논문에서는 공인권의 권원을 증명·확인하는 방법을 통해 공인권 이중매매에 접근하고자 한다. 이로써 공인권 이중매매를 방지하기 위해 어떤 권원 증명수단이 사용되었고 한계는 무엇인지 밝히는 것이 본 논문의 목적이다.

조선 시대에는 거래목적물(土地·奴婢·家舍·主人權 등)마다 국가개입정도가 상이하여 시장거래 양상 또한 다양하였다.[10] 따라서 조선 후기 시장거래의 전체적 양상을 살펴보려면 각 거래목적물에 대한 사례연구가 축적되어야한다. 따라서 본 논문은 조선 후기 시장거래 전체양상 중 공인권에 대한 사례연구로 의의가 있을 것이라고 생각한다.

II. 공인권의 권원 증명 방법과 그 문제점

1. 立案·立旨에 의한 권원 증명

공인권에 대해 입안·입지를 발급받을 경우 발급절차를 거치며 공신력이 부여

---

6) 田川孝三, 앞의 논문, 1975.

7) 이정수·김희호, 「18~19세기 流通資産의 매매를 통해 본 商業構造의 변화」, 『조선시대사학보』 43, 2007.

8) 한효정, 「조선후기 分主人의 존재양태와 활동양상 연구 -貢人文記를 중심으로-」, 『고문서연구』 51, 2017.

9) ⓐ가 ⓑ에게 공인권을 放賣하고 다시 ⓒ에게 방매한 이중매매 상황을 가정하면, 한효정의 논문(한효정, 앞의 논문, 2017)에서는 원인에 대해 먼저 ⓑ에 집중하고 또한 ⓐ가 이중매매를 막지 못한 사실에 대해 ⓑ의 전문성 부재, 복잡한 권리관계를 중심으로 설명하고 있다. 그러나 이중매매가 성립하기 위해서는 ⓐ와 ⓒ의 매매가 성립해야한다. 때문에 이중매매 분석에서 'ⓒ가 ⓐ소유의 공인권을 어떻게 신뢰하고 매득했는가?'라는 질문과 대답이 필수이다. 이런 점을 고려하면 이중매매 문제는 권원의 증명·확인과 불가분 관계이다.

10) 한국고문서학회, 「매매 분쟁 -재산권과 계약제도의 발달」, 『조선의 일상, 법정에 서다 -조선시대 생활사 4』, 역사비평사, 2013, 119~120쪽.

된다. 그리고 官에 의해 부여된 공신력이 권원을 강력하게 증명한다. 구체적으로 살펴보면 입안·입지에 의한 권원 증명은 방매인 측에서 입안·입지를 포함한 모든 권리문서를 상대방인 매득인에게 넘겨줌으로써 이루어졌다.11)12)

그러나 앞서 언급한 것처럼 노비·전답·가사 등과 마찬가지로 공인권도 입안·입지 같은 官斜 절차를 거친 사례는 드물었다.

> …판윤 兪夏益이 아뢰기를 "전답·家垈를 매매한 뒤 관사·입안하는 법이 예전부터 있었으나 중고이래 폐기되다시피 되어 실행되지 않았습니다. 庚子年에 故 장령 成後卨이 榻前에서 啓達하여 이 법을 다시 밝혀 관에 고하고 입안을 받은 자가 약간 있었습니다. 그러나 또 그릇된 관례를 답습해 관사를 거치지 않은 文記가 열에 일곱 여덟이었습니다. 이로 인하여 明文을 위조해 불법으로 訟事를 일으킨 자가 수를 헤아릴 수 없었으며 송사를 처단할 때 진위를 분별하기 어려웠습니다. 지금부터 가대와 전답 문기는 京外를 막론하고 한결같이 법문대로 반드시 관사하고 입안을 받도록 承傳을 받아 시행하는 것이 어떻겠습니까?"…13)

인용문은 『備邊司謄錄』 숙종 16년(1690) 7월 20일 기사이다. 내용을 살펴보면 전답 등을 매매하고 관의 공증을 거치지 않은 경우가 대다수로 입안 제도가 거의 폐기되었다고 언급한다. 그리고 관의 공증을 거치지 않아 문서 위조 등 폐단이 파생된다고 지적하며 입안 제도 관철을 요청하고 있다. 이후 생략된 부분은 입안제도 부진의 이유로 作紙를 들며 논의하는 내용이다. 즉 거래에서 발생하는 폐단을 수습해야한다는 문제인식과 해결책이 입안제도라는 점을 공유하고 있다. 또한 입안제도를 관철시키려는 시도가 여러 번 있었던 사실도 알 수 있다. 이런 인식과 시도는 공인권의 경우도 마찬가지였다.

그런데 입안제도 관철로 권리이동과정에서 발생하는 불법행위가 근절될 수 있었을까? 토지의 경우 문제없이 입안을 발급받고 권리를 행사했더라도 量案과 상충되면 권리를 부정당할 수 있었다.14) 즉 입안의 효력자체가 부정당할 수 있는 상황에서 입안제도만 관철시킨다고 해결될 문제는 아니었다.

---

11) 매매하려는 자의 청원에 의해 관청에 보관하고 있는 입안·葉作을 확인하여 권원을 증명·확인하는 방법도 생각해볼 수 있다. 입안·엽질에 대한 최근 연구 성과(권이선, 「조선시대 決訟立案의 유형별 특징과 발급양상」, 『고문서연구』 52, 2018; 박하늘, 「조선시대 斜給立案 연구」, 한국학중앙연구원 한국학대학원 석사학위논문, 2018)가 있지만, 아직 그 여부에 대해 단언할 수 없다.

12) 기존 발급받은 공인권에 대한 입안·입지는 매매에서 권리문서로 양도될 것이지만 官의 공증을 받았다는 점에서 여타 권리문서와는 별도 파악할 필요가 있어 따로 구성하였다.

13) 『備邊司謄錄』 숙종 16년(1690) 7월 20일.

14) 『肅宗實錄』 5년(1679) 12월 7일: 諫院啓曰: "近來諸宮以量案無主陳田, 連續啓下, 以爲設庄之計. 雖曰量案無主, 甲戌以後四十餘年之間, 民人等呈出立案, 費力起耕, 仍爲己田, 轉相買賣, 至有次次相傳之文券. 通謂之量案無主, 而恣意攘奪, 請量後起耕有文券田土, 還爲出給, 自今永塞此路, 以杜冒占之弊." 上不從.

2. 권리문서 양도에 의한 권원 증명

1) 공인권 권리문서 양도에 의한 권원 증명 방법

조선 시대에는 관행으로 방매인 측에서 모든 권리문서를 상대방 매득인에게 넘겨주었다. 이유는 방매인이 매매목적물의 권리문서를 한 장이라도 가지고 있을 경우 제3자에게 다시 방매하는 이중매매 등을 방지하기 위해서다.[15] 공인권 거래 또한 마찬가지였다. 따라서 공인권 권리문서 양도에 의한 권원 증명에 대해 살펴보고자 한다.

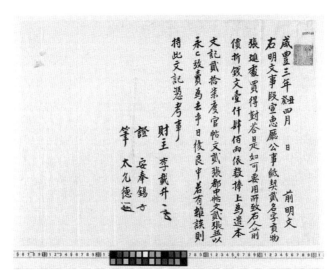

〈자료 1〉 1853년 宣惠廳 公事紙 공인권 明文

<자료 1>은 1853년(철종 4) 이재승이 某人에게 선혜청 공사지계 공인권 2名字를 방매하며 작성한 명문이다.[16] 매매되는 공인권은 선혜청 공사지계 공인권 2名字이다. 名字는 名子로도 쓰이며 혹은 衿이라고도 쓰인다. 깃·명자는 貢物의 할당이고 상납의무와 대가수령 권리를 표현한 것이기도 하다. 또한 책임·의무의 비율도 포함하는 것으로 오늘날 주식과 유사한 면이 있다.[17] 물론 備納해야하는 공물의 구체적인 수량이 기재되기도 했다.

---

15) 朴秉濠, 『韓國法制史攷 -近世의 法과 社會-』, 法文社, 1974, 16쪽 참조.

16) 京都大學校圖書館 河合文庫 379.

17) 田川孝三, 앞의 논문, 1975, 281쪽.

4-5행에 권리문서에 대한 사항이 기재되어있는데 이재승은 권리문서로 총31건을 양도하였다. 이 같이 권리문서가 수십 건에 이르는 현상은 18세기에 시작된 공인권 겸병현상[18]과 공인권 이동이 거듭될수록 권리문서도 축적되는 권원증명구조가 원인이다. 거기에다 권리문서는 명문, 分財記, 手記, 手標, 移錄을 요청하는 소지·단자, 입안, 입지, 관에서 발급해준 帖文, 都中[19]에서 발급해준 첩문 등 종류가 다양하다. 축적된 많은 종류의 권리문서들은 권원을 명확히 하여 권리를 세밀하게 보호할 수 있었을 것이다.[20] 왜냐하면 전답·노비 등의 거래대상물과 마찬가지로 공인권을 두고 쟁송에 이른 경우 관할 관청은 문서에 의해 심리·판결했기 때문이다.[21] 그리고 심리는 권리문서를 통해 권원을 추적하는 방법으로 이루어졌다. 권리문서를 통한 권원추적은 쟁송 절차 이외 권리보호에도 유효하게 작용했다.

즉 공인권의 권원을 강력히 증명하는 입안·입지 발급이 이뤄지지 않는 상태에서 권리문서 양도로 공인권의 권원을 증명하는 것은 관의 개입 없이도 꽤 유효한 방법이었다.

2) 공인권 권리문서 양도에 의한 권원 증명의 문제점

그렇다면 권리문서 양도로 공인권의 권원을 증명하는 방법은 어떤 문제를 내포하고 있었을까?

> …요즘 온갖 법도가 무너지고 조목이 갖추어지지 못한 중에도 契券에 관한 법이 더욱 해이하여 매매 文券 규정은 전혀 없습니다. 그 결과 ⓐ얇은 종이에 두서없이 써서 말도 되지 않고 ⓑ한 논배미의 땅에 옛 문권이 수십 개나 되며 백 칸 되는 집도 전매한 문건이 없습니다. ⓒ문권을 위조하여 盜賣하는 행위, 漏籍과 虛戶 등 각종 폐단은 모두 여기에서 나옵니다.…[22]

인용문은 『高宗實錄』 37년(1900) 11월 2일 기사로 국가적으로 정확한 토지·戶

---

18) 『備邊司謄錄』 영조 12년(1736) 5월 18일: 大同設立之初, 貢物之役, 專屬都下間閭者, 意固有在, 而近來紀綱解弛, 人不知事目之可畏, 貴勢之家, 往往買得貢物, 今若不爲禁斷, 則畢竟貢物, 必將盡歸於兩班, 而都下間閭, 將未免失業.…上曰: 此則實非所料之事矣, 其冒名, 比科學代講者, 何異, 以兩班爲此者, 極爲駭然.…

19) 都中은 대체로 공인집단 전체를 지칭한다. 도중이라는 용어가 광의로 쓰일 경우 도중 전체를 지칭하지만 협의로 쓰일 경우 도중 내 특정집단을 지칭하는 것으로 이해하였다.(박기주, 「貢人에 대한 경제제도적 이해」, 『經濟學研究』 56, 2008, 181쪽.)

20) 김성갑, 「朝鮮時代 明文에 관한 文書學的 研究」, 한국학중앙연구원 한국학대학원 박사학위 논문, 2012, 74쪽.

21) 『承政院日記』 숙종 8년(1682) 2월 27일: …壽恒曰, 奉常寺婢益淑, 與本寺奴孝奉, 有貢物爭訟之事, 上言訴冤, 啓下本寺矣. 臣等取考前後文書, 則貢物應爲決給於益淑, 明白無疑. …

22) 『高宗實錄』 37년(1900) 11월 2일.

口 파악을 위해 김가진이 올린 상소 일부이다. 그는 토지·호구 파악을 위한 해결책을 제시하기 앞서 매매 문권에 대한 문제점을 진단했다. 그는 관련 규정이 없다는 점을 중심으로 ⓐ문서의 양식적 흠결, ⓑ권리문서가 과도하게 축적되거나 전무한 상태, ⓒ문서 위조 등을 매매 문권에 대한 문제점으로 파악했다.

권리문서 양도에 의한 공인권 권원 증명 방법의 문제점과 ⓐ·ⓑ·ⓒ가 관련 있지만 특히 ⓑ가 주목된다. 권리문서가 과도하게 축적되거나 전무한 상태는 구체적으로 어떤 문제를 야기했을까?

〈자료 2〉 1790년 林聖濟가 漢城府 北部로부터
발급받은 立旨

<자료 2>는 1790년(정조 14)[23] 임성제가 공인권 권리문서를 잃어버렸다는 사실에 대해 한성부 북부로부터 발급받은 입지다. 내용을 보면 임성제는 조상으로부터

---

23) 국립중앙도서관 소장문서(우촌古文2102.5-232)를 통해 <자료 Ⅱ-2>의 발급년도가 1790년임을 추정할 수 있다. 해당 문서에 의하면 매매년도는 1796년(정조 20)이고 권원은 임성제에게서 매득한 것이다. 권리문서로 본문기 2장과 立旨 2장이 있는데 입지 2장은 임성제가 한성부와 북부로부터 발급받은 것임을 추측할 수 있다. 이러한 점을 봤을 때 임성제가 입지를 발급받은 庚戌年은 1790년(정조 14)으로 보는 것이 타당하다.

전래되던 공인권 권리문서를 이사 중 잃어버렸다. 그리고 누군가 잃어버린 권리문서를 습득하여 뜻밖의 문제가 생길 경우를 대비하고자 임성제는 한성부 북부에 사실증명을 위한 입지 발급을 소지로 요청하였다. 이 요청에 대해 한성부 북부는 입지를 발급하고 있다.

<자료 2> 4행에서 "近來人心不淑, 或有拾得文記, 是非意外之事是乎良置"라고 언급한대로 권리문서를 분실할 경우 권리문서를 습득한 자가 부당하게 권리주장을 하거나 습득한 권리문서를 이용하여 공인권을 방매함으로써 분쟁이 발생할 수 있다. 그리고 관리대상이 증가할수록 사각지대가 생길 것이라고 추론할 수 있는데 권리문서 또한 마찬가지이다.

즉 이런 점들을 고려하면 권리문서가 축적될수록 권리를 촘촘하게 보호할 수도 있지만 반대로 일부가 누락되어 분쟁이 일어날 수 있다. 또한 축적된 많은 종류의 권리문서들은 오히려 사실관계 파악을 어렵게 하였다.[24] 그렇다고 양도할 권리문서가 전혀 없어도 문제였다. 양도할 권리문서의 존재가 권리문서 양도에 의한 권원 증명 방법의 전제조건이기 때문이다. 그리고 양도할 권리문서가 전혀 없을 경우 문서위조에 더욱 취약할 것이라고 추론할 수 있다. 이런 사실들은 접근 가능하고 정확한 정보가 기재된 公簿의 필요성을 절감하게 한다.

3. 貢案에 의한 권원 증명

1) 貢案에 의한 권원 증명 방법

공인권에 관한 공부로 貢案이 있다. 공안은 중앙 各宮・各司가 지방 각관에서 수납할 연간 貢賦의 품목・수량을 기록한 것이다. 지방 각관도 공부의 물품종류・수량, 상납해야하는 각궁・각사 등을 기록한 공안을 가지고 있었다. 호조는 이 모든 것이 통합된 공안을 가지고 있었다.[25]

관장하는 기관에 따라 공안의 양태는 다양할 것이지만 공유했던 사항을 어느 정도 도출할 수 있다. 따라서 공안의 실례와 관련기록에 근거하여 공안들의 공통점을 도출하고자 한다.

---

24) 『承政院日記』 정조 9년(1785) 8월 8일: …則果叔狗皮貢半名子, 成文割給, 仍爲執分, 而分米四十石定給矣.…有金臣曹査處之命, 故累月行査, 而文案極爲浩繁, 證左亦不明白, 至今未及決折 ….

25) 이정철, 『대동법 조선 최고의 개혁: 백성은 먹는 것을 하늘로 삼는다』, 역사비평사, 2010, 505쪽.

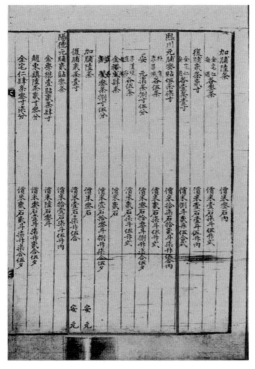

〈자료 3〉『貢物定案』 8책 중 일부

    <자료 3>은『貢物定案』 8冊 중 일부이다.26)『공물정안』은 총10冊으로 봉상시에서 편찬한 것으로 추정된다. 편찬은 갑자・무진년에 대대적인 수정이 있었고 이후 계속 부분수정된 것으로 보인다. 앞서 언급한 갑자년의 경우 1804년(순조 4), 무자년의 경우 1808년(순조 8)으로 보인다. 왜냐하면 공안에 기재된 이름들이 공인권 매매명문에도 보이기 때문이다.27)『공물정안』 8冊은 兩西(黃海道・平安道)에서 봉상시에 바쳐야할 공물에 대해 기재하고 있고 1804년에 편찬된 것으로 보인다.

    해당부분은 원래 희천(현 평안북도 희천군)에서 봉상시로 비납해야 하는 공물 중 脯에 관해 기재한 부분이다.28) 기재사항을 살펴보면 ①원래 공물을 바쳐야할

---

26) 서울대학교 규장각 한국학연구원,『貢物定案』(奎 11893) 제8책.

27)『공물정안』 1책에 봉상시에서 貢價를 많이 받는 순서대로 공인의 성명을 기재한 '石數第次' 및 2-8책까지 '甲子八月日. 修正'에 해당되는 부분과 국립중앙도서관 소장 우촌古文2102.5-295, 우촌古文2102.5-239, 우촌古文2102.5-251, 우촌古文2102.5-248 등을 비교해보면 확인가능하다.

28) 조선 후기 공안은 조선 전기 공안을 토대로 종래 공물을 米로 환산한 것으로 후기 공안이나 공인문서에도 공물이 원래 어느 郡縣의 공물인지 명시되어 있었다. 공물, 進上이란 명칭과 형식도 계속 유지되었다(德成外志子,「朝鮮後期 貢納請負制와 中人層貢人」, 고려대학교 대학원 박사학위논문, 2001, 37쪽).

各官, ②바칠 공물의 내용, ③원래 바쳐야할 각관을 대신하는 공인의 성명, ④공인이 바쳐야할 공물의 代價로 구성되어 있다.

> …上日: 今番發賣, 誠出爲都民散貸之意, 而抄戶之際, 貧窮者見漏, 富饒者反占, 則有非荒年懋實之政, 故提飭京兆及五部矣. 卽聞部官, 不知朝家之本意, 過於簡抄, <u>貢人之名在貢案而一年所受, 不過略干之米者</u>,…

인용문은 『승정원일기』 정조 6년(1782) 11월 7일자 기사로 發賣 대상에 빈곤한 사람들이 누락되었다고 지적하며 사례를 열거하는 내용이다. 공인도 볼 수 있는데, 공안에 공인의 이름은 올라있지만 한 해 받는 쌀이 적은 경우도 발매 대상이 되어야 함을 주장하고 있다. 여기서 주목할 부분은 공안에 공인의 이름·공인이 1년에 받는 貢價米가 기재되어 있다는 점이다. 직접 확인할 수 없지만 공가미가 비납하는 공물의 代價라는 점을 고려한다면 기사에서 지칭하는 공안에는 ②바칠 공물의 내용도 기재되어 있었을 것이다.[29]

따라서 공안들의 공유사항은 ②바칠 공물 내용, ③원래 바쳐야할 각관을 대신하는 공인 성명, ④공인이 바쳐야할 공물의 대가로 보는 것이 타당하다.

한편 <자료 3> 네모표시 내 5-6행 상단 부분을 보면 담당 공인이 변경된 사실을 알 수 있는데 공안에 기재된 담당 공인 변경은 어떤 절차를 거쳐 이루어졌을까?

〈자료 4〉 장흥고 공상지 공인권 이록 관련 문서

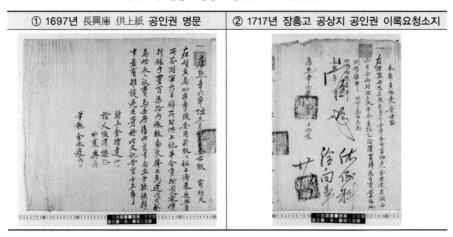

| ① 1697년 長興庫 供上紙 공인권 명문 | ② 1717년 장흥고 공상지 공인권 이록요청소지 |

---

29) 논의내용이 발매대상 선정인 점을 고려한다면 지칭하는 공안은 어느 각사의 공안을 특정 하는 것이 아님을 알 수 있다.

<자료 4>는 安世徽가 장흥고 공상지 공인권을 획득하고 공안에 이록하는 과정에서 작성된 문서들이다. 먼저 ①은 1697년(숙종 23) 金時達이 안세휘에게 장흥고 공상지 공인권을 방매하며 작성한 명문이다.[30] 권리문서에 관한 내용은 없고 공인 업무 대가로 공가를 지급받을 수 있는 시점은 매매 시점인 1697년에서 1년 뒤인 무인년(1698년, 숙종 24)부터이다.

②는 1717년(숙종 43) ①에서 안세휘가 1697년 김시달로부터 매득했던 장흥고 공상지 공인권을 공안에 자신의 명의로 이록하고자 제출한 소지이다.[31] 내용을 보면 정축년(1697년) 자신이 김시달로부터 공인권을 매득했으니 이록해줄 것을 요청하고 있다. 이에 대해 장흥고는 예에 따라 斜給해줄 일이라고 題辭를 내려 이록을 승인하였다.

그런데 ①·②의 시간차가 20년 정도이다. 이 점에 대해서는 선뜻 이해할 수 없다. 그러므로 田川孝三은 ②에 기재된 작성 시기인 康熙五十六年을 康熙三十六年의 오기로 보았다.[32] 그러나 20년이라는 간격만을 근거로 오기로 파악하는 것은 무리가 있다.

〈표 1〉 安世徽의 공인권 획득과 移錄 사이 시간 격차 사례

사례 번호	공인권 權原	획득시기	移錄시기
㉮	김시달에게서 매득	1697.1.	1717.4.
㉯	金昌敏에게서 매득	1700.12.	1717.4.
	김창민에게서 매득	1706.2.	
㉰	池龜年에게서 매득	1734.5.	1736.1.

㉮의 경우 <자료 4>와 같은 사례이고 ㉯·㉰의 경우 각 소장처에서 확인할 수 있다. ㉰의 경우 공인권 획득[33]과 이록[34]의 시간격차가 1년 8개월로 가장 짧다.

---

30) 京都大學校圖書館 河合文庫 357.

31) 京都大學校圖書館 河合文庫 357.

32) 田川孝三, 앞의 논문, 1975, 295쪽.

33) 개인소장. 雍正十二年甲寅五月二十六日. 安世徽前明文. 右明文事段, 要用所致以, 父生生時, 丁振澤處, 買得爲在, 長興庫供上紙七月令壹封內, 牛封乙, 同人前, 價折丁銀子貳百貳拾兩, 依數交易捧上爲遣, 永永割賣爲乎矣, 本文記段, 他貢物并付乙仍于, 許給不得爲去乎, 後次良中, 子孫族類中, 若有雜談是去等, 將此文記, 告官卞正事. 財主 池龜年(着名), 證人 崔泰恒(着名), 李德萬(着名), 筆執 金鼎熙(着名).

34) 개인소장. 本庫貢物主人安世徽(着名). 右謹陳所志矣段, 矣身於池龜年處, 嶺南七月令供上紙牛封貢物, 給價買得爲有置, 依他例移錄事, 後考次, 立旨成給爲白只爲. 行下向敎是事. 長興庫 處分. 丙辰正月日. 立旨. [題辭] 後考次, 立旨成給. 卅八. 官(着押).

그리고 ㉯의 경우 공인권 획득[35][36]과 이록[37]의 시간격차가 각 11년 2개월·16년 5개월임을 확인할 수 있다. 이런 점을 고려하면 ㉮사례에서 보이는 공인권 획득과 이록 사이 20년 정도 격차는 오기가 아닌 사실로 파악하는 것이 타당하다.

그렇다면 안세휘 사례와 같은 공인권 획득과 이록 사이 시간격차는 무엇을 의미할까? 우선 <표 1>을 보면 ㉮·㉯사례에서 이록 시기가 1717년 4월로 일치하고 있다. 자세히 살펴보면 ㉮·㉯ 사례에서 제출한 이록요청소지에 내린 제사 내용·날짜가 한 글자도 다르지 않고 완전히 일치한다.[38] 이는 안세휘가 획득해왔던 공인권들을 일시에 자신의 명의로 이록하려 한 것이고 1717년 4월을 기준으로 안세휘가 공인권에 수반되는 공인업무를 직접 수행하고자 한 것으로 보인다. 나아가 ㉰ 사례에서 공인권 획득과 이록은 모두 1717년 4월 이후에 이루어졌다. ㉰사례에서 공인권 획득과 이록 사이 시간격차가 이전 ㉮·㉯사례보다 훨씬 줄어든 1년 8개월에 불과한 것은 안세휘가 공인권에 수반되는 공인업무를 직접 수행한 것과 연관 있는 것으로 추측할 수 있다.

살펴본 바와 같이 공안에는 공납업무를 수행하는 담당 공인과 공납업무의 대가인 공가미가 기재되어 있다. 이런 기재방식은 공납업무에 대한 대가 수취라는 권리적 측면도 있겠지만 공납업무의 책임소재를 명확히 하여 京中各司에 물품을 원활히 공급하고자하는 의도 때문으로 보인다. 따라서 공안에 기재된 人名은 실제 공납업무를 수행하는 공인이었을 것이고 공안 중 담당공인 란은 비어있을 수가 없다. 그러므로 공인권 획득과 이록 사이 기간에는 공인권 소유자인 안세휘가 아닌 타인 이름으로 공안에 기재되어 있었고 그 타인이 공납업무를 수행했을 것이다.

2) 공안에 의한 권원 증명의 문제점

이런 현상은 공인권에 기초한 分主人 설정이다. 분주인은 임차료를 내고 권리를 빌려 공인·주인업무를 담당했던 사람들이다.[39] 분주인의 존재는 공안에 기재되어 실제 공납업무를 수행하는 공인과 공인권을 소유한 자가 일치하지 않음을 의미한다.[40] 즉 공안에 기재된 담당 공인 변경은 반드시 공인권의 이동(매매·상속·증

---

35) 서울대학교 도서관, 『古文書 29 -私人文書 貢人文書 等-』, 2004, 40쪽.

36) 서울대학교 도서관, 『古文書 29 -私人文書 貢人文書 等-』, 2004, 39~40쪽.

37) 서울대학교 도서관, 『古文書 29 -私人文書 貢人文書 等-』, 2004, 39~40쪽.

38) <자료 4> ②의 題辭 부분과 각주 37 참조.

39) 한효정, 앞의 논문, 2017, 169쪽.

여 등)에 따라 이루어진 것은 아니다. 경우에 따라 공인권 이동 없이 공안 상 담당 공인이 변경된다든지 공인권 이동에 따라 공안 상 담당 공인이 변경된다든지 공인권이 이동했지만 담당 공인이 변경되지 않을 수 있었다. 그러므로 공안에 기재된 성명만 확인하고 신뢰하여 공인권을 매득하는 경우 문제가 발생 수 있다. 이런 사실은 공부로서 공안의 신뢰도를 저하시켰다.

공인권에 기초한 분주인 설정 외에도 공부로서 공안의 신뢰도를 저하시키는 요인들이 있었다. 그 중 대표적인 것은 年條買賣에 관한 것이다.

> 持平 李重協이 아뢰기를 "宣惠廳에 貢物主人이 있는 것은 공가미를 주어 갖가지 공상할 물건을 마련케하기 위한 것입니다. 그러나 근래 공물을 年條로 매매하는 일이 많고 經理廳·賑恤廳의 差人도 연조로 많이 사들여 이익으로 삼습니다. ⓐ그 때문에 공물주인의 이름을 서로 바꾸어 責辦하는 것이 혼란합니다. 또한 간혹 價米를 2-3년 미리 받던 것이 많이 변질되어 본전을 잃으니 다만 징수하는데 구차하고 어려울 뿐만 아니라 본청의 비축도 점점 소모되고 있습니다. 일의 놀라운 것이 이보다 심할 수가 없습니다. 선혜청에 신칙하여 科條를 엄히 세워 각종 공물주인이 연조로 매매할 수 없도록 하고 공가미를 미리 받는 일을 일체 허용치 말아야합니다. 그렇게 함으로써 (연조를 거래하여 공물주인의 이름을 멋대로) 바꾸거나 (선혜청 비축이) 소모되는 폐단을 막도록 하소서.(중략)"[41]라고 하였다.

인용문은 『비변사등록』 숙종 44년(1718년) 12월 16일자 기사로 공인권 연조매매 금지를 청하는 내용이다. 연조매매는 공인권 자체가 아닌 특정연도의 권리를 파는 행위로 豫賣라고도 하고 돈을 빌리는 행위로 여겨 貸下라고도 하였다. 공인은 제3자와 연조매매를 통해 특정연도의 공가를 미리 할인하여 받았기 때문에 해당 연도에 이르러 지급되는 공가를 받지 못하고 제3자가 공가를 차지하였다.[42]

인용문 중 ⓐ부분을 보면 연조매매로 공물주인의 이름이 제멋대로 바뀌어 각사에서 받아야할 공물을 받지 못한다고 언급하고 있다. 여기서 공물주인은 공물을 비납하는 담당 공인으로 볼 수 있다. 담당 공인의 이름이 제멋대로 바뀌었다는 말은 某處에 담당 공인 성명이 기재되어 있었다는 것을 뜻한다. 나아가 담당 공인의 이름이 제멋대로 바뀌어 각사에서 받아야할 공물을 받지 못한다는 말은 모처에 기

---

40) 공인권을 소유하지 않은 분주인이 공안에 분주인 명의로 기재되어 있었는가에 대해 의문을 제기할 수 있다. 한효정은 분주인의 핵심 개념인 主에 대해 공인을 비롯한 각종 주인의 업무 또는 국가에서 지급했던 貢價로 정의하였다. 이러한 결과를 통해 당시 국가에서 분주인에게 공가를 지급했던 사실을 확인하였다. 공안의 성격과 국가가 분주인에게 공가를 지급했다는 점을 고려한다면 공안에는 공인권을 소유하지 않더라도 분주인 명의로 기재되었다고 보는 것이 타당할 것이다.

41) 『備邊司謄錄』 숙종 44년(1718) 12월 16일.

42) 박기주, 앞의 논문, 2008, 173쪽.

재된 담당 공인 성명과 각사에 비납해야 할 공물이 함께 기재되어 있었다는 것을 뜻한다.

각사에 납부해야 할 공물과 담당 공인이 함께 기재되어있다는 점을 고려하면 ⓐ 부분에서 각사가 책판을 위한 근거자료로 삼은 것은 공안일 것이다. 담당 공인의 이름이 제멋대로 바뀌었기 때문에 각사에서 공물 책판이 곤란했다면 공부로서 공안의 신뢰도를 저하시키는 요인으로 작용했다고 보는 것이 타당하다.

3) 공안에 기재된 정보에의 접근 가능성 검토

다음으로 공안에 기재된 정보에 접근가능 여부를 살펴보고자 한다. 왜냐하면 공안에 기재된 정보에 접근하지 못하면 공안을 이용한 공인권 권원 증명이 성립하지 못하기 때문이다.

〈자료 5〉 무진년에 太常貢大房이 金永錫에게 발급한 賞帖

<자료 5>는 戊辰年에 太常貢大房에서 김영석에게 발급한 賞帖이다.[43] 수취자 김영석이 공안과 각종 문부를 수정할 때 기여했기 때문에 태상공대방에서 김영석을 포상한다는 내용이다.

본문 중 공안은 <자료 3>에서 언급했던 『공물정안』으로 무진년은 1808년(순조 8)을 가리킨다. 이유는 두 가지이다. 첫 번째는 『공물정안』 1책 중 봉상시에서 공

---

43) 국립중앙도서관 소장(우촌古文2102. 9-996).

가를 많이 받는 순서대로 각 공인의 성명을 기재한 石數第次에 등장하는 인물들과 위 상첩에 列名한 인물들이 상당수 일치한다. 두 번째는 『공물정안』 1책 중 '戊辰 七月日. 修正.'이라고 기재된 부분이 있는데 상첩이 발급된 시기와 일치한다.

즉 <자료 5>의 상첩이 발급된 시기·내용과 『공물정안』의 내용을 봤을 때 도중이 봉상시에서 주관하는 『공물정안』의 편찬·수정에 기여하였다. 그렇다면 도중에서 공안에 기재된 정보에 접근이 가능했다고 보는 것이 타당하다.

> 帖文 金光儀. ⓐ右帖文爲, 貢案謄給事. 京畿安山眞魚拾柒束柒介柒里伍戶, 仁川眞魚柒里伍戶, 江華白鰕貳升,…司宰監大房(印章), 首席 劉運豐(着名)…道光二十年庚子八月 日.

인용문은 1840년(헌종 6) 司宰監大房에서 김광의에게 발급한 첩문 일부이다.[44] ⓐ부분을 보면 '右帖文爲, 貢案謄給事.'로 되어있다. 즉 공안의 내용을 謄寫하여 첩문을 작성하고 있다. 이 또한 도중에서 공안에 기재된 정보에 접근 가능했다는 증거이다. 이외에 加定된 공물로 인해 새롭게 만들어진 공인권에 대해 첩문을 작성할 때도 "右帖文爲, 司宰監貢案付, 乙亥加定…"라고 언급[45]하였고 <자료 2> 3행의 "文記雖失是乎乃, 戶曹官貢案昭昭載錄是乎口"와 같은 언급 등 증거들을 살펴볼 수 있다.

보다 일상적으로 공안에 기재된 정보에 접근 가능했으리라 추측할 수 있는 증거들도 있다. 첫 번째는 車契貢人 安英植이 1880년(고종 17, 光緒 6) 車契大房에게 올린 이록요청單子이다.[46] 내용을 보면 안영식이 공인권을 모인의 명의로 이록해줄 것을 대방에게 요청하고 있는데 이를 통해 이록 과정 중 공안에 접근이 가능하였음을 알 수 있다.

두 번째는 『銀契立議』[47] 중 移錄禮錢에 관한 내용이다. 먼저 『은계입의』는 1814년(순조 14) 호조·선혜청 등의 물품을 담당하는 銀契에서 마련한 立議로 입의·定例·禮秩·罰秩·厘正時大房次知座目으로 구성되었다.[48] 그 중 이록례전은 이록할 때의 비용에 대한 규정으로 이를 통해서도 일상적으로 공안에 접근이 가능하

---

44) 국사편찬위원회, 『한국사료총서 제46집, 일본소재한국고문서 -脫草本-』, 국사편찬위원회, 498~500쪽.

45) 국립중앙도서관 소장, 우촌古文2102.2-286.

46) 서울대학교 도서관, 『古文書 29 - 私人文書 貢人文書 等』, 2004, 82번 문서.

47) 서울대학교 규장각 한국학연구원 소장.

48) 서울대학교 규장각 한국학연구원 해제.

였음을 알 수 있다.

물론 이런 증거들을 통해 공안에 의한 공인권 권원 증명의 보다 구체적 양상은 알 수 없다. 그러나 소정 절차를 거쳐 공안에 기재된 정보를 획득하는 것은 가능했고 공안에서 획득한 정보를 공인권 권원 증명에 이용했을 것이라 짐작할 수 있다.

III. 공인권 二重賣買 양상

현재 공인권 이중매매를 살펴볼 수 있는 자료는 ㉠1731년(영조 7) 한성부 決訟立案,[49] ㉡1785년(정조 9) 8월 8일 狗皮契貢人權을 두고 격쟁한 卞重郁 관련『승정원일기』기사가 있다. ㉡은 ㉠에 비해 내용이 소략하고 관련 자료를 찾기 어렵기 때문에 분석이 곤란하다. 따라서 ㉠을 중심으로 공인권 이중매매 사례를 살펴보고자 한다. 제한적이지만 공인권 이중매매 사례를 살펴봄으로써 II장에서 살펴봤던 공인권 권원 증명 방법들의 문제점이 실제 사례에서 어떤 양상으로 나타났는지 규명하고자 한다.

1. 1731년 한성부 공인권 이중매매 사건

1) 사건개요

1731년 한성부 決訟立案에서 쟁송은 ⓐ이천배 등이 공인권을 ⓑ김홍희·김지정 父子에게 放賣한 뒤 또 ⓒ金景璧·韓聖彬·李時昌 등에게 방매하여 그 소유권을 두고 ⓑ·ⓒ 간에 분쟁이 일어나게 되어 제기되었다. 본 사건은 조사 과정에서 ⓐ이천배의 공인권 이중매매 행위가 밝혀졌고 그에 따라 先買者 측인 ⓑ김지정에게 공인권을 決給하면서 ⓒ이시창 등이 소지하고 있는 관련 문서를 소각하고 마무리된다.

2) 사건의 재구성

1730년 ⓑ김지정은 아버지가 매득했던 공인권을 이록하려 했으나 ⓒ이시창 등의 방해로 뜻을 이루지 못한다. 그런데 ⓒ이시창 등은 ⓑ김지정의 이록 시도를 어

---

49) 서울대학교 도서관,『古文書 7 - 官府文書』, 1991, 342~345쪽.

떻게 알고 저지할 수 있었을까?

Ⅱ장에서 살펴본 바와 같이 획득한 공인권을 공안에 자신의 이름으로 바꾸어 기재하고자하는 경우 그 의사를 적은 소지에 매득명문 등을 粘連하여 관할 관청에 제출해야한다. 이는 공안에 기재되어있는 공인의 성명과 점련한 명문의 방매인이 일치하는지를 확인하기 위해서이다. 그 때문에 ⓑ김지정 또한 ⓑ父 김홍희와 ⓐ이천배의 母가 매매했던 명문을 이록 요청소지에 점련하여 제용감에 제출했을 것이다.

만약 공인권이 공안에 ⓐ이천배의 이름으로 기재되어 있었다면 ⓑ김지정은 별 문제없이 이록에 성공했을 것이다. 또한 ⓑ김지정이 이록에 성공했다면 ⓒ이시창 등은 공인권을 소유만 하고 ⓐ이천배가 공인역할을 수행했다는 의미가 된다. 이런 상황에서 ⓒ이시창 등은 공안의 이록내용을 즉각 파악할 수 있는 방법이 없기 때문에 ⓒ이시창 등이 ⓑ김지정의 이록에 대해 이의를 제기하더라도 그것은 ⓑ김지정이 이록한 뒤였을 것이다.

그러나 ⓑ김지정은 이록에 실패했다. 이는 공안에 ⓐ이천배의 이름으로 기재되어 있지 않았음을 의미한다. 그렇다면 공안에는 누구 이름으로 기재되어 있었을까? 아마도 공안에는 ⓒ이시창·김경벽·한성빈의 이름으로 기재되어 있었을 것이다.

그 근거는 두 가지다. 첫 번째 근거는 ⓐ이천배의 진술이다. ⓐ이천배는 진술하기를 "ⓐ제 어머니가 일찍이 ⓑ김지정의 아버지 김홍희에게 공인권을 방매한 뒤 제가 또 ⓒ이시창 등에게 공인권을 방매한 것이 명백합니다. <u>이 공인권을 바로 찾아주시되 만약 지체하며 돌려주지 않는 폐단이 있으면 법에 의거하여 죄를 매겨주십시오.</u>"라고 한다. 주목할 부분은 바로 밑줄 친 부분이다. 누구에게서 공인권을 찾고 누가 공인권을 지체하며 돌려주지 않고 누구에게 죄를 매기라는 것인지 애매하다. 그러나 밑줄 친 바로 앞 문장인 "ⓐ제가 또 이시창 등에게 공인권을 방매한 것이 명백합니다."와의 문맥을 고려하면 누구라는 질문에 대한 대답은 ⓒ이시창 등일 것이다. 즉 ⓐ이천배는 공인권을 ⓒ이시창 등에게서 찾아 ⓑ김지정에게 돌려주라고 진술한 것이다. 또한 한성부에서는 時執人을 ⓒ이시창 등으로 파악하고 있다. 시집인은 현재 점유하고 있는 사람으로 정의할 수 있다.[50] 이런 점들이 ⓐ이천배가 공안에 기재되어 있지 않았으면 ⓒ이시창 등이 공안에 기재되었을 것이라는 첫 번째 근거이다.

두 번째는 정황에 의한 근거이다. ⓑ김지정은 이록에 실패한 뒤 사태의 시말을

---

50) 『大全通編』「戶典」買賣限條: 相訟奴婢·田土, 自願賣入于宮家者, 勿令徑先買賣, 使<u>時執人</u>訟卞歸一後, 許令買賣.

파악하기 위해서든 이록을 위해서든 ⓒ이시창 등과 접촉했을 것이다. 그 후에서야 ⓒ이시창 등은 ⓑ김지정이 이록하고자 하는 의중을 알고 반대한 것이다. 그런데 ⓑ김지정은 왜 ⓒ이시창 등과 접촉했을까? ⓑ김지정이 자신의 명의로 공안에 이록하려는데 공안에 ⓐ이천배가 아니라 ⓒ이시창 등으로 기재되었기 때문이다. 이런 상황이 아니면 ⓒ이시창 등이 ⓑ김지정의 이록 계획을 알고 반대한 끝에 저지할 수 있었던 사실에 대해 설명하기 어렵다. 이상으로 재구성한 사건개요를 쟁송절차 이전까지 정리하면 다음과 같다.

〈도식 1〉 제용감 공인권 이중매매 사건 전개 재구성

(1): 1713년, ⓐ 이천배 母가 ⓑ 김홍희에게 해당 공인권을 放賣.

(2): ⓑ 김홍희가 ⓐ 이천배를 '分主人'으로 지정.

(3): 1725년, ⓐ 이천배가 ⓒ 이시창 등에게 (1)에서 放賣한 공인권을 또 放賣.

(4): ⓒ 이시창 등은 해당 공인권을 자신들의 명의로 移錄 완료.

(5): 1730년, ⓑ 김지정은 해당 공인권을 자신의 명의로 移錄하고자 했으나 실패.

(6): 1730년, ⓑ 김지정이 ⓒ 이시창 등과 접촉하여 자신의 명의로 해당 공인권을 移錄하려는 의사를 표시.

(7): 1730년, ⓒ 이시창 등이 ⓑ 김지정의 移錄 의사에 대한 반대의견 표시.

(8): 1730년 12월, ⓑ 김지정이 ⓒ 이시창 등과의 분쟁해결을 위해 漢城府에 所志 제출.

(9): 1730년 12월, 쟁송절차 시작.

● 회색 부분은 추측.

2. 해당 사건을 통해본 공인권 권원 증명 방법의 문제점

재구성한 사건전개에 드러난 공안에 의한 공인권 권원 증명 방법의 문제점은 세 가지이다. 첫 번째는 공안이 공인권에 설정된 연조매매·분주인 등을 파악하지 못한다는 점이다. ⓑ김홍희가 ⓐ이천배 母로부터 공인권을 매득할 때까지는 공안에 의해 공인권의 권원을 증명하는 방법이 문제될 소지는 없었다. 그리고 ⓑ김홍희는 공인권을 자신의 명의로 공안에 이록하지 않고 ⓐ이천배의 명의로 그대로 두었다. 이 같은 상황에서 ⓒ이시창 등은 공안만 확인하고 소유권이 없는 ⓐ이천배에게서 공인권을 매득했을 것이다. 즉 ⓒ이시창 등이 공인권을 매득함으로써 이중매매가 성립되었고 그 때 공안에 의한 공인권 권원 증명 방법의 문제점이 드러난 것이다. 물론 본 사건에서 이중매매의 성립은 ⓐ이천배의 의지에 따라 여부가 달라질 수 있다.

그러나 권원 증명 방법은 ⓐ이천배의 의지와 무관하게 권리관계를 명백히 하여 이중매매와 같은 사기를 방지하는 것이 목적이다. 결과적으로 본 사건에서 공안에 의한 공인권 권원 증명 방법은 유효하지 않았다. 그 이유는 공안이 ⓒ이시창 등에 게 공인권 소유자에 대한 정보와 분주인에 대한 정보를 줄 수 없었기 때문이다. 즉 공안이 ⓒ이시창 등에게 공인권에 설정된 분주인·還退·연조매매 등의 사실을 정 확하게 전달할 수 있었다면 ⓐ이천배에 의한 공인권 이중매매는 발생하지 않았을 것이다.

두 번째는 공안에 이록하는 과정이 허술하다는 점이다. 재구성한 사건전개에 의하면 ⓒ이시창 등은 ⓐ이천배로부터 권원에 하자가 있는 공인권을 매득했다. 그럼에도 불구하고 ⓒ이시창 등은 공안에 자신들 명의로 이록할 수 있었다. 그것 은 ⓐ·ⓒ가 공인권을 매매하며 작성했던 명문의 방매인(ⓐ)과 기존 공안 상 공인 권에 기재된 성명(ⓐ)이 일치하는지만 확인하고 ⓒ의 명의로 이전하는 절차를 마 쳤기 때문이다. 만약 ⓒ에게서 또 다른 사람에게 轉賣되었다면 본 사건의 양상은 더욱 복잡해졌을 것이다. 또한 허술한 이록절차는 문서위조 등에 의해 악용될 소 지가 더 컸을 것이다.

세 번째는 획득한 공인권을 자기 명의로 공안에 이록하더라도 공인권의 소유권 이 부인될 수 있다는 점이다. ⓑ·ⓒ 간 쟁송에서 한성부는 공인권을 ⓑ김지정에 게 결급하였다. 이유는 ⓑ김지정이 공인권의 선매자였기 때문이다. 본 사건과 같은 이중매매로 인한 분쟁에서 결급기준을 先買로 두는 것이 일반적인지 알 수 없다. 그러나 이러한 사실은 결급기준으로서 선매의 當不當과 관계없이 공안에 기재된 내용이 부인될 가능성 때문에 신뢰도를 저하시키는 것은 분명했다.

만일 결급기준을 선매보다는 공안에 등록한 것에 두어 공인권을 공안에 이록한 ⓒ이시창 등에게 결급하고 ⓑ김지정에게는 ⓐ이천배 등에 대한 求償權을 부여했다 면51) 공안에 대한 신뢰도를 높이고 이록을 촉진하는 효과도 있었을 것이다.

---

51) 비슷한 사례에 적용되거나 準用할만한 조선 후기의 법조문은 『大全通編』 「刑典」 聽理條에서 찾아볼 수 있다. 聽理條에서는 '凡盜賣奴婢役價, 徵盜賣者. 田地花利同.'라고 되어있어 盜賣 등의 거래 상 불법행위로 획득한 부 당이득을 환수하려는 의도를 확인할 수 있다.

Ⅳ. 맺음말

본 논문은 貢人權의 二重賣買나 盜賣와 같은 거래 상 불법행위 현상에 대해 공인권의 權原을 증명 및 확인하는 방법과 연관시켜 파악하고자 하였다. 왜냐하면 공인권의 권원을 증명 및 확인함으로써 이중매매나 도매 등의 불법행위를 일정부분 방지할 수 있었기 때문이다. 공인권의 권원을 증명 및 확인하는 방법에는 크게 ① 權利文書 讓渡에 의한 방법, ② 貢案에 의한 방법이 있다. 이러한 공인권의 權原 증명방법들은 때로는 개별적으로 때로는 중첩적으로 사용되었을 것이다. ① 權利文書 讓渡에 의한 방법은 공인권의 移動(買賣·相續·贈與 等)이 거듭되어 권리문서가 축적될수록 해당 권리를 세밀하게 보호할 수도 있지만, 반대로 그 일부가 누락되어 분쟁이 일어날 가능성 또한 높았다. ② 貢案에 의한 방법은 공안의 신뢰도를 저하시키는 요인(分主人 설정·年條買賣·공안에의 移錄절차 허술·공안에 기재된 권리의 부정 등)들로 인해 이중매매 및 도매 등 거래 상 불법행위에 취약했다.

또한 제한적이나마 현전하는 자료를 통하여 공인권 이중매매 사례를 살펴보고자 하였다. 그 결과 공안의 신뢰도 결여와 동시에 보충할만한 권리문서의 부재가 결정적인 원인이었지만, 그와는 별개로 권리문서의 축적→누락→습득 등 일련의 과정에 의해서도 이중매매나 도매 등 거래상 불법행위가 적지 않게 발생했을 것으로 보인다.

조선후기 洑분쟁 고문서*

남은별

Ⅰ. 머리말

水利施設인 堤堰, 洑, 水車 등은 삼국시대부터 입지조건에 맞게 설치되었다. 洑는 하천에 흐르는 물을 직접 논으로 引水하는 시설로 하천에 가로로 말목을 박은 후 그 사이에 횡목, 잔가지 등을 끼우고 건초, 풀, 돌, 니토 등을 채우는 정도로 비교적 단순한 시설이었다. 이런 단순한 구조로 인해 홍수, 급류, 가뭄 등의 자연재해에 파괴되기 쉬워 매년 새로 설치하거나 수리가 필요했다.[1]

잦은 修築이 필요했던 洑의 관리 문제는 조선후기 농촌에서 자주 발생하는 분쟁의 원인중 하나였다. 조선시대 洑분쟁의 모습은 오늘날 우리에게도 한번쯤 접해본 현상이었다. 洑가 터져 그 안에 있는 물이 터져 물을 막을 수 없이 터져 흐르는 모습을 뜻하는 '봇물 터지다'는 오늘날 관용구로 쓰이고 있으며, 아이들이 개울에 작은 洑를 쌓고 쌓은 洑를 무너트리는 놀이인 '보싸움', '물싸움'은 민속놀이로 전승되고 있다.

조선후기 농촌사회에서 빈번하게 발생된 洑분쟁은 분쟁의 발생 빈도에 비해서 관심이 미비하였다. 조선시대에 발생했던 山訟, 토지소유 분쟁, 노비소유 분쟁 등의 분쟁에 관해서는 사학, 법사학, 민속학, 고문서학 등에서 다양하게 연구가 진행되어왔다. 하지만 이에 비해 水利施設의 이용을 두고 발생한 분쟁인 洑분쟁에 대해서는 인식자체도 미비하다고 할 수 있다.

따라서 조선후기 농촌사회에서 발생했던 분쟁의 한 양상인 洑분쟁을 고문서의 사례들을 수집·분석하여 분쟁의 전반적인 양상, 해결방법, 용어 등에 대해서 살펴보고자 한다.

한국학중앙연구원에서 발간한 『고문서집성』과 한국학자료센터, 서울대학

---

* 이 글은 「조선후기 洑분쟁 연구 -고문서 사례를 중심으로-」, 한국학중앙연구원 한국학대학원 석사학위논문, 2020 을 요약·정리한 것이다.

1) 곽종철, 「청동기시대~초기철기시대의 수리시설」, 『한국고대의 수전 농업과 수리시설』, 서경문화사, 2010, 259쪽.

교 규장각 한국학연구원, 한국학중앙연구원 장서각, 국사편찬위원회 등의 자료를 수집·분석하였다. 그 결과 『고문서집성』과 한국학자료센터, 국사편찬위원회 전자사료관 등에서 현존하는 원본 형태의 고문서 70점을 확인할 수 있었다.

〈표 1〉 洑 분쟁 고문서 현황

유형 분류	시기	16세기	17세기	18세기	19세기	미상	총합
소차계장류	所志類	1		5	31	7	**44**
	上書			5	1		**6**
첩관통보류	關					1	**1**
	牒呈					2	**2**
	帖					1	**1**
	書目					3	**3**
	稟目					2	**2**
	傳令				1		**1**
	移文			1			**1**
증빙류	完議			2	3		**5**
	立議		1				**1**
	立旨		2				**2**
서간통고류	回文					1	**1**
총		1	3	13	36	17	**70**

시기별로 살펴보면 미상 17건을 제외하고 1599년(선조 32)~1896년(고종 33)까지의 시기임을 확인할 수 있다. 미상을 제외한 53건의 절반 이상인 49건이 18~19세기 조선후기에 몰려 16세기 처음 등장한 이후 점진적으로 많아지는 양상을 보인다. 유형별로 살펴보면 소차계장류 50건, 첩관통보류 11건, 증빙류 8건, 서간통고류 1건으로 대부분이 분쟁에 따라 해당 관에 올린 소장이 다수를 차지하며 그 외 수령 또는 관찰사가 분쟁의 해결을 위해 의 행정 이행 문서인 첩관통보류와 해당 洑의 백성들의 規約을 담은 증빙류로 이루어져있다.

II. 新舊洑 분쟁 사례

水利施設인 洑를 둘러싼 갈등은 대부분 新洑와 舊洑의 갈등, 즉 기존의 洑의 위치보다 상류에 새로운 洑가 新築이 된다면 이를 두고 하류의 舊洑가 상류의 新洑를 적극적으로 막는 갈등이 생기는 것이다. 舊洑의 유량의 영향을 주는 간격이 아님에도 新洑를 터트리는 사례가 나타나 수령의 판단에 의거하여 판결이 나고 대개 舊洑의 편을 들어주어 舊洑가 독점적으로 점유 하고 있었다.[2] 이러한 新舊洑 분쟁은 기존에 인식되던 洑분쟁의 전형적인 양상으로 '洑訟'이라고도 불렸다. 아래의 慶州 良佐洞, 寧海 富貴坪, 英陽縣의 사례를 통해 각각 開墾, 가뭄, 홍수에의해 심화된 분쟁양상에 대해 살펴보았다.

1. 16세기 경주 양좌동의 사례

『고문서집성』 32 경주 경주손씨편에는 洑를 둘러싼 분쟁과 이 분쟁을 해결하기 위한 노력을 보여주는 14건의 고문서가 현존한다. 경주 양좌동에서는 1599년(선조 32)부터 1870년(고종 7)까지 약 270여 년 동안 꾸준하게 洑의 신축, 洑 주변 泥生地와 閑田의 개간문제로 분쟁이 발생하였다. 이와 관련되어 양좌동에서 발생한 洑분쟁에 대해 이미 몇몇의 연구가 진행되었지만 洑분쟁 자체에 대한 연구 보다는 대부분 양좌동 동계의 형성과 마을의 운영에 집중된 연구로 이루어졌다.[3]

경주 양좌동은 洑를 둘러싼 분쟁이 크게 네 차례 발생했다. 첫 번째 분쟁은 1599년(선조 32) 무렵의 이군옥이 양좌동 앞 들 보리밭에 보를 新築하면서 일어난 분쟁이다. 두 번째로는 1739년(영조 15)년 이군옥의 자손 이신중의 무리와 첫 번째 분쟁 때 문제가 되었던 이군옥이 보를 축조하여 만든 개간지에 대한 분쟁이며, 세 번째인 1761년(영조 37) 경주손씨의 서외손과 여주이씨의 서얼의 무리들과 마지막 네 번째인 1869년(고종 6)~1870년(고종 7)마을 외부인 김우기와 정상련과

---

2) "…且夫土地低濕, 不宜於田, 而亦無水源, 不能成畓之處, 而若築洑引灌, 則無沃土, 而但下洑之禁上洑者, 已成痼弊, 不計相距之遠近. 又不量水勢之多寡, 惟以務勝, 自恃人衆之力, 引群作黨, 誣訴官家, 或任意毁破而乃已, 以一國之水, 先着者, 獨取萬斛之全源, 後圖者, 未沾一勺之細流, 同是王土, 而上洑之土, 失利乾廢, 均是王民, 而上洑之民, 廢業而頷顪, 此豈山川與共之意乎? 非但以一邑論之, 無邑不然, 無處無之, 而爲其宰牧者, 每每拘於舊洑之衆民呼訴, 終無爲新洑借力者, 以至於許大土地之荒廢, 而使窮民, 無着手之地, 論其痼弊, 莫甚於洑訟, 一則爲農民之屬也, 二則爲農之病也, 誠能察其洑址之遠近水勢之多寡, 可合開洑處, 一竝開洑, 則國有閒荒之利, 民得食土之樂, 實民國之幸, 而亦爲務農之一助矣…"(『承政院日記』 1807책 (탈초본 95책) 정조 23년 4월 9일).

3) 이수환 외, 「조선후기 경주지역 재지사족의 향촌지배」, 『민족문화논총』 15, 영남대학교 민족문화연구소, 1994; 김현영, 앞의 논문; 한도현 외, 『양동마을과 공동체의 미래』, 한국학중앙연구원출판부, 2017.

마을에서 1599년(선조 32) 이후 금지해온 보 주변의 개간을 문제로 발생한 분쟁이
있다. 이 중 新築洑를 둘러싸고 발생하였던 1599년(선조 32) 이군옥 등과 발생한
분쟁에 대해 살펴보려 한다.

安康縣 良佐洞 居民 等狀은 1599년(선조 32) 10월에 孫曄(1544년~1600년) 등
52인의 양좌동민들이 인근인 引自火에 거주하는 李群玉 등 2~3인이 양좌동 앞 보
리들에 새로운 新渠의 신축을 막아달라는 뜻으로 52인이 연명해서 경주부윤에게
올린 等狀이다.

본 문서는 70건의 洑 분쟁 문서 중 가장 이른 시기문서로 임진왜란 직후 제언
사가 폐지된 후 1662년(효종 3)에 '賑恤廳堤堰事目'를 통해 재설치되기 전의 洑분
쟁을 알 수 있는 문서이기도 하다.

〈자료 1〉 1599년(선조 32) 安康縣 良佐洞 居民 等狀4)

소지에 따르면 引自火에 거주하는 李群玉 등 2~3인이 양좌동의 보리밭을 뚫어
인자화에서 새로 기경하는 밭으로 물을 引水할 계획으로 이미 정소를 한 후 이에
감관이 나와 공역이 진행될 예정인 상황에서 인자화 주민들의 계획에 반대하여 총
52명의 동민들이 연명하였다.

양좌동은 3곳에서 흘러나오는 큰물이 흐르는 곳으로 이미 번번한 홍수로 인해
피해가 심한 곳이었다. 그런데 이군옥 등이 보리밭에 새로운 도랑을 판다면 그 도
랑에 의해서 양좌동의 50여石의 보리밭이 홍수의 피해를 입게 될 것이라는 주장으
로 이군옥 등이 새로 도랑을 파는 일을 반대하고 있다. 본 문서를 통해 양좌동에
기존의 舊洑가 존재하는지는 확인 할 수 없지만 새로운 洑의 설치를 반대하는 양
상을 보여주고 있다. 비록 문서에서 洑라는 용어가 직접등장하고 있지는 않지만

---

4) 『古文書集成 32 -경주 경주손씨편-』, 133~137쪽.

'渠'를 뚫어 밭에 물을 引水하는 시설은 洑라 볼 수 있어 新築洑를 두고 발생한 분쟁으로 볼 수 있다. 양좌동의 밭을 가로질러 뚫어야 한다고 주장하는 것을 통해 양좌동 보리밭에 새로 생기는 洑는 田地가 낮고 물의 수면이 높으면 연안에 둑을 쌓고 그 둑에 구멍을 뚫어 관개하는 모양이지 않았을까 생각된다. 이렇게 양좌동의 동민들은 이군옥의 新洑로 인해 본인들의 田地가 훼손될 위험에 의해서 소장을 올린 것이다.

경주 양좌동의 1599년(선조 32) 新舊洑분쟁은 후에 승소를 해서 상대측을 금단시켜도 꾸준히 새로 도랑을 파거나 洑를 신축하는 일이 발생하며 200년간 비슷한 분쟁을 겪게 된다. 그러는 과정에서 1599년(선조 32)의 경험을 토대로 양좌동민은 이후 洑의 개간문제에 대한 분쟁에서도 完議와 立議를 여러 분쟁이 발생하는 시점마다 작성하여 동민들의 결속력을 높이고 공동 呈訴함을 결의하는 모습을 볼 수 있다. 또한 본 소지의 내용과 完議와 立議의 내용을 통해 새로운 분쟁의 대상이 되는 新洑의 築造를 막으려는 목적은 상대측이 洑를 통해 새로운 개간을 금지하고, 본인들의 토지생산량이 감소되는 현상을 막으려는 목적으로 볼 수 있다.

2. 영해 서면·갈면의 사례

다음으로는 寧海 富貴坪에서 발생한 新洑와 舊洑분쟁에 대해 살펴보고자한다. 『고문서집성』 33 영해 재령이씨편에는 경상도 영해부 서면, 갈면에서 발생한 新舊洑 분쟁을 볼 수 있는 문서 무오년 西面葛面富貴坪洑民 等狀과 을축년 西面葛面富貴坪洑民 等狀이 수록되어져 있다. 두 건의 소지는 7년의 시간차이를 두고 서면과 갈면의 부귀평 보민들이 같은 마을에 사는 박원장과 洑 수축을 두고 발생한 분쟁을 살펴볼 수 있다.

무오년 5월에 朴英國, 孫命大, 李得用, 尹福年, 戶奉三 5명이 연명하여 영해부에 한건의 등장을 올리게된다. 본 등장의 내용을 살펴보면 원래 부귀평에는 박원장이라는 사람이 주인으로 있는 보가 있었는데 이보를 이용하여 마을 사람들이 관수하여 사용하고 있었다. 하지만 무오년에 심한 가뭄이 들어 보의 유량이 줄게 되었고 결국 보의 물이 말라버리게 되었다. 박원장이 이에 새롭게 보를 수축하려 하는데 자꾸 위쪽이 구보의 위치라 하면서 위쪽에 洑를 수축하려고 하고 있다고 주장하고 있다.

을축년 5월에 올려진 소지는 이후 7년 뒤인 을축년 5월에 戶奉三, 尹福年, 金學

宗, 金有根, 李用伊, 成金伊 6명이 무오년에 이미 박원장과 분쟁이 있었는데 분쟁이 여전히 해결되지 않아 무오년의 소장을 점련하여 정소한다 밝히고 있다.

두 등장은 영해부사에게 올린 소지로 모두 영해부사가 제사를 내렸지만, 정확한 연대를 파악하지 못하여 당시 영해부사가 누구인지 알 수 없다. 무오년 등장의 제사에 의하면 본래 박원장의 인성은 착했을 텐데 극심한 가뭄으로 그러는 것이니 쟁송을 더 이상 하지 말라는 판결을 내려주었다.[5] 을축년의 제사[6]에서는 무오년에 이미 보를 수축하라는 판결을 내려줬는데도 박원장이 본인의 논에 물을 引水하는 데에만 유리하게 하는 분쟁을 발생시켰으니 박원장이 다시는 이런 분란을 일으킬 수 없도록 하고 본 판결 이후에도 사건이 발생하면 그때 다시 정소하라는 처분을 명령하였다.

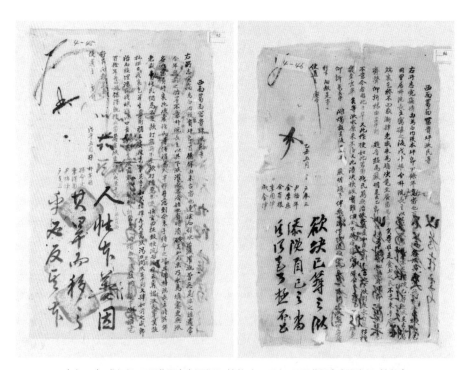

〈자료 2〉 戊午年 西面葛面富貴坪狀民 等狀과 乙丑年 西面葛面富貴坪狀民 等狀[7]

---

5) "人性本善, 因其旱而移之乎. 又反其本無遏, 其洑奄彼殘民, 無有爭訟, 無而不爲, 則非但官家之所怒, 亦有害於心德, 愼之愼之, 宜當向事. 卄七日."

6) "欲決已築之洑, 添漑自己之畓, 其所宅口極不公平是 [遣], 旣有前題, 而又此行悖, 持此題, 往示朴院長, 更勿作梗是矣, 猶不遵令, 更卽來訴, 以爲嚴處事. 卄五日."

7) 『古文書集成 33 -영해 재령이씨편(Ⅰ)-』, 61∼64쪽.

2건 소지 외에 완의나 입의 등이 남아있지 않기 때문에 마을의 공동의 이익을 위해 어떠한 합의를 했는지는 알 수 없지만 다수의 보민의 이름으로 소장을 접수해 마을 공동의 뜻으로 소송을 진행했음을 알 수 있다. 또한 분쟁이 발생한 원인에 洑內 개간을 통해 토지를 늘리려는 목적을 저지하려는 확인이 불가능하지만, 본 분쟁의 원인은 洑 사이의 거리가 가까워 水量의 변동이 생겨 가뭄이 들어 발생한 분쟁으로 보인다.

3. 영양현 사례

70건의 고문서 중 關은 1건만이 전해지는데 『고문서집성』 5 의성김씨천상각파편에 수록되어있는 乙丑 英陽縣關은 상류에 위치한 김씨의 舊洑와 하류에 위치한 오씨의 新洑사이에 발생한 분쟁에 대한 결과를 담고 있다.

본 사건은 을축년에 안동에 거주하는 김진덕과 본 읍의 오씨 사이에 발생한 분쟁으로 上洑(김씨)와 下洑(오씨) 사이의 거리가 백보가 되지 않아 생긴 분쟁이다. 이미 이전에 죄인을 가두라는 제사에 따라 邑報로 영양현에 알려 영양현에 거주하는 오씨를 가두었지만 도로 놓아주었음을 알 수 있다. 이에 김진덕 등이 다시 소장을 접수하였고 이에 따른 판결을 보여주고 있다.

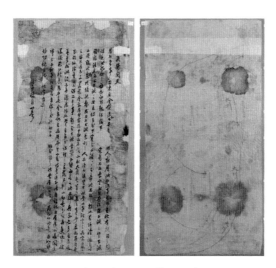

〈자료 3〉乙丑年 英陽縣關[8]

---

8) 『古文書集成 5 -의성김씨천상각파편(Ⅰ)-』, 749쪽.

김씨의 주장에 따르면 보 사이의 거리가 100보가 안되기 때문에 하류에 위치한 오씨의 新洑가 홍수가 난다면 상류의 舊洑 또한 터져 김씨의 전답이 모두 물에 잠길 것이며, 하류에 新洑를 신축하여 오씨들이 새로 얻는 전답은 3~4섬지기에 불과하고 기존의 김씨 전답은 이보다 5배는 많은 14~15섬지기이기에 만약 피해가 발생한다면 김씨의 피해가 더 클 것이니 오씨의 보를 금하기를 요청하였다.

이에 본 문서는 김씨의 上洑가 이치에 맞으니 오씨의 下洑를 깨트리라는 판결이 이미 있으니 배면에 김씨와 오씨의 보의 위치를 그렸다. 배면의 오른쪽에 오씨 3명의 착명과 서압, 왼쪽에는 김씨 3명의 착명과 서압이 되어있는 점으로 보아 彼隻이 서로 보 위치에 대해 재차 확인함을 알 수 있다.

본 사건 또한 위의 영해 서면·갈면의 사례와 비슷하게 洑 사이의 간격에 문제가 생겨 발생한 분쟁이다. 차이점은 기존에 사례들은 舊洑가 하류에 위치하고 新洑가 상류에 위치해서 위에서 물을 인수해 아래에는 가뭄이 들게 하는 현상을 확인 할 수 있었다. 반면 영향현관의 분쟁은 舊洑가 상류에 新洑가 하류에 위치해 가뭄에 대한 걱정과 달리 홍수 피해에 대한 걱정으로 나타난 분쟁임을 확인할 수 있다.

이렇듯 경주 양좌동, 영해 서면·갈면, 영양현의 담당 官은 사건의 기존에 이미 축조되어있는 舊洑의 편에서 사건의 해결을 종용하는 모습을 확인 할 수 있었다. 대부분의 경우 舊洑의 입장으로 소장을 올린 집안에 문서가 남아있는 것으로 미루어보아 실제로도 결국 舊洑의 승소로 끝났을 것으로 생각된다.

III. 築洑 분쟁 사례

앞서 살펴본 분쟁의 유형과는 단일한 수리시설의 이용과 築造에 관련된 분쟁을 다뤄보려고 한다. 앞서 살펴본 분쟁 양상은 이미 기존의 보가 존재하지만 새로운 新築洑의 축조과정에서 분쟁이 발생하였지만 본장에서 고찰하고자하는 분쟁은 기존의 보가 홍수나 가뭄 등 자연재해로 훼손된 이후 다시 修築하는 과정에서 발생하는 분쟁이다. 홍수나 가뭄 등 자연재해에 취약한 보의 특성상 매년 수축을 하는 등 빈번한 보수가 발생했는데 이러한 보수 과정에서 보다 자신들의 이익에 연관되는 위치에 보를 수축하기 위한 분쟁인 것이다.

築洑 분쟁으로는 경상북도 寧海 槐市里의 築洑분쟁, 전라남도 남원 주생면 지계

보 築洑분쟁, 경상남도 함안 칠원 築洑분쟁 등을 통해 고찰해볼 수 있는데, 그 중 寧海 槐市里에서 발생한 분쟁은 洑분쟁 70건의 문서 중 22건으로 단일 사건에 대해서 가장 많은 양의 문서가 남아있어 사건의 전개와 해결과정에 대한 자세한 과정을 살펴볼 수 있다. 이에 본 장에서는 괴시리의 분쟁에 대해 자세히 살펴보고자한다.

1. 영해 괴시리 사례

영해 영양남씨 괴시파 소장 문서 중 1852년(철종3)부터 1859년(철종9)까지 영해 괴시리를 중심으로 16~20여동의 주민들이 '隱洑'라 불리는 洑의 修築을 두고 괴시리 일대의 영양남씨, 안동권씨가 원구동의 무안박씨, 대흥백씨 소송을 진행하는 문서이다. 한국국학진흥원에서 발간한 『영양남씨 괴시파 영감댁』에 일부 소개되기도 한 문서로[9] 3건의 완의, 18건의 의송, 1건의 등장 총 22건으로 이루어져있다.

현재 소송이 일어나는 보의 위치와 원인에 대해 설명을 하고 있다. 내용에 의하면 영해부 남쪽 원구동의 앞 천에 보가 있었는데 작년(1856년)의 홍수로 인해 보의 물이 넘치고, 대신 그 자리에 모래로 덮이게 되었다 설명하고 있다. 이에 괴시리 일대의 백성들은 이 보를 수리해야만 하는 상황에 놓이게 되었는데, 이는 원구동보다 상대적으로 하류에 있는 자신들의 논에 물을 대기 위해서였다. 만약 보를 수축하지 못한다면 한해의 농사가 망하게 되기에 보를 수축하는 것을 방해하는 원구동민의 행실을 바로잡아 달라고 정소를 하며 영해부로 關을 보내주기를 요청하고 있다.

문서에 언급된 내용들을 요약하자면, 분쟁이 된 洑는 1757년(건륭22, 영조33)즈음 괴시리와 원구동 사이에 흐르는 남천과 송천이 만나는 지점쯤에 축조되어진 보로 백여년 동안 괴시리 일대의 농업용수를 관개하는 수리시설로 이용되었다. 그러던 중 1856년(철종7) 발생한 영남의 수재로 인해 洑가 터지며 보의 물이 넘치고 그 자리에 모래가 덮이게 되어 새로 修築이 필요한 상황이었다. 이에 괴시리 일대의 16~17여 동이 힘을 합쳐 다시 修築하려고 했지만, 그럴 때 마다 번번이 원구동에서 관령을 무시하고 방해하였고, 이에 괴시리 일대의 마을들은 원구동의 방해

---

9) 한국국학진흥원, 『영양남씨 괴시파 영감댁』(한국국학진흥원소장 국학자료목록집 25), 한국국학진흥원, 2015.

를 저지하고 洑를 修築하기 위해 송사를 벌이게 되었다.

이러한 양상은 기존의 구보가 위치하는 지역에서 유량에 영향을 줄 수 있는 상류 지역에 신보가 신축되는 문제를 가지고 분쟁을 하는 것이 아니라 자연재해로 인해 보가 훼손 되고 훼손된 보를 새로 신축하는 과정에서 상류의 주민들이 하류의 보를 신축하지 못하도록 방해를 하는 분쟁으로 볼 수 있다.

이러한 과정에 대해서 다시 한 번 더 자세히 살펴보면 1857년 2월부터 3월까지의 상황은 본관이 자리를 비운 사이에 발생하였다. 처음 1852년 완의를 통해 앞으로는 감영에 정소하고 감영이 들어주지 않으면 비변사에 정소하기로 결의를 한 5년 후인 1857년 2월에 당시의 영해부사 南鍾三(1817~1866)은 상경을 하여 관이 공관되었는데, 이 틈을 타고 원구동민들이 보의 수축을 방해하는 상황에 대해 의송을 올렸다. 이에 감영에서는 겸관인 영덕 현령 李啓昌에게 조사하여 처결하라는 제사를 내렸다. 이후 겸관의 조사로 洑의 경계를 확정하고 입지를 받았지만 겸관이 돌아가자 다시 분쟁이 일어났고, 관은 본관이 돌아올 날이 얼마 안 남았으니 기다리라 하였다.

이후 1년여 뒤인 1858년 4월 새 수령으로 바뀌는 시기에 또 분쟁이 발생하였다. 지난해와 같이 洑를 수축하는데 원구동의 방해가 있었고, 이에 겸관 관아에 정소를 하였었다. 겸관은 公兄을 보내 조사 후 유향소로 전령을 보내주었지만, 원구동의 방해가 계속되었다. 겸관은 서리를 보내 살피게만 하고 수령이 부임하기를 기다리라 하였고 새 수령인 李建春(1802~?)이 부임하자마자 보의 경계를 정하고 완문까지 발급해주었다. 하지만 완문까지 발급받아도 원구동의 방해가 계속되자 이를 해결하고자 같은 사안으로 3차례 의송을 올렸고 결국 감영은 사실이 소장의 내용과 같다면 각별히 엄단하라는 제사를 받았다.

이후 1858년 寧海 邑大坪 田夫 等 議訟의 제사에 의해 영해부에서 원구동민 4명을 잡아가게 되었는데 이를 둘러싸고 다시 사건이 발생하게 되었다. 1858년 7월의 상황은 6월에 받은 감영의 제사에 의해 원구동민 4명을 잡아서 供招를 받으려고 하였다. 하지만 원구동의 백성 5~60명이 관청에 난입하여 형장을 막고 수령이 감영에 올릴 報草를 작성할 때 위협을 하여 거짓된 내용의 報草가 올라갔다. 이런 상황과 더불어 원구동민이 보의 보목을 다 철거하고 불태운 상황을 호소하였다. 거듭되는 호소에도 상황은 개선되지 않았고, 결국 1858년 8월에 비변사에 정소를 하였다. 비변사에서는 영읍에서 이미 공정히 처결을 했으니 다시는 논하지 말라는 제사를 내렸고, 한 달 뒤 비변사의 제사를 到付하는 내용의 의송을 올리고, 해가 바뀐 1859년 2월에 한 번 더 비변사에 정소하였다.

이후 1859년 3월과 4월에는 원구동민에게서 다짐을 받으려는 괴시리와 다짐을 쓰지 않으려는 원구동의 분쟁이 발생하게 된다. 이후 1859년 寧海 幼學 南景博 權錫中 等 議訟에 의하면 영해로 관을 보내 주동자인 '朴白四人'을 잡아 侤音을 받을 수 있도록 호소하였다. 또 이후 문서들에 감영에서 裨幕을 보내어 보를 수축하고 원구동의 주동자들에게서 다짐을 받을 수 있도록 해달라고 요청한다. 이러한 요청이 있었던 이유는 감영에서 본관에게 방해를 하는 원구동민을 잡아서 가두라 읍보를 내렸지만, 관이 이를 이행하지 않고 원구동의 눈치를 보고 사건이 해결이 되지 않았기 때문이다. 계속된 의송과 감영의 제서에 본관에서는 결국 원구동의 주동자 3명을 잡아들였지만 원구동민이 또다시 관청에 난입을 하고 다짐을 바치지 않았다. 1859년 2월 이후 감영에서 본관에게 죄인을 신칙하고 보를 수축하라 한 것이 3번이고 주동자를 엄히 형벌하라 한 것이 2번인데도 본관에서 제대로 수행하지 못한다. 결국 4월 20일 감영은 결국 장교를 보내 조사 보고하라는 제사를 내리게 되었다. 이 제사에 의하여 1859년 5월 1일부터 4일간 洑를 수축하였다. 이렇게 1857년부터 1859년까지 대략 2년에 걸친 洑의 수축을 둘러싼 분쟁은 감영에서 장교를 보내 마무리를 지을 수 있었다.

Ⅳ. 분쟁 해결 양상

洑분쟁의 진행 과정에서 元隻, 관할 수령 및 관찰사의 태도에 대해 살펴보고자한다. 분쟁 과정에서 원고와 피고가 누구에게 어떻게 소지를 올렸으며, 담당 수령과 관찰사에게 어떠한 경우에 소장을 올린것인지에 대해 살피고, 그 과정에서 어떠한 문서들이 사용됐는지 알아보고자한다. 또한 담당 수령과 관찰사는 洑 분쟁의 판결을 내리는 담당관으로써 어떠한 판결을 내려 문제를 해결하고자 하였는지에 대해서도 살펴보고자 한다.

1. 元隻의 進呈

洑분쟁이 발생 하게 되면 元隻은 정장을 작성하여 관할 수령에게 분쟁의 해결을 요구하는 소지를 올리게 된다. 소차계장류 50건을 통해 洑에 대한 분쟁이 발생하면 소송을 통해 어떻게 해결하려 하였는지에 대해 확인할 수 있다. 50건의 소지류를 분류를 하자면 경주 경주손씨와 소정이씨가 경주부윤에게 올린 13건의 소지류와 성주 초전 벽진이씨 명암고택 1743년~1847년 영천군수에게 올린 4건의 소지, 해남 김해김씨 가문의 1820년 해남현에 올린 1건의 소지, 인량 재령이씨 충효당에서 성주에게 올린 3건의 소지, 경주최씨 용산서원에서 올린 3건의 소지, 월굴보에서 올린 3건의 소지, 영해 재령이씨에서 올린 3건의 소지, 의송 영해 괴시리에서 영해부사에게 올린 1건의 소지 등 담당 수령에게 올린 31건의 소지와 영해 괴시리에서 경상도 관찰사에게 올린 18건의 의송과 경기도 화성시 지역사 수집자료의 의송 등 19건의 의송으로 구성되어있다.

元隻의 문제 재기 방식은 대게 소지를 담당 수령에게 올리는 것으로 시작한다. 대게 분쟁이 발생했을 때 所志는 분쟁이 발생한 지역의 담당 수령에게 먼저 올렸던 것으로 보인다.

하지만 괴시리의 경우에서 살펴 볼 수 있듯 담당 수령에게 進呈을 한 뒤 만족할만한 결과를 얻지 못한 경우 다음 상급기관인 관찰사에 議送을 올려 사건을 해결해 나가는 방식을 취한 것으로 보인다. 하지만 관찰사에게 의송을 올려도 관찰사의 선에서 해결이 되지 않는 모습을 보였고, 이에 괴시리 동민들은 비변사에도 進呈한 것으로 나온다. 조선후기에는 최종적으로 水利施設의 담당 官은 수령-관찰사-비변사(의정부)로 이관되는 모습처럼 소송에서도 수령-관찰사-비변사(의정부)에게 이관하여 소장을 올리는 것으로 확인된다.

괴시리의 경우처럼 대체적인 洑분쟁에서 분쟁이 발생하면 먼저 담당지역의 수령에게 등장. 발괄등의 형식으로 다수의 인원이 연명을 하여 문제를 제기하고, 이후 본인들에 유리하거나 만족할만한 판결이 나오지 않으면 상급기관인 관찰사에게 소장을 접수하는 방식을 취했던 것으로 보인다.

또한 대부분의 소지가 남아있는 경우는 승소를 했기에 증빙의 자료로 그 집안에 보관되어오던 경우인데 洑분쟁의 경우에도 50건의 소지류 모두 중간에 패소를 했을지언정 결국 최후에는 담당 수령 또는 관찰사가 승소를 해주는 모습을 확인할수 있었다.

수리시설인 洑의 특성상 洑는 누구 한사람만의 독점적인 시설이 아니며, 개인이 독점한 시설이었어도 한 사람만이 혜택을 입는 것이 아니라 여러 명, 또는 마을 전체의 사람이 해택을 공유하는 시설이었다. 그렇기에 짧게는 몇 달 길게는 200여 년 동안 한 마을에서 洑분쟁의 양상이 다양하게 나타나는데 이러한 분쟁은 개인 혼자서 감당할 수 있는 분쟁이 아니며, 이에 마을 차원의 대응으로 움직이는 분쟁이었다.

이렇게 마을 차원에서 여러 명이 연명을 하여 소장을 접수하는 과정에서 입의와 완의를 통해 소송에 필요한 자금을 마련하거나 소송과 관련된 지역에 대한 금지 내용을 협약하는 모습을 확인할 수 있다. 완의를 작성하여 소송의 진행방향에 대해 마을 주민 다수가 동의한 형태를 보이는 경우는 경주 양좌동과 영해 괴시리의 경우에서 확인이 가능하다.

먼저 경주 양좌동의 입의와 완의를 살펴보면 경주 양좌동에는 1609년, 1706년, 1722년, 1750년, 1752년, 1754년, 1763년에 규약한 내용이 연서된 동민입의 1건과 1706년, 1722년, 1750년, 752년, 1754년, 1763년 총 6건 의 문서가 점련된 완의 1건. 1750년 경오년 손명운 등 6명 회문과 1754년 갑술년 동민 완의 등이 현존하고 있다. 입의와 완의는 양좌동에서 洑 와 관련된 분쟁이 생길 때마다 작성된 것으로 보이며 동일한 내용을 연서된 동민 입의와 점련된 동민 완의를 통해 살펴볼 수 있다.

주된 내용을 살펴본다면 대부분 洑 주변 개간을 금지하며 이러한 약속은 1609년 만력에 작성된 先長老立議를 기초로 지켜오는 규약임을 강조하고 마을에서 규약을 어기는 백성이 발생하지 않도록 경계하고 있다. 대부분의 문서가 작성된 시기는 洑의 修築또는 洑內 개간으로 인해 洑가 훼손되는 것을 방지하기 위한 분쟁 등의 洑분쟁이 발생하는 시기와 동일한 시기에 작성이 된 것이다. 현존하는 완의를 통해 살펴보면 완의가 작성된 시기에는 어떤 식이든 분쟁이 발생하였고 이러한 분쟁의 해결을 위해 완의를 작성하고 완의를 통해 양좌동민들이 합의한 결과로 도출한 금단한 내용을 다시 한 번 더 상기시키는 역할과 이를 어길 시에 발생하는 불이익에 대해 경고하는 역할을 했던 것으로 보인다.

경주 양좌동의 완의와 같이 영해 괴시리의 경우에도 완의를 작성하는 모습을 보여준다, 괴시리의 분쟁문서 22건 중에 3건의 완의가 포함되어 향촌내의 문제 해결의 방법을 모색하는 모습을 보여주었다. 영해 괴시리의 완의는 소송에 필요한 비용의 충당, 소송에 참여하는 인원, 소송의 진행 방향 등 경주 양좌동의 완의, 입의보다는 자세하게 합의를 하고 있는 모습을 확인할 수 있으며, 일련의 이러한 규약은 마을 계의 형식으로 볼 수 있을 것이다.

洑분쟁이 발생하면 마을 대 마을의 분쟁의 양상이기도 하고, 개인이 해결하기에 어려운 문제였기에 元隻 모두 다수의 사람들로 구성된 洑의 夢裏를 입는 사람들이 연명하여 소장을 접수하였던 것으로 보인다. 또한 다수의 구성원의 결속을 높이고 구성원 모두 적극적인 소송에 참여하도록 규약을 만들어 입의와 완의로 결의를 하는 모습을 보이며, 이를 통해 수령-관찰사-비변사(의정부)에 까지 정소를 할 수 있는 발판으로 삼았음을 확인하였다.

2. 관할 수령 및 관찰사의 처리

조선후기 수리분쟁이 발생하면 국·공유 수리시설은 제언사가 관할하며 지방 수령이 관리책임을 지도록 하였다. 수리시설의 실질적인 관리와 감독은 監官과 監考 각 1명이 담당하였다. 元隻이 다수의 사람들의 의견을 모아 접수한 소장이 접수된 그렇담 분쟁이 발생했을 때 관할 수령과 관찰사는 누구에게 무엇을 명령해서 사건을 처리 하였는지 살펴보려고 한다.

먼저 실질적인 수리시설의 관리를 하던 監官과 監考의 실존여부에 대해 확인해 본다면, 監考의 존재를 문서에서도 확인할 수 있다.

개인소장 문서인 己丑年과 庚寅年의 月窟洑民들이 올린 3건의 소지 중에 己丑 年 2월에 올린 2건의 소지의 분쟁 원인은 新舊洑분쟁의 양상을 보인다. 月窟洑에 분쟁이 일어난 이유는 月窟洑는 이미 기존에 백 여년 동안 있던 舊洑인데 작년인 丙子年에 舊洑에서 5~6걸음 정도 밖에 되지 않는 거리에 松節居民들의 新洑가 신축되면서 이에 분쟁이 발생한 것으로 쓰여 있다. 己丑年 2월 17일에 제사를 받은 소지에 연명된 月窟洑民의 이름 마지막에 月窟洑의 監考 鄭性天을 확인할 수 있다. 監官은 향리 중에서 착출되었고, 監考는 作人 중에서 착출 되는데 심부름 담당이던 監考가 실제로 作人중에서 존재하고 있음을 확인할 수 있다.

다음으로는 경주 옥산서원의 사례이지만 경주부윤에게 분쟁의 경위를 설명하고 이에 따른 신속한 조치가 이루어지는 모습을 통해 관할 수령이 洑 분쟁에서 어떻게 처리했는지 보려한다.

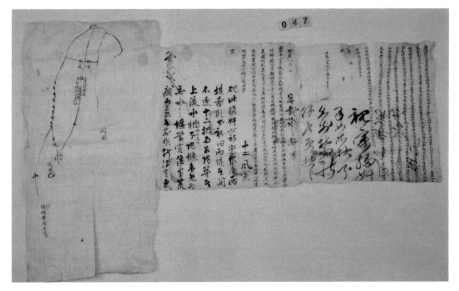

〈자료 4〉 甲辰年 玉山書院齋任 牒呈, 摘奸鄕所 稟目[10]

　갑오년에 경주 옥산서원과 옥산리에 거주하는 朴師賢과 옥산서원 院位畓의 洑를 둘러싼 분쟁이 발생하였다. 3점의 문서가 점련된 형태의 1건과 서목 1건이 남아있다.

　옥산서원의 원위답의 洑에 대한 분쟁이 발생하자 옥산서원 재임은 갑진년 8월 2일에 경주부윤에게 첩정을 올려 옥산서원의 院位畓의 보가 박사현의 보로 인해 훼파되고 원위답이 황폐해질 것을 보고하였다. 이에 경주부윤은 향청에 분부를 내려 유향소에서 형지를 직접 조사를 하게 하였고, 명을 받은 유향소에서는 오씨가 形止를 摘奸하고 옥산서원의 주장이 옳다는 품목을 적간한 형지를 점련해서 12일에 風憲에게 올렸다. 이에 風憲은 박사현의 洑 건립을 禁斷해서 물을 막는 폐단이 없도록 할 일이라고 유향소의 오씨가 올린 품목에 판결하였다. 이에 옥산서원은 2일 경주부윤에게 올린 첩정과 12일에 풍헌에게 올렸다 제사를 받은 품목, 형지를 점련하였고, 옥산서원 재임은 13일에 경주부윤에게 품목과 도형에 대한 제사를 내려달라고 요청하는 서목을 올리게 된다. 경주부윤은 16일에 유향소와 풍헌이 적간한 것이 옳아 박사현 등을 금단하게 하는 것이 옳다는 제사를 내리게 된다.

　경주부윤에게 분쟁을 호소하자 경주부윤은 유향소에게 적간할 것을 명하였고,

---

10) 한국학자료센터 영남권역센터.

이에 유향소는 향소에서 오씨가 적간을 하게 하고 이후 향소의 풍헌에게 제사를 받는 모습을 보여준다. 적간을 하는 것은 분쟁을 제시한 사람이 아니지만 적간 이후에 사실 확인을 받은 문서를 직접 다시 경주부윤에게 올리는 문서행이 과정을 통해 洑 분쟁의 해결을 위해 해당 당사자가 적극적으로 움직여야 하며 적간은 향소에서 이루어지고, 이를 형지로 그려 부윤이 직접 적간하지 않고도 형지와 품목을 기반으로 판결을 내려주는 모습을 확인할 수 있다.

하지만 모든 경우의 洑분쟁에서 이렇듯 향소의 적간과 빠른 판결이 내려지는 경우는 없었으며, 대부분 조사를 명할 뿐 누구에게 어떻게 조사를 하라 명을 내리는지에 대해서는 알 수 가 없고, 사건의 결말 또한 확실하게 아는 경우는 드문 경우이다.

洑분쟁의 발생 후 적극적인 呈訴로 부당함을 주장하고 해결되는 과정은 담당 관이 옥산서원의 경우처럼 적극적으로 유향소를 이용하여 적간 후 판결을 내려주거나 분쟁의 당사자가 직접 사건 해결을 위해 규약을 맺거나 상급 아문에 지속적인 정소를 하는 방법이 있음을 확인할 수 있었다.

3. 종결 양상

洑 분쟁의 종결양상에 대해서는 단일 사건에 대해 가장 많은 문서가 현존하는 영해 괴시리의 築洑분쟁의 의송들을 모아 그 제사를 분석하는 것으로 대신하려 한다.

먼저 영해부사의 태도에 대해 살펴보고자 한다. 앞서 사건의 경과에서도 알 수 있듯이 본관 수령인 영해부사의 태도는 미온적이었다고 생각된다. 새로 부임 했을 때는 부임한 날에 친히 형지를 살피고 경계를 정하여 표도 세워줬지만 이후 부사가 관아를 비울 때 마다 번번이 원구동에서 보를 망가트리는데도 적극적으로 금지를 시키지 않는 모습을 보인다. 심지어 죄인을 잡아서 공초를 받으려 할 때 원구동에서 관아를 점령하고 패악을 부려도 그 모습에 겁박 당해 거짓된 보초를 보냈다고 하고 있다.

이는 상대적으로 괴시리 보다는 원구리의 눈치를 보는 모습으로 보이는데 이러한 미온적인 태도는 괴시리 일대의 동민들이 뭉치는 계기가 되어 적극적으로 소송에 참여하게 되는 배경이 되었다고 생각된다.

다음은 관찰사의 태도인데 본 사건에 대해 관찰사가 취하는 행동은 각 문서마다 있는 제사를 통해 살펴보고자한다. 아래는 관찰사의 제사부분만 정리한 표이다.

문서번호	제사	접수일	처결일	담당官
24	查處向事.		丁巳(1857) 二月 初三日	兼官
26	此事有若懸空說. 非目擊無以決處. 本官還衙不遠, 待其還呈下歸正向事.		丁巳(1857) 三月 廿三日	本官
27	查實摘奸後, 自邑量宜決處向事.	二十八日酉時	戊午(1858) 四月 廿八日	本官
28	已有官決. 不必更煩向事.	初十日申時	戊午(1858) 五月 十一日	
29	摘奸查實後, 果如所訴, 則各別禁斷向事.		戊午(1858) 六月 廿日	本官
31	更無得起鬧之意. 題送於邑報向事.	初七日辰時	戊午(1858) 七月 初八日	
32	查實公決向事.	二十七日巳時	戊午(1858) 七月 廿七日	本官
33	自官量宜措處向事.		戊午(1858) 七月 廿九日	本官
34	查實禁斷向事.		戊午(1858) 九月 十五日	本官
35	營邑籌司之題判, 若是嚴截. 而頑民之終不知戢. 極爲痛惡. 所謂元邱作弊之民, 一併捉因報來是遺. 元洑役段, 使之卽速完築. 無失農業之地, 宜當向事.	二十六日辰時	己未(1859) 二月 廿六日	
36	互相爭訟, 易失農時. 自官另加調停, 務歸無訟而力農之地. 宜當向事.	二十日辰時	己未(1859) 三月 二十日	本官
37	此訟良覺支離. 此築彼毁, 相爭不已. 則兩洑之民, 其將廢農後已. 是非曲直, 且并勿論. 若有毁洑者, 自官捉因懲礪, 以爲息鬧之地. 宜當向事.	二十八日辰時	己未(1859) 三月 廿八日	本官
38	毁洑諸民, 以放送之意, 俄果題送於邑報矣. 民訴又如此, 必捧侤音後放送. 宜當向事.	三十日巳時	己未(1859) 三月 卅日	本官
39	以嚴處之意, 俄又題送於邑報向事.	初四日辰時	己未(1859) 四月 初四日	
40	俄已題送於邑報向事.	初八日辰時	己未(1859) 四月 初八日	
41	方別遣營校, 使之摘奸以告矣. 待其還現所報, 當有處分向事.		己未(1859) 四月 廿日向事	
42	已爲嚴飭題送於邑報向事.	二十四日申時	己未(1859) 四月 廿五日	
43	自營送校摘奸後, 決處之後, 雖元邱之民習, 寧有毁破之理乎. 若有此患, 則豈無嚴處之道. 勿慮力稽宜當向事. 同日背題. 所謂元邱民, 若或又有作梗之端是去等, 自官一並問名捉因, 爲先嚴刑捧遲晚. 卽刻報來向事.	十二日辰時	己未(1859) 五月 十二日	本官
44	營題又如是截嚴. 必無他慮向事.		己未(1859) 八月 十六日	

11) 문서번호는 석사학위논문인 「조선후기 洑분쟁 연구 -고문서 사례를 중심으로-」의 부록에 수록된 '洑분쟁 문서목록'을 나타낸 것이다.

감사의 재임기간을 기준으로 문서를 분류해보면 문서번호 24~30번 의송은 1855년 10월 6일 申錫愚(1805~1865)가 경상감사로 임명된 이후 1858년 6월 28일 파직될 때까지의 기간 동안의 문서이다. 문서번호 31~34번 의송은 趙秉駿(1814~?)이 감사로 재임하던 시절의 문서이고, 그 이후부터는 1859년 2월 22일 沈敬澤(1809~?)이 새로운 감사로 임명된 후의 문서이다.

제사에서 보이는 감사의 처결은 문서번호 35번 1859년(철종 10) 寧海 幼學 南景博 權錫中 等 議訟 이전까지는 본관 또는 겸관에게 알아서 처결 하라는 내용이 주를 이루고 있다. 하지만 심경택이 감사로 부임한 이후에는 감영의 태도가 조금은 달라지는 모습을 보인다. 이전까지는 사건을 적극적으로 해결하려는 태도보다는 미온적인 태도를 보였다면 심경택의 부임 이후에는 적극적으로 괴시리의 편을 들어 사건을 해결하고자 하는 태도를 보인다. 적극적으로 문제를 일으키는 백성은 잡아 가두라 하며(문서번호 35, 37, 44 議送), 감영의 장교를 보내 조사하도록 하였고 이 덕분에 1859년 5월 1일부터 4일간 공역을 마무리 지을 수 있었다.

이러한 변화가 심경택의 개인적인 판단에 의해서 변했는지는 모르겠지만 이전까지의 감영의 태도와는 다른 태도로 인해서 결국 본 사건이 마무리되는 직접적인 이유가 되었다. 하지만 1857년(철종 8)부터 지속된 정소과정에서 원구동의 농민들은 적극적으로 규약을 맺어 정소할 것을 다짐하고, 해당 수령에게 이미 정소했지만 해결되지 않자 관찰사에게 19차례 의송을 올리고 더 나아가 비변사에도 정소하는 등 적극적이고 다양한 활동을 벌였다.

이에 반해 관찰사들의 태도는 대부분 본관과 겸관이 각자 알아서 해결하라는 제사를 11차례나 내리며 관찰사가 결정을 내리는 것을 피하는 모습을 보인다.

괴시리의 경우와 같이 洑 분쟁 소지류의 제사는 대부분 舊洑의 승소를 들어주지만 승소 판결을 내려주기 까지 몇 차례나 해당 수령이나 관찰사가 판결을 내리지 않고 밑의 관에 판결을 미루는 모습도 보여준다.

이러한 모습은 수리시설의 사용에 따라 발생하는 분쟁에 대해 정책적으로 명확하게 규명을 해놓은 부분이 없어서 판결을 내리기 어려움이 따른 결과로 생각된다.

이렇게 명확한 규정 없이 수백 년 간의 분쟁동안 담당 官은 명확한 결론을 내려주지 못하였고, 1904년(광무 8)에 가서야 "洑위에 洑를 더하는 것은 형편을 헤아려 500보 이내로 허락할일."[12] 규정이 만들어지게 된다. 그렇기에 담당 수령과 관찰

---

12) 최원규, 「朝鮮後期 水利기구와 經營문제」, 『國史館論叢 第39輯』, 국사편찬위원회, 265쪽.

사도 분쟁을 해결해 주고 싶어도 정확한 규정의 미비와 농민들의 생업과 밀접한 관련이 있는 문제였기에 섣불리 결단을 내리지 못한 것으로 보인다.

V. 맺음말

조선시대 수리시설인 洑의 修築과 이용 과정에서 발생한 분쟁의 양상과 해결과정을 고문서 사례를 통해 분석하였다. 洑 분쟁의 실제를 확인하고 분쟁의 원인과 해결 과정을 고찰하기 위해 한국학중앙연구원에서 발간한 『고문서집성』과 한국학자료센터 등에서 확인 가능한 고문서를 수집·분석한 결과 洑 분쟁과 관련된 고문서 70건을 확인하였고 이를 통해 연구를 진행하였다.

洑 분쟁의 양상에 대해 두 가지로 나누었다. 기존의 洑가 존재하는데 새로운 洑를 新築하는 과정에서 新洑와 舊洑 사이의 거리와 위치를 때문에 발생한 新舊洑 분쟁과 수리가 필요한 洑를 수리하는 과정에서 洑의 원위치가 아닌 다른 위치에 洑를 쌓아 洑의 위치가 변동 된 것에 대한 분쟁으로 나뉜다.

그 외 논문에서 다룬 문서 외의 문서의 내용을 통해 洑 주변 浦落地의 개간에 따라 생긴 분쟁, 洑의 修築과정에서 공역에 쓰이는 목재나 인력에 대한 분쟁, 洑를 私占한 개인이 부과한 水價에 대한 분쟁 등의 양상이 있음을 확인 할 수 있었다. 하지만 각 가문별 한 두건의 문서만이 잔존하고 있어 이러한 분쟁의 전반적인 모습을 살펴보기에는 어려움이 있어 심도 깊게 다루지 못하였다.

다음으로는 洑 분쟁에서 사용되었던 문서 중 옥산서원 재임의 첩정, 품목, 서목을 통해 洑 분쟁의 해결을 위해 경주부윤의 지시 사항에 대해 살펴보았으며, 지방의 수리시설의 실질적 담당자인 監考의 존재 또한 문서를 통해 확인 할 수 있었다. 하지만 이러한 해결과정은 일부의 사례로 볼 수 있으며 대부분의 문서에서 관할수령과 관찰사의 분쟁에 대한 종결 양상은 관의 판결보다는 민 스스로의 자치적인 해결을 촉구하는 모습을 대체로 보여주다가 상급 아문으로 이관하여 정소하는 모습이 보여서야 사건의 해결을 촉구하며 구보의 편을 들어주는 모습을 확인 할 수 있었다. 본 논문은 洑 분쟁의 양상에 대한 사례를 모아 단편적으로 살펴본 논문으로 洑 분쟁을 전체적으로 살펴 볼 수는 없었다. 이 점은 추후 심화 연구를 통해 보완하여 洑 분쟁 뿐만 아니라 조선시대 발생한 水利分爭에 대한 전반적인 연구가 필요 할 것으로 생각된다.

고문서 유리건판사진의 현황과 활용*

원혜진

Ⅰ. 머리말

고문서란 작성자와 발급자 그리고 수취한 사람이 있어야 하며 작성목적이 분명한 것을 말한다.[1] 그렇다면 고문서를 촬영한 사진기록물은 어떻게 봐야할까? 본연구는 이러한 의문점에서 출발하였다. 유리건판사진으로 남아 있는 고문서는 특수한 환경에서 만들어진 결과물이다. 19세기 말 변화의 한 부분으로 기록의 수단이 종이에서 미디어 매체로 넘어가기 시작하였고 조선은 일본에 의해 강제로 병합되면서 사진이라는 매체가 한국을 통치하기 위한 수단으로 이용됐다. 일본은 조선팔도를 돌아다니며 유적과 유물을 조사하였고 그 결과를 유리건판사진과 조사보고서로 남겼다. 그리고 한국의 고문서와 고서 등 한국에서 고문헌이 사료로서 수집되고 연구가 된 것은 바로 위와 같은 과정에서 일본에 의해 시작되었다.[2]

고문서 수집·정리의 초기 단계라 할 수 있는 일제강점기 일본의 고문서 조사의 결과 생산된 고문서 유리건판사진의 비중은 적지 않다. 국립중앙박물관과 국사편찬위원회, 그리고 성균관과 서울대학교 등 박물관이나 연구소와 같은 여러 기관에서 고문서를 촬영한 유리건판사진을 소장하고 있으며 아직 정리되지 않거나 자료로만 남아 있는 실정이다. 이에 본 연구는 현재 남아 있는 고문서 유리건판사진의 현황을 분석하여 한국 고문서 수집의 가장 초기 단계 형태를 살펴보고자 하며 고문서 유리건판사진[3]의 사료적 가치를 증명하고자 한다.

---

* 이 글은 「고문서 유리건판사진의 현황과 활용 연구」, 한국학중앙연구원 한국학대학원 석사학위논문, 2020을 요약·정리한 것이다.

1) 고문서의 정의와 관련하여 시기적 하한, 형태 등에 따라 연구자마다 견해가 다르다. 본고에서는 발급자와 수취자 그리고 작성목적이 분명하고 1945년까지 시기적 하한을 둔 광의의 고문서를 말한다(최승희, 『증보판 韓國古文書研究』, 1989; 전경목, 「고문서의 조사와 정리 방법론」, 『영남학』 제9호, 2006, 39~75쪽; 박병호, 「고문서 연구의 현황과 과제」, 『영남학』 제10호, 2006, 15~22쪽).

2) 전경목, 「고문서학 연구방법론과 활성화 방안」, 『정신문화연구』 제99호, 2005, 214~215쪽. 이 논문에서는 한국 고문서 연구사에 있어 일제시기를 제1기, 도입기로 보았다. 그러나 『儒胥必知』나 『國民必攜』와 같은 일종의 문서 서식집이 간행된 바 있어 한국 고문서학의 출발을 일제시기로 보아야 할 것인가에 대해서는 면밀한 검토가 필요하다고 보았다.

II. 일제강점기 고문서 조사와 편찬 활동

1. 조선고적조사사업

조선고적조사사업은 시기와 지역을 가리지 않고 강점기 동안 지속적으로 실시되었으며, 시기별로 조사 주체와 접근 방식이 달랐다. 지금까지 연구자들이 제시한 시기는 크게 1909년~1915년 세키노 다다시가 중심이 된 조사, 1916년~1930년 고적조사위원회 설치 이후의 조사, 1931년~1945년 조선고적연구회 설립 이후의 조사로 나뉜다.[4] 고문서 조사의 시기도 위와 같이 구분하되 처음 고문서 조사의 시기를 1902년으로 넓혔다.[5] 이때부터 고문서 조사이루어진 과정을 살펴보겠다.

1902년~1915년 조선고적조사는 동경제국대학 건축학자였던 세키노 타다시는 1902년 학교로부터 한국의 고건축 조사를 명령받고 조선의 고건축 조사를 시작하였다.[6] 이후 1909년 8월에 세키노는 통감부 탁지부 건축소 고건축물 조사 촉탁으로 임명되어 고적조사를 위탁받고 이때부터 1915년까지 전국에 걸쳐 건축·고분·성지·사지 등을 조사하였다. 조사는 건축물 이외에도 고적·불상·동종·석탑·서화 등 다방면으로 이루어졌으며[7] 이 중 1911년에 수집된 유물은 1912년 4월 10일부터 3일간 동경제국대학 공과대학 건축학과 교실에 '조선부'라 하여 전시되었다. 전시된 유물에는 탁본, 사진 등과 더불어 고문서가 있었고.[8] 고문서가 전시된 것으로 보아 이 시기의 고적조사는 대부분 고건축물을 대상으로 한 것이지만 고문서도 일부 조사한 것으로 보인다.

1916년~1930년 고적조사위원회의 조사는 고적조사사업이 고적조사위원회로 이관된 것으로 조선총독부가 전보다 체계적인 고적조사를 실시하기 위해 1916년

---

3) 본고에서 다루고자 하는 자료는 '고문서 유리건판사진'이다. 노출과 현상되어 이미지가 형성된 것을 유리건판사진이라 하고 그 중 고문서를 촬영한 유리건판사진을 '고문서 유리건판사진'이라한다. 유리건판사진(dry glass plate negative photography)은 젤라틴유리건판사진(gelatin dry glass plate negative photography)을 줄여 부르는 말이다. 유리원판사진이라고 부르기도 하는데, 원판(original film)은 카메라에서 촬영되어 현상된 필름을 뜻하기도 하고, 시트타입의 낱장으로 촬영되는 필름을 뜻하기도 한다. 엄밀히 구분하면 유리원판사진은 베이스가 유리로 되어 있는 콜로디온습판사진(collodion wet glass plate negative photography)과 젤라틴유리건판사진을 통틀어 말하는 것이다. 그러므로 유리건판사진이라고 부르는 것이 정확하다(이성원, 「유리건판사진의 디지털화 연구」, 서울: 중앙대학교 첨단영상대학원, 2002, 1쪽).

4) 김대환, 「일제강점기 조선고적조사사업과 한국고고학사」, 『한국상고사학보』 제97호, 2017, 80쪽.

5) 일제강점기에 포함되지 않는 시기지만 조선고적조사사업의 결과물인 고문서 유리건판사진의 촬영시기를 기준에 따라 시기를 넓혔다.

6) 이순자, 『일제강점기 고적조사사업 연구』, 서울: 景仁文化社, 2009, 33쪽.

7) 이순자, 앞의 책, 495쪽.

8) 「휘보-동경제국대학 공과대학 건축학과 제4회 전람회(상·하)」, 『고고학잡지』 제2권 제9·10호, 1912.5·6월.

에 마련하였다. 조선총독부는 1916년 고적조사사업 5개년 계획을 발표하고[9] 고적
조사위원을 임명하였다. 발족 당시 고적조사위원회의 위원장은 조선총독부 정무총
감이, 위원은 조선총독부 관계부국의 고등관외에 關野貞, 黑板勝美, 今西龍 등 일
본측 학자들과 조선측의 小田省吾, 柳正秀 등 학식 있는 전문가로 구성되었다.[10]
그리고 조사에 앞서「고적조사위원회규정」을 마련하였는데 이때 조사대상에 고문
서가 포함되었다.「고적조사위원회규정」의 심의와 보고사항에 대한 것을 규정한
제5조와 6조를 살펴보면 '고문서'에 관한 사항이 명시되어 있다.

〈표 1〉「고적조사위원회규정」[11]

제5조	위원회에서는 좌의 사항을 심사함. 고적 및 유물의 조사에 관한 사항… 4. **고문서**의 조사 및 수집에 관한 사항
제6조	위원회는 고적·유물·**고문서**의 조사 및 유물·**고문서**의 수집과 그 보존에 관한 일반 계획을 작성할 외에 각 연도에 실지조사를 할 계획을 작성하고 전년 말일까지 위원장이 이를 조선총독에게 제출함. …

고적조사위원회는 총독부로부터 고적조사비를 받아 조사·보존·등록·출판 네
가지 사업을 실시하였다. 조사방법은 일반조사, 특별조사, 임시조사로 나뉘었다.
이 중 고문서 조사는 주로 일반조사 방법으로 진행되었다. 일반조사는 한국 전체
에 걸쳐 각 道·郡마다 개괄적으로 유적·유물을 조사하고 그 소재지, 현상, 시대,
성질, 보존의 可否를 조사하여 보고하도록 하였다.

이후 1930년대에 들어 조선총독부의 재정긴축정책과 같은 현실적인 상황으로
인해 조선고적조사사업이 정체되었다. 이에 기존에 조선고적조사사업에 참여한 黑
板勝美는 새로이 공사단체와 유지들로부터 자금을 얻어 조선고적연구회를 설립하
고 조선고적조사를 이어갔다.[12] 결국 1945년까지 조선고적조사사업은 사업의 주
체만 달라졌을 뿐 끊임없이 진행되었다.

2. 조선사편찬사업

조선고적조사사업에서 고문서를「고적조사위원회규정」에 명시하고 조사를 시작

---

9) 朝鮮總督府,『朝鮮古蹟調査報告』: 大正五年度朝鮮古蹟調査報告, 東京: 圖書刊行會, 昭和49[1974], 2~3쪽.

10) 이순자, 앞의 책, 92쪽.

11) 이순자, 앞의 책, 91쪽.

12) 이순자, 앞의 책, 209쪽.

하였지만 고문서를 적극적으로 수집하고 정리하는 작업은 조선사편찬사업에서 수행하였다. 조선총독부는 고기록물이 조선 사회를 원활히 지배하는 데 중요한 자료로 활용될 수 있었기 때문에 고기록물의 수집과 정리를 담당하는 부서를 별도로 정해 작업해 오고 있었다. 역사기록을 수집하고 정리하는 일을 담당한 부서는 조선총독부 소속관서 중에서 취조국, 참사관실, 중추원, 조선사편수회 등이 있다. 이중 취조국에서는 한국 정부 공기록의 이관 및 규장각 도서를 정리하는 작업을 수행하였고 취조국이 폐지된 이후에는 참사관실에서 규장각 기록물 정리작업을 이어갔다. 이 정리작업의 과정에서 조선총독부는 규장각의 기록물뿐만 아니라 민간에서 보존하고 있던 고기록 수집의 중요성을 인식하기 시작하였다. 이는 식민통치를 수행하는 행정기관의 필요에 의한 것으로 고기록물을 수집하고 수집한 기록물을 활용하여 국가적 규모의 역사서를 편찬하는 결과로 나타났다.[13] 따라서 본고에서는 일제강점기 역사서 편찬을 담당했던 중추원, 조선사편찬위원회, 조선사편수회를 통해 고문서 조사과정을 살펴보았다.

1915년 말, 중추원은 『조선반도사』편찬사업을 담당한 부서로 정확한 사료에 근거하여 관민(官民)·일반에게 참고가 될 만한 조선반도사를 편찬할 필요성이 제기되면서 『조선반도사』편찬사업이 시작되었다. 조선총독부는 중추원 이전 취조국과 참사관실에서 실시했던 조선도서 및 고문서의 해제 작업을 통해 얻은 조선의 학문적·문화적 산물의 존재 인식을 기반으로 조선인을 동화시킬 목적이었다.[14] 그리고 동시에 중추원은 조선의 구관 및 제도조사를 담당하고 있었기 때문에 조선반도사 편찬사업은 구관조사사업의 연장선이었다. 그러나 『조선반도사』편찬 작업은 자료가 광범위하게 분포하고 수집하는데 오랜 시간이 걸려 진척되지 못했다.[15]

조선총독부는 1922년에 『조선사』편찬을 새롭게 계획하였다.[16] 1922년 12월 「朝鮮史編纂委員會規程」을 발표하고 한국 역사에 조예가 깊은 한·일 학자를 뽑아 고문·위원 등에 임명하여 조선사편찬위원회를 설립하였다.[17] 중추원은 고유의 업무(구관제도 조사 등)가 있어 방대한 역사 편찬에 부적합하다고 판단해 독자적인 조직을 구성한 것이다. 초대 조선사편찬위원회 위원장으로 임명된 有吉忠一 위원장

---

13) 박성진·이승일, 『조선총독부 공문서』, 역사비평사, 2007, 338쪽.

14) 박성진·이승일, 앞의 책, 340쪽.

15) 왕현종·김경남·이승일·한동민, 『일제의 조선 구관 제도 조사와 기초사료』, 혜안, 278쪽.

16) 왕현종 외, 앞의 책, 278쪽.

17) 이순자, 앞의 책, 143쪽.

은 편찬기간을 10년으로 계획하였다. 최초 3년은 사료 수집에, 다음 5년은 사료 수집과 편찬 기고에, 마지막 2년은 초고 정리에 충당하기로 했다.[18] 그리고 각 관공서가 보관하고 있는 고기록과 문서들은 시간이 지남에 따라 산일될 우려가 있어 현존하는 고기록과 문서들을 보존할 방도를 강구하고 수집 및 보존 대상을 다음의 <표 2>[19]와 같이 구체적으로 정하였다.

〈표 2〉 수집 및 보존 기록의 유형과 종류

유형	수집 및 보존 기록의 종류
量案	量案導行帳, 行審錄, 改量導行帳, 改量正案・續降等陳田正案・馬上草・驛田査案・各樣田査案・許頉陳改量大帳・火田・加耕・査起・還起・陳起 등의 성책류 및 事目 등의 類
戸籍	式年臺帳, 軍案, 僧籍, 賤人案, 戸籍事目 등의 類
題決	所志 등에 관한 제결, 殺獄文案 및 檢題 등의 類
立案	完文, 完議, 立旨, 節目 등의 類
文記	放賣文記, 分財文記, 典當文記 등의 類
徵稅	作夫成冊, 捧稅冊, 灾結成冊, 俵灾成冊, 降結徵收正案, 年分槩狀, 屯土徵收成冊, 上納案, 陳省案, 尺文, 磨勘成冊, 貢案, 進獻 및 進上關係書 등의 類
謄錄	邑事例 등의 類
邑誌	
禮儀	제도상의 器物號牌, 軍器, 樂器, 祭器, 祭服, 軍服, 鍮尺 등의 類
其他	기타 사료가 될 만한 것

고문서 수집에 관한 구체적인 지시사항은 회의를 통해 의논하였다. 예를 들면, 회의참석자가 경기도청으로부터 폐기처분할 고문서류가 있는데 중추원에서 필요한 것이 있는지 여부를 묻는 통지를 받고 조사한 결과 사료가 될 만한 것이 많이 있어서 이를 넘겨받은 적이 있다고 발언하였다, 이것은 식민지 시기 지방관청에서 보관하고 있던 고기록들을 행정적 관점에서 폐기처분하는 행위가 있었음을 보여준다.[20] 이 회의를 계기로 중추원은 1923년 6월 5일에 각 도지사에게 각 관공서와 개인이 보관하고 있는 구기록, 문서에 관한 목록을 양식에 맞추어 보고할 것을 요청했고, 각 도지사들은 10월~12월 사이에 목록을 제출했다.[21]

---

18) 왕현종 외, 앞의 책, 280쪽.

19) 조선총독부, 『朝鮮史編修會 事務報告書』, 대정 14년(1912) 6월.

20) 조선총독부, 「朝鮮史編纂委員會議事錄」, 앞의 책.

21) 조선사편수회・중추원, 『古記錄文書蒐集二關スル件』, 경성, 조선총독부, 대정12[1923].

조선사편찬위원회의 조직은 조선총독부훈령에 근거한 것으로, 직원을 촉탁 신분으로 임용해야 했다. 따라서 직원 처우 개선의 방법을 강구해 사료를 수집할 전문인력을 모으고 修史사업의 원활한 진행을 도모하기 위해서 좀 더 강력한 조직이 필요했다. 이에 따라 조선총독부는 일본정부의 예산을 받아 1925년 6월 6일 칙령 제218호「조선사편수회관제」를 공포하고 조선사편찬위원회를 조선사편수회로 개편하였다. 이로써 조선사편수회 독립관청이 설치되었다.[22]

조선사편수회의 대표적인 고문서 수집활동은 구로이타의 대마도주 가문의 고문서 수집을 들 수 있다. 1923년 7월에 구로이타 고문이 대마도에 사료 채방을 위해 출장 갔을 때 조선과 관련된 문서, 고기록류 등이 대마도주 소우(宗) 백작에게 상당수 있다는 것을 알게 되어 동년 8월경에 柏原 위원을 출장 조사시켰다. 출장조사결과, 조선사 편찬의 참고자료로 필요하다고 판단되어 1926년 예산에서 구입비를 받고 구로이타 고문의 주선으로 1926년 7월 고문서류 67,469매, 고기록류 3,3567책, 고지도류 34매, 고화류 18권 및 53매를 구입했다.[23]

조선사편수회는 각지에서 출장 수집한 사료를 조사·정비하기 위해「複本類作成凡例」를 정해 중요한 사료는 등사하고 복본을 작성해 편찬의 자료로 삼았다. 복본류의 작성 방법[24]은 사료의 성질에 따라 등사, 영사, 촬영, 모사하기로 하고 복본의 종류에 따른 범위, 형식, 방법을 구체적으로 정하였다. 복본류의 명칭은 반드시 원본의 명칭을 따라 정하되, 원본에 명칭이 표시되어 있지 않은 경우에는 적절하게 이름을 붙이도록 했다. 그리고 완성된 복본류에는 사료정리부 주임의 검인을 받도록했다.

<자료 1>[25]은 李舜臣宣武功臣賞勳敎書 일부를 촬영한 유리건판사진이다. 臺紙와 함께 찍혀있어 유리건판사진이 어떻게 관리되었는지 알 수 있다. 대지의 오른쪽 상단에는 '李舜臣贈號職封敎書'라고 명칭이 적혀있고 가운데 촬영날짜를 기록한 검인이 찍혀있다. 검인은 원형으로 중앙에는 '朝鮮史編修會'가 바깥쪽에는 촬영날짜를 적는 란이 새겨져 있다. 이 경우, 촬영날짜는 昭和 3년(1928년) 4월 9일로 표기되어 있다. 그 왼쪽에는 유리건판의 번호를 적는 곳으로 '原板番號第八十九號'라고 적혀 있으며 선무공신상훈교서는 89번째 촬영되었음을 알 수 있다.

---

22) 이순자, 앞의 책, 144~145쪽.

23) 조선사편수회, 『朝鮮史編修會事業槪要』, 1938, 89~90쪽.

24) 조선사편수회, 「複本類作成凡例」, 앞의 책, 94~101쪽.

25) GF 4726 [34-287-42], 국사편찬위원회.

〈자료 1〉 고문서 유리건판의 관리 예시

　사료를 수집할 때 가장 큰 문제는 지방사료를 수집하는 것이었다. 지방사료 차입 방법은 일단 조사원이 먼저 군청을 찾아 관내의 사료 존재유무를 조사하고 군청원을 동반해 사료 소장자와 면담을 통해 사료를 열람, 조사상 목록을 작성하였다. 그리고 차입이 어려울 때 복본을 통해 사료를 수집하였는데 이때 유리건판을 사용하여 복본을 만들었다.

　한편, 고적조사 담당자들은 출장을 마치고 돌아와 출장보고서를 작성하였는데 이것이 復命書다. 복명서는 고적조사위원과 학무국에 소속된 囑託, 技手, 雇員 등의 조사자가 고적의 훼손이나 보존 시설에 대한 시찰 혹은 고적 등록을 위한 출장 조사 뒤에 제출하였다. 일반적으로 '명에 의해 ○○가 ○○부터 ○○까지 ○○를 ○○ 목적으로 조사를 마치고 돌아와 다음과 같이 복명함'이라는 내용이 기재된 문서, 조사 개요, 사진, 도면 등으로 구성되어 있다. 또한 고적의 상태와 학술적 가치, 조사 목적에 따른 보존 여부, 등록 여부에 대한 의견을 제시하기도 했다. <자료 2>는 1924년에 조선사편수회위원인 洪憙(1884~1935)가 태사묘에 소장되어 있던 정광도

교서를 조사하고 작성한 복명서다.[26] 복명서에는 교서의 본문내용이 적혀있다.

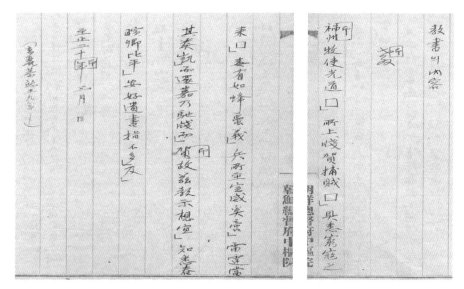

〈자료 2〉 洪憙의 復命書

위와 같은 사료 조사를 기초로 『조선사』 35책이 발간되었다. 그리고 조선사편수회에서 수집한 사료 중에서 가장 중요한 것들을 골라 1934년에 『朝鮮史料叢刊』을 1935년~1936년에는 『朝鮮史料集眞』 3책을 편찬하며 1938년 3월 사업을 종료하였다.

III. 고문서 유리건판사진의 현황과 분석

이어서 국립중앙박물관과 국사편찬위원회에서 보관하고 있는 고문서 유리건판사진의 현황을 살펴보고 일제강점기 고문서 수집의 특징을 고찰하고자 한다. 두 기관 모두 유리건판을 디지털화하여 각각 국립중앙박물관 소장 조선총독부박물관 유리건판 누리집[27]과 한국사데이터베이스 누리집[28]에서 공개하고 있어 공개된 자

---

26) 조선사편수회, 『慶尚北道史料採訪復命書』, 청구기호: KO B17B 9 v.6. 국사편찬위원회 전자도서관(http://library.history.go.kr/index.ax, 2020.4.30.); 川西裕也, 「고려 공민왕대 발급 정광도교서의 재검토 -팍바자 부마고려국왕인의 압인 사례-」, 『사림』 제70호, 2019, 99~124쪽.

27) 국립중앙박물관 소장 조선총독부박물관 유리건판(http://www.museum.go.kr/dryplate/main.do).

28) 한국사데이터베이스 사진유리필름자료(http://db.history.go.kr/item/level.do?itemId=fl).

료를 토대로 고문서 유리건판사진의 현황을 살펴보았다.

현재 국립중앙박물관에서 소장하고 있는 유리건판은 1909년부터 1945년까지 조선총독부박물관에 소장되어 있다가 광복 후 국립중앙박물관으로 일괄 접수된 것이다.29) 고문서 유리건판사진은 314건으로 문서 종류는 140여종이다. 국사편찬위원회의 고문서 유리건판사진은 1916년에 설치된 조선사편찬위원회에서 1937년까지 전국을 대상으로 광범위하게 수집한 결과물로 광복 직후 조선사편수회의 수사관이었던 신석호 등에 의해 국사관(현 국사편찬위원회)30)으로 이관된 것이다.31) 고문서 유리건판사진(근대문서포함)은 1,919건으로 전체 유리필름자료 중 40%를 차지하고 있다.

국립중앙박물관과 국사편찬위원회의 고문서 유리건판사진의 특징은 특정 소재지의 고문서가 집중적으로 수집되었다는 것이다. 국립중앙박물관은 사찰 소재의 고문서가 주로 수집된 반면, 국사편찬위원회는 개인이 소장하고 있는 고문서가 주로 수집되었다. 먼저 국립중앙박물관의 사찰 소재의 고문서 유리건판사진을 살펴보면 다음의 <표 3>과 같다. 유리건판 수는 총 117판으로 문서의 종수는 24점이다.

〈표 3〉 국립중앙박물관 소장 고문서 유리건판 사진 중 사찰문서 목록

연번	사찰이름	문서명	지역	촬영연도
1	보현사	1794년 서산대사화상당명병서	평북 영변	1909
2	화엄사	1662년 善修 교첩	전남 구례	1910
3		1662년 覺性 교첩		
4		승대장군사명송운대선사직첩방함		
5	유점사	1470년 유점사 교서	강원 고성	1912
6	낙산사	1470년 낙산사 교지와 완문	강원 양양	1912
7		1471년 낙산사 교지		
8		내수사 첩문		
9		낙산사 완문		
10	용문사	1457년 용문사 교지	경북 예천	1912

---

29) 이내옥·오영찬·김영민·선유이, 『국립중앙박물관 소장 유리건판 1.궁궐』, 국립중앙박물관, 2007, 266~267쪽.

30) 1946년 3월에 신석호 등의 인사가 조선사편수회 자료를 접수하여 경복궁 집경당에 설치했다. 1949년 3월 대통령령 제417호로 직제가 국사편찬위원회로 개편되었다.

31) 국사편찬위원회는 해방 이후 조선사편수회가 수집한 자료들을 정리하여 1998년에 『사진·유리건판 목록』을 간행하였다. 이어서 2001년에는 사진자료와 유리필름 가운데 대표적인 자료들을 선별하여 『사진·유리필름 화집』을 간행하였다.

연번	사찰이름	문서명	지역	촬영연도
11	송광사	1281년 노비첩	전남 순천	1915 1934
12		**1216년 혜심고신제서**		1938
13		**수선사형지기**		1938
14		**1275년 송광사 티베트문 법지**		1918, 1934
15	해인사	1457년 해인사 교지	경남 합천	1934
16		1465년 해인사 교지		
17		1465년 세조중수미서		
18	대흥사	**1602년 휴정 교지**	전남 해남	1934
19		1788년 휴정 교지		
20		서산대사필첩		
21	상원사	**1464년 오대산상원사중창권선문**	강원 평창	1935
22	수덕사	1805년 수덕사 법당오중수단청기	충남 예산	·
23	정도사지	**1031년 정도사지 오층석탑 조성형지기**	경북 칠곡	1923, 1938
24	성불사	1327년 成佛寺堂主無量壽鑄成願文	황해 황주	·

24점 중 10점이 현재까지 전하고 있으며 대부분 문화재로 지정되어 있다(<표 3>의 굵은 글씨). 원고문서의 시기는 고려시대에서 조선초기에 해당하는 문서가 대부분이고 전각이 오래되어 헌 것을 손질하여 고친 상황을 기록한 중수기와 국왕에게 받은 교지와 교첩 등 해당 사찰의 연혁을 알 수 있는 고문서를 수집하였음을 알 수 있다.

촬영된 시기는 세키노 타다시를 중심으로 고적조사를 실시한 시기(1909년~1915년)와 조선고적연구회에서 조사를 주도한 시기(1931년~1945년)에 주로 촬영되었다. 이는 1909년 통감부의 고건축물 조사를 위탁받은 세키노 타다시가 전국에 있는 사찰을 돌아다니면서 조사한 결과로 보인다. 이후 1931년부터 1945년까지 촬영된 사찰문서는 조선고적연구회에서 주도한 고적조사사업을 통해 생산된 것으로 이때 촬영한 사찰은 송광사, 해인사, 대흥사, 상원사, 정도사지이다. 송광사의 경우 1281년 노비첩, 1216년 혜심고신제서, 수선사형지기, 1275년 송광사 티베트문 법지 4점을 반복해서 촬영하였다. 촬영된 4점 모두 문화재로 지정되어 보존되고 있을 만큼 그 가치를 인정받고 있는데 촬영 당시에도 중요한 사료로 인식하고 있었음을 알 수 있다.

국사편찬위원회의 고문서 유리건판사진은 소재지 또는 소장처가 개인인 경우가 629점으로 누리집에서 공개하고 있는 고문서 유리건판사진의 절반 이상을 차지한다. 이는 조선사편수회의 사료 조사 방식과 관련이 있다. 일반적으로 조선사편수회 조사부 소속 조사원이 직접 출장을 가서 사료를 조사하고 차입하는 방식이나 차입이 거부당할 경우, 사료의 복본을 위해 사진 촬영을 하였다. 조선사편수회가 민간소장 고문헌을 조사할 당시에는 빌려준 사료를 되돌려 받지 못할 수도 있다는 불신이 팽배했고 선조의 행적과 필적을 감히 집 밖으로 내보낼 수 없다는 門外不出의 태도를 가지고 있었기 때문에 차입이 어려운 상황이었다.[32] 따라서 민간소재의 고문서를 될 수 있는 대로 촬영하고자 사진 촬영이 가능한 정비부 소속 직원이 직접 출장을 갔다. 예를 들어, 당시 이순신 종가는 이순신 관련 사료 차입을 거부하여[33] 조선사편수회에서 직접 사진촬영 장비를 들고 아산으로 내려가 관련 사료를 촬영하였다.[34] 사료 조사를 위해 한 지역으로 가면 그 지역에서 적게는 한 장, 많게는 70여 건의 고문서를 조사하며 촬영하였다. 아래의 <표 4>는 촬영된 고문서 수가 많은 소장자를 정리한 것이다.

〈표 4〉 소재지별 고문서 수와 촬영연도

소장자	수량	촬영연도
경북(김태진)	75	1930
경북(조은묵)	69	·
경남(박재화)	60	1931
경성(박영철)	45	1932, 1933, 1935
전북(이용대)	45	·

경북의 김태진(75점), 경북의 조은묵(69점), 경남의 박재화(60점), 경성의 박영철(45점)이 다른 소장자에 비해 많은 고문서가 촬영되었다. 김태진 소장자의 고령군 쌍동면 합가동 지역은 조선 중엽 무오사화 때 화를 입은 영남 사림학파의 종조 점필재 김종직 후손의 세거지다. 이곳에서 김종직 교지와 녹패, 첩, 사패전답기, 시권, 간찰 등 김종직과 그의 후손들이 남긴 다양한 종류의 고문서가 촬영되었다.

경북 김천군의 조은묵은 창녕 조씨 가문으로 조선 전기의 문신이자 학자인 曺偉(1454~1503)와 그의 후손인 曺胤禧 등 선조들부터 내려온 가문의 고문서뿐만 아

32) 中村榮孝,「朝鮮史の編修と朝鮮史料の蒐集」,『日鮮關係史の研究卷下』, 1969, 653~706쪽.

33) 中村榮孝, 앞의 논문, 653~706쪽.

34) 민선유,「조선사편수회 유리건판 사료 연구」, 서울: 숙명여자대학교 대학원, 2019, 38쪽.

니라 본인 대에 생산된 고문서까지 여러 세대를 아우르는 고문서가 촬영되었다. 경남 진주군 내동면의 박재화 소장 고문서는 朴安邦, 朴敏(1566~1630) 등의 추증교지와 朴昌潤(1658~1721) 고신, 朴泰茂(1677~1756)의 추증교지 등이 촬영되었다. 전북의 이용대 소장 고문서는 李縡(1680~1746)의 간찰을 중심으로 촬영되었다. 이재는 대사헌, 이조참판, 대제학 등을 역임한 대표적인 조선 후기 문신으로 촬영된 고문서는 이재가 쓴 간찰 6점과 조선 후기의 문인 俞拓基(1691~1767)의 간찰 등이다.

경성의 고문서 소장자 박영철은 일제강점기 중추원 참의를 역임한 관료로 근대 고미술품 수장가이기도 하다. 촬영한 고문서는 조선 전기 학자 金守溫(1409~1481)의 허여문기, 조선 전기의 문신 金宗瑞(1390~1453)가 그의 아들 承珪에게 보낸 간찰 등 조선 전기 고문서를 비롯하여 李貴(1557~1633), 李景奭(1595~1671) 등 16세기 문인들의 간찰 등이 촬영되었다. 이 밖에도 개인 소장의 고문서는 국내 소장자뿐만 아니라 해외에 있는 소장자의 고문서도 촬영되었다. 대표적인 소장가로 금석학자이자 서화 수집가인 뤄순 羅振玉(1866~1940), 일본의 每日新聞의 사장 本山彦一(1853~1932) 등이 있다.[35]

IV. 고문서 유리건판사진의 학술적 활용

고문서 유리건판사진의 사료적 가치는 현전하는 문서와 비교하고 전래론적 관점에서 연구할 수 있다는 점과 실물을 직접 볼 수 없는 북한 소재의 고문서나 현전하지 않는 고문서를 연구할 수 있다는 점에 있다.[36] 이처럼 현전문서와 그 문서의 유리건판사진의 비교를 통해 현전 문서에 대한 고찰이 가능하다. 이에 고문서 유리건판사진의 사료적 가치를 고찰하는데 의의를 두고 국립중앙박물관과 국사편찬위원회 소장 고문서 유리건판사진 중 일부를 선별하여 살펴보았다. 선별한 문서는 유리건판사진으로만 확인되는 사례로 '1669년 淑敬公主 賜牌敎旨'와 '1507년 掌隷院 假立案' 그리고 일제강점기 북한 소재의 '북청 서원온씨・청해이씨 호구단자'이다.

---

35) 해외 소장자 별 고문서 목록은 원혜진의 연구(『고문서 유리건판사진의 현황과 활용 연구』, 2020)에서 볼 수 있다.

36) 예를 들어, 카와니시 유야는 그의 연구에서 1915년에 촬영한 정광도교서 유리건판사진을 활용하여 현전하는 문서의 진위와 전래경위를 다룬 바 있다(카와니시 유야(川西 裕也), 앞의 논문).

먼저 '1669년 숙경공주 사패교지'는 숙경공주에게 京中巡廳과 刑曹, 都摠府 등에 예속된 관노비 55구를 특별히 상으로 내려 永世토록 전하도록 한 내용의 교지이다. 국왕이 공주에게 내린 사패는 흔하지 않은 사례로 문서 끝에는 문서가 발급된 시기와 그 위에 施命之寶가 안보되어 있다. 유리건판사진은 다섯 부분으로 나뉘어져 있다. 이 문서의 크기가 105.0×82.0cm으로 크기 때문에 나눠서 촬영한 것으로 보인다. 이 문서는 현재 소장처가 불분명하여 유리건판사진으로만 문서를 확인할 수 있다.

〈자료 3〉 1669년 숙경공주 사패교지[37]

〈자료 4〉 1669년 숙경공주 사패교지의 施命之寶

1664년(현종 5)에 현종은 다섯 번째 딸 숙경공주의 집을 짓는 곳으로 到防軍을 동원하여 부역을 명하였는데 이에 대해 승지 이원정은 非法이라고 반대하였다. 하

---

37) GF 3894 [28-292-08]; GF 3895 [28-292-09], GF 3896 [28-292-10], GF3897 [28-292-11], GF 3898 [28-292-12], 국사편찬위원회. 5건의 유리건판사진으로 분할되어 있던 것을 이어붙힌 것이다.

지만 현종은 이를 받아들이지 않고 숙경공주의 저택공사를 진행하였다.[38] 숙경공주의 저택 공사가 끝나고 난 뒤 1665년에는 부교리 김석주가 토목공사의 폐단을 주장하였으나 오히려 현종은 1670년 숙경공주의 저택을 새로 지으라고 명하여 좌의정 허적이 숙경공주 저택의 건축을 중지할 것을 요청한다.[39] 이러한 숙경공주 저택공사를 둘러싼 정치적 배경 속에서 1669년 현종이 숙경공주에게 내린 사패교지를 통해 현종이 숙경공주를 많이 아꼈음을 알 수 있다. 그리고 국왕이 공주에게 내린 사패교지 사례는 흔치 않아[40] 중요한 사료라 생각된다.

다음으로 '1507년 장예원 가입안'은 장예원에서 발급한 문서로 촬영 당시 소장자는 전라남도 장흥군 白元善으로 확인되나[41] 현재 소재는 불분명하다. 1507년 장예원 가입안은 중종반정 이후 장예원에서 靖國三等功臣 白壽長에게 내려준 것으로, 왕명에 따라 공신에게 내려줄 노비에 대한 賜牌를 발급하기 이전에 노비, 功臣奴婢 8구, 丘史 3구, 奉足 6구에 대해 임시로 입안을 발급해 준 것이다. 문서를 살펴보면, 시면에 발급날짜와 '掌隸院假立案'이 적혀있고, 기두어는 '右立案爲節承傳內……假立案成給'으로 임금의 뜻을 받들어 입안을 발급한다고 되어있다. 당상의 착압 뒤엔 구체적으로 공신이 받을 노비와 구사, 봉족이 후록되어 있다.

〈자료 5〉 1507년 장예원 가입안[42]

---

38) 『현종실록』 8권, 현종 5년 6월 24일 을묘 2번째기사.

39) 『현종실록』 11권, 현종 6년 10월 23일 을해 3번째기사; 『현종실록』 18권, 현종 11년 8월 21일 을사 1번째기사.

40) 국왕이 왕자에게 내린 사패교지의 예는 1632년 봉림대군(鳳林大君) 사패교지(賜牌教旨), 1717년 연잉군(延礽君) 노비사패교지(奴婢賜牌教旨) 등이 있다.

41) 조선사편수회, 『朝鮮史料集眞 續』 2, 1937, 36쪽.

가입안이 발급된 이유는 문서의 앞부분에서 알 수 있다. 문서 내용의 앞부분에는 '靖國功臣自聖奴婢乙良 賜牌未成間 靖難功臣例 先假立案成給'라고 하여 '정국공신에게 사패를 내려야 하는데 그 작업이 아직 이루어지지 않아 정난공신43)때의 선례에 따라 가입안을 먼저 성급한다'고 기록되어 있다. 이를 통해 정국공신으로 녹훈된 자들 중 일부 공신들이 백수장과 같이 공증의 효력이 있는 입안의 형식을 빌려 사패를 받기에 앞서 받았고, 정난공신 때에도 장예원에서 가입안을 내려준 일이 이미 있었음을 알 수 있다.

마지막으로 일제강점기 북한 소재의 고문서 사례로 '북청 서원온씨·청해이씨 호구단자'는 한반도 북부 지역 호구단자와 준호구의 특징을 살펴볼 수 있다. 조선왕조에서는 수시로 호적 제도를 정비하고 식년마다 호적사목을 반포하여 구체적인 조항을 마련하는 등 일률적으로 成籍을 실시한 반면, 호구단자와 준호구는 각 읍의 제반 사정으로 인하여 투식이나 형태 및 작성 과정 등에서 서로 다른 점들이 드러나기 때문에 기재 양식이나 확인 방식 등에서 지역별 특징이 나타난다.44)

18세기 중후반에 들어서면 호구단자와 준호구는 각각의 투식과 양식을 가진 개별 문서로 작성되어 오다가 호수가 작성하여 제출한 호구단자 1장에 곧바로 성첩을 해주는 방식이 등장한다. 이러한 작성변화 시기는 지역마다 달라 지역별 사례연구가 중요한 의의를 갖는다. 서원온씨 호구단자는 시기적으로 18세기에서 19세기, 청해이씨 호구단자는 17세기 초에서 19세기 초의 문서로 서원온씨와 청해이씨 호구단자를 통해 북청지역 호구단자의 작성변화를 알 수 있다.

북청 서원온씨의 호구단자는 총 11점으로 작성 시기는 1747~1837년이다. 서원온씨 호구단자가 작성된 형식을 보면 준호구의 투식으로 작성되어 있다. 문두에 발급 연월일과 발급 군·현을 기록하고 '考(干支)成籍戶口帳內……'로 시작하여 준호구의 양식을 따르고 있다.

---

42) GF 0483 [04-36-07], 국사편찬위원회.

43) 정난공신은 1453년(단종 1)에 세조가 반대 세력인 황보인·김종서 등 원로대신과 종친인 안평대군을 제거하는 데 공을 세운 사람에게 내린 칭호이다.

44) 문현주, 「조선후기 한성부에서의 戶口單子·準戶口 작성 과정에 관한 再考」, 『고문서연구』 제42호, 2013, 85쪽.

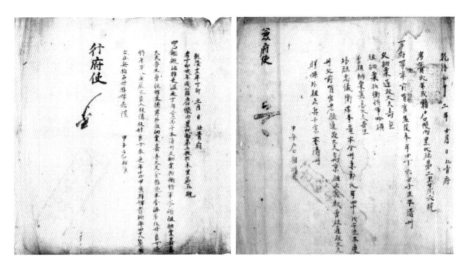

〈자료 6〉 1747년 溫水丁 호구단자(좌) · 1777년 溫俊奉 호구단자(우)45)

<자료 6>의 1777년 溫俊奉 호구단자를 보면, 시면과 기두어 및 결사가 "乾隆四十二年 十一月 日 北靑府, 考丁酉式年成籍戶口帳內,…… 甲午戶口相準"으로 준호구의 투식을 그대로 사용하였고 周挾改字印이 찍혀 있다. 내용의 말미에는 호적의 내용을 옮겼음을 반증하는 '甲午戶口相準'이 적혀 있다. '갑오'는 이전 식년인 1774년으로 1777년 호구단자의 내용을 1774년에 작성된 호적과 비교하여 확인하였음을 의미한다. 그러나 列書로 되어있고 관인이 1개만 있는 것으로 보아 호구단자의 특징도 같이 나타난다.46) 또 다른 서원온씨 호구단자의 작성방식 변화는 열서에서 連書로의 변화이다. 1747년부터 1771년까지의 호구단자에서는 모두 연서로 내용을 작성하였는데 1777년부터는 열서하였다.

청해이씨의 호구단자는 총 11점으로 작성시기는 17세기 초부터 19세기까지 광범위하다. 청해이씨 호구단자의 시기별 작성방식은 앞서 살펴본 서원온씨 호구단자의 작성방식과 비슷한 양상을 보인다.

---

45) 국사편찬위원회, GF 1626 [13-125-11]; GF 1621 [13-125-06].

46) 호구단자와 준호구를 분별하기 위한 기준은 최승희의 연구에(「호구단자와 준호구에 대하여」, 『규장각』 7, 서울대학교 규장각한국연구원, 1983, 99쪽) 나와있다. 이에 따르면, ① 호구단자식에 의한 것, ② 기재사항을 열서한 것, ③ 기재 내용에 비해 용지가 넓은 것, ④ 관인이 없거나 1개만 있는 것, ⑤ 호 내의 살아있는 사람의 기재위에 주점이나 묵점을 찍은 것, ⑥ 호 내의 인구수 또는 남녀 인구수를 문서 하단 여백에 기재한 것, ⑦ 통·호수를 뒤에 써넣은 것 가운데 한두 가지만 부합되면 호구단자로 볼 수 있다고 하였다.

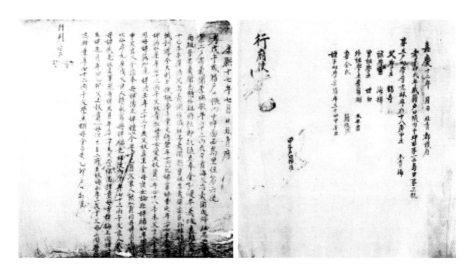

〈자료 7〉 1678년 李興敏 호구단자(좌)·1807년 李光林 호구단자(우)[47]

　　<자료 7>의 1678년 李興敏 호구단자를 보면, 시면과 기두어 및 결사가 '乾隆十二年丁卯 十一月 日 北青府', '考丁卯式年成籍戶口帳內 星代面…', '甲子戶口相準'으로 준호구 형식이다. 그리고 서원온씨 호구단자의 경우와 마찬가지로 청해이씨 호구단자 또한 연서와 열서로 변화가 나타난다. 1807년 李光林 호구단자 이전에는 연서로 내용을 작성하다가 1795년 호구단자부터는 작성내용을 열서하였다. 북청 지역은 호구단자를 작성할 때 1771년과 1777년 사이에 연서에서 열서로 작성방식이 변화하였음을 알 수 있다.

〈자료 8〉 1607년 李元輔 호구단자[48]

---

47) 국사편찬위원회, GF 1668 [13-128-09]; GF 0096 [01-07-01].
48) GF 0652 [06-59-13], 국사편찬위원회.

1607년 李元輔 호구단자 또한 호구단자와 준호구의 특성이 동시에 나타난다. <자료 8>의 1607년 李元輔 호구단자의 시면과 기두어는 '北靑府南面中坪社里住內午式年戶口准給', '戶忠義衛李元輔年丁酉生…'이고 마지막에는 '萬曆三十五年八月日'로 전형적인 호구단자의 형식이다. 그런데 문서의 좌측 하단에 문서작성에 참여한 사람을 확인할 수 있는 '唱色과 准色, 監考 李永春'이 기재되어 있고 주협개자인이 찍혀 있는데, 이는 준호구의 작성방식이다. 이 문서의 또 다른 특징은 시면이 '准給'으로 끝난다는 점이다. '准給'은 준호구의 결사부분에서 '…等准給者'라는 투식으로 많이 나타나는데, 1607년 이원보 호구단자에서는 문서의 앞부분에 '…准給'이라고 되어 있다. 호구단자와 준호구에서 볼 수 있는 투식과 특징들이 동시에 나타나고 있는 것이다.

V. 맺음말

20세기 전반에 다량의 고문서 유리건판사진이 형성되었던 것은 조선 통치를 원활히 하기위한 조선총독부의 조선고적조사사업과 조선사편찬사업의 결과였다. 두 사업 가운데 진행된 고문서 수집과 정리 작업은 사업의 규모가 커짐에 따라 주체가 바뀌었을 뿐 1945년까지 지속되었다. 이때 조사된 고문서의 복본이라 할 수 있는 고문서 유리건판사진은 조선총독부박물관과 독립관청인 조선사편수회에서 관리했고, 광복 후 각각 국립중앙박물관과 국사편찬위원회로 이관되어 보존·관리되었다. 현재는 디지털화 작업을 거쳐 누리집 공개에 이르렀다.

최근 디지털화된 고문서 유리건판사진을 조사하여 당시 소재지별로 분석한 결과, 고건축물 중심의 조선고적조사사업은 사찰 소재의 고문서를 많이 조사하였고, 조선사편찬사업은 전국 또는 해외를 다니면서 개인이 소장하고 있는 고문서를 위주로 조사하였음을 알 수 있었다. 현황 분석에서 나아가 본고는 고문서 유리건판사진으로만 확인 가능한 문서를 선별하여 고문서 유리건판사진의 사료적 가치를 고찰하였다. 다만, 다양한 고문서 사례를 다루지 못한 한계가 있어 계속해서 연구를 이어가야한다고 생각한다.

발문(跋文)

『한국 고문서학 논총』 1 간행을 기념하며

석사, 박사 학위논문을 만들어내는 과정은 여러 단계의 화학적, 물리적 결합을 반복하는 전통 한지의 제조공정과 많은 부분이 닮아있다. 잘 알려져 있듯이 전통 한지의 생성은 수소결합이라는 화학적 반응을 반드시 거치면서 이루어진다. 첨가재료와 생산지역에 따라 매우 다양한 명칭이 있으며, 경우에 따라서는 건조된 이후에도 도침이라는 과정을 한 번 더 거치면서 더욱 밀도가 높고 윤이 나는 고급종이가 된다. 밤낮을 잊고 대학원 연구과제와 논문을 만들어내는 과정은 여러 단계의 화학적, 물리적 결합을 반복하는 한지의 제조공정과 유사한 부분이 많은 것이다.

이번에 간행되는 『한국 고문서학 논총』 1은 문서 제도 및 양식론, 역사 및 문서 관리론 등 다양한 쓰임새와 목적을 지닌 좋은 한지로 탄생된 것들로 한국학중앙연구원 한국학대학원 고문헌관리학 전공에 진학하여 연구자로서 첫 발을 내딛은 고문서학자들의 성과다. 한국학중앙연구원 고문헌관리학 전공은 영산 박병호 교수님과 전경목, 박성호 교수님의 지도로 석사, 박사학위 논문을 준비하고 그 결과를 착실히 만들어내고 있다. 졸업생과 재학생수도 점점 늘어나서 2000년도 1기 이후부터 2021년도에 22기 석사과정 신입생까지 포함하면 120여명에 이른다. 학생들의 학부 전공배경도 문·사·철(文·史·哲) 전 영역에 걸친 역사학, 철학, 국문학, 한문학, 중문학, 일문학, 국어학, 문헌정보학, 법학, 문화재관리학, 불교학, 지리학 등 매우 다양해서 고문헌을 중심으로 한 한국학의 실질적 융합과 교류는 이곳에서 이루어진다고 해도 과언이 아니다. 앞으로도 이러한 성과가 차곡차곡 쌓여 한국 고문서학 분야의 중요한 토대가 될 것이라 생각한다.

부록으로 수록된 고문헌관리학 전공 학위논문 목록을 살펴보면 그 동안 교수님의 가르침과 함께 어우러진 선후배간의 교류와 격려, 그리고 자신과의 싸움을 극복하면서 만들어낸 결과물들이 얼마나 많고 다양한 주제였는지 그 수량과 체계성이 돋보이는 논제만으로도 충분히 감동적이다. 여러 가지 어려운 사정에도 불구하고 놀랄만한 성과를 함께 이루어낸 우리의 노력에 큰 박수를 보내고 싶다.

이러한 성장을 이루기까지 망백(望百)의 연세에도 불구하고 20여년을 한결같이 가르침을 주시는 영산 박병호 교수님의 은혜는 말로 다 표현할 수 없다.

그리고 올해 정년을 맞이한 전경목 교수님의 은덕은 우리들 마음 속 깊이 자리 잡고 있다. 2005년 가을 전공 답사모임에서 전경목 교수님께서는 나에게 우리 학생들의 성장을 위해서 교수생활을 바치고 싶다고 말씀하신 적이 있다. 말씀 그대로 실천하셨고 지금도 그 기조는 흔들림 없이 이어지고 있다. 교수님은 정작 자신이 한지 만드는 장인으로서 좋은 종이를 생산하는 장인 만들기를 주저하지 않았고, 많은 제자들의 연구는 쓰임새 많은 한지가 되어 학계에 기여할 수 있게 된 것이다. 그렇게 한결같이 달려오다 보니 세월이 유수처럼 흘러 전 교수님은 어느덧 정년을 맞이하게 되었다. 20년 가까운 기간 동안 교수님과 함께 식사를 하고 차를 마시며 많은 대화를 나누었지만 교수님께 귀 기울여 들어야할 지혜로운 이야기는 아직도 많이 남아있는데, 곁에 계시지 않아 수시로 찾아뵙고 듣지 못하는 것이 너무나도 아쉽다. 전 교수님은 새로운 고문서 연구의 영역 개척으로 미시사(微視史)로 살펴보는 고문서학 연구에 대한 자리매김을 천명하고 이 주제에 대한 연구를 지속적으로 추진해 왔다. 교수님의 건강이 잘 유지되어 좋은 연구가 지속되고, 그 추세가 후학들에게도 이어지기를 희망한다.

　코로나19의 창궐로 유난히도 길고 힘들게 느껴지던 기간이어서인지 다가올 평범한 일상을 기다리는 마음이 그 어느 때보다도 간절하다. 갑갑하게 느꼈던 코로나의 기억이 흐릿할 때 즈음이면 23기 신입생이 입학할 것이다. 한걸음씩 더 나아가는 영산고문헌연구회의 발전과 우리 전공의 밝은 미래를 위해서 도움을 주시는 여러 선생님들께 깊이 감사를 드리며, 우리 전공이 더욱 많은 성과를 내어 학계에 이바지할 수 있도록 힘껏 도와주시기를 부탁드린다. 또한 『한국 고문서학 논총』 1의 발간이 그간 선생님의 은덕을 기리는 작은 결실 중에 하나가 될 수 있기를 진심으로 바란다.

2021년 5월
고문헌관리학 전공 교수 옥영정

부록: 고문헌관리학 전공 학위논문 목록(석사 및 박사학위 취득 연도순)

박준호, 韓國 古文書의 署名 形式에 관한 研究, 박사학위논문, 2004.02.
김봉좌, 朝鮮時代 坊刻本 諺簡牘 研究, 석사학위논문, 2004.02.

김혁, 조선시대 完文에 관한 研究, 박사학위논문, 2005.02.
손계영, 朝鮮時代 文書紙 研究, 박사학위논문, 2005.02.
최연숙, 朝鮮時代 立案에 관한 研究, 박사학위논문, 20 05.02.
김효경, 朝鮮時代 簡札 書式 研究, 박사학위논문, 2005.08.

이선홍, 朝鮮時代 對中國 外交文書 研究, 박사학위논문, 2006.02.
조계영, 朝鮮王室 奉安 書册의 粧䌙과 保存 研究 -『璿源系譜紀略』과 『國祖寶鑑』을 중심
　　　으로-, 박사학위논문, 2006.06.

김건우, 韓國 近代 公文書의 形成과 變化에 관한 研究, 박사학위논문, 2007.02.
심영환, 朝鮮時代 古文書의 草書體 研究, 박사학위논문, 2007.02.

김은미, 朝鮮時代 文書 僞造에 관한 研究, 박사학위논문, 2008.02.
송철호, 조선시대 帖 연구, 석사학위논문, 2008.02.
윤인수, 朝鮮時代 甘結研究, 석사학위논문, 2008.02.
장을연, 朝鮮時代 王世子 册封文書 研究 -竹册의 作成節次를 中心으로-, 석사학위논문,
　　　2008.02.

김은슬, 『閒情錄』의 引用文獻 研究, 석사학위논문, 2009.02.
김정미, 朝鮮時代 撰集廳·纂修廳 研究, 석사학위논문, 2009.02.
김지연, 『欽英』에 나타난 兪晩柱의 독서생활과 서지학적 성과, 석사학위논문, 2009.02.
노인환, 조선시대 諭書 연구, 석사학위논문, 2009.02.
문현주, 조선시대 戶口單子의 작성에 관한 연구, 석사학위논문, 2009.02.

명경일, 조선시대 啓目 연구, 석사학위논문, 2010.02.
문보미, 조선시대 關에 대한 연구, 석사학위논문, 2010.02.
정대영, 藏書閣 所藏 古地圖의 書誌學的 研究, 석사학위논문, 2010.02.

김봉좌, 조선시대 유교의례 관련 한글문헌 연구, 박사학위논문, 2011.02.
전영근, 朝鮮時代 寺刹文書 研究, 박사학위논문, 2011.02.
이유리, 17세기 일본 간행 조선본 연구, 석사학위논문, 2011.02.
이혜정, 장서각 소장 일본 고서의 서지적 분석, 석사학위논문, 2011.02.
조창은, 고문서를 통해서 본 윤선도의 경제활동 -토지증식의 사례를 중심으로-, 석사학위논
　　　문, 2011.02.

박성호, 朝鮮初期 王命文書 研究 -經國大典體制 成立까지를 中心으로-, 박사학위논문,
　　　2012.02.
김완호, 조선시대 牒呈 연구, 석사학위논문, 2012.02.
박형우, 朝鮮後期 玉泉寺의 御覽紙 製紙 研究, 석사학위논문, 2012.02.
이상백, 『佛祖三經』의 간행과 판본에 관한 서지학적 연구, 석사학위논문, 2012.02.
한희진, 조선후기 箋文 연구 -賀箋을 중심으로-, 석사학위논문, 2012.02.
김소희, 중국본 『史記』·『漢書』의 조선 유입과 編刊에 관한 연구, 박사학위논문, 2012.08.

김성갑, 朝鮮時代 明文에 관한 文書學的 研究, 박사학위논문, 2013.02.
권석창, 朝鮮時代 辨誣錄 研究, 석사학위논문, 2013.02.
김한아름, 朝鮮後期 尺文 研究 -京司 發給 尺文의 板式과 行移를 중심으로-, 석사학위논
　　　문, 2013.02.
유미영, 開化期 中央機構 刊行物의 印刷方式 變化 研究, 석사학위논문, 2013.02.
이상현, 佔畢齋 金宗直 宗家古文書 研究, 석사학위논문, 2013.02.
조정곤, 고문서를 통해 본 海南 老松亭 金海金氏 문중 연구, 석사학위논문, 2013.02.
김동석, 朝鮮時代 試券 研究, 박사학위논문, 2013.08.
문현주, 조선후기 戶口文書의 작성 과정 연구, 박사학위논문, 2013.08.
채현경, 조선후기 土地賣買明文의 보존관리와 교부방식 연구 -호남지역 고문서를 중심으로-,
　　　박사학위논문, 2013.08.
이윤나, 19세기 南公轍의 著述 및 書籍 刊行 活動, 석사학위논문, 2013.08.

조미은, 朝鮮時代 王世子文書 研究, 박사학위논문, 2014.02.
노인환, 朝鮮時代 敎書 研究, 박사학위논문, 2014.08.
유지영, 朝鮮時代 任命文書 研究, 박사학위논문, 2014.08.
임영현, 조선시대 祿牌 연구, 석사학위논문, 2014.08.

김정미, 朝鮮時代 史庫形止案 研究, 박사학위논문, 2015.02.
김명화, 南原 朔寧崔氏 宗稧 문서 연구, 석사학위논문, 2015.02.
김민현, 조선시대 陸宣公奏議의 受容과 刊行에 대한 研究, 석사학위논문, 2015.02.
홍란영, 조선전기 『新編婦人大全良方』 간행과 醫學全書 婦人科의 항목 변화 연구, 석사학
　　　위논문, 2015.02.
김향숙, 畿湖士林 禮書의 書誌的 研究, 박사학위논문, 2015.08.

전민영, 巨濟 舊助羅里 古文書를 통한 마을의 運營 硏究, 석사학위논문, 2015.08.

김방울, 朝鮮時代 觀音信仰 關聯 佛書 刊行 硏究, 박사학위논문, 2016.02.
장을연, 朝鮮時代 冊文 硏究, 박사학위논문, 2016.02.
박경수, 조선시대 傳令 文書 연구, 석사학위논문, 2016.02.
염효원, 조선시대 고문서 非文字情報의 분석 및 전자정보화 방법 연구, 석사학위논문, 2016.02.
조광현, 朝鮮後期 褒貶文書 硏究, 석사학위논문, 2016.02.
진인성, 조선후기 冊紙에 관한 연구, 석사학위논문, 2016.02.
최문주, 조선시대 武經七書 도입과 활용에 관한 硏究, 석사학위논문, 2016.02.
송철호, 조선시대 공무여행문서 연구, 박사학위논문, 2016.08.
정현진, 대한제국기 地方官衙의 문서행정실태와 내용 -홍주 관아 문서를 중심으로-, 석사학위논문, 2016.08.

문보미, 正祖의 御製統治文書 硏究, 박사학위논문, 2017.02.
권이선, 조선시대 決訟立案 연구, 석사학위논문, 2017.02.
김영철, 조선후기 私養山의 松田經營과 葛藤樣相 硏究 -靈光 寧越辛氏家 소장 고문서를 중심으로-, 석사학위논문, 2017.02.
김유미, 조선시대 『尙書』의 수용과 간행 연구, 석사학위논문, 2017.02.
이은진, 朝鮮後期 宮房 手本 硏究, 석사학위논문, 2017.02.

김희연, 『內閣訪書錄』의 문헌학적 연구, 석사학위논문, 2018.02.
나현민, 조선후기 영양향교 노비·전답 마련과 관리 -영양향교 소장 고문서를 중심으로-, 석사학위논문, 2018.02.
박준영, 朝鮮後期 對淸 賀表 硏究, 석사학위논문, 2018.02.
박철민, 『經書正音』의 文獻學的 硏究, 석사학위논문, 2018.02.
박하늘, 조선시대 斜給立案 연구, 석사학위논문, 2018.02.
손수민, 조선후기 공신자손의 예우와 위상에 대한 연구 -奮武功臣 朴東亨宗家 고문서를 중심으로-, 석사학위논문, 2018.02.
이다희, 조선시대 所志單子 연구, 석사학위논문, 2018.02.
이명종, 조선후기 貢人權 權原 증명에 대한 연구, 석사학위논문, 2018.02.
임윤수, 16·17세기 충청도 서산지역 사찰의 목판 제작에 관한 연구 -開心寺·普願寺·伽倻寺를 중심으로-, 석사학위논문, 2018.02.
묘개열, 조선에 전래된 武英殿聚珍版書의 서지적 분석, 석사학위논문, 2018.08.
이은영, 조선후기 狀啓 사례를 통한 기록관리 연구, 석사학위논문, 2018.08.

김명화, 朝鮮後期 忠勳府 文書 硏究 -功臣子孫 관련 文書를 중심으로-, 박사학위논문, 2019.02.
이혜정, 集玉齋書籍目錄 연구, 박사학위논문, 2019.02.

김단일, 17세기 조선의『大方廣佛華嚴經疏』간행과 승려 문파의 상관성 -삭녕 용복사와 순천 송광사 간행본을 중심으로-, 석사학위논문, 2019.02.

김대경, 조선후기『皇明通紀輯要』의 간행과 유통, 석사학위논문, 2019.02.

김병구, 조선후기 筵席에서의 왕명 시행 체제 연구 -擧行條件을 중심으로-, 석사학위논문, 2019.02.

송지혜, 조선후기 王子家門과 지역민의 山訟 연구 -公州 全州李氏 崇善君派 사례를 중심으로-, 석사학위논문, 2019.02.

오유경, 17세기 四大家文抄의 간행에 대한 서지학적 분석, 석사학위논문, 2019.02.

이유리, 17세기 일본 간행 조선본 성리학서의 서지적 연구, 박사학위논문, 2019.08.

조광현, 조선후기 암행어사 문서 연구 -암행어사의 직무수행과 민원처리를 중심으로-, 박사학위논문, 2019.08.

정대영, 조선후기 邑誌의 편찬과정과 지식인의 인식, 박사학위논문, 2020.02.

조정곤, 조선후기 제주지역 재산 형성 연구 -於道里 晉州姜氏家의 고문서를 중심으로-, 박사학위논문, 2020.02.

권유정, 조선시대 추증 제도와 문서 연구, 석사학위논문, 2020.02.

남은별, 조선후기 狀분쟁 연구 -고문서 사례를 중심으로-, 석사학위논문, 2020.02.

백성아, 明朝 誥命·勅命과 朝鮮 前期 王命文書 比較 硏究, 석사학위논문, 2020.02.

백성원, 조선시대 印譜의 서지학적 연구, 석사학위논문, 2020.02.

한상민, 조선후기 실록청의궤 제작 연구, 석사학위논문, 2020.02.

박형우, 魯西遺稿 수록 尹宣擧 簡札 연구 -원본 간찰과 노서유고 수록 간찰 비교-, 박사학위논문, 2020.08.

이상현, 조선시대 호남 의병가문의 서적 간행연구, 박사학위논문, 2020.08.

이은진, 조선후기 龍洞宮 문서 연구, 박사학위논문, 2020.08.

임영현, 조선 후기 通信使行 문서 연구, 박사학위논문, 2020.08.

원혜진, 고문서 유리건판사진의 현황과 활용 연구, 석사학위논문, 2020.08.

김은슬, 조선에 유입된 중국 총서의 서지학적 연구, 박사학위논문, 2021.02.

이상백, 조선 후기 사찰의 불서 간행 연구, 박사학위논문, 2021.02.

김정수, 조선시대 病症錄 연구, 석사학위논문, 2021.02.

신관호,『眉巖日記』와『眉巖先生集』의 原文書誌學的 硏究, 석사학위논문, 2021.02.

이정은, 帽山 柳遠聲의 관직 생활과 가계 운영 연구 -안산 晉州柳氏家 소장 고문서를 중심으로-, 석사학위논문, 2021.02.

임미정, 17~18세기 조선의 천문역산서 수용과 간행에 대한 연구, 석사학위논문, 2021.02.

정인영, 진주정씨 우복 정경세 종가『書册錄』연구, 석사학위논문, 2021.02.

저자 소개(논문 수록순)

노인환, 한국학대학원 졸업(문학박사), 한국학중앙연구원 연구원.
조미은, 한국학대학원 졸업(문학박사), 한국학호남진흥원 책임연구위원.
김병구, 한국학대학원 졸업(문학석사, 박사과정 재학).
송철호, 한국학대학원 졸업(문학박사), 서울역사박물관 학예연구사.
임영현, 한국학대학원 졸업(문학박사).
조광현, 한국학대학원 졸업(문학박사), 한국학호남진흥원 일반연구위원.
문현주, 한국학대학원 졸업(문학박사), 순천대학교 강사.
김명화, 한국학대학원 졸업(문학박사).
이은진, 한국학대학원 졸업(문학박사), 한국학호남진흥원 일반연구위원.
박하늘, 한국학대학원 졸업(문학석사), 한국학중앙연구원 정사서원.
이다희, 한국학대학원 졸업(문학석사, 박사과정 재학).
조정곤, 한국학대학원 졸업(문학박사).
이상현, 한국학대학원 졸업(문학박사), 충청남도역사문화연구원 선임연구원.
나현민, 한국학대학원 졸업(문학석사).
이명종, 한국학대학원 졸업(문학석사), 수원광교박물관 학예연구사.
남은별, 한국학대학원 졸업(문학석사), 충청남도역사문화연구원 위촉연구원.
원혜진, 한국학대학원 졸업(문학석사).

한국 고문서학
논총

초판인쇄　2021년 5월 31일
초판발행　2021년 5월 31일

지은이　영산고문헌연구회 편
펴낸이　채종준
펴낸곳　한국학술정보㈜
주소　경기도 파주시 회동길 230(문발동)
전화　031) 908-3181(대표)
팩스　031) 908-3189
홈페이지　http://ebook.kstudy.com
전자우편　출판사업부　publish@kstudy.com
등록　제일산-115호(2000. 6. 19)

ISBN　979-11-6603-447-3　93010